NAL
宁波学术文库
课题成果系列
KT04.201401

2013年度宁波市
社会科学优秀成果集

詹鑫华　主编

ZHEJIANG UNIVERSITY PRESS
浙江大学出版社

目 录

"三思三创"精神的时代价值与践行机制 …………… 宁波市纪委课题组(1)

宁波市文化资源保护与利用对策 ………………… 李华敏 张雪晶(8)

从做壳到强核:推动宁波文化产业园区发展的对策建议

……………………………………………………… 季爱娟(16)

宁波市各地党员干部直接联系群众工作情况综述

………………… 宁波市社会科学院党建研究所课题组(23)

完善宁波群众利益诉求表达机制的几个建议 ………… 周亚越(30)

加快将大东部区域打造成为宁波城市经济的控制中心

……………………………………………… 林崇建 宋炳林(36)

以职业教育专业群建设助推我市产业转型升级 ………… 熊惠平(41)

进一步提升甬台产业合作的途径与对策 ………………… 文晓庆(48)

培育和增强宁波企业家创新精神的几点建议 …………… 俞海山(54)

以服务平台建设推进宁波家庭农场发展壮大 …………… 李伟庆(59)

宁波市贷款/GDP值偏高的原因分析及建议 ………… 宋汉光(63)

"最美"道德典型传播模式探析 ………………………… 简 明(71)

宁波佛教文化中的建筑特色 …… 王艳平 林志标 郭 玮 周东旭(77)

宁波方言的使用现状及保护 ………………… 邵 健 朱 雷(94)

论批判性思维与精神富有

——兼论浙江人共同价值观在促进精神富有中的作用

……………………………………………………… 宋 臻(103)

社会微环境视野下的社会文化管理机制创新

——优化未成年人健康成长的社会文化环境研究 ……… 陈 迪(114)

90 后大学生理想信念教育的现状及其对策思考
……………………………………………… 汪　丹　朱霞群(125)
关于发展我国金融服务外包的几个问题……………………… 熊庆云(129)
区域内义务教育均衡发展的实证研究
　　——基于宁波区域 2006—2010 年义务教育发展的比较分析
…………………………………………………………… 吴小蕾(136)
非法集资的法律规制失衡与治理对策 ……………………… 庄华忠(144)
政务微博、草根微博与传统媒体新闻传播融合研究
　　——基于宁波的实践 ………………………………… 张文鸯(157)
基本民生服务项目供给转型研究
　　——以教文卫体等基本民生服务项目为例
……………………………………… 宁波市委政策研究室联合课题组(166)
宁波腔普通话说略 ………………………………………… 肖　萍(181)
我国社区教育发展中政府职能的缺失与应然路径选择
……………………………………………………………… 乐传永(190)
机制设计理论在高校社科成果转化中的应用研究 ………… 姜　颖(200)
民间借贷风险的形成机理及其规范化 ……………………… 吴欣欣(209)
提升宁波桥域空间价值利用水平探析 ……………………… 童明荣(217)
做好农村外来建设者服务和管理工作的几点思考
　　——以奉化市溪口镇班溪行政村为例 ……………… 王仕龙(222)
大学与地方经济社会协同发展的路径研究
　　——宁波市科技型企业技术需求调查报告 ………… 赵凤波(231)
宁波市乡镇政府依法行政能力提升与制度建设的对策建议
……………………… 朱锡明　徐仲建　沈雪澂　郭　跃(239)
基于社会流动视角的社会工作人才队伍建设研究 ………… 周莹莹(246)
人口老龄化背景下宁波城区老年教育的参与障碍研究
………………………… 张如敏　邬晶晶　周　磊　雷　英(261)
以体制机制改革为动力推进宁波智慧应用建设 …………… 陈　博(278)
网络慈善发展的困局及其对策思考
　　——以宁波市为例 ………………………… 汪　丹　于立平(283)
以法治化保障和推进社会治理创新 ………………………… 于立平(306)
大力加强社科普及工作　提升宁波城市人文素养 ………… 于立平(314)
推进宁波市社会体制改革创新研究 ………………………… 史　斌(319)

推进宁波生态文明建设创新发展 ………………………………… 史　斌(330)

宁波社会阶层结构发展现状及需关注的几个问题
　　………………… 宁波市社会科学院和上海大学社会学院联合课题组(333)

完善宁波基层社会管理综合信息平台的几点建议
　　………………………………………… 周亚越　操家齐(342)

将高桥芦港建设成为具有都市里村庄特征的城市新社区
　　………………………………………………… 陆静波(346)

在我区首南街道规划建设"都市工业综合体"的基本思路
　　………………………………………………… 陆静波(350)

宁波市鄞州四明山片区规划建设"健康城市"研究及对策建议
　　………………… 宁波市鄞州区社会科学院课题组(355)

"三思三创"精神的时代价值与践行机制

宁波市纪委课题组

摘　要："三思三创"具有丰富的内涵与精神实质。"三思三创"精神充分彰显了地方党委政府攻坚破难的执政意识、勇于担当的政治本色和以人为本的价值取向，是社会主义核心价值观的具体体现，是对宁波精神的创新和发展。深入践行"三思三创"要不断完善机制，即建立健全宣传教育机制、示范带动机制、监督检查机制和考核评价机制。

关键词：三思三创　时代价值　践行机制

"十二五"伊始，宁波市深入开展"思进思变思发展、创业创新创一流"主题教育实践活动。这是一次新形势下党的群众路线教育在宁波的具体实践，是一个创先争优活动的"宁波版本"，充分彰显了宁波各级党委政府攻坚破难的执政意识、勇于担当的政治本色和以人为本的价值取向。总结提炼"三思三创"精神，对于践行、丰富和发展社会主义核心价值体系，提高城市软实力，推进地方科学发展具有重要的现实意义。

一、"三思三创"精神的基本内涵

"三思三创"的关键词是"思"和"创"。"思"，就是引导广大党员领导干部和人民群众积极思量地方在全国乃至国际的坐标，思索加快转变发展方式、推进科学发展之策。"创"，就是引导广大党员领导干部和人民群众切实

增强创业创新的主体意识和责任意识,对照标杆找差距,振奋精神干事业。具体来说:

"思进",即富而思进,就是在宁波从一个资源小市迈向经济大市,从一个商埠小城迈向现代化大都市,从内河小港迈向国际大港,人民的生活从温饱型迈向宽裕型小康水平的基础上,思考如何扬鞭奋进,促进宁波在赶超先进中培育竞争优势,全面提升城市影响力、要素集聚力和国际竞争力,努力把宁波打造成最具实力、活力和潜力的长三角南翼经济中心,建设成为能与世界名城媲美的现代化国际港口城市。"思变",即"后"而谋变,就是在与苏州、杭州、深圳等先进城市发展相比还存在不少差距的现实中,推动变革、奋发图强,加快打造国际强港、加快构筑现代都市、加快推进产业升级、加快创建智慧城市、加快建设生态文明、加快提升生活品质,通过奋力推进"六个加快",逐步实现由经济大市变为经济强市,由东方大港变为国际强港,由商埠港城变为现代都市,由宜业宜居之城变为生活品质之城。"思进""思变"的目的在于"思发展",就是在引领广大干部在思进思变的过程中深入思考推进科学发展的宁波之路,思量在全国乃至国际发展坐标中的宁波之位,思索加快转变发展方式的宁波之策,着力谋划宁波未来更大发展。

"创业",对于个人来说,就是立足本职,忠于职守,乐于奉献,埋首苦干,努力在本行业创造出一流的工作业绩。对于一个城市来说,就是要分析研究标杆城市发展奇迹的内在动因,学习标杆城市敢闯敢试、激流勇进的大魄力,努力开启新征程、开辟新路径、开创新局面,走出一条具有宁波特色的发展之路。"创新"是推进区域发展的主要途径,主要包括技术创新、商业模式创新、产业业态创新、机制体制创新等。"创业""创新"的目标在于"创一流",就是要引导广大党员干部群众增强创业创新的主体意识和责任意识,对照标杆找差距,振奋精神干事业,改进作风破难题,在落实"六个加快"战略部署中作表率、创一流。

总的来看,"三思"着眼于思想观念、发展理念,力求在思想层面解决动力问题,根本在发展;"三创"侧重于发展目标、发展方式,本质是创新。"三思"是"三创"的根本动力和力量源泉,"三创"是"三思"的实现途径和目标归宿。

二、"三思三创"的精神实质

一是具有思想解放、与时俱进的开拓精神。思想是石,石破则天惊。宁波过去的成就得益于思想解放,宁波现在的发展依靠于思想解放,宁波的未来更有赖于思想解放。"三思三创"活动开展的首个专题活动就是积极开展思想解放大讨论,号召每一个党员领导干部在解放思想中进行"五找八问",使广大党员领导干部从旧的思想观念、旧的工作方式中解脱出来的做法,充分体现了解放思想、开拓进取的精神实质。

二是具有奋发做事、直面矛盾的担当精神。"三思三创"活动要求各级党员领导干部,始终保持"等不起、慢不得、坐不住"的紧迫感、危机感,切实解决产业转型升级中的难点问题、城市建设管理中的关键问题、要素瓶颈制约的紧迫问题、民生改善中的热点问题、群众反映强烈的突出问题。一方面,在市级层面,广泛开展打通"断头路"、淘汰燃煤锅炉和整治交通秩序、环境卫生等专项行动。向社会公开承诺3年内打通59条"断头路"。设立城市"禁燃区",计划3年内在划定区域全面禁止使用煤炭、重油、直接燃烧生物质等高污染燃料,淘汰中心城区810台燃煤锅炉。集中开展"两横两纵"街景整治和重点路段专项整治等行动,广泛开展道路交通秩序整治,着力缓解群众高度关注的中心城区"行车难、停车难"问题,实现了路面见警率、道路通行率、守法遵章率、设施完整率和监控到位率"五率提高"。另一方面,在部门层面,全面开展"难题破解专项系列行动",各地各部门采取发动群众出题、召集会议征题、依靠领导点题、专题调研梳题等方法,梳理出各类难题,提出破解措施,并把人民群众最关心的拟破解难题,在报纸和网络上集中予以公示,引导和保障各级领导干部直面困难矛盾,合力破解难题。这种做法,体现了敢于直面问题的勇气和对党的事业负责、对区域发展负责、对人民负责的工作态度,是奋发做事、直面矛盾的担当精神的现实写照。

三是具有对标赶超、勇创一流的拼搏精神。"三思三创"活动,以"学深圳、破难题、促发展"专项活动为引领,教育引导广大党员干部努力在专项行动中创先争优,针对"六个加快"中的难点和关键问题,制订出台了"六个加快"战略部署实施方案和6个专项行动纲要,梳理出44项重大行动计划、928个重大项目和工作任务,由各级领导干部牵头认领,排定路线图、计划书和时间表,确保限时完成。努力在一线服务中创先争优,推行领导干部联系服务重点项目（企业）制度，开展"一对一"联系服务。按照"一个重大项目（企业）由一位市级领导联系、一家牵头单位负责、一个工作组服务、一名中青年干部挂职、一个服务计划保障"的要求，市、县两级共有360余名党政领导、2300多名干部联系服务550多个重大项目、680多家企业，梳理出2100多个问题，解决问题2000多个。努力在结对服务中创先争优，广泛开展城乡基层党组织结对共建互帮互助服务活动，探索形成了区与县（市）、机关与村、机关与社区、机关与企业、企业与村、社区与村、村与村、高校与村、高校与企业、企业与企业等10种结对模式，共解决实际问题6303个，落实帮扶资金7400多万元。这种直面差距、在创先争优中学习和赶超先进的做法，充分凝聚和体现着拼搏精神，是对自强不息、艰苦奋斗光荣传统的传承和升华。

四是具有亲民爱民、惠民利民的人本精神。以群众满意度作为衡量"三思三创"活动效果的最高标准，通过群众看、群众议、群众评，扩大了活动的参与面，彰显了活动的强大生命力。"三思三创"活动紧扣人民群众的热切期待，针对调研中发现在机关和领导干部中存在的"平平安安占位子，忙忙碌碌装样子，疲疲沓沓混日子"以及"门好进、脸好看，就是事难办"等突出问题，以"五找八问"活动为开端，着力"提速、正风、治奢"，"三公经费"连续三年零增长，有600多人次被效能和责任追究，群众反映党员作风、机关办事效率方面的信访量，同期分别下降了27.12％、36.36％。紧凝人民群众的智慧力量，充分发挥人民群众在"三思三创"活动中的主体、监督和裁判作用，广泛运用报纸、电视、电台、网络等媒体，设立"回音壁""对话窗"，通过座谈会、第三方机构调查、各类服务热线等多种形式，就道路交通、医疗卫生等群众期盼、社会反响强烈的206个难题求教于民，共征集各类"金点子"1800多条。把每一件拟破解难题、专项行动以及工作进度分别在媒体进行公示，主动接受全市人民群众的监督和评判。鼓励群众通过市长热线、96178投诉平台、"三思三创"曝光台和微博等平台投诉监督，支持媒体明察暗访，在电台、电视台等媒体开设直播节目，设立问政问效专题，建立被投诉单位和部门五分钟快速反应机制、限时办结机制和投诉办理情况的考核评价机制，强化责任追究，人民群众在"三思三创"活动中的主体作用得到充分发挥，形成了强大的民心民意基础和智慧力量源泉。紧抓人民群众的实际问题，全市各级领导干部共走访了2569个行政村、8594家企业，实现了对所有行政村和困难企业走访的"全覆盖"，并帮助解决了14万多个困难和问题。群众对"三思三创"活动总体感知率达82％，支持率达88％，满意率为80％。

五是具有勤政廉洁、规范高效的求实精神。"三思三创"活动广泛推行"网上绩效公示""干事对账"和"一线工作法"等有效做法,全面提升机关的服务效率和服务层次。在全市范围内推行"四条禁令"承诺制、工作日午餐饮酒备案制和违规上网行为监控制,采用技术手段关闭了84家市级部门的游戏、网上炒股、视频等450余个网站,切实规范机关干部工作行为。推进行政审批标准化建设和基本建设项目联合审批运作机制建设,大力创新行政审批"无假日"预约服务、"保姆式"代办服务、"零距离"现场服务和"直通式"绿色通道等服务方式,开展"提前介入、上门服务"系列活动,切实提高行政审批效率。加快综合电子监察系统建设,进一步扩大网上审批、网上办事范围,推行网络发言人、网络问政制度,构建"制度＋科技"监管模式,促进权力在阳光下运行,资源在市场中配置,资金在网络上监管。"三思三创"活动开展以来,群众反映党员作风、机关办事效率方面的信访量,同比分别下降了 27.1% 和 36.4%。这种把作风建设虚功实做的实践,促进机关效能增速提质,整治干部队伍不良风气,是求真务实精神的具体体现。

三、"三思三创"精神的时代价值

"三思三创"精神是社会主义核心价值观的具体体现。十八大报告明确提出要倡导富强、民主、文明、和谐,倡导自由、平等、公正、法治,倡导爱岗、敬业、诚信、友善,积极培育社会主义核心价值观,这是对社会主义核心价值观的最新概括。"三思三创"主题教育实践活动坚持以人为本的价值取向,以改革创新为动力,着力攻坚克难、对标争先,在区域发展中科学回答了"靠谁发展""为谁发展"和"怎样发展"等科学发展观的基本问题,彰显了富强、民主、和谐、敬业、创新等精神特质,是科学发展观在宁波的生动实践,是社会主义核心价值观的具体体现。

"三思三创"精神是维护和保持党的纯洁性的时代标杆。"三思三创"活动要求各级党组织和党员干部牢固树立政治意识、危机意识、责任意识,把实现好、维护好、发展好最广大人民根本利益作为检验党员领导干部纯洁性的试金石,为维护和保持党的纯洁性提供了重要载体。"三思三创"精神中蕴含的奉献、担当、责任、敬业、创业、创新等精神,是对党的纯洁性本质内涵的生动诠释,对于宁波来说,无疑是一笔珍贵的精神财富,是永葆党的纯洁性的时代标杆。

"三思三创"精神是对宁波精神的创新和发展。城市精神是一个城市发展的灵魂,也是凝聚人心、展示城市形象和城市文明的精神载体。1994 年宁波市第八届党代会确定了"解放思想立大志,奋力开拓创大业"的主题,并通过讨论将宁波精神概括为:"立志创业、务实高效、文明守法、团结奋进";1995 年,在创建港城文明的活动中,宁波将港城精神概括为"想大局、算大账、迈大步、创大业";2000 年,宁波全市文化工作会议又提出宁波精神要具有"开拓、开放、开明"的内涵。2005 年,经过反复提炼后把宁波精神定位为"诚信、务实、开放、创新"八个字。这些对宁波精神的提炼,诠释了宁波人和宁波城市的人文特征,展示了宁波发展历程,具有鲜明的时代性与可塑性。"三思三创"活动,掀起了新一轮解放思想、改进作风的热潮,大力鼓励思进思变、创业创新,与时俱进地构筑宁波人新的"精神坐标",抓住了宁波精神的核心和灵魂,是新时期对宁波精神的创新和发展。

"三思三创"精神是建设"四好"示范区、实现"两个基本"的精神动力。当前,我市正处于实施"十二五"规划、全面建设小康社会、加快推进社会主义现代化的新的发展阶段。经济社会发展面临的困难、矛盾和问题将更加复杂。这就要求我们认真学习和弘扬"三思三创"精神,坚决克服因循守旧、怕担风险的思想,敢于突破传统的思维定势、体制机制和条条框框,把思想最大限度地解放出来,把发展活力最大限度地释放出来,勇于和善于抓住机遇,加快发展,勇于和善于破解难题,克服前进征程中的艰难险阻。"三思三创"精神激发了全民创业热情,成为引领科学发展的精神支撑、构建和谐社会的精神纽带,为宁波全面建成小康社会、建设现代化国际港口城市提供强大的精神力量。

四、"三思三创"精神的践行机制

一是建立健全宣传教育机制。要充分发挥报刊、广播、电视、互联网等传播媒体的宣传导向作用,并不断创新内容和形式,拓展宣传载体和阵地,努力建立全方位立体式的"三思三创"精神传播体系,通过营造舆论氛围,形成良好的社会环境,引导广大党员干部、人民群众,自觉弘扬"三思三创"精神,使"三思三创"精神的内涵、实质、宗旨、意义和价值导向深入人心,促使"三思三创"精神由感性的认知上升为在情感上的认同,转化为人们自觉的追求。

二是建立健全示范带动机制。榜样的精神境界和道德情操是推动"三思三创"践行的宝贵资源。要善于总结和发现体现"三思三创"精神的先进典型,制定示范带动机制,积极开展向典型学习活动,把他们的崇高品德传播到广大党员干部群众中去,做到见贤思齐。广大党员领导干部更要以身作则、率先垂范,把践行"三思三创"精神变成自觉行动。

三是建立健全监督检查机制。践行"三思三创"精神,既要依靠党员干部的自觉,又离不开必要的监督。要注重关口前移,及时分析研究党员干部群众在践行"三思三创"精神方面出现的新情况新问题,有针对性地制定防范措施,提高监督的有效性。要健全和完善信访举报投诉制度,对党员领导干部群众反映的违背"三思三创"精神,思想不解放、工作不担责、宗旨意识薄弱、为政不清廉等问题,要按照有关规定认真对待、认真处理。要切实加强舆论监督,对反面典型及其案例,进行认真剖析,通过查根源、摆危害和舆论揭露鞭挞,做到在思想上警钟长鸣,在言行上防微杜渐,逐步形成一个广大群众积极参与的多渠道、多方面的有效监督体系。

四是建立健全考核评价机制。"三思三创"精神体现了以人为本的执政价值取向,是新时期宁波精神的创新和发展,为维护和保持党的纯洁性提供了重要载体,也为更加准确、全面考核党员领导干部提供了重要依据。践行"三思三创"精神,就要在各项政策、规章、制度制定中,充分体现"三思三创"精神,并把其作为考核评价干部的重要内容,贯穿于民主测评、民意调查、实绩分析、个别谈话和综合评价等各个环节,做到旗帜鲜明地鼓励开拓、支持实干,使模范实践"三思三创"精神,勤政为民、廉洁奉公、政绩突出、群众公认的干部得到褒奖和重用,使无所作为、好大喜功、荣辱不分、弄虚作假的干部受到批评和惩戒。

宁波市文化资源保护与利用对策

李华敏   张雪晶

摘   要：宁波是河姆渡文化的发祥地、唐宋以来中国对外贸易口岸、浙东文化的摇篮。经历几千年的传承与发展，宁波形成了以浙东学术文化、海洋文化、商贸文化为主体，多种文化有机融合的独特的地域文化。但是当前宁波在文化资源的保护与利用过程中，存在着对文化资源重要性认识不够、整体规划缺乏、经费投入不足、利用效益不高等问题，应通过抓紧抢救、科学转化、建设平台、健全保障等措施，进一步促进文化资源的合理开发与有效利用。

关键词：文化资源　保护利用　对策

文化资源是进行精神生产和文化创造的最直接依托对象，是文化事业全面繁荣、文化产业快速发展的基础和条件，在很大程度上影响和制约着一个城市软实力的发展水平与前景。宁波是中国沿海对外开放城市、长三角南翼经济中心城市和国家历史文化名城，拥有较好的经济基础与深厚的文化底蕴。宁波要进一步增强城市软实力，必须全面摸清文化资源的家底，科学利用好文化资源。这对于深入实施文化发展战略，推进文化强市建设具有重要意义。

一、宁波文化资源的主要类型

经过调查摸底，梳理分析，我们将宁波文化资源分为史前文化、海洋文化、浙东学术文化、藏书文化、商业文化、佛教文化等 12 种类型（见表 1）。

表 1　宁波文化资源的主要类型

序号	类型	类型细分	主要内容	
			历史文化资源	现代文化资源
1	史前文化	河姆渡文化田螺山文化八字桥文化	河姆渡文化遗址、鲻山遗址、田螺山遗址、塔山遗址等	河姆渡博物馆、国际河姆渡文化节
2	海洋文化	海交文化(海上交通、文化、贸易、港口)	达蓬山(徐福文化)东渡遗址、海上丝绸之路起碇港、朱舜水文化、上林湖越窑遗址、三江口遗(隋)唐使船码头遗址、高丽使馆、波斯巷遗址、天封塔、居士林(四明驿遗址)、浙海关遗址、老外滩航埠	三江口滨水核心区，国家博物馆水下考古宁波基地(东海沉船)，镇海港、北仑港、大榭国际集装箱码头，梅山保税区
		海防文化	镇海口抗敌史迹、明清海防遗址群	镇海口海治历史纪念馆、中国防空博览园、招宝山景区
		海洋饮食文化	宁波海鲜菜肴体系	
		海洋民俗文化	"三月三"、天后宫、妈祖文化、"六月六迎神文化"等民间民俗活动	中国开渔节、中国渔村景区、海钓节
3	浙东学术文化	—	宋"四明庆历五先生"，南宋"甬上四先生"、元王应麟《三字经》、明"阳明学派"、清"浙东史学派"	—
4	藏书文化	—	市区天一阁、伏跗室、得月楼、蜗寄庐、访庐，镇海"敬业堂"，余姚"五桂楼"，慈城"抱珠山房"	宁波图书馆、宁波书城

续表

序号	类型	类型细分	主要内容	
			历史文化资源	现代文化资源
5	商业文化	商贸文化	庆安会馆、安澜会馆、老字号商铺、老商业街区（江厦街、药行街）、钱业会馆、钱庄制度	天一广场、万达广场、和义大道、宁波会展中心，浙洽会、消博会、服装节，雅戈尔、罗蒙等民营企业，保税区
		宁波商帮文化	叶澄衷、虞洽卿、包玉刚、邵逸夫等宁波商帮人士，叶氏义庄、包氏故居、虞宅故居（故里）、名人墓及行踪遗迹	宁波经促会、宁波帮大会、宁波帮博物馆、宁波帮文化公园、宁波大学
6	佛教文化	—	天童寺、阿育王寺、雪窦寺、七塔禅寺、五磊讲寺	弥勒大佛景区、弥勒文化节
7	名人文化	—	严子陵、虞世南、贺知章、王阳明、黄宗羲、全祖望、方孝孺、张苍水、马宗汉、柔石、殷夫、王宽诚、包玉刚、邵逸夫、蒋氏父子	沙孟海、潘天寿、周信芳、翁文灏、余秋雨、陈逸飞、冯骥才，宁波籍两院院士
8	红色文化	革命文化	镇海抗倭、抗英、抗法战争遗址，四明山浙东革命根据地	—
		建设文化	—	临港大工业群、杭州湾大桥、藤头村精神、"顺其自然"爱心群体，文明城市
9	民俗文化	民间习俗、工艺、传说、节事	非物质文化遗产及传人、梁祝文化、前童元宵节、中秋节、春节	十里红妆博物馆、中国开渔节、梁祝爱情文化节
		地方饮食文化	宁波汤团、慈城年糕	余慈杨梅
10	建筑（石刻）文化	—	天宁寺塔、它山堰、保国寺、南宋石刻群、永丰库遗址、慈城古建筑群、江北天主教堂、老外滩近代建筑群、灵桥	"三江文化长廊"，宁波美术馆等"八大文化设施"、南部商务区、东部新城、三江六岸核心区
11	创意文化	—	—	江东和丰创意广场、228 创意园，海曙新芝 8 号创意园，鄞州国家动漫产业园区、创新 128 产业园，宁波影视文化产业园区，北仑数字信息产业园，宁波市国家大学科技园

续表

序号	类型	类型细分	主要内容	
			历史文化资源	现代文化资源
12	休闲文化	旅游休闲文化	—	溪口旅游景区、东钱湖旅游度假区、松兰山滨海旅游区,国家A级景区、森林公园、风景名胜区
		商务休闲文化	—	高星级商务会议酒店、购物节,郁家巷、南塘河、舟宿夜江特色休闲街区

二、宁波的优势文化资源

(一)浙东学术文化

浙东学术文化精神是宁波特色文化的核心价值。浙东学术文化起步于汉唐,兴起于宋元,昌扬于明,鼎盛于清,先后有王充、虞世南、王阳明、黄宗羲、全祖望、章学诚等鸿儒大家,成为全国有重大影响的区域性学术派别。尤其明代王学的崛起,更是影响深远、遍及海内外。在文化价值上,浙东学术文化坚持实学实用、经世致用;在文化精神上,浙东学术文化坚持独立思考的批判意识和较强的历史自觉性。相关的人文古迹和遗址有白云庄、黄宗羲故里建筑群、黄宗羲墓、全祖望墓、王阳明故居等。

源远流长的藏书文化与浙东学术文化相随始终。唐代以来宁波出现了很多私人藏书名家,因此宁波也被世人誉为"藏书之乡"。除"天一阁"外,其他相关遗址还有"得月楼""伏跗室""烟屿楼"等。"家诗户书"的历史遗存和文化精神,是宁波必须加强保护和利用的特色文化资源。

(二)海洋文化

宁波襟江濒海,在文化发展过程中有着鲜明的海洋文化特色,集中体现为发达的海上港口交通、悠久的海上贸易和对外文化交流。河姆渡遗址出土的独木舟、木浆和鲨、鲸等骨骼,表明早在7000年前河姆渡的先民们就已开始海上渔业。达蓬山"徐福文化"体现了宁波古代早期的海外交通文化。唐宋以来,宁波成为"海上丝绸之路"的始发港、日韩遣唐使的登岸入境港。明清又被确定为对外开放的通商口岸。自古以来,宁波一直是中外文化交流和对外贸易的重要港口,在中国乃至世界都有着重要的影响。目前的主要遗存有河姆渡遗址、达蓬山(徐福文化)东渡遗址、慈溪上林湖越窑遗址、海曙高丽使馆和波斯巷遗址、柳汀街居士林、天封塔、中马路的浙海关旧址、三江口东岸的庆安会馆、江北老外滩。宁波海洋文化还体现在海防文化、海洋民俗文化、海洋饮食文化等几个方面(见表 1)。

(三)商贸文化

宁波自古以来商贸繁荣,有"无宁不成市"之誉。甬商源于春秋,唐代时足迹已经遍布四海,清代民国时期形成了闻名遐迩的"宁波商帮"。宁波商贸文化主要体现在与商贸活动相关的历史、产业、制度、精神、建筑、节事等方面。一是宁波帮精神。宁波帮精神包含了海纳百川、兼容并包的文化心态,积极进取、勇于创新的开拓精神,勤俭节约、脚踏实地的创业精神,诚信经商、以德兴业的商业道德,团结一致、注重联合的合作精神。二是实业传统。宁波人工商业意识强烈,积极投身"实业兴国",服装业是最典型的代表。三是爱国爱乡情怀。宁波帮艰苦创业,泽被故里,反哺桑梓,在整个 20世纪,宁波帮人士前赴后继、生生不息、捐资助教、乐育人才,热心于家乡的公益事业和经济社会发展。目前,能够体现商贸文化内涵的人文资源主要有庆安会馆、东福园、江厦街、老外滩、宁波帮名人故居(故里)、宁波帮大会、服装节、消博会、浙洽会等。

三、宁波文化资源保护与利用过程中的问题

(一)对文化资源的重要性认识不够

一些行政决策者和行业从业人员对"文化""文化资源"以及"文化资源保护"的价值认知有偏差。在文化资源保护和经济利益的冲突中,往往考虑眼前利益而放弃长远利益。如在历史文化街区的开发中,片面追求城市土地的经济价值,追求土地拍卖的高收益、高回报,忽视了持续的社会文化价值,最后导致拥有较高文化价值的建筑群被拆毁,开发性破坏现象较为严重。目前,公众对文化资源保护的认知虽有所提升,但参与保护意识仍较为薄弱。

(二)对文化资源的保护缺乏整体规划

宁波尚未出台针对文化资源保护的整体性规划,保护工作缺少必要的

依据;没有对城市的文化资源做全面、科学的盘点梳理,家底不清;没有甄选出优势与特色文化资源,特色不明。在保护过程中,往往偏重单个资源的保护,忽视周边自然历史环境的保护,从而导致该区域文化肌理受损,整体风貌改变。

(三)对文化资源的保护经费投入不足

目前宁波每年的文物保护专项经费为 1000 万元(其中 200 万元是民办博物馆专项经费),远低于同类城市。如杭州市本级的文保专项经费已达到 1.5 亿元,并早在 2006 年就提出"萧山、余杭区及各县市财政应建立专项文保经费,确定基数,每年将城市建设维护费征收额的 3% 提取作为专项文保经费"(杭政函〔2006〕95 号)。宁波在投入上的不足造成主管部门无力对文化资源进行立体、全面的抢救和保护,只能把有限的资金投向知名度和文化品位高、地方特色鲜明的文化资源,而其他大量散落的文化资源则处于自生自灭的状态。

(四)对文化资源的利用效益不高

目前,宁波众多文化资源闲置,没有得到有效开发利用,在产业化开发和创意化发展方面更是相当薄弱。有些文化资源虽然得到利用,但途径相对单一,主要靠旅游开发。相对单一的开发方式,往往会急功近利地榨取文化资源的经济价值,极易造成文化资源的浪费和流失,甚至丧失历史原真性。

四、宁波文化资源保护与利用的对策

(一)抓紧抢救,全面保护文化资源

重视对文化资源保护的宣传。加大宣传力度,创新宣传形式,多方式、多渠道向市民灌输文化资源保护方面的知识。制作各种接近生活、趣味性强、易于为公众理解和接受的影视剧作品、公益广告或书籍等;善于利用当前发生的文化资源热点事件,加强引导,向公众传达各种活生生的文化遗产保护知识;充分利用网络、手机短信、移动电视等新媒体和社区宣传平台,让文化资源保护真正走到公众中去。

加大文化资源保护方面的投入。加大政府财政投入力度,建议逐年提高文物保护专项经费,赶上同类城市中文保投入较大城市的步伐;按照"谁

投资、谁受益"原则,多渠道引进和筹集社会资金参与文化资源的保护开发。

编制文化资源保护的整体性规划。对宁波全市域的文化资源进行全面调查和科学评价,尤其是史前文化、明清浙东学术文化、近现代宁波帮文化、改革开放后的现代化建设文化;建立全面系统化的文化资源保护数据库,构建一个文化资源的总体保护利用框架;整合城市文化资源,设计和建构具有宁波特色、能被强烈感知的城市整体风貌系统。

(二)注重转化,科学利用文化资源发展文化产业

根据国家统计局颁布的《对文化及相关产业分类(2012)》,结合宁波文化资源的实际,重点培育和发展宁波特色优势文化产业。发挥宁波历史悠久、文化底蕴深厚的优势,发展以新闻出版、文化艺术、影视动漫为主体的文化内容产业。发挥宁波纺织、电子、机械等优势产业和会展业加快发展的优势,加速发展以工业创意设计、产品推广设计、广告策划设计为重点的文化创意服务业。发挥宁波历史文化名城、山水文化内涵丰富和依托长三角地区大市场的优势,加快发展文化旅游业和休闲娱乐业。发挥宁波加工制造业发达、企业经营机制灵活和对外贸易口岸的优势,继续扶持和发展文化相关产品的生产及销售业。

(三)善于建设,大力构建文化资源集聚的载体

组织举办各类文化节事。文化节事活动的演绎和再现,是对文化资源的展示、发掘、传承,让文化资源有一个时间上的存在。近年来,宁波的文化节事活动丰富多彩,形成了较大的影响,但是节事活动在文化内涵挖掘、运作主体社会化、节事活动实效等方面需进一步改进和提高。要在充分认识和梳理宁波文化资源类型的基础上,对各类文化节事进行分类、分层和目标定位,通过整体性的文化节事策划,有重点、有计划地保护和利用宁波特色文化资源。

建设重大文化项目。文化集聚区为展现文化资源的整体性、原真性和可读性提供了平台与空间。为此,一是要建设一批公益性的中大型文化基础设施项目,打造体现城市整体风貌的文化空间格局。重点是打造宁波中心城区的历史文化名城格局,还原慈城古县城、前童古镇等历史城镇风貌,继续深化实施三江六岸滨水核心区整治提升、慈城古县城整体保护、重点古村落保护等项目。二是要建设一批保护利用性的城市重大公共文化项目,打造以休闲、消费、旅游为主体功能的品质生活空间和以文化创意为主体的文化生产空间。三是要建设一批具有宁波特色的文化休闲体验区,打造主

题鲜明、个性突出的休闲旅游空间。如河姆渡、上林湖、它山堰等历史文化旅游区,南宋文化遗存丰富的东钱湖旅游度假区,海洋文化发达的环石浦港海洋休闲旅游区等。

(四)健全保障,完善文化资源保护利用的技术与制度支撑

加快科技创新。利用现代科技保护开发、升级改造文化资源,培育新兴文化业态,发展文化产业,提高文化产品的科技含量和附加值。继续加强文化产业基地的建设,尝试建设文化科技融合示范区,促进文化科技成果转化。

加快制度创新。制度创新是文化资源保护利用的不竭动力。要把相关单位内在动力机制、文化资源融合发展机制、人才激励机制和配套政策体系改革,作为文化资源保护利用制度创新的重点。试行建设文化体制综合改革和专项改革示范区,或文化资源综合保护利用示范区,推进宁波文化资源的整体性保护利用。

初稿:李华敏 张雪晶 整理:宁波市社会科学院文化所

从做壳到强核:推动宁波文化产业园区
发展的对策建议

季爱娟

摘　要:宁波文化产业园区初具规模,有效地推动了文化产业发展。但是在园区的运营实践过程中,也出现了一些问题,主要包括园区建设失范、集聚效益较低、支撑体系不完善等。下一步应着力提升园区建设的规范化、集聚化和服务化水平,推动文化产业园区从做"壳"向强"核"转变。

关键词:强核　宁波　文化产业

文化产业园区,按照《国家级文化产业示范园区管理办法(试行)》中的定义,是指进行文化产业资源开发、文化企业和行业集聚及相关产业链汇聚,对区域文化及相关产业发展起示范带动作用,发挥园区的经济和社会效益的特定区域。它一般有三个要点:一是具有主导性的文化产业;二是以特定的地理空间为集聚地;三是有相当数量的企业因产业链关联而业态交融。当前,宁波正在大力推进文化产业跨越式发展,进一步优化文化产业园区布局,增强文化产业园区集聚效应,发挥文化产业园区的辐射和示范带动作用,应是宁波文化产业跨越式发展的重要战略选择。

一、宁波文化产业园区发展的特征

2008 年 6 月海曙区建立了"新芝 8 号创意园"。此后,一批文化产业园区相继涌现。截至 2012 年 8 月,宁波已建成文化产业园区 30 个,其中规模以上园区 10 个,包括国家级园区 4 个,市级园区 1 个,县区级园区 5 个。此外,还有 4 个园区正在建设中(详见表 1)。

表 1　宁波文化产业园区一览

序号	名称	属地	备注
1	阳明 188 文化创意	余姚	县区级
2	文山创意广场		
3	渚山智慧创意园		
4	余姚市科创中心		
5	浙商壹号 2.5 产业园		在建
6	宁海民俗文化园	宁海	
7	宁海大观园文化园		在建
8	宁波影视文化产业园区	象山	地市级
9	石浦渔港旅游开发管委会		
10	茅洋民俗文化村		
11	国家动漫游戏原创产业基地	鄞州	国家级
12	创新 128 园区		县区级
13	迪士尼创意大厦		
14	新芝 8 号创意园	海曙	
15	宁波市网络科技园		
16	宁波和丰创意广场	江东	国家级
17	宁波书城		
18	宁波文化广场		在建
19	1842 外滩创意产业基地	江北	
20	日湖婚庆广场		
21	创意 1956 园区		县区级
22	奇艺国		
23	金论商务区		
24	134 创意谷		
25	宁大产业园		
26	财富创意港		
27	天工慈城文化创意产业园区		
28	宁波市国家大学科技园	镇海	国家级
29	宁波经济技术开发区数字科技园	北仑	县区级
30	宁波经济技术开发区留学生科技创业园		县区级
31	宁波中青创文化广场		在建

续表

序号	名称	属地	备注
32	宁波市软件与服务外包产业园	宁波国家 高新区	国家级
33	宁波国家高新区文化创意产业园		
34	211 创意空间	东钱湖旅 游度假区	

这些园区有以下三个方面的特征:

一是园区行业涵盖了文化产业中所有内容产业。根据《文化及相关产业分类(2012)》的定义和范围,第一部分"文化产品的生产"指向文化产业中的内容产业,主要包括 7 个行业。宁波的文化产业园区对这 7 个行业均有所涉及,其中以"文化创意和设计服务"行业所占比例最大。部分园区兼具两种或两种以上的复合业态(详见表 2)。

表 2 宁波文化产业园区主要行业分布情况

行业	占比(%)	代表性园区	备注
新闻出版发行类	3	宁波书城	
广播电视电影类	3	宁波影视文化产业园区	兼具文化休闲娱乐类
文化艺术类	17	宁海民俗文化园	兼具文化休闲娱乐类
文化信息传输类	23	宁波市国家大学科技园	兼具文化创意和设计类
文化创意和设计类	31	宁波和丰创意广场	
文化休闲娱乐类	20	日湖婚庆广场	
工艺美术品生产类	3	茅洋民俗文化村	兼具文化休闲娱乐类

二是区域产业特色初步显现。根据区域发展需要和产业资源优势,各地文化产业园区建设不断推进,形成了较为鲜明的区域产业特色。如宁海、象山等地利用当地的民风民俗、山水资源,相应推进文化艺术类、文化休闲娱乐类等园区建设;余姚、镇海、北仑等地结合产业发展需要,着力推进文化创意和设计类、文化信息传输类等园区建设;中心城区主要是推进文化创意和设计类、文化信息传输类,以及文化艺术类、文化休闲娱乐类(诸如艺术培训、婚纱摄影)等园区建设。

三是园区开发以政府导向型模式为主。根据开发主体的不同,产业园区主要分为政府导向型、企业导向型、艺术家导向型 3 种。在宁波文化产业园区中,政府导向型园区约占总数的 70%,如宁波和丰创意广场、宁波书城;

企业导向型园区约占 30％,如创新 128 园区;尚无艺术家导向型园区。

二、宁波文化产业园区发展的问题分析

近五年以来,宁波文化产业园区建设取得了较大进展,然而受文化产业发展阶段和资源条件的限制,总体上文化产业园区还处于地理空间意义上的集聚、产业构成泛化的起步期。各园区发展水平参差不齐,还没有真正走上良性运行的轨道。

(一)园区建设失范

园区"同质化"。我市文化产业园区在业态类型上较为齐全,但各业态占比很不平衡,业态主要集中在文化创意和设计类、文化信息传输类,这两类共占据了总量的 54％(详见表 2);在 10 个规模以上园区中,这两类占比达到 90％。又如余姚市 5 个园区(含 1 个在建园区),主要业态均是文化创意和设计类,功能定位雷同、业态同质。

园区"空壳化"。目前部分园区已经完成了硬件建设,但在招商引资上遭遇难题。一是招不到企业,入园企业有限。如创意 1956 园区,虽硬件设施较好,但周边生活配套设施不齐全,企业入驻意愿低,仅 40 家文化企业入园。二是入园企业业态杂乱。一些园区或迫于运营压力,或为了逐利,放宽进入门槛,允许一些非文化类企业进驻。这使得园区内企业的实际业态偏离当初定位的主要业态,园区内文化氛围和环境被破坏,园区面临"有园无业"的窘境。

园区"地产化"。部分园区通过"文化＋地产"的模式进行大规模土地开发,挂文化之名行房地产之实,园区发展实现了土地的增值和人口的集聚,但文化味越来越淡。

(二)园区集聚效益较低

园区产值总量低。据不完全统计,在提供了 2011 年总产值数据的 22家园区中,总产值在 5 亿元以上的只有 3 家,在 1 亿元以内的却多达 15 家(详见表 3)。这 22 家文化产业园区 2011 年的全部总产值约为 51 亿元,占同年文化产业总产出的 5.4％。而早在 2010 年,上海文化产业园区的产值已达 672.8 亿元,约占总产出的 20％。

表 3 宁波文化产业园区 2011 年产值情况

总产值	10 亿元以上	5 亿~10 亿元	1 亿~5 亿元	5 千万~1 亿元	1 千万~5 千万元	1 千万元以下
园区数(个)	1	2	4	7	4	4
占比(%)	5	9	18	32	18	18

园区产业链不完整。在现有园区中,无论是在园区内部企业之间,还是在园区之间,都缺乏较为清晰的产业关联性。有的园区文化企业已达一定数量,但是企业间缺少交流,未能形成衔接紧密、优势互补的产业链。此外,同类型文化产业园区数量过多,但大多数园区间缺乏沟通,尚未建立科学的分工与合作体系,从而导致资源分散,难以形成规模效益。

(三)园区支撑体系不完善

扶持政策缺失。2010 年文化部出台了两个关于文化产业园区的专项政策,对园区的发展和管理做出了相关规定,但宁波至今尚未出台关于园区管理的专项政策或文件。

服务平台缺失。据统计,上海 77 家创意产业集聚区共建有 121 个公共服务平台,涉及产品展示、技术服务、人才培训、政策咨询服务、宣传推广等内容。而迄今为止,宁波还没有一个专业化的园区公共服务平台,相关服务职能主要是由园区管理者承担,但多数园区管理者只起到了"房东＋物业"的作用,而在科学规划、招商引资、产业链拓展等深度服务上探索不够。

三、推动宁波文化产业园区发展的几点建议

推动文化产业园区从做"壳"向强"核"转变,是宁波文化产业园区下一步发展的方向。要尽快实现从数量扩充向质量提升、从重园区形态向重文化内涵、从重硬件建设向重软件建设的转型。为此,应着力提升园区建设的规范化、集聚化和服务化水平。

(一)注重规范引领:加强市域统筹协调,优化园区宏观管理

加快制定园区发展专项规划。现在的园区建设,还处于以县域统筹为主,今后应在县域统筹的基础上加强市域层面的规划设计,进而指导各县(市)区、各园区制定相应的发展规划。按照"明确定位、优化布局、拓展空间、集约发展"的原则,根据全市不同区域的经济结构特点、文化资源禀赋、

市场容量及空间布局等状况，确定园区主导产业和核心项目，对园区的功能、主要业态进行差异化定位。园区差异化发展，利于优化园区布局，便于形成错位、互补、优势整合的发展格局和产业门类，从而最大限度地打造区域文化产业集群优势。比如，对于地域历史文化资源相对丰富的象山、宁海、余姚等地，可尝试在特色文化资源的产业衍生和拓展上做文章；对于经济发展基础较好、区位优势明显、文化资源相对贫乏的地区，可重点拓展包装印刷、艺术设计、软件开发等产业门类。

建立完善园区整合与退出机制。出台与规划相配套的《宁波市文化产业园区认定办法》或《宁波创意产业集聚区认定管理办法》等文件，加强对园区的管理考核。要优化整合定位雷同、产业同构的产业园区，重点构建一批以核心内容产业为主，文化含量高、规模效益好、管理规范的文化产业示范园区。要升级改造创新能力弱、结构不合理、经济效益差的产业园区。要加强园区业态管理，对于背离文化产业发展实际、借文化产业园区之名发展房地产业、商贸流通业或者传统工业项目的园区，要果断"摘牌"，取消政策优惠。

(二)注重产业集聚：推进"点线面"发展，完善产业链

加强"点"的培育。每个园区要重点引进或培育1～2家大型龙头企业，推动园区品牌建设。园区应通过良好的服务平台和文化环境，吸引高成长性的文化企业入驻，提高产业能级，推动文化产业规模化、集约化、专业化发展。

推进"线"的延伸。以龙头企业为依托，以利益为纽带，把文化产品的创作、生产、传播和消费等环节连为一体，形成有机结合的产业供应链。文化产业主要分为内容生产创作、产品管理传播、产品交互展现等三个环节。宁波大多数园区主要集中在内容生产创作的环节。今后在招商引资时应在引进第一环节相关企业的同时，着力引进一定数量的第二、第三环节的相关企业，形成上下游联动的产业供应链。

拓展"面"的联系。着力克服园区及企业之间各自为营、缺乏横向联动的不足。通过联席会议制度、产业发展论坛、企业推介会等形式，加强企业与企业间、园区与园区间、园区与非园间的联系与合作，力求实现不同产业形态之间的优势互补。

(三)注重服务提升：建立完善园区的公共服务支撑体系

搭建园区公共服务平台。当前，宁波园区发展最需要的是资金、人才以

及相关信息的配套,因此,服务平台应围绕这几个重要方面来构建。一是投融资服务平台建设。积极引入金融服务机构,为园区企业提供贷款担保、股权交易、政府基金申请等投融资服务,大力培育、辅导并推荐符合条件的文化企业上市融资。二是人才服务平台建设。通过引入人才中介服务机构,为园区企业提供人才招聘、培训以及人才托管等服务。三是信息服务平台建设。园区内企业可以通过公共信息平台发布产品信息,也可以获取其他企业信息或行业政策等公共信息。园区管理者也可以为园区企业提供网上管理端口,为企业提供信息支持服务。

建立园区服务水平动态监测体系。在明确园区公共服务内容的基础上,对园区的服务部门或单位实施服务绩效考核,通过问卷调查、经营数据统计分析等手段,对一定时期内园区的公共服务质量与满意度、企业经营情况、行业发展态势等进行动态监测,为不断加强园区建设、提升服务水平提供参考依据。

初稿:季爱娟　整理:张　英

宁波市各地党员干部直接联系
群众工作情况综述

宁波市社会科学院党建研究所课题组

摘　要：近年来,我市各地认真落实中央和省、市委关于党员干部直接联系群众的相关要求,加大实践探索力度,开展体制机制创新,拓展了联系群众的途径,丰富了服务群众的内涵。但是当前党员干部直接联系群众工作仍存在着重"形式"轻"内容"等现象,基层党员干部工作压力较大、精力不济等问题,影响了工作实效性。基层党组织和党员干部必须进一步增强服务意识、改进工作作风、统筹资源整合、强化制度保障、提高执政能力,着力解决好影响工作深入推进的关键问题。

关键词：党员干部　联系群众　综述

近日,市社科院党建研究所(市党建研究所)研究人员会同本市有关高校专家和市委组织部调研室同志,组成专题调研组赴 11 个县(市)区调研党员干部直接联系群众工作。现将调研情况做一梳理,供领导参阅。

一、各县(市)区特色做法

近年来,在推进党员干部直接联系群众方面,各县(市)区主要做法如下(见表 1)。

表 1   宁波市县(市)区党员干部直接联系群众特色做法

区域	特色做法	主要内容
余姚市	领导干部"五联五促"制度	全市科(局)级领导干部直接联系村(社区)、党员责任区、企业、项目各 1 个及农户(居民)5 家,"联村促发展、联责任区促和谐、联户促感情、联企促转型、联项目促落实"。
	基层党员"六联六包"制度	每位党员联系不少于 6 户群众,包收集反馈群众意见、包矛盾纠纷化解、包重大事项传达、包违规事项劝阻、包结对共建、包惠农政策宣传。
慈溪市	市级党员领导干部兼任财政补助村党组织"第一书记"	市级党员领导干部与市级财政补助村开展"一对一"结对帮扶,结对领导兼任村党组织"第一书记",帮助解决基层组织建设和村级集体经济发展等问题。
	农村党员"三亮一诺"先锋示范引领活动	党员佩戴党徽"亮身份"、党员户"亮家庭"、设岗定责"亮责任"、公开"一句话承诺",推动农村党员比学赶超,主动联系服务群众。
奉化市	评星对标、双向考评	市领导班子和领导干部牵头开展"评星定级",落实"对标定责",参与"双向考评",推动领导干部直接联系基层抓党建、促发展。
	党建进组、服务入户	党小组建在社区楼群、工厂车间、办公楼层、外来人口居住群,以党小组为核心建立党群团组为村(居)民提供响应式服务。今年以来,3610 个党小组、3120 个服务团解决各类问题 7450 个。
宁海县	做实"最后一公里"服务	实施乡镇干部"五联"制度(联村、联企、联户、联项目、联疑难信访)、"住夜住心"活动和镇村干部周二联合办公、村情周报制度等,解决乡镇到农户"最后一公里"距离造成的政策隔阂。
	满意联村干部考评	量化群众评价指标、扩大群众参与面,对乡镇联村干部作用发挥进行考评。2012 年评出"满意联村干部"85 名,"不满意联村干部"18 名。
象山县	"三联三服务"工程	"联组织、联农户、联难题、服务基层、服务群众、服务发展",明确县委书记联系基层党组织、县委常委联系党建工作难题、县管领导干部直接联系农户,结对共建、资源共享、难题共解。
	"民事村办"制度	整合县、镇、村三级各类服务中心,合理布局为民办事综合服务平台,建立民事代办员队伍,使村民不出村就能解决普通诉求。

续表

区域	特色做法	主要内容
鄞州区	区四套班子成员"五联三促"	联镇村(社区)、联重大平台、联重大项目、联重点企业、联重点信访案件,促所联工作争先、促全局工作晋位、促群众满意提升。
	区级机关干部"三沉三提"	重心下沉、服务下沉、人员下沉,促进行政提速、服务提质、廉洁提升。
	乡镇(街道)党员干部"三干三比"	党员干部全员联村(社区)联户,开展"想干事、会干事、干成事、比作风、比业绩、比贡献"活动,提高群众工作能力。
海曙区	党员"一人一岗"	全区每位党员根据各自的特长、爱好、专业和身体条件,申报一个为社区服务的岗位,在社区党组织领导下,以党员的实际行动,实践党的全心全意为人民服务宗旨。
	"青春党建"联系青年群众	结合商务城区特点,实行"两新"组织先行、社区跟进、机关联动,组建青年党员服务队,凝聚服务青年党员、群众,焕发青春活力。
江东区	机关干部"五个全员"活动	开展机关干部全员结对暖民心、全员调研聚民智、全员帮扶济民困、全员破难惠民生和全员接访解民忧"五个全员"活动。
	俞复玲365社区服务工作法	总结形成以"三联六服务五机制"为主要内容的"俞复玲365社区服务工作法"。
江北区	"温暖星期五"党员志愿服务活动	每周五下午,区党员服务中心牵头,组织志愿者到基层服务困难党员群众。
	"民情夜市"活动	每周固定时间,由区领导、区机关、街道(镇)、社区(村)党员干部,与社区(村)群众一道开展访、谈、议、学"民情夜市"活动。
镇海区	"连心解忧"活动	区级领导"挂点联户"、机关干部"结对帮户"、基层干部"分片包户",实现党员干部常态化的点对点联系、心连心走访、实打实排忧解难。
	重大事项党代表首议制	建成党代表工作室95个,覆盖全区所有街道(镇)社区(村),全省首创片区重大事项党代表首议制,全程参与"征集民意、集中会商、跟踪评价",促进基层科学民主决策。
北仑区	幸福党建"三叶草"行动	以蕴含幸福之义的"三叶草"为行动标识,通过组建"连心桥""志愿者""顾问团"三大服务群,开展"联民心""送服务""破难题"三大主题活动,动员党员干部走进基层、走近群众,服务群众。
	"组团联村(社区)"一线服务	由街道(乡镇)领导、中层干部、一般干部组成联村(社区)团队,联合"承包"多个村(社区),变以往"一对一或多对一"为"多对多"模式,增强服务的有效性。

二、工作特点

在联系内容上注重服务性。各地坚持问题导向,强化服务功能,从事关群众切身利益的事情着手、从群众最不满意的问题抓起,以领导包案等形式落实工作责任,集中破解在土地征用、房屋拆迁、就业就学就医、水利交通、卫生环境、社会治安等领域群众关注的热点、难点问题。比如,江东区以"组团式服务、项目化运作"为主要抓手,实行"一个重点区块、一组联系领导、一个牵头单位、一批责任单位、一套工作机制"的"五个一"工程,将 2013 年确定为"联系服务群众年",开展 12 项利民惠民专项行动,深化服务工作;再如,海曙区、北仑区等地根据党员干部岗位职责和业务专长,社区牵头分类组成服务团队,为群众提供菜单式服务。

在联系方法上注重民主性。各地注意搭建党群干群对话平台,畅通群众利益沟通表达渠道,通过网络、报纸、公示栏,及时公开党员干部联系群众情况、工作进展情况、承诺事项完成情况等,增加工作透明度。注意落实群众民主选举、民主决策、民主管理和民主监督"四权",采取行风监督、政风评议以及政务微博、博客等问政方式,引导群众有序参与社会公共事务。注意发挥村民委员会、社区委员会和民间组织作用,多渠道、多形式集中民智。比如,象山县通过党群有序互动,积极推动"民事村办"向"村事民办"转化,群众说"以往村里都是党员干部挨家挨户跑,现在党员干部家里村民不断,议的都是村里发展的事"。

在联系载体上注重再组织化。各地适应经济结构、产业布局、组织形式、行业分工、党员流向的发展变化,大胆探索,因地制宜、灵活多样地设置党组织,把党组织建在楼宇上、建在项目上、建在市场上,实现了基层党组织的全覆盖,建立了直接联系群众最基层的载体。注意资源整合,通过服务组织"群团化",或党员干部直接参与社区各类社会组织,实现与群众联系的区域化、团体化、固定化、常态化。比如,余姚市在全市划分 1312 个党员责任区,开展"一区双进"活动,实行管理进区、服务进户;慈溪市以"网格化管理、社会化服务"为抓手,建立农村社区化的管理网格与服务平台体系等,全面推进农村服务型党组织建设。

在联系机制上注重规范化。注重把握联系群众的关键环节和核心要素,积极推动制度建设,基本形成了系统、规范的联系服务群众的教育、运行和保障制度体系。在教育机制方面,各地大多建立了较为成熟的党员干部教育培训体系,依托党校主体班次、"三思三创"实践活动以及党员干部学习网等载体,对强化群众观点和群众路线教育进行制度规范。比如,余姚市通过开展"三学三比"活动强化群众意识教育。在运行机制方面,重视运行程序的规范,对领导干部接访下访和民情恳谈、乡镇干部"住夜、联村、进组、帮户"和农村(社区)党员干部联系农户(居民)、结对帮扶困难群众等提出精细化操作要求。比如,江北区组织区、镇(街道)、村(社区)三级党员干部每周二开展"民情夜市"活动。在保障机制方面,注重考核体系建设,建立干部作风评议、满意联村干部考评等制度,并根据考评结果做好奖惩激励工作。各县(市)区都建立了相应的督查考核办法。

三、主要问题

调研发现,当前党员干部直接联系群众工作存在着"三重三轻"现象。一是重"形式"轻"内容",即联系群众的形式颇具特色,内容却参差不齐,针对性不强,工作力度和实效性与群众期望还有一定距离。二是重"硬件"轻"软件",即党群(社区)服务中心等基础设施建设标准高、功能完备,而对工作运行和人员服务能力建设重视不够。三是重"户籍"轻"外口",即对户籍人口联系比较紧密,对流动人口联系重视不够,不能做到工作全覆盖。

同时存在一些苗头性、倾向性问题。主要表现为:一是基层党员干部工作压力较大。基层反映,当前考核台账多、创建活动多、普查调查多、信息平台多、挂牌多、盖章多。据估算,基层党员干部70%以上精力要用于完成上级布置的各项任务,其中大量是应付性工作、重复性劳动、形式化过场,"包片联户"服务群众的精力受到较大牵制。二是基层党组织对社会组织缺乏有效整合。全市各级社会组织数量达14000余个,每万人拥有社会组织数量为18.2个,可以说门类齐全,覆盖面广。如何有效引领带动这部分力量,筛选、凝聚主流民意,达成共识,对基层党组织是个新的考验。三是部分党员干部的能力亟待提高。平时不注重学习,工作方法简单,面对综治维稳、征地拆迁等急难险重任务或重大利益冲突,无法有效发挥教育、引导、服务作用,或对群众过分迁就,或就事论事地做个单纯的"服务生",影响了基层党组织在群众中的威望。

问题产生的原因是多方面的。主观上,在于部分党员干部对直接联系群众的重要性认识不足，对群众工作规律性把握不够，平时精力不到位，面对群众现实关切和利益诉求，或无动于衷，或敷衍塞责，或束手无策，与群众感情淡漠、关系疏离。客观上，一方面随经济体制、社会结构、利益格局调整变革，社会转型加快推进，群众价值观念呈现出多元、多样、多变特征，大大增加了群众工作的复杂性；另一方面联系群众的保障机制建设相对滞后，或督查评估方式不合理，一定程度上也影响了党员干部能动性的发挥。

四、工作建议

要进一步加强党员干部直接联系群众工作，使之成为贯穿在党的执政能力建设中的常规性工作，必须在巩固"三思三创"等主题实践活动成效的基础上，扎实开展好党的群众路线教育实践活动，着力解决好影响联系群众工作深入推进的关键问题，以重点突破带动整体推进。

必须进一步增强服务意识。通过督学促学和考风考纪等，切实加强马克思主义群众路线教育，引导党员干部强化宗旨意识，以"心系群众、服务群众"的胸怀和情感，主动走进千家万户，与群众面对面交流，为群众实打实服务，用实际行动增进感情，用实在成效取信于民，用实意真情赢得信赖。

必须进一步改进工作作风。重视党员干部尤其是党员领导干部的作风建设，以贯彻落实中央八项规定精神为切入点，坚决反对形式主义、官僚主义、享乐主义和奢靡之风，坚决纠正损害群众利益的不当行为，解决好群众关注的反腐倡廉、就学就医、食品安全、环境整治等现实问题。

必须进一步统筹资源整合。把领导蹲点、部门包村与党员联户结合起来，在更高层次、更深程度、更大范围上整合资源，凝聚直接联系群众的工作合力。加强党建促群建工作，要创设条件，发挥人民代表、政协委员联系群众的制度优势，强化以工青妇为主的群众组织桥梁纽带作用，创新基层组织设置，把党的工作全面覆盖到非公企业、行业协会等"两新"组织中，引导激发社会组织在群众工作中的正能量，形成协同、高效的群众工作社会参与机制。

必须进一步强化制度保障。加强顶层设计，积极构建层次结构合理、权力配置均衡、内容协调耦合、链条环节承续的联系服务群众的制度体系，放大制度的规范、教育、引导作用。制度建设的重点可放在群众观点群众路线教育培养制度、分层分类联系制度、作风建设制度、督查评估制度等上。

必须进一步提高执政能力。以党的群众路线教育实践活动为契机，推进直接联系群众与执政能力建设的紧密结合。切实加强党员干部执政能力建设，强化忧患意识、危机意识、责任意识，进一步提高做群众工作的能力，做到讲政治、顾大局、懂本行、干实事，既敢于直面矛盾、破解难题，又善于深入群众、做好表率。注重打造一支作风过硬的基层党员干部队伍，服务好群众，引领好群众，真正发挥好先锋模范作用，赢得群众信任与拥护，切实从基层打牢党的执政基础。

完善宁波群众利益诉求表达机制的几个建议

周亚越

摘　要：群众利益诉求表达机制建设是涉及社会稳定、群众权益、科学决策的大问题。建立科学有效的群众利益诉求表达机制，已成为宁波加强社会管理、维护社会稳定、促进科学发展的当务之急。从当前机制看，宁波仍存在着群众利益诉求表达渠道不够畅达、弱势群体利益诉求表达渠道少、部分群众利益诉求表达方式缺乏理性等问题。进一步完善机制，一是要发挥村民委员会和居民委员会的群众利益诉求"探测器"的作用；二是要充分发挥社会组织的作用，使其成为政府和群众之间的缓冲地带；三是要建立"宁波群众利益诉求表达信息系统"，努力把它打造成类似 81890 的社会管理创新品牌。

关键词：群众利益　诉求　表达机制

和谐社会并非无矛盾，而是能够有效疏解。日前，中央纪委信访室相关负责人在接受访谈时指出："各级纪检监察机关要坚决杜绝一切'拦卡堵截'上访群众的错误做法，严禁到来访接待场所和公共场所拦截正常上访群众。"事实上，这从侧面反映出了群众除信访外，缺乏畅通有效的利益诉求表达渠道。宁波已经实现了文明城市三连冠，在城市治理上有着良好基础，也有能力在加强群众利益诉求表达机制建设方面走在全国前列。

一、充分认识构建群众利益诉求表达机制的重要意义

有利于维护社会的和谐稳定。近些年来,群众诉求表达不畅导致的过激行为方式呈不断增加态势,诉求受阻导致的社会不稳定事件也逐渐增加。只有充分尊重公民的民主权利和利益诉求表达权利,建立起科学有效的利益诉求表达机制,才能有效解决各种利益矛盾,维护社会的和谐与稳定。

有利于保障群众的合法权益。宁波发展面临转型,改革进入深水区,各种利益协调机制又尚不健全,利益冲突在所难免。面对发展和改革中出现的涉及城乡人民群众安居、就业、教育、就医等问题,需要通过有效的利益诉求表达解决机制来强化沟通,进而化解矛盾。当前,特别是要关注弱势群体合法权益的保障,疏通弱势群体利益诉求表达的渠道。

有助于实现科学民主的决策。"知屋漏者在宇下,知政失者在草野。"畅通民意表达渠道,是确保党和政府做出正确决策的前提与基础。作决策、想办法,一定要深入到群众中去倾听、去了解,需要有"下得去"的调查研究行动、"上得来"的群众利益诉求表达渠道。只有掌民情、聚民智、凝民心,才能使得决策科学、措施得力。

二、宁波群众利益诉求表达机制建设方面存在的问题

群众利益诉求表达渠道不够畅达。当前,宁波制度化的民意表达通道仍需完善和发展。例如,各级人大代表理应是群众利益诉求表达的一个重要途径,但目前人大代表与选民之间联系有限,通过人大代表来表达群众利益诉求的路径并不是很畅通。据课题组的问卷调查,宁波群众有利益诉求时,选择信访渠道的占39.2%,居第一。这表明"信访"仍是群众寻求救济的主要途径。当来信来访不能解决问题时,往往采取反复信访、集体上访,或其他过激手段。特别是因共同性的诉求,上访群众很容易结成短时期的共同体,以集体请愿上访、非法集会游行、阻塞交通等方式来表达诉求。

弱势群体利益诉求表达渠道少。诉求表达机制存在非均衡性,即强势利益群体与弱势利益群体在利益表达的途径、表达效果上差距较悬殊,强势群体可通过多种途径来寻求自身利益的最大化,容易导致弱势群体利益受

损。在宁波,由于城市扩张、经济快速发展,带来了大量外来人口、征地拆迁农民,以及多种原因导致的特殊困难群体。他们作为弱势群体,利益诉求表达能力较弱,政策的博弈能力缺乏,可采取的表达渠道有限。

小部分群众利益诉求表达方式缺乏理性。小部分群众,特别是弱势群体,在合理利益诉求受到阻碍且缺乏其他有效表达渠道的情况下,容易采取非理性的表达方式。问卷调查显示,在宁波,当群众利益诉求无法以正常途径表达时,有 22.2% 的人选择"把事情闹大"去寻求解决,虽然居于第二(位居第一的是选择"用权力和关系去解决",占 34.5%),但这种潜在的不稳定因素值得高度重视。事实上,群众在信访中出现的"四信四不信"现象与利益诉求表达渠道的缺乏也直接相关。所谓"四信四不信",即信"上"不信"下"、信"多"不信"少"、信"闹"不信"理"、信"访"不信"法"。

三、完善宁波群众利益诉求表达机制的几个建议

宁波要建设"社会和谐好"的示范区,亟待进一步完善群众利益诉求表达机制,使群众利益诉求表达渠道畅通、诉求方式平和、诉求成本低廉。

(一)充分发挥基层组织的渠道作用

加强基层组织建设,使村民委员会和居民委员会成为政府了解民意的"探测器"、群众与政府沟通的"桥头堡"。调查显示,宁波群众有利益诉求时,选择"向村领导、社区领导反映"的占 26.3%,位居第二。实践证明,基层组织如能掌握第一手信息,有能力将多数矛盾化解在萌芽状态。因此,要高度重视村和社区基层组织的作用。一方面,要加强农村基层组织建设。进一步健全组织体系,充分发挥村民委员会作用,进一步健全村民委员会、村民会议、村民代表会议、村务公开监督小组、村民理财小组等群众自治组织,使村民有畅通的利益表达渠道。另一方面,要完善城市社区组织建设。要完善社区功能,逐步实现社区服务的网络化、信息化和优质化。要进一步转变政府职能,减轻社区居委会的行政负担,强化服务职能。

完善基层民主制度,适当增加农村人群、外来人口、基层群众在各级人大、政协等组织的代表委员名额,让不同的利益主体都有表达自己利益诉求的机会。要充分发挥各级人大代表、政协委员在群众利益诉求表达中的作用,建议宁波规定人大代表、政协委员必须定期(例如每两个月一次)听取群

众意见,创造条件,开展人大代表和政协委员工作室试点。

(二)引导和组织群众有序表达利益诉求

当前,政府和市民之间缺乏缓冲地带,社会个体有各种利益诉求时往往直接面对政府,政府有限的行政资源和司法资源又无法满足大量增加的个体诉求。社会组织在履行市场和政府所不能完成或不能有效完成的社会职能方面有着独特优势,能与政府形成"合作伙伴"关系,能成为政府和市民之间的缓冲地带。合法且有效的社会组织能化解一部分社会矛盾,可以将难以解决的问题向政府理性反馈。但调查表明,宁波群众的利益诉求通过社会组织去反映的人很少,仅占 5.8%。这表明宁波社会组织或者发育不全,或者社会组织的作用未充分发挥。因此,一是要尽快建立独立于政府和个人之间的多层次、多形式的社会组织,切实放宽准入条件,宽准入、严监管,重点培育和优先发展行业协会类、科技类、公益慈善类、城乡社区服务类社会组织。二是要努力提高社会组织工作人员的素质,提高经济待遇,加强人员培训。三是要提高社会组织工作人员的责任感,主动搜集群众利益诉求,帮助解决群众诉求,积极向政府反映情况。四是政府要主动向社会组织搜集利益诉求,使社会组织形成"利益诉求表达—利益诉求解决—进一步的利益诉求表达"的良性循环。

(三)增强媒体的群众利益诉求表达功能

在现代社会,新闻媒体是社会各阶层表达利益诉求的公共渠道。媒体上那些有影响力、群众喜闻乐见的栏目,能促使相同案例的群众诉求得到有效解决。新闻媒体报道的重大、典型事件,不仅能够催生社会舆论,而且可让政府及时获悉情况、快速处理问题。报纸、广播、电视等主流媒体,要坚持正确舆论导向,主动关注和回应网络舆论,表达政府的态度和诚意,对突发事件的解决要能起到正本清源和一锤定音的作用;要坚持媒体"贴近生活、贴近群众、贴近基层"的原则,要对事关群众利益诉求的重要事件进行深入和跟踪报道,促使问题解决;要在遇到舆情风暴时,第一时间争取话语权,做到"网快我准";要开辟群众利益诉求表达专栏或专题,跟踪、定期公布群众利益诉求表达的后续结果;要加强行业自律,自觉担负起应有的群众利益诉求表达责任。

(四)建立群众利益诉求表达的数字化平台

宁波要特别注意利用网络媒体作为群众利益诉求表达渠道的作用。根据《宁波市网络文化发展状况蓝皮书》,截至 2012 年 9 月,宁波上网用户总人数为596万人,占新老宁波人口的59.2%,超过全国平均水平20个百分点。通过网络渠道表达利益诉求,是最平民化的利益诉求表达渠道,速度快、覆盖广、成本低。为此,建议运用科技手段,整合现有的信访、接待、电话热线、网络投诉等载体,建立一个统一的"网上宁波群众利益诉求表达信息系统",形成"业务受理—跟踪处理—回访处理结果—绩效评价"的全过程管理机制,并努力把它打造成类似81890的社会管理创新品牌。信息系统要透明化运行。让群众清楚知道或能查询到利益表达事件的过程,就像消费者能清楚查到实物邮件投送的整个过程,例如,由哪个政府部门处理?已经转到哪个政府部门?在某个部门停留了几天?处理结果如何?信息系统要在"绩效评价"环节能由群众打分。这样既给相关部门压力,也能让群众看到信息系统的保障作用,反过来又会促进其他群众利用这一系统来表达利益诉求。从应用的角度看,信息系统能有效降低诉求表达成本,提高政府工作效率,方便流程监督,利于对群众的利益诉求信息进行系统化的整理归类,便于政府掌握社会情势、提前做好防控措施,进而从源头上解决非理性的利益诉求表达。

(五)高度警觉潜性的利益诉求表达问题

关注民意,既要立足当前,直面现实发展中已经表现出来的问题,又要着眼长远,对眼前虽然尚不明显但在未来可能逐渐突出的问题有充分的认识,对可能成为具有较强诉求表达意愿的群体和可能形成较为集中性的社会矛盾,要及时地判断、分析。在宁波,要特别关注、区分解决两类不同人口的利益诉求表达的焦点问题。

外来人口诉求的焦点往往集中在工资及子女就学上。据本次问卷调查,宁波外来人口主要关注的问题,一是工资水平及欠薪问题,二是子女读书问题。与第一代农民工不同,第二、三代农民工,在自身权益受到损害时表达欲望更强。因此,要注重在外来人口比较集中的非公经济中建立健全工会组织,积极吸纳优秀外来人口参与职代会、妇代会,努力增强外来人口的利益表达渠道。社区等基层组织,要更多地承担对外来人口诉求的了解、受理、咨询、转达等职责。人大、政协、党委、政府要始终关注外来人口的发展要求、利益诉求,努力使可能出现的矛盾化解在萌芽状态。

户籍人口诉求的焦点在于征地与拆迁补偿。问卷调查显示,对于"您目前最主要关心的利益诉求"问题,宁波户籍人口中有25.6%的人最关注征地补偿问题,有24.4%的人最关注拆迁补偿问题,分别位居第一和第二,两者相加达到 50.0%。因此,宁波在征地和拆迁补偿过程中必须做到公平、公开、公正;建议在大面积征地和拆迁地区、重大建设项目或社会敏感建设项目建设地区增设临时性的群众利益诉求表达机构或组织,方便群众表达诉求。

最后要指出的是,畅通群众利益诉求表达机制本身并非最终目的,最终目的是要实现群众利益诉求。只有群众利益得到保障,才能从根本上减少非理性表达行为。为此,宁波要理顺现有的诉求表达机制和利益实现机制,特别是要理顺信访接待部门和事件处理职能部门的关系。信访部门是倾听群众诉求表达的专业化部门,作用就是引导群众理性合法地表达个人诉求、维护自身权益,为群众做好引导,做好向导;而事件处理职能部门则是具体处理群众具体诉求、实现群众利益的行政职能部门或司法部门。两类部门按照法律和制度框架,做到各司其职,不越权、不越位,才能使群众的诉求能够顺畅合理地得到表达,诉求利益及时得到实现。

作者单位:宁波大学

加快将大东部区域打造成为宁波城市经济的控制中心

林崇建　宋炳林

摘　要： 面对区域竞争、城市竞合，以及加快经济发展方式转变的要求，宁波应尽快将大东部区域打造成为城市经济的控制中心，大幅增强中心城市的增长极作用，进而带动市域各功能组团的优势互补与协调发展。大东部区域作为中心城市为数不多的既有发展基础、又有发展空间的区块，极具潜力，以其优良的区位、产业及行政条件，已初具宁波城市经济控制中心的雏形。大东部区域发展的当务之急是要加强区域内各板块的统筹协调，建议从整体规划、公共服务、都市产业、体制机制等方面予以突破。

关键词： 大东部区域　城市经济　控制中心

我国经济社会发展已步入深度转型的阶段。中央提出打造中国经济"升级版"，浙江提出了"四换"新战略，本质上都是对转变发展方式的深化要求。面对新的形势与自身实际，宁波应以大东部区域为发展的核心区块，加快发展以都市工业和现代服务业为主的城市经济，这既是加快构筑现代都市的基本要求，又是转变经济发展方式的重要抓手，更是有效整合市域资源、促进区域联动发展、增强城市竞争力的必然选择。

一、发展大东部区域是宁波发展城市经济的战略选择

一般来说，城市经济是以城市为载体和发展空间，二、三产业繁荣发展，

经济结构不断优化,资本、技术、劳动力、信息等要素高度聚集,对周边区域产生辐射效应的地区经济。宁波发展的城市经济,是主动适应中央宏观政策环境,立足全域都市化目标,以市级政府为调控主体,以市场机制为配置资源的基本手段,不断推进中心城市功能集聚、促进市域各功能组团协调发展的开放型区域经济。

(一)发展城市经济是遵循区域发展规律的必然选择

在以农业为主导、乡镇企业逐步发展的阶段,区域经济往往局限于村镇经济;随着乡镇工业块状集聚,城镇化加速推进,就形成了县域经济;在工业化、市场化、城市化、国际化综合发展到一定阶段,资源要素在更大范围内优化配置,区域间、城市群之间的竞争也愈加激烈。

当前,宁波正面临着激烈的城市竞争,必须大力发展城市经济,以此加速市域内各组团的有机融合,促进县域间的规划联动、产业联动、市场联动和政策体制联动;既要进一步发挥县域经济的优势,又要有效整合市域内的资源,使得市域内各组团的经济共同繁荣、社会和谐发展。

(二)宁波具备发展城市经济的基础和条件

从政策体制来看,宁波实行"市管县"的行政体制,并先后成为计划单列市和"较大的市",享有相当于省一级的计划决策权和经济管理权,并可制定地方性法规,这为发展城市经济提供了有力的调控手段和政策空间。

从经济基础来看,宁波综合实力不断提升,所有县(市)均跻身全国百强县行列,这既为城市经济发展提供了良好的物质基础,也在客观上产生了加大市域统筹力度的需求。

从近年工作来看,宁波编制出台了市域总体规划、统筹城乡发展规划纲要,大力实施中心城市"东扩、西进、北联、南统筹、中提升"的发展战略,确立了城市经济发展理念,促进了相关配套制度建设,奠定了市域一体的发展基础。

(三)宁波发展城市经济需发挥中心城市的增长极作用

城市经济的发展是各种要素不断向城市集聚的过程,是集聚经济的必然产物。在此过程中,某些主导产业或有创新能力的企业逐步在特定区域聚集,形成资本与技术高度集中、经济规模高效的增长极。增长极是城市经济发展的引擎,不仅具有自我发展的能力,而且可带动和辐射周边地区。

由于财政分配体制、政绩考核等原因,县(市)区单独推进本区域发展的意愿较强,缺少区域协调、缺乏区域统筹。为此,中心城市要充分发挥基础完善且较好的优势,大力推进制度创新,加速形成增长极,强化对周边地区的统筹,增强辐射带动效应,加速形成各组团功能特色凸显、优势互补的"核心—节点"网络化发展格局。

二、大东部区域应该成为宁波城市经济的控制中心

大东部区域是指以东部新城为核心,西起世纪大道,东到生态带,北至镇海新城,往南包括东钱湖地区的广大区域。整个区域总面积约 230 平方公里,涉及东部新城指挥部、高新区管委会、镇海新城管委会、东钱湖管委会、鄞州投创中心、下应街道、邱隘镇、五乡镇、云龙镇及小港街道等多个管理主体。在宁波中心城市优先发展的城市经济格局中,应努力将大东部区域打造成为城市经济发展的控制中心。

(一)大东部区域有条件成为城市经济的控制中心

控制中心需具备三方面条件:一是区位条件,要求交通联系广泛;二是产业条件,要求市场资源配置力强;三是行政条件,要求政府调控与服务能力强。

从区位条件来看,大东部区域正处于宁波南北和东西两条发展轴带上的交点,是中心城市空间架构的几何中心,具有实施控制力的天然地理优势。随着市域轨道余慈线的引入及邱隘综合枢纽的建设,大东部地区有望成为集市域轨道、公路、常规公交等为一体的新综合交通枢纽。

从产业条件来看,在大东部区域中,东部新城的现代服务业、高新区的创新研发产业、东钱湖的休闲旅游产业等处于价值链的高端,具备配置市场资源的先发优势。大东部区域仍有较大的发展空间,预计将进一步加强金融、大宗商品交易、航运交易、国际贸易等总部和功能性机构集聚,具有资源配置的控制能力。

从行政条件来看,新行政中心坐落于大东部区域,这不仅可为全市经济社会发展提供优良的行政服务,也能极大增强该区域的公共资源配置权以及其他社会资源的引导力,并将持续带动基础设施、商务办公、住宅产业、生活配套的建设和高素质人口的集聚。

(二)大东部区域应形成"一极两带四区"的空间功能布局

"一极",主要包括东部新城、邱隘老镇及其南部发展区、五乡西部组团

等。该区块，要树立增长极的理念，依托"三大中心"的建设，加快高端服务业的集聚，成为大东部区域发展的引擎；要坚持宜居宜业的标准，以高品质的生活设施来集聚活力和人气，以高质量的基础设施建设来完善配套和服务，进而成为宁波中心城市综合交通的新枢纽、教育医疗服务的新高地、城区生态环境的新标杆。

"两带"，是指依托中山路、百丈路、轨道1号线的东西向发展带，以及依托世纪大道、海晏路、院士路、东外环、轨道5号线的南北向发展带。前者是目前城市最主要的东西向综合服务轴带，应进一步做精做优，将其打造成为宁波中心城市发展的品质化轴线。后者承担着行政办公、商务商业、科研教育、旅游休闲等功能，应将其作为宁波中心城市未来重点发展的南北向轴线。

"四区"分别指以国家高新区为依托的创新孵化区、以东钱湖为依托的休闲生活区、以镇海新城为依托的生活商贸区，以及下应新城区与投创中心。国家高新区应以发展创新经济为抓手，打造成为宁波实施创新驱动战略的核心承载区；东钱湖应以发展休闲经济为重点，塑造宁波城市经济发展的后花园形象；镇海新城应加快融入大东部区域，发展成为集生活商贸、教育科研、现代居住为一体的宜居型城区；下应新城与投创中心应坚持产城融合理念，强化与东部新城的相向发展，努力成为大东部区域的都市产业区。

三、找准大东部区域统筹发展的突破口

大东部区域各板块发展以我为主，板块间协调不够、功能与空间缺乏统筹，整个区域处于相对无序的发展状态，远未达到宁波城市经济控制中心的要求。为此，应加快突破以下问题，加快形成大东部区域联动发展的合力。

第一，加强对大东部区域的整体规划。当前，大东部区域各板块发展缺乏合力，应加强统筹。为此，应加快区域的整体谋划，针对大东部区域功能定位进一步细化研究，包括空间格局、产业结构和用地比例等，以"三规合一"的理念编制区域整体发展规划，据此做好控制性规划，切实加强规划的权威性以及执行的力度。在规划研究编制过程中，应着重强化核心区块的主导职能，形成以东部新城为核心、周边板块分工发展的功能和空间组织秩序。此外，还应立足区域整体发展，统一各板块的功能建设标准，严格控制商务办公、商业中心等建设总量，调控好供求总量，力求既避免板块间过度

竞争,又做到合理均衡布局。

第二,加快将大东部区域打造成为宁波教育医疗服务的新高地。大东部区域产业定位较高端,生态资源丰富,文化广场即将建成开放,但在教育、医疗设施方面仍明显不足,一定程度上影响了高端产业和优秀人才的集聚。这种现象在"一极"区域尤为明显,已成为发展的短板。为此,应坚持多功能复合、宜居宜业的理念,在居住和工作环境之间寻求平衡。尤其是在教育与医疗设施不足的问题上,要以全大市最高的标准,加强对大东部区域的教育医疗投入,提供品质化的教育和医疗服务,建议择址建设从幼儿园到高中的现代化学校,进一步谋划引进市内外优质医疗资源,积极引进适应于宁波开放发展需要的国际化学校和医疗机构。

第三,提升发展大东部区域的都市产业。发展都市产业是城市经济发展的应有之义。应遵循城市经济控制中心的要求,在大东部区域尚未布局的空间、个别区块的控制预留空间上,重点发展会议展览、金融商贸、科研创新、休闲度假等都市服务业,提升产业的集聚辐射及控制能力。面对梅墟、鄞州投创、五乡、邱隘等地以服装、机械、五金、电子等传统制造业为主的产业现状,应立足都市功能发展的需要,依托东部新城特有的信息流、物流、人才流、资金流和技术流等,加快其从传统工业向都市工业转型的步伐,将发展重点逐步转向产品设计、营销服务、轻加工制造等,进而加速形成以东部新城为核心、各板块联动发展的新兴都市产业群。

第四,强化大东部区域的体制机制保障。大东部区域要成为城市经济的控制中心,离不开市级政府的政策供给和资源保障。一是用地保障。应抓住宁波城市总体规划修编的有利时机,确保城市未来新增的建设用地指标,大部分优先落实到本区块,用于满足区域大规模、高品质开发建设的需要。二是组织保障。在不改变行政区划的前提下,建议将五乡、邱隘等划归由东部新城指挥部代管,强化区域联动;待时机成熟,在东部新城指挥部的基础上成立大东部区域管委会,管委会负责"一极"区块的具体开发建设工作,并承担整个区域的规划制定、标准拟定和组织协调等职能;在严格执行区域整体规划的前提下,其他"四区"由各管理主体自行开发建设。三是考核机制保障。从强化大东部地区统筹发展的角度,加强对"一极"和"四区"相关工作的考核力度。同时,在行政区划最终变动之前,各种经济社会发展指标仍按现有行政管辖权予以统计,以维护各管理主体的积极性。

作者单位:宁波市社会科学院

以职业教育专业群建设助推我市产业转型升级

熊惠平

　　摘　要：面对宁波先进制造业、现代服务业并行发展的现实需求，以及"4＋4＋4"产业发展目标，宁波的职业教育在专业设置上要以产业为导向建设职业教育专业群，大胆改革与创新人才培养模式，改变职业教育人才培养与当地经济发展相对脱节、与产业结构不太匹配、与市场需求关系不紧密的现状。专业群建设关键在于推进产业系的组建，在产业系内谋划布局与产业对接的专业群，打造"专业—市场"对接平台，以此打破原有专业格局，切实强化政企校社联动，促进职业教育与宁波产业发展的有效适配，增强专业承载力。

　　关键词：职业教育专业群　产业转型　升级

　　职业教育培养技术技能型人才，要随着宁波经济发展方式转变而"动"，循着市场需求而"变"，跟着产业与中小企业转型升级而"走"，这样才能为城市发展提供人才支撑。为此，职业教育在专业设置上要大胆创新与探索，建设职业教育专业群既符合职业教育发展规律，也符合地方发展需求。所谓职业教育专业群，是由一个或多个重点建设专业为龙头，以若干个工程对象相同、技术领域相近或专业学科基础相近的专业为支撑组成的专业集合。简言之，职业教育专业群是以重点建设专业为龙头、相关专业为支撑组成的专业集群，对应的是区域经济发展的产业链和产业集群，揭示的是职业教育与区域产业发展的内在联系，顺应了区域产业调整拉长产业链、强化产业系统集成能力的战略要求。

一、职业教育专业群建设对我市产业转型升级的作用

宁波产业正在转型升级、产业结构正在不断优化、战略性新兴产业正在加快培育,职业教育必然要与时俱进,固步自封只会制约人才培养、与城市发展脱节。为此,宁波在立足教育发展规律的基础上,要加快职业教育专业群建设。

(一)职业教育专业群建设顺应了教育规律与实践需要

从职业教育发展规律来看,职业教育专业群建设是职教领域的"中层设计",是连接职业教育"顶层设计"和"底层设计"的纽带和载体;单一专业到专业集合的转变,是对传统专业制度变革的必然结果。从职业教育专业群建设实践来看,其顺应了区域产业集群发展对人才的需求,为区域产业集群和产业链形成提供了人力支撑,与区域产业发展、区域经济成长之间形成了"群群"链式对应关系。

从职业教育招生与就业看,职业教育专业群建设有利于职业教育发展和地区经济建设。近几年,全国高考生源持续减少,高职院校招生形势严峻。在此大环境下,我市高职院校却能够生源充足、报到率普遍在 90% 以上,纺织服装职院的"机电一体化技术(城轨机电自动化方向)"专业投档比更是高达 12∶1。究其原因有两点:一是宁波本身经济社会发展水平较高,对学生报考有较强吸引力,毕业生也有意愿留在宁波,就业本地化明显。二是高校立足宁波和院校实际推进专业建设。据市人力资源和社会保障局的统计数据显示,截至 2013 年 6 月,我市高职院校的就业率(87.35%)继续高于本科学校(73.05%),就业率前三的排名(应用日语为 98.73%、电气自动化为 97.83%、数控技术为 96.39%)反映了高职院校专业建设紧贴宁波开放型经济、临港工业和制造产业发展的现实。但是宁波高职院校要进一步服务地方经济,为招生和就业创造良好的环境,仍然应当在专业建设上下功夫,职业教育专业群建设是一个切实可行的方向。

(二)职业教育专业群建设有利于人才供需市场的对接

职业教育专业群建设是以市场需求为前提,这里的市场需求包括了城市发展、产业与中小企业转型发展的需求等。要转变发展方式,人才支撑是关键,这一过程对人才层次和质量的要求会大步提高、规模也会相应增加,

而职业教育培养的技术技能型人才是不可或缺的中坚力量。因此，以专业群建设为抓手，加快培养技术技能型人才，是在甬职业院校（中职学校＋高职院校）的当务之急，是以市场为前提、就业为导向推进人才培养模式、办学机制改革的有力举措。

（三）职业教育专业群建设有利于推进"两个转型"

产业与中小企业转型升级是宁波面临的"两个转型"。以产业为导向的职业教育专业群建设，内生于宁波经济社会发展需要，动态地反映了宁波产业结构升级、块状经济向现代产业集群发展的人才培养需求。因此，以产业为导向的职业教育专业群建设，可有效贴近宁波产业与中小企业转型升级的发展要求，有利于推进"两个转型"。

二、宁波市职业教育专业群建设的现状和存在的问题

2011年，宁波高职院校共开设184个专业（不同院校相同专业不合并计算），涉及教育部2004年颁布的《普通高等学校高职高专教育指导性专业目录（试行）》全部19个专业大类中的14个大类，在产业上基本做到了全覆盖。但是专业的具体结构与地区的实际联系并不紧密，职业教育专业在市场需求适应性、"招生—就业"对应性和"专业结构—产业结构"匹配性和前瞻性上都显不足。

（一）专业设置与市场需求的适应性不强

从专业设置与产业结构的对应关系来看（见表1），服务于第一产业的专业仅观光农业、园艺技术、园林技术3个，专业占比不足2％，专业设置与人才培养滞后于农业产业发展的需求；服务于第二产业的专业有39个，专业占比仅为20％多，设置率最高的是机电一体化技术、数控技术专业，其次是模具设计与制造专业，与新兴产业相关的专业少，这种设置一定程度上契合了宁波传统优势制造业发展格局，却难以更好地适应制造产业转型升级需要；服务于第三产业的专业高达142个，"畸高"的比例不仅会导致市场供给过剩，还会挤占二产技术技能型人才的教育培养资源。

表 1　宁波 2009—2011 年高职院校专业设置情况

年份	服务于第一产业的专业数量	占当年专业总数的比例(%)	服务于第二产业的专业数量	占当年专业总数的比例(%)	服务于第三产业的专业数量	占当年专业总数的比例(%)
2009	2	1.17	42	24.5	127	74.33
2010	3	1.7	40	22.7	133	75.6
2011	3	1.63	39	21.2	142	77.17

数据来源:各高职院校该学年的数据采集平台整理而成的人才培养工作状态数据分析报告和《浙江省教育厅关于公布 2010 年高等学校专业名单的通知》(浙教高教〔2010〕91 号)。

(二)专业结构与产业结构的匹配度不高

从表 1 可以看出,三次产业的专业设置结构与宁波产业结构难以匹配。为第一、第二产业服务的专业建设不足,为第三产业服务的专业占比过高,其背后进一步的情况是,三产专业建设显得重复且同质化(除卫生职院外,四所高职院校设置最多的专业是市场营销、物流管理、会计、电子商务以及国际经济与贸易类的专业)、专业设置的动态性不足也不超前,与产业结构调整优化未形成有效对接。第三产业专业占比过高的一个重要原因是,这些专业多为文科性专业,设备等硬件投入相对少很多。

(三)专业招生与就业的衔接性不够

专业招生作为"进口",会直接影响专业就业即"出口"。2011 年,宁波高职院校设置的服务于第一、第二、第三产业的专业,其招生人数占当年招生总人数的比例,分别是 1.94%、12.68%、85.38%。透过这个数据,可以发现专业设置和招生格局与现实的市场需求并不相符。事实上,宁波对制造业第一线的技术技能型人才的需求强劲,对服务业高端的人才需求迫切,对中低端的人才需求相对稳定。从近几年的就业来看,技术技能型人才可谓供不应求;服务于第三产业的专业人才则面临着与非高职本科院校的激烈竞争。

三、加强职业教育专业群建设的几点建议

以产业为导向建设职业教育专业群碰到的首要问题,是专业重构,即对现有专业与新设专业如何整合的问题,从根本上讲是利益的重整,这也是最大的难点。因此,要以产业系建设为载体,打破原有格局,打造"专业—市

场"对接平台,推进专业群建设,切实强化政企校社联动。

(一)重视以产业为导向建设职业教育专业群的问题

职业教育专业群建设事关城市发展、学生就业。为此,既要审慎、稳妥,又要坚决、有效地推进这项工作。要充分认识职业教育专业群建设对宁波产业人才积蓄、对城市转型发展、对学生就业成长的重要作用;要树立产业导向理念,产业系是专业群建设的基础,要从宁波产业的实际和全产业链出发来学习、掌握并传授全系列的技能和知识;要树立"平台"思想,产业系建设要强化校企合作,充分挖掘政企校所(科研院校)社(社会力量)用(终端用户)资源,从而使原来校企间的"点对点"或校行(业)间的"点对面"或校板块(块状经济)间的"点对区块"的合作模式,扩充为一个以市场需求为导向的立体平台。

(二)开展产业系建设试点

产业为导向建设职业教育专业群的基本路径,是产业系以及产业系下的专业群建设,即在产业系内谋划布局与产业对接的专业群。产业系确立了专业群建设的发展方向和既定框架,而专业群是产业系建设的"落地"和具体实施。就产业系建设试点来说:

一是要充分认识产业系建设的重要性。产业系建设符合技术技能型人才成长规律和职业教育发展规律。产业系面对的是整个产业链,要求建设产业链相关专业,这本身就是在建设专业集群。专业与产业链紧密联系,专业群也与产业链背后的产业群紧紧相连。可以说,产业系建设,集成了"三对接",即专业链与产业链对接、专业结构与产业结构对接、专业设置与就业市场对接,通过差异化、特色化、优势化发展可有效破解专业建设同质化难题。

二是要把握好产业系建设的原则。产业系在建立链条式专业群时,要立足宁波的目标产业,认真梳理产前产中产后、售前售中售后的产业链,分析和动态把握产业链的人才结构。微笑曲线理论说明了在产业链中,附加值更多体现在两端,即设计和销售环节,处于中间环节的制造附加值最低。鉴于职业院校毕业生在产业链制造环节最活跃、在销售环节活跃于相对低端的领域、在研发环节则明显活力不足的特征,在专业群的人才培养定位上,要从产业链中间市场出发(以此为基础),深化研发环节,努力拓宽销售渠道,力求向整个产业链渗透。

三是推进产业系建设的实施要领。首先,要推进制度创新,在教育行政管理部门牵头试点的基础上,完善宁波市职业教育联席会议制度,完善《宁波市职业教育校企合作促进条例》及其细则,强化宁波市职业教育校企合作促进会和宁波市职业教育校企合作公共服务平台的功能,推进试点工作,先期可在部分高职院校和技师学院试行,"成熟一个、设置一个、建设一个、做好一个"。其次,要抓好产业系的产业选择,先期试点学校可根据宁波先进制造业和现代服务业的基础和发展规划,先行设立先进制造产业系、现代服务产业系,更进一步则可瞄准"4+4+4"产业体系,追踪战略性产业与新兴产业,也可致力于改造提升传统优势产业,比如成立汽车产业系、信息产业系、工业设计产业系、智能装备产业系、物联服务产业系等,但不宜过细,然后在这些系之下划分若干专业群以及各专业群中的专业。关于产业系及其专业群建设试点建议详见表 2。

表 2   宁波高职院校产业系及其专业群建设试点建议

学校	拟试点的优势(特色)产业系	拟被整合的专业(群)	试点选择理由
宁波职业技术学院	化工产业系	应用化工技术、工业环保与安全技术、生物技术及应用及其相关专业	利用宁波作为我国重要的重化工业基地;学校"背靠"宁波经济技术开发区、保税区、大榭开发区、出口加工区及北仑港区而进行的相关专业建设有优势和特色;学校的服务外包学院建设已有一定的基础,具备专业加快发展条件
	服务外包系	工业设计、动漫设计与制作、乐器制造技术及其相关专业	
浙江工商职业技术学院	装备制造产业系	产品设计、工业造型设计、数控技术、模具设计与制造、机电一体化技术、计算机辅助设计与制造及其相关专业	利用宁波作为我国机电制造业重要基地的有利条件;学校在推进模具等装备制造"总部—基地"办学的"一体两翼"架构中,相关专业建设卓有成效。"一体两翼"架构即"学校总部—宁海和慈溪产学研基地"办学格局
浙江纺织服装职业技术学院	纺织系	现代纺织技术、艺术设计、纺织品检验与贸易、精细化学品生产技术、染整技术、现代纺织技术、纺织品装饰艺术设计及其相关专业	利用宁波作为我国服装制造业重要基地;学校"纺织服装"的定位本身就决定了其专业建设的优势和特色;学校近年来的"轨道交通"相关专业建设顺应了宁波城市产业发展需要,具备相关专业群建设的基础
	轨道交通系	机电一体化技术及其城市轨道交通机电自动化方向和运营管理方向、数控技术、应用电子技术及其相关专业	

续表

学校	拟试点的优势（特色）产业系	拟被整合的专业（群）	试点选择理由
宁波城市职业技术学院	城市园林产业系	园林工程技术、宁波生态园林城市创意与建设、园艺技术及其相关专业	利用宁波作为中国最具幸福感城市、全国文明城市、国家环保模范城市、国家低碳城市试点、国家园林城市、中国优秀旅游城市等的有利条件；学校"城市"的定位，在切合宁波城市产业发展需要中，促进了相关专业建设
	旅游产业系	旅游管理、旅游管理与服务、酒店管理、导游及其相关专业	
宁波卫生职业技术学院	健康产业系	护理、口腔医学技术、康复治疗技术、医学营养、医疗美容技术、卫生信息管理、公共卫生管理及其相关专业	利用宁波建设健康城市和着力于发展健康服务业的有利条件；学校"卫生"的定位，专业基础扎实，利于建设健康产业相关的专业，顺应了当下健康产业快速发展的趋势

需要提出的是，五所学校的试点系不必同时进行，可以选择产业相对成熟、示范效应和波及效应更明显的产业系先走一步。此外，不应忽略农业产业发展问题，宁波本身没有农学院校，因而设立农业产业系不现实也没有必要，但相关专业应该有针对性的强化，比如针对家庭农场、专业合作社发展的方向，在专业群设计上应该有所考虑。

（三）强化专业群建设上的政企校社联动机制

以产业为导向建设职业教育专业群，离不开政府、企业、职业院校、社会的通力合作。为此，首先，在专业设置上要处理好前瞻性和现实性、试点—推广—全面推行、新兴产业与传统优势产业、专业设置和专业选择四大关系。其次，要强化政府的法规制度安排和政策引导，要在完善《宁波市职业教育校企合作促进条例》及其细则中，加大校企合作以及产业导向职业教育专业群建设的扶持和促进力度；要通过召开全市职业教育工作会议，对包括职业教育专业群及其产业系建设问题在内的职业教育持续发展问题做出全面部署。最后，要加大对市场需求、企业需求的关注，建设能满足市场需求的专业群，增强对企业的吸引力。

作者单位：浙江工商职业技术学院

进一步提升甬台产业合作的途径与对策

文晓庆

摘　要：2010 年，海峡两岸 ECFA 协议正式签署，双方共对合计近千种产品降税，还相互开放了 20 余个服务业，与此同时，台湾当地的产业为求发展也开始加速外移，从而为甬台产业合作带来了前所未有的战略性发展机遇。我市应牢牢把握住这一机遇，积极引进台湾核心、支柱和高科技产业，以及台湾较为先进的现代服务业和农业等优势产业为我所用，并借此提升改造我市传统优势产业、壮大临港重化工业、发展高新技术产业和服务业等，不断提升两地产业合作层次，进而推动我市经济又快又好发展。

关键词：提升　甬台产业合作　途径

2010 年，《海峡两岸经济合作框架协议》（ECFA）正式签订。这为两岸产业合作的深化创造了良好条件，开启了两岸区域经济合作不断深化发展的进程。宁波是台商投资大陆重点城市之一，目前全市登记在册的台资企业有 2300 多家，占全省台资企业总量的近 50%。在此背景下，宁波理应抓住抓好这一机遇，加速甬台间产业合作，推动两岸和甬台产业合作向纵深层次发展，加速产业升级、城市转型发展。

一、重点推进甬台四大产业的合作

从甬台两地的产业现状来看，宁波应围绕城市急需提升的传统制造业、高科技产业、战略新兴产业,以及农业和现代服务业,积极地与台湾相关优势产业进行合作。

推进机械和石化产业合作。可根据宁波市加工制造能力强的优势和对上游原材料需求大的特点,围绕我市打造装备制造、汽车及零部件、模具、精密仪器仪表等特色产业集群,引进一批台湾电机等机械制造业的龙头企业,实施我市民营企业和台湾企业的对接,促进我市机械装备工业调整升级。以台塑乙烯项目为重点,加速发展基础化工原料、合成材料等,积极引进台湾的石化后续产品的开发和利用项目,加大上下游产业整合力度,大力扶持目前已落户我市的台资企业,培育区域产业综合竞争力,构建国家级石化产业基地。

推进高新技术产业合作。进一步吸引包括移动电话、数码相机、信息家电、软件、网络、电子商务等台湾优势产业,并激励台商不断加大其高资本设备的投入,包含先进技术的整厂输出,加快将其在岛内的研发基地搬移宁波,或在宁波开设研发中心、IC设计中心及软件开发基地,同时鼓励与宁波的企业、高校、科研院所形成全面合作,共同开发设计新产品。

推进农业合作。积极引进台湾先进农业优良品种及先进的农产品栽培、管理、检测和保鲜包装技术和市场销售方式,推动我市农产品特别是杨梅、水蜜桃等特色农产品的种植、加工和销售水平的提高。加强与台湾农会、农联社等行业组织的交流和合作,培育和壮大本地农业中介合作机构;大力发展甬台两地互补性的农产品贸易,像台湾特色花卉、水果、水产品和加工食品和宁波的杨梅、水蜜桃等农产品都可进入对方市场。在农业生产和加工技术领域,着重开展以生物技术为主的合作。在休闲观光农业发展和农耕文化开发领域,学习借鉴台湾休闲观光农场成功的运作经验,探索合作建设模式,发展园艺设计、盆景花卉、观光娱乐、都市美化等休闲农业。在农业经济研究领域,加强两地相关高校及农业科技机构的合作交流。

推进服务业合作。围绕打造国际贸易平台,加强与台湾生产力促进中心等生产服务机构的联络,引进高科技研发中心以及先进的全球营销网络和贸易平台,积极开展研发、设计、技术咨询等产前服务业的合作;大力推进与台湾在会展、广告、营销等产后服务业领域的合作,积极争取台湾电机电子工业同业公会等有影响力的行业协会来我市举办电子、机械等高新技术、核心支柱产业的专业展会,通过会展示范、辐射、带动作用,推动我市制造产业的优化升级;重视与台湾金融服务业的合作。建议有关部门按照"同等优先"的原则,加强与台湾金融服务业的交流和沟通,积极争取台湾金融机构来我市设立办事处或合资公司;加强与台湾消费型服务业的合作。积极开展与台湾旅游行业的交流合作,吸引更多的台胞来我市旅游,促进我市旅游服务业的发展,等等。

二、多路径推进甬台产业合作

推进甬台产业合作,不能光依靠政府,要多路径推进。具体来说,要以民间为主导,政府适度介入,通过港口这一载体,推进产业链接。

坚持民间主导。有效发挥民营企业机制灵活的优势,利用两地企业文化相通及发展模式相似的先天条件,按照自觉自愿的原则,加强两地在各个方面的交流合作,实现优势互补、互利互惠,从而把民营企业推向利用台资的前沿"阵地",是可持续利用台资、推动民营经济新飞跃、优化经济结构的长远之举。与此同时,鉴于行业协会具有弥补政府和企业无法起到的作用或职能,故在两地产业合作中,积极发挥行业协会协调作用,积极组团参加交流活动,促进园区与园区、企业与企业之间交流合作,良好互动。

政府适度介入。一是加大甬台合作政策支持力度。积极借鉴兄弟城市做法,在国家已出台的各类涉台经贸优惠政策措施的基础上,进一步落实台商投资的优惠政策。二是积极引导和推进项目对接。鼓励两地企业通过独资、合资、合作等形式,实现项目对接。凡属国家产业政策鼓励类、允许类利用台资的产业对接项目,可视情况建立项目审批"绿色通道"。三是大力推进甬台在技术管理领域的交流合作。依托我市高校和科研院所,与台湾相关产学研机构建立产业信息和技术动态沟通平台,主动谋求建立合作研发机制,努力实现两地在产业发展的基础研究与应用研究的优势互补。四是主动搭建对接合作平台。借鉴甬港经济论坛的成功模式,不断提高甬台对接合作的层次和水平。

坚持港为载体。坚持走港口、产业、城市互动发展的道路,积极与台湾的物流业和银行、保险业等台湾较为发达的临港产业形成战略合作,全面建成上海国际航运中心重要组成部分和长三角国际物流枢纽。利用宁波—舟山港的深水条件和我市拥有国际机场的优势,加快与台湾港口的对接,拓展航空物流,加强宁波保税物流园区平台建设,完善其中转、采购、转口贸易和国际配送功能,发挥政策优势,吸引更多台资物流企业来我市落户,等等。

加强产业链接。汽车工业,将台湾先进技术及研究机构引进宁波发展;

电子通信工业,逐步壮大宁波作为生产基地的基础上,吸引更多台湾研究开发迁移宁波;化学工业,争取吸引更多的台湾石化企业将上游产品移至宁波,台湾发展高附加值的中游产业;纺织工业,重点在成衣部分建立两地水平分工。通过两地产业链全面对接,逐步在两岸相关企业间形成产业和生产联盟,与此同时,在生产联盟和有关学术、科研机构及金融机构之间进一步形成产、学、研、金良性互动的产业联盟。

三、多方式扶持和推进甬台产业合作

就政府而言,要多方式扶持和推进甬台产业合作,着力为产业发展提供适宜的软硬环境。

第一,推进各产业及高科技等落地载体园区建设。在与我市企业合作过程中,提供更多、更好的落地平台。要大力发展高端产业。围绕我市长八大战略性新兴产业发展需求,积极吸纳台湾重点支持的高技术项目、国际人才和跨国企业等加入。要高效推进专业园建设。顺应我市既有优势产业发展的客观需求,加快打造并形成各具特色的专业园区,吸引产业上下游的包括台湾企业在内的各相关企业、同环节的企业在园区内形成集聚,使不同企业在信息、公共技术平台、市场和人才等高端要素上都能实现资源共享。同时,加强与台湾相关产业园合作,积极探索专业园与周边区域协调发展的有效模式,形成在专业园发展高端产业、在周边区域提供配套服务的合作机制。要积极培育新业态。加大力度关注我市正处产业形成期和成长期的金融、保险、物流、海洋、创投业等产业。一方面,通过实施政府采购、资金倾斜、产业促进等手段,大力推进这些新业态的快速成长;另一方面,鼓励和吸引台湾上述企业来我市相关园区落户,或合作创办新的产业新园区等,努力实现甬台产业合作的双赢发展。

第二,提升金融服务。一是大力加强甬台金融机构合作。支持台湾金融机构在我市设立办事处、分支机构,成立合资银行,同时鼓励我市商业银行联合海峡两岸和香港的金融机构及服务机构,搭建综合性服务平台,为台资企业提供差异化和全方位金融服务。二是鼓励银行加大对台资企业的信贷支持力度,积极提供符合台资企业特点的多种信贷支持,对总部设在我市的台资企业可增加信贷。三是支持台资企业贷款融资。由政府出面,协调本市商业银行为台资企业提供人民币专项贷款。并设立一定数额人民币的专项台资企业贷款补贴基金,将符合条件的台资小企业纳入我市小企业贷款业务试点的范围。四是进一步完善信用担保体系,支持贷款担保机构为台资企业贷款进行担保;支持本市台湾投资企业协会发起设立台资企业贷款担保机构,鼓励本市有关机构出资入股。五是让台资企业享受本市鼓励企业发展的政策。

第三,加快人才政策创新。建议有关部门参照香港特区政府输入内地人才计划,深入研究引进台湾专业人才的基本政策与规制,形成具有感召力与可行性的创新运作机制。比如,可由市台办、市委统战部、民革、台盟等方面联系组建、并吸收台商投资协会参与的引进台湾专业人士专门机构,或成立引进台湾专业人士委员会。主要负责大原则把关和总体调控,在深入调研的基础上,抓紧掌握和建立有关台籍人士的招募、甄选以及评估方式与标准,及提供加速人才本土化的教育、培训等辅助手段。具体操作和向引进的台湾专业人士提供服务可由人力资源公司负责。参照其他兄弟城市的做法,鼓励台湾的专家学者、工程技术人员和高级管理人员等到宁波发展,符合条件的,享受本市吸引境外人才政策。推动两地人才交往制度化,鼓励交叉任职,包括两地高校研究机构互聘客座教授或研究员,甬台企业互聘台籍或甬籍技术与管理干部等。开展合作研究,包括立项合作、课题合作、实验合作、开发合作等。定期选派中青年专业人员到对方高校、科研机构学习培训,推动两地学生到宁波企业包括台资公司参加社会实践或实习,鼓励在甬博士后流动站吸纳台湾学子进站等。

第四,加强法治建设。一是要积极改革政府审批制度。有关部门要从各自职能出发,按照"同等优先、适当放宽"的原则,对台资企业予以优先审批、优先验放、优先办证,努力减少行政审批事项,切实解决"三乱一多"(乱收费、乱罚款、乱摊派、检查多)等问题,主动为台湾同胞权益保护提供更加稳定、透明和完善的法规政策环境。二是要加强涉台案件的办理。对台商来大陆投资所产生的投诉和纠纷,应予及时调解和审理,妥善处理。对发生在台资企业内的侵占、挪用公司资金、非国家工作人员受贿等犯罪案件,应根据分工,相互配合,依照法定管辖的规定予以及时立案查处,有力打击针对台企的犯罪。对涉及侵犯台商人身、财产权利的各种案件,要本着高度负责的精神,依法从快予以公正处理,切实维护台商当事人的诉讼权益。对司法诉讼中有侵犯台商合法权益的徇私舞弊行为,要认真严肃地进行查处。同时,人民检察院要依法加强对民事诉讼活动实行法律监督,对台商就民事、经济案件判决不公的投诉,应积极受理,及时向人民法院依法提出抗诉,纠正错误的判决,维护台商的合法权益。三是要精心做好台资企业的安全稳定工作。要进一步加强案件审理、执行和法律服务工作,完善相关法规和有关政策,落实各项服务和保障措施,及时化解影响企业发展的各种不安定因素,依法严厉打击危害台商的各种刑事犯罪和经济犯罪活动,依法维护台资企业合法权益,保障生产经营顺利进行。四是要深化对台资企业发展新情况新问题的调查研究,不断创新工作思路,拓展工作领域,努力提高工作能力水平。比如广泛开展走访服务活动,视情在台企中设立联络员,建立联席会议制度,建立涉台案件旁听机制和集体会诊制度,等等。

作者单位:宁波职业技术学院

培育和增强宁波企业家创新精神的几点建议

俞海山

摘　要：宁波企业在创新上"投入少、强度低、研发弱、产出低"的现实表明，企业家创新精神不足的顽疾犹存。内外因的交织致使宁波企业家创新精神不足，即企业家"小富即安"的心理、依赖传统的发展路径，以及未形成宽容企业家创新失败的环境。事实上，在一个区域中企业家创新精神的强弱，直接关系着区域发展的潜力与未来。鉴于此，建议宁波实施企业家创新培训工程、科技型企业家培育工程。此外，政府要进一步为创新提供服务和保障，以降低企业家实施创新行为的风险；要宽容失败、善待失败，营造有利于创新的文化与氛围。

关键词：宁波企业家　创新精神

企业家创新精神，是企业家精神的核心内容和标志性特征，企业家之所以成为企业家，很大程度上是因为他们具有创新精神；其具体表现为企业家面对企业生存和发展的环境，研判未来科技、市场和管理的发展趋势，整合各种创新资源，主动实施变革的一种意识和行为。企业家创新精神是一个区域、一个国家经济发展的动力。宁波实施创新驱动战略，就必须大力培育和增强企业家的创新精神。

一、宁波企业家创新精神不足之表现

近年来,宁波科技创新能力进一步增强,科技创新政策环境不断优化,创新对经济发展转型和产业结构调整的支撑和引领能力不断增强。但从总体上看,宁波企业家的创新精神依然不足,在创新上顽疾犹存,投入少、强度低、研发弱、产出低,自主创新缺乏内生性增长动力。具体表现如下:

一是企业创新投入相对较少。统计数据表明,宁波政府在科技投入上持续较快增长,但企业的研发投入、科技活动投入增长却较慢。2012年,宁波规模以上工业企业科技活动经费支出比上年增长12.5%,为156.5亿元,但同期青岛市仅150家市级创新型企业科技活动经费支出总额就达到204.68亿元。

二是产业研发投入强度较低。2012年,宁波规模以上工业企业科技活动经费支出占主营业务收入的比重仅为1.4%。而据《中国企业自主创新评价报告(2012)》显示,我国节能环保、电子信息、生物产业、装备制造和能源产业5大战略性新兴产业前500家创新企业平均研发投入强度已达到4.58%。国际上,上述产业内企业的平均研发投入强度一般达到5%左右。

三是企业自主研发能力较弱。大部分的企业技术水平低,没有研发团队,即使有技术中心,层次也不高,更难以形成研发链。直接的表现就是企业缺乏核心关键技术,缺少自主知识产权,"叫得响"的自主品牌数量少、培育缓慢。

四是科技成果产出较少。近年来,宁波市授权发明专利占全部授权专利的比例徘徊在4%左右。2012年,宁波专利授权总量达到59175件,其中发明专利2065件,在副省级城市排名第八,比重仅为3.5%,这一数据甚至还远低于全国近几年10%左右的平均水平。

二、内外因交织导致宁波企业家创新精神不足

宁波企业家创新精神的不足,既有企业家的内因,也有发展环境的外因,体现在企业家心理、企业发展路径、企业创新环境三方面。

一是企业家存在"小富即安"的心理。宁波经济的活力在于民营经济,

民营经济可以说是草根经济。草根型企业家创业初成后,在遇到发展瓶颈时,往往会产生一种"已经蛮好了"的自我暗示;由于他们大多知识水平相对较低,因而他们对科技、产业发展趋势难以把握,进而偏于保守,削弱了进取心;而且,"传统路径"下的企业经营,虽然竞争激烈,但依靠出口退税等手段仍有薄利可图,也致使企业家安于现状。此外,"小富即安"的心理易导致企业家喜好从事"短平快"项目,如民间融资、炒房等,对需要较长周期才能产生效益的研发项目兴趣不高。宁波企业规模"五千万元现象"在一定程度上也折射出了企业家的"小富即安"。

二是企业家存在"路径依赖"。由于历史的原因,宁波多数企业家出身营销人员,是市场型企业家,科技型企业家所占比例较低。市场型企业家对市场敏感,关注商品价格、供求等因素;企业的起步是从简单的手工作坊开始,依靠 OEM(贴牌生产)减少研发、人才和技术创新方面的投入,规避研发和创新风险。市场型企业家高度关注市场无可厚非,但这往往会造成"路径依赖""惯性思维",进而对新技术陌生,对技术创新不够敏感,刻意规避自主创新,甚至是不知如何创新。

三是全社会尚未形成良好的创新环境。一方面,缺乏容忍创新失败的氛围。一旦企业创新失败,就可能成为周围企业的"笑料";更为重要的是,提升企业家创新成功率、降低企业家创新风险的体制机制仍待完善。另一方面,知识产权保护不力。知识产权保护不力是我国整体性的问题。一旦遭遇侵权,具有自主创新知识产权企业的维权成本高,创新得不到相应的收益,这也抑制了企业家的创新精神。

三、增强宁波企业家创新精神之对策

增强企业家创新精神,并非只是企业家的事。从长远看,如果宁波的企业家缺乏创新精神,创新驱动战略就会落空,区域经济就不可能有活力。因此,政府不仅要有所作为,更要积极有为。具体可以从以下几方面着手。

(一)实施企业家创新培训工程,增强创新意识和创新能力

加大宣传,提高企业家创新意识。通过宣传,强化宁波企业家的自主创新意识,扭转"小富即安"的思想,使企业家形成"创新是企业未来发展必由之路""创新是企业对社会责任最好履行"的理念,让企业家认识到在全球产

能过剩的大背景下,不创新就意味着企业的落后乃至衰亡。

加强培训,提高企业家创新能力。目前,宁波主要是对企业家进行管理技能培训,这固然需要,但更重要的是要对企业家进行创新培训。创新培训,重在提高企业家的创新精神和创新能力,提高企业家寻找创新路径的能力。为此,宁波经济部门应当联合教育部门、高校,对企业家特别是要对中小型企业、成长型企业的企业家和职业经理人进行创新培训。既要用那些因为创新而导致企业成功的典型案例,又要用那些因为缺乏创新而导致企业衰亡的典型案例,从而使宁波传统的市场型企业家认识到必须改变"路径依赖",成为市场型、科技型兼顾的企业家。

(二)实施科技型企业家培育工程,让部分科技人员成为企业家

坚持多渠道培养和多方式造就。引科技人员入企业,促使其科技才能在企业发展中产生"核裂变"。引科技人员创企业,并迅速成长为科技型企业家,这更为重要,国内不少城市已经先行。天津正实施《"新型企业家培养工程"实施意见》,目标是从 2012 年开始,每年选拔约 150 名科技型企业经理人进行重点培养,到 2020 年,培育 1000 名企业年销售额超亿元、创新能力处于国内同行业领先地位、善于经营管理的新型企业家。西安也于 2012 年实施"科技型企业家培养计划",重点支持高端人才创办科技型企业,建立高校院所与企业人才双向流动机制。这些做法均值得宁波借鉴和学习,建议尽快出台"宁波市科技型企业家培育工程",引导一部分有潜在管理能力的高端科技人员创办企业。

(三)为创新提供完善的服务和保障,以降低企业家实施创新行为的风险

创新是有很大风险的,有这样一个说法,"企业不创新是等死,创新是找死"。因此,政府应当积极帮助企业降低创新的风险,提高创新成功率。

一要健全创新的中介服务体系,为企业创新提供社会化、市场化服务。要积极引进、依托技术信息机构、技术咨询机构等中介机构为创新提供公共服务。当前,宁波可以考虑引入国外著名的创新服务公司。例如,尼尔森公司(Nielsen LAB)就是一家为企业降低创新成本、降低创新风险的公司,它在 70 多个国家替上千家企业近 20 万个新产品提供市场测试服务,其市场化的服务大大降低了企业创新的风险。2012 年,新加坡引入尼尔森公司,建立了美国本土以外的首家 Nielsen LAB。通过引入创新服务公司等中介机构,不但能提高企业的创新成功率,而且由于其榜样作用,还会进一步激励

更多的企业去创新。

二要充分发挥金融功能,降低企业创新的不确定性,改进创新的风险分担机制。创新有很多不确定性,存在很多风险,包括技术风险、市场风险、财务风险、生产风险和管理风险。巨大的风险往往阻碍企业家创新精神。为此,必须努力降低和分担企业创新的风险,要加强风险投资、天使投资等促进企业创新的金融业态的积极作用,实现对创新企业整个生命周期的服务;要加强金融与科技部门、地方政府的密切协作,建立金融、财政、税收支持的长效机制,防止政策碎片化,提高金融对企业创新的持续支持能力。

三要加大知识产权保护力度,为企业创新提供保障,并降低创新的风险。侵害知识产权,事实上就是增加了企业创新的风险。没有知识产权保护,就不可能有企业自主创新;保护知识产权,就是鼓励和支持企业自主创新。为此,宁波的知识产权行政管理部门(宁波市知识产权局)、知识产权司法审判机关(法院)、中国(宁波)知识产权维权援助中心等要加强沟通和合作,形成知识产权保护合力。要坚决、及时查处各种侵犯知识产权的行为,增加侵权企业的违法成本,降低企业的维权成本,使企业的自主创新得到相应的收益回报,从而激发企业自主创新的积极性。

(四)宽容失败、善待失败,营造有利于创新的文化与氛围

营造创新文化。创新文化建设是创新工程的重要组成部分,是企业自主创新的基础和保证条件之一。实证研究表明,世界上创新与创业最发达区域的重要特征是具备良好的区域创新文化,即根植于本地社会文化的促进自主创新的社会网络与文化氛围。许多学者在探究"硅谷现象"的根源时发现:硅谷的魅力在于它独特的创新精神和宽容失败的文化氛围,这吸引了大批科技和企业精英到此创新创业,从而形成"硅谷现象"。在硅谷,冒险昭示着勇气,冒险意味着光荣,硅谷人容许失败,"It's OK to fail"(失败没关系),失败不会有人说三道四。因此,宁波要下大力气培育创新文化,通过传统和新兴媒体平台,为企业自主创新营造宽松的文化环境。要大力营造"宽容失败就是鼓励创新"的理念,要特别宣传那种从"创新失败"走向"创新成功"的典型企业家,把"容忍失败、理解失败、允许失败、善待失败"作为新时期宁波文化的重要组成部分。教育部门要联合高校向青年学生灌输创新理念,激发年轻人的创业热情,以知识储备为基石进行创新创业。

作者单位:宁波市社会科学院

以服务平台建设推进宁波家庭农场发展壮大

李伟庆

摘　要：2013 年中央 1 号文件首次提出"家庭农场"的概念，鼓励和支持承包土地向专业大户、家庭农场、农民合作社流转，发展多种形式的适度规模经营。从世界各国的发展实践来看，农业的规模化经营离不开政府的政策支持，家庭农场的发展也是如此。事实上，针对农业农民，宁波有着种类丰富的扶持政策，但是针对家庭农场的很少，出现了扶持不到位的问题。为此，宁波应立足现有农村公共服务平台，加快平台的扩充、优化与整合，切实为家庭农场发展提供好技术、信息、培训、融资以及政务等多方面的服务。

关键词：服务平台建设　宁波　家庭农场

家庭农场是以农户家庭为基本组织单位，以市场为导向，专业从事农业规模化、集约化、商品化生产经营，并经过工商部门注册，实行自主经营、自负盈亏的新型农业经营主体。宁波作为全国培育家庭农场的范本之一，出现了一大批从事种植、畜禽养殖等发展势头良好的家庭农场。但是要进一步做大家庭农场规模、提升家庭农场效益，必须要根据家庭农场的发展需求，强化相应的服务供给，在融资、土地流转、技术培训等方面给予支持。

一、宁波家庭农场及公共服务平台的现状

相对于传统的农业生产，宁波的家庭农场呈现出"发展快、活力强，市场

化、专业化程度较高"的特点,但是与之相匹配的公共服务平台建设滞后。

一是家庭农场"发展快、活力强"。据统计,到 2012 年年底,宁波全市工商注册登记的家庭农场有 687 家,经营规模以 3.33 至 13.33 公顷为主,实现销售收入 13.4 亿元、利润 2.8 亿元。其中,520 家以个体工商户形式登记,占 75.69%,167 家以个人独资企业形式登记,占 24.31%。

二是家庭农场"市场化、专业化程度较高"。据 2012 年年底的统计,在 687 个家庭农场中,有 343 个家庭农场加入农民专业合作社,122 个家庭农场与农业企业签订产品购销合同,420 个家庭农场实行标准化生产;家庭农场中雇工现象较普遍,有 401 个家庭农场拥有数量不等的长期雇工,107 个家庭农场聘用了 199 名大学生参与农场的经营管理。

三是原有公共服务平台对家庭农场的针对性不强。宁波的农村公共服务平台基本健全,功能基本适应农村生产发展的需求,涉及农村技术公共服务、农村信息公共服务和农村培训公共服务等,但是多数以农民为直接服务对象,针对家庭农场的很少(见表 1)。

表 1 宁波农村公共服务平台一览

平台	项目	内容	针对对象
农村技术公共服务平台	宁波市农业科技示范园	依托涉农院校直接为农业、农户提供农技服务(如慈溪国家级农业科技园)	农民
	涉农重点工程技术研究中心	依托农业科技企业开展农业适用技术创新、动植物疫病防控等农业服务(如宁波水稻育种研究中心)	农民、家庭农场
	星火示范基地	依托特色农业产业基地,对特色优势品种繁育技术、精深加工技术等进行技术成果转化与示范	特色农业产业基地
	农技推广中心及农民专业合作社	在基层推广农业先进实用新技术,进行农业技术指导	农民、农民专业合作社
农村信息公共服务平台	宁波市农村经济信息网	涵盖农村政务、商务和科技等内容,设有技术咨询、供求信息、农事建设、政策法规等项目	以农业龙头企业、农民为主
	宁波农村综合信息服务站	设有农业科技信息库、农业科技专家数据库和农业技术难题专栏,提供大量科技信息和农技专家咨询服务	农民、农业合作社、家庭农场
	农村党员干部远程教育网	在提升农村党员干部教育方面发挥积极作用	农村党员干部

续表

平台	项目	内容	针对对象
农村培训公共服务平台	宁波鄞州农民科技教育培训中心	实施农民学历培训、农业机械培训和绿证实用技术继续教育培训	以农民为主
	宁波市农村星火远程培训网	开设网上教室、课件点播、数字图书馆，提供远程教育培训和农村实用技术教学课件点播等服务	以农民为主
	涉农院校	面向农民开展农业适用技术或转岗再就业技能培训	农民

二、现有公共服务平台供给与家庭农场需求分析

从现实发展来看，针对家庭农场的公共服务供给不足，是造成家庭农场做强做优"难"的瓶颈之一。

一是土地信息供给缺失，制约农场经营规模扩大。宁波现有农村信息公共服务平台不具备农村土地流转的交易信息功能，无法为土地供求双方提供供求登记、信息发布、中介协调、代理服务、纠纷调处及法律咨询等服务。同时，当前农村土地流转进程缓慢、流转形式单一、流向相对分散，流转期限短、服务管理滞后，造成了流转价格上涨快、农场经营成本压力大、农场农地纠纷增多。

二是技能培训错位，对家庭农场主的技术指导以及经营管理业务培训较为不足。现有的农村技术培训主要服务于农业企业和农民。宁波家庭农场主的技术培训主要依靠农民专业合作社和互联网，但是农民专业合作社本身培训能力就有限。结果就是，大部分农场主缺乏专业化培训，暴露出农场品牌建设滞后、精品意识不强等问题。

三是针对性融资服务不足，造成家庭农场融资较难。家庭农场大多是通过投资入股等形式组成，在经营初期往往投入比较集中，资金需求大；多数农场由于资金实力不强，固定资产不多，通常无法通过资产抵押等方式获取银行贷款，现有融资机构对家庭农场贷款的条件又较多，融资难凸显。实质上，这也反映出政府对家庭农场的政策扶持体系尚不完善，尤其体现在融资、用地、技术指导与培训等方面。

三、优化家庭农场公共服务平台的路径

宁波要进一步做强做优家庭农场,应着力强化和丰富已有公共平台的服务供给能力,切实为家庭农场发展提供好技术、信息、培训、融资以及政务等服务。

第一,针对家庭农场的需求,提升公共政务平台服务能力。一是健全土地流转登记制度和信息采集制度,实施动态登记管理,对有土地流转意向的农户和业主进行信息采集,并及时发布信息。二是搭建土地流转的沟通交易平台,为土地供求双方提供法律咨询、供求登记、信息发布、价格评估、中介协调、指导签证、代理服务、纠纷调处等各项服务。三是建立健全土地流转的价格协调机制、利益联结机制和纠纷调解机制,促进流转关系稳定和连片集中,以解决农民自由流转无法形成规模经营的问题。

第二,针对家庭农场的需求,提升公共技术平台服务能力。一是为家庭农场引进新品种、新技术、新农机与新农艺等提供展示、示范与推广服务。二是开展农场信息化以及农场远程数字化和可视化、动植物灾害预警等技术信息服务,还可增设家庭农场专门网站功能,及时发布家庭农场科技需求信息,为家庭农场提供生产技术和市场变化等信息。三是要建立适合家庭农场农产品质量与技术监督的机制,保证农产品质量,促进产品品牌化。

第三,针对家庭农场需求,提升公共培训平台的服务能力。一是要依托涉农高校院所,增设家庭农场的培训服务内容。二是要建立家庭农场主的培训机制,有计划地开展家庭农场主的专项生产技术、经营管理、市场营销等业务培训,使农场主成为懂业务、会经营、有技术的现代职业农民。三是要积极指导家庭农场应用先进适宜的新技术,引进优质高产的新品种以及种养新模式,引导开展标准化生产。

第四,针对家庭农场需求,构建服务家庭农场的融资服务平台。一是应增设家庭农场的融资服务,把支持家庭农场、专业大户等新型农业生产经营主体作为信贷支持"三农"的重点,鼓励设立农业担保公司为家庭农场提供融资担保服务,探索家庭农场设施抵押贷款等系列信贷产品。二是要根据家庭农场特点制定有针对性的风险管理措施,实施跟踪管理,及时掌握家庭农场的生产经营情况,加强资金流向监管,完善家庭农场农业保险和风险补偿机制。

作者单位:浙江大学宁波理工学院

宁波市贷款/GDP 值偏高的原因分析及建议

宋汉光

摘　要：近年来,宁波市经济金融发展的一个突出现象是信贷增速远高于 GDP 增速,造成贷款/GDP 值快速上升,特别是在 2009 年出现大幅跃升,比值从 2008 年的 1.47 上升至 1.83 后持续高位运行。人民银行宁波市中心支行在与部分城市比较的基础上,分别从制度、资金的供需以及区域经济特性等层面分析了宁波市贷款/GDP 值偏高的原因。

关键词：贷款/GDP 值　偏高

一、宁波市贷款/GDP 值的比较分析

(一)从纵向比较看,宁波市贷款/GDP 值呈明显上升趋势

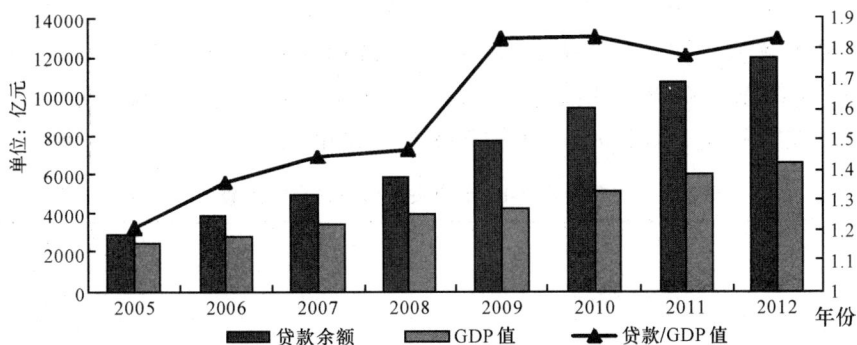

图 1　2005—2012 年宁波市贷款/GDP 值变化情况

2005 年以来,宁波市 GDP 从 2445.3 亿元增加到 2012 年的 6524.7 亿元,名义增长 166.8%,而同期金融机构本外币贷款余额则从 2959.8 亿元增加到 11961.0 亿元,增长 304.1%,远高于 GDP 的增速,导致贷款/GDP 值持续上升,从 1.21 上升至 1.83,增长 51.2%。特别是 2009 年,由于信贷投放的大幅增长和经济增长放缓,比值从 2008 年的 1.47 跃升至 1.83。

(二)从横向比较看,宁波市贷款/GDP 值在省内外部分相关城市中居于高位

1. 与省内相关城市比较

在与省内其他 5 个相关城市的比较方面,2012 年宁波市的贷款余额和 GDP 都居第 2 位,而贷款/GDP 值则居第 3 位,低于杭州(2.32)和温州(1.92)。杭州作为省会城市,是省级金融机构的总部所在地,存贷款余额都较高,也造成了贷款/GDP 值高于其他地市。

表 1　宁波市贷款/GDP 值与省内部分城市的比较(2012)　　(单位:亿元)

地区	本外币贷款余额	GDP	贷款/GDP 值
杭州	18090.9	7803.9	2.32
温州	7013.0	3650.1	1.92
宁波	11961.0	6524.7	1.83
绍兴	5129.2	3620.1	1.42
台州	3893.2	2927.3	1.33
嘉兴	3670.5	2884.9	1.27

2. 与省外相关城市比较

与宁波比较的 6 个省外城市包括其他 4 个计划单列市以及长三角地区的苏州和无锡。在 7 个城市中,2012 年宁波市贷款余额居第 3 位,GDP 居第 6 位,而贷款/GDP 值则最高,比最低的无锡高出 0.77,甚至高于将金融业作为支柱产业、总部型金融机构较多的深圳市。

表 2　宁波市贷款/GDP 值与省外部分城市的比较(2012)　　(单位:亿元)

地区	本外币贷款余额	GDP	贷款/GDP 值
宁波	11961.0	6524.7	1.83
厦门	5107.4	2817.1	1.81

续表

地区	本外币贷款余额	GDP	贷款/GDP 值
深圳	21808.3	12950.1	1.68
大连	9111.7	7002.8	1.30
苏州	14877.8	12011.7	1.24
青岛	8632.8	7302.1	1.18
无锡	8024.0	7568.2	1.06

二、宁波市贷款/GDP 偏高的原因分析

(一)从制度层面看,金融深度不断增强是贷款/GDP 值上升的根本原因

随着我国经济市场化程度的不断提高,经济交易的货币化程度日益加深,金融深度不断增强。近年来,宁波市金融机构的数量大幅增长,截至2012 年年末,宁波市有各类银行业金融机构 59 家,小额贷款公司 36 家,各类机构比 2005 年增加 67 家。金融机构数量的增加使得社会资金更多地通过金融体系流通,引起贷款/GDP 值上升。

(二)从资金需求层面看,政府性贷款和个人贷款占比过高以及企业过度融资是贷款/GDP 值偏高的重要原因

1. 政府主体

在贷款结构中,如果政府性贷款占比过高可能会影响贷款对 GDP 的产出效率。这是因为政府性贷款主要用于基础设施投资,而基础设施建成后一般不具有再生产能力,因此政府性投资对 GDP 产出的乘数效应较小。据统计,截至 2012 年年末,在宁波市前 500 位的贷款大户中,有政府性贷款主体 422 家,贷款余额达到 2020 亿元,占全部本外币贷款余额的 17% 左右。而且由于宁波的装备制造等重工业欠发达,基础设施建设的部分设备都是在外地采购,因而对本地 GDP 的贡献度有限。

2. 个人主体

贷款中如果个人贷款占比过高,也会影响贷款的产出效率。一方面,个人消费贷款对 GDP 的贡献主要体现在消费环节,产出的乘数效应较小,而

且如果所消费的产品来自外地,则对本地 GDP 的贡献有限。另一方面,相比较企业贷款,个人贷款所受到的监管较松,更加容易流入到股市、房地产以及民间金融市场等非实体经济领域,这也会影响对 GDP 的贡献。在五个计划单列城市中,宁波的个人贷款余额居第 2 位,个人贷款占比和人均贷款余额(按常住人口)都居第 3 位。而个人贷款占比较高的深圳和厦门,其贷款/GDP 值也相对较高。

表3　宁波市个人贷款与部分城市比较(2012)

地区	个人贷款余额(亿元)	个人贷款占比(%)	人均贷款余额(万元)
深圳	5667.9	26.0	4.36
宁波	2616.0	21.9	3.44
青岛	1729.7	20.0	1.98
大连	1669.9	18.3	2.49
厦门	1493.2	29.2	4.07

3. 企业主体

从企业的资产负债率看,近年来浙江省规上工业企业的资产负债率明显高于其他经济较发达的省份,2012 年高出 3~5 个百分点,而宁波的资产负债率又高于浙江省的平均水平,2012 年高出 1.5 个百分点。另外,从部分外贸企业的资产负债率来看,宁波市重点监测的 264 家外贸企业,有 70 家企业的资产负债率超过 90%。这说明宁波部分企业存在过度负债、过度融资的情况。在高负债率的情况下,由于以制造业为代表的实体行业利润率出现了下降,信贷资金可能在逐利的动机下大量溢出实体经济,并以扩大产能等名义将贷款用于购置土地和房地产投资,这也推动了土地、房地产等资产价格的上涨,使得贷款的投入没有带来 GDP 的相应增长。

表4　宁波市规模以上工业企业资产负债率情况　　　　(单位:%)

年份	江苏	浙江	山东	广东	宁波
2006	60.7	60.1	57.8	57.5	62.3
2007	61.0	61.7	56.0	58.1	64.0
2008	60.0	62.3	57.3	59.4	65.1
2009	58.9	61.7	54.1	59.9	63.7
2010	58.3	61.2	55.7	59.8	61.7
2011	58.2	60.6	55.3	58.2	63.2
2012	57.4	60.2	55.6	57.4	61.7

从企业主体看,影响贷款/GDP 值的另一个原因是企业信贷资金的外流。这主要有两种情况:一是本地金融机构直接向异地企业贷款。截至2012 年年末,本地金融机构直接贷往异地企业的余额为 675.72 亿元,而异地金融机构流入本地的余额 555.53 亿元,即宁波市信贷资金净流出的余额为 120.19 亿元。另一种情况是本地企业在获得贷款后用于异地投资项目。由于宁波经济结构中民营经济占比较高,民间资本雄厚,对外投资的情况较多,企业在获得贷款后会将资金用于外地的投资项目。根据不完全统计,2012 年宁波市本地企业获得贷款后流向异地的新增贷款为 79.15 亿元,占全部企业新增贷款的 7.6%。

(三)从资金供给层面看,社会融资结构不合理、引进的外资偏少以及金融体系的贷款空转是导致贷款/GDP 偏高的直接原因

1. 社会融资结构中贷款占比较高

如果社会融资中直接融资占比较低,经济发展主要依靠银行贷款,这会直接导致贷款/GDP 值偏高。2012 年,宁波市本外币贷款增量占社会融资规模的 71.7%,明显高于部分相关城市。这说明宁波经济发展过程中严重依靠银行贷款,间接融资占比较高,这也导致了贷款/GDP 值较同类城市偏高。

表5　2012 年宁波市社会融资规模结构与部分城市比较　(单位:亿元,%)

地区	社会融资规模	本外币贷款增量	贷款增量占社会融资规模比重
宁波	1795.2	1287.8	71.7
深圳	4210.8	2570.8	61.1
大连	2064.2	1195.4	57.9
青岛	1806.3	1136.6	62.9
厦门	1231.6	771.6	62.7

2. 引进的外资较少

在经济发展中,FDI(外商直接投资)是重要的资金来源之一。如果某一地区能够吸引较多的外资,则可以实现对贷款的替代,从而降低经济发展对贷款的依赖,贷款/GDP 值也会较低。2012 年,宁波实际利用外资 28.5 亿美元,在计划单列市中居倒数第二位,不及大连市的四分之一。因此,宁波市引进的外资偏少,外资对经济发展的贡献度有限,这也在一定程度上导致了贷款/GDP 的值偏高。

表 6　宁波市 FDI 与部分城市比较(2012)

地区	FDI(亿美元)	GDP(亿元)	FDI/GDP (以年均汇率折算)
大连	123.5	7002.8	11.1
深圳	52.3	12950.1	2.55
青岛	46.0	7302.1	3.98
宁波	28.5	6524.7	2.76
厦门	17.8	2817.1	3.99

3. 金融体系的贷款空转现象

在以存贷利差为主的盈利模式下,存贷款规模对于金融机构来说是最重要的指标。一是金融机构为完成考核目标,会通过各种方式虚增贷款和存款,比如在对企业发放贷款后,通过一定的渠道和方式将贷款转为定期存款,然后再按存单的 90%～95% 再次发放贷款;二是将贷款以一定的方式转为保证金存款,同时对企业开具银行承兑汇票,然后企业再拿承兑汇票到银行或是社会上去贴现。这两种方式使得银行的资产和负债都出现了上升,而贷款只是在金融体系内空转,没有投入实体经济,导致贷款的虚增。2012年年末,宁波市保证金存款占比在 5 个计划单列市中居第二位,这也在一定程度上说明宁波市贷款空转现象较为普遍。

表 7　2012 年宁波市保证金存款占比与部分城市比较　(单位:亿元、%)

城市	保证金存款余额	保证金存款占比
青岛	1204.5	12.3
宁波	1422.8	11.9
厦门	489.9	9.0
大连	924.0	8.6
深圳	2268.1	7.6

(四)从区域经济特性层面看,民间金融市场发达、产业结构不合理以及经济结构以民营中小企业为主是贷款/GDP 值偏高的深层次原因

1. 民间金融市场发达

宁波的民营经济发达,民间资本雄厚。2012 年年末,宁波拥有私营企业

15.4万户,占全市内资企业总数的90%左右。大量民营企业的融资需求催生了活跃的民间金融市场,而民间金融市场的借贷利率一般要高于正规金融市场。因此,部分企业或个人在获得贷款后将资金投向民间金融市场以博取更大收益,出现"以钱炒钱"的现象,这会导致部分信贷资金"脱实向虚",没有进入实体经济。2012年,温州市贷款/GDP的值达到1.92,也和其民营经济发达,民间金融市场活跃有很大关系。

2. 产业结构中第二产业的占比较高

一般来说,三次产业中第二产业由于投资大,对贷款需求量较大,单位产出需要的贷款投入也较多。另外,第二产业的利润较低,资金投入的边际产出相比较第三产业较小。因此,如果产业结构中第二产业的占比较高,会导致贷款/GDP值也偏高。而从三次产业结构看,2012年,宁波市第二产业的占比达到了53.9%,在计划单列市中最高。

表8　2012年宁波产业结构与部分城市比较　（单位：%）

城市	第一产业	第二产业	第三产业
宁波	4.1	53.9	42.0
深圳	0	44.3	55.7
大连	6.4	52.1	41.5
青岛	4.4	46.6	49.0
厦门	0.9	48.8	50.3

3. 经济结构中以民营中小企业为主

国有大型企业在经济结构中的比重也会影响贷款/GDP值。这主要有两方面原因:一是国有大型企业资金来源渠道较为丰富,除了贷款之外,还可以通过债券和股票融资,对贷款依赖程度相对较低。另一方面,央企的贷款一般都由其在总部所在地的金融机构获取后统一调配,因此在本地金融机构的贷款较少。宁波市经济结构中民营中小企业占比较高,民营经济创造的GDP接近全市总量的80%,而国有大型企业和央企在经济结构中的占比较少,这也导致了贷款/GDP偏高。

三、结论及相关建议

近年来,宁波市的贷款/GDP值呈现明显上升趋势,从2005年的1.21

上升到 2012 年的 1.83,贷款的产出效率出现了一定程度的下降。同时,宁波的贷款/GDP 值也明显高于其他同类城市。而贷款结构不合理、金融机构的不规范经营行为、信贷资金外流、引进的外资偏少、产业结构和融资结构不合理、民间金融市场发达等因素是导致宁波市贷款/GDP 值偏高的主要原因。针对这些原因,可以采取以下措施提高贷款的产出效率。

(一)优化社会融资结构

通过发展直接融资市场,降低经济发展对贷款的依赖。继续支持企业通过上市融资外,要鼓励符合条件的企业发行短期融资券、中期票据和中小企业集合票据等债务性融资工具。

(二)加强对流向异地信贷资金的监测

监管部门要采取一定的措施,加强对流向异地贷款的监测,这样一方面有利于了解信贷资金支持本地经济的情况以及货币政策和信贷政策的落实情况;另一方面,也有利于出台针对性的措施防范可能出现的信贷风险。

(三)调整商业银行的考核体系

避免商业银行过分追求存贷款指标,刻意做大资产负债表。同时,要加强对商业银行相关业务的检查和处罚,严格限制存贷款的虚增行为。

(四)通过优化投资环境吸引外资

可以采取跨国并购、产业投资基金、风险投资、BT 投资、境外上市融资和特许经营等新方式吸引外资,扩大宁波市利用外资规模,充分发挥外资在经济发展中的作用。

(五)引导民间金融有效服务于实体经济

明确民间融资管理部门、管理办法、发展条件、风险控制措施和救助办法。强化对民间融资活动的指导,引导民间融资公开登记,并发挥其支持实体经济的积极作用。加强对贷款流向的监测,防止企业和个人的信贷资金流向民间金融市场。

作者单位:中国人民银行宁波市中心支行

"最美"道德典型传播模式探析

简　明

　　摘　要：传统的道德典型传播说教色彩严重、形式单一、内容趋同，网络环境下的"最美"典型传播模式应关注受众本位和媒体融合的趋势，注重传播隐性化，改进传播策略，努力增强践行"最美"精神的实效。

　　关键词："最美"　典型传播　优化策略

　　典型人物报道是弘扬主流价值观的重要载体。在社会转型和价值多元的时代大背景下，需要与时俱进地将道德典型传播提升到一个新高度，适应新时期受众群体和社会环境的变化。当前，新型道德典型——"最美"人物的传播为道德典型报道开辟了一片新领域。改进和优化"最美"道德典型传播模式，培育放大"最美"本源载体，对弘扬"最美"精神，增强践行"最美"的实效性尤为重要。

一、"最美"现象的独特内涵

　　"最美"一词最早出现在 2011 年 7 月，年轻的妈妈吴菊萍在危急之中奋不顾身地徒手接住一名从 10 楼坠落的女童，被无数网民亲切地称为"最美妈妈"。2012 年 5 月，"最美司机"吴斌忍住剧痛，保障全车人的生命安全；2013 年 6 月，宁海的一群"最美快递哥"又联手救下高空坠落的小女孩。"最美"，这个刚开始网友们用来表达个体认同的词语，逐步演化为全社会共同发现和弘扬真善美的一种现象。

"最美",其实是最平凡与朴素的,它是社会主义核心价值体系的重要组成部分,体现了公众对生活中平凡而又出人意料的善举的道德激赏和真心赞美,其根本的力量源于人们心中对友爱善良、诚信互助的强烈认同。在公众一边感慨"道德滑坡",一边又在不断寻求共性价值观的社会语境下,"最美"典型人物为社会提供并强化了舍己救人、助人为乐等利他主义价值观,成为一个具有丰富内涵和价值取向的符号。

二、传统的道德典型传播模式

传统的道德典型传播基本上沿用宣教式的教育模式,说教方式多,而践履体验少。在"传者—内容—渠道—受众"这样的传播链条中,传播者始终居于主导地位,通过内容的灌输产生海量信息,而信息价值和传播效果却在弱化。

(一)刻意宣传,说教色彩严重

传统的道德典型传播没有与时俱进地对道德典型附加价值内涵和时代意义,固守"枪弹论"的惯性思维进行单向度传播,具有浓厚的说教色彩,在急剧变革的传播环境下容易引起受众的逆反心理。2013 年 3 月 5 日,电影《青春雷锋》在南京出现了"零票房"的尴尬局面。究其原因,雷锋作为助人为乐的榜样没有被赋予新的时代内涵,在市场经济背景下的受众无法将其精神内化,这样的道德典型宣传对于新时期追求个性发展的受众来说毫无新意,已经无法感染和影响他们。

(二)形式单一,套路程式化

传统的道德典型传播对道德典型的报道手法简单雷同,基本形成粗放的宣传报道套路,总是展示给受众高大完美的形象,缺少道德人物真情实感的细节流露,甚至显得不近人情,典型人物的事迹经不起推敲和质疑,传播者和受众的话语体系不能有效对接。在受众价值取向多元、自主意识增强,对典型人物抵触情绪严重的情况下,这种"不是从新闻事实出发,而是从传播者的意图出发"的典型报道很难形成舆论场的同频共振。

(三)内容趋同,刻板标签化

传统的道德典型传播经常陷入"人为拔高"的窠臼,热衷于对典型人物在形式上的追逐效仿,而缺乏真正能够引起共鸣的内在人性思考,导致道德典型标签化,使公众认为典型人物都是媒体"造星活动"的产物,道德标杆的树立变成了"道德攀比",典型报道因此失去公信力。自从2012年杭州"最美司机"吴斌得到广泛认知以来,山东推出了"最美司机"宋洋,宁夏也有"最美的哥"陈学平,公众难免产生对"最美人物"的道德审美疲劳,道德典型报道的效果大打折扣。

三、网络环境下"最美"典型传播模式

网络环境下的道德典型传播是一种全新的传播态势。"最美"人物通常是先被使用自媒体的网民发现,然后通过网络的多次转发和评论,最后传统媒体跟进塑造成典型人物。覆盖广、社会动员能力强的即时通信工具和社交网络凸显影响力,改变了传统传播模式从上到下的官方设定,显示出自下而上的民间路径。

(一)受众本位主体化

网络环境下的典型宣传由单向传播转变为双向传播,更加突出体现了受众的参与价值。在受众反馈和双向互动越来越受重视的媒介环境下,网民公众通过积极主动的参与,出现了更多的意见表达,形成了更多的人际传播,通过"沉默的螺旋"展现了舆论影响力。网民公众通过对微博等新兴媒体的运用,角色已经从典型报道的被动接收者变成典型人物的主要推动者,在典型人物报道过程中与媒体、政府一道对道德典型的塑造产生了积极作用。

(二)政府引导隐性化

网络环境下的典型宣传由"政府主推"变成"政府助推",意识形态领域的宣传工作变得更加注重因势利导和"藏舌头"的技巧,更加需要增强舆论引导的隐性化。随着社会转型的日益深化,不同社会阶层的现实利益与价值诉求各不相同,每个个体对固有价值观的坚持和对其他价值观的排斥、质疑倾向越来越明显,政府的舆论引导应着重于增进各方达成社会共识,让公众养成互动交流、讨论协商和"求大同,存小异"的行事方式,在既容忍异议存在、又克制自身冲动的情况下,寻求对现实问题各方都能接受的理性诉求和基本的价值认同。

(三)媒体融合趋势化

网络环境下的典型宣传是实时变化的"流媒体",发布者与互动者的交流方向和交流身份在实时发生变化,受众积极参与内容生产和流程再造,自发形成传播渠道,在较大范围内产生传播效果和传播影响力,塑造和促成了舆论环境的形成。在这个媒体融合的过程中,具有权威性和专业性的传统媒体虽然也起到了重要的"广而告之"的作用,但微博、微信等新兴媒体多样性、广泛性和双向互动的优势发挥得更加明显,两个舆论场有效联动和融合,形成了一个传播覆盖面广、传播效果强的舆论新环境。

四、改进"最美"道德典型传播模式

"最美"首次被发掘在江浙大地,随后全国各地的"最美"呈现井喷态势。在道德典型宣传言必称"最美"的背景下,应强化"最美"首因效应,防止受众审美疲劳,着力打造"最美"精神文化品牌。

(一)优化传播环境,形成真正的传播而不是宣传

以往政府宣传部门总是琢磨用什么样的载体来倡导社会主流思想,但宣传的效果却不尽如人意。在"最美"道德典型人物报道中,政府应该灵活运用隐性的传播方式,尊重媒体变革环境下的传播规律,在顺应引导网络潮流的同时,达到最佳的传播效果。一方面,在适当范围、适当领域内开放思想观点的交锋争鸣。"一个世界,多种声音"是传播的真实生态,政府部门要努力凝聚广泛的社会共识,真正做到用一元化指导思想引领多样化社会思潮。在论战的过程中会形成主流价值观的强化和个体价值观的式微,传统主流媒体和"意见领袖"可以做些工作;另一方面,减少官方主导的各类道德典型(包括"最美"人物)的评选。带有强烈官方宣传的评选活动可能会引起受众的普遍反感且网络投票评选的公正性常常遭受质疑,很难说提名的典型人物谁比谁更"美",因为他们都是"最美"的,更重要的是营造人人践行"最美"的氛围。

(二)注重传播技巧,实现传播效果的最大化

"最美"道德典型传播要契合受众心理,合理把握新闻周期和传播节奏,在"设置议题"的基础上注意捕捉传播的高潮期,避免公众的审美倦怠。在传播形态方面,形成组合传播,传播初期时以微博直播短、平、快的形式,注

重新兴媒体的传播技术应用及网络舆论的引导;传播中期时以传统媒体的长篇特稿形式或视频专题形式,强化发挥传统主流媒体的优势;传播后期以大型的颁奖典礼形式,形成人人践行"最美"的舆论氛围。在传播介质方面,注重将图片作为一种关键性符号融入以文字为主体的传播渠道,"最美快递哥"联手救坠落女孩的照片就被媒体广泛转载,境外媒体报道时也引用了监控摄像拍摄的视频截图,达到了"一图胜千言"的效果。在传播节奏方面,合理运用冲突与悬念引起受众的关注,如 2012 年 10 月,宁波的一位老人遭遇车祸,生命垂危,路过的四位姑娘联手急救,为老人赢得了关键的抢救时间。宁波的媒体发出"寻人启事",搜寻四位消失在人群中的"好姑娘",引发了一场对善良和温暖的"爱的搜索",收到了良好的反响。

(三)改进传播策略,注重新闻时评的影响力

"最美"道德典型的传播不应仅仅停留在对新闻事实的报道上,要通过评论文章引领升华"最美"精神。扎堆赶集式的对"最美"人物的宣传赞美,只能造成围观和热议,公众对"最美"人物进行一场舆论消费,喧喧闹闹、沸沸扬扬之后,积累沉淀却不多,要通过时政评论员的精彩时评弥补新闻作为"易碎品"的缺陷,延续"最美"传播影响力。在对"最美妈妈"吴菊萍的典型人物传播过程中,杭州的媒体对吴菊萍勇救坠落女童的事实报道之后,又重磅推出了《接住的,是未来的希望》《托起的,是道德的伟岸》《高扬的,是精神的光辉》《树立的,是社会的榜样》和《接力的,是"最美"的群像》等时评文章,对"最美"精神的弘扬起到了画龙点睛的作用。

(四)创新传播方式,开展覆盖面广的竞赛活动

公益广告在传递文明、引领风尚、弘扬正气、促进社会和谐等方面有重要作用,可以组织开展以"我心中的最美"为主题的公益广告大赛和"与最美同行"微电影大赛,广泛征集平面类作品和视频类作品。公益广告的征集与遴选本身就是一个广泛互动、强化认知的一个过程,一些好的作品往往能在很长时间里打动公众,比如在传承中华传统美德中脱颖而出的视频作品《Family》。所有参赛作品进入公益广告作品库,将其中的优秀作品在候车亭、网络和 LED 户外传媒中展播,形成宁波城市街区靓丽的"最美"元素。

(五)拓展传播广度,扩大"最美"国际影响力

"最美"的感动没有国界,可以加大"最美"的文化品牌交流研讨,加强国际传播能力,扩大国际影响力。实际上,YouTube、Facebook、Twitter 等网站也曾加入对"最美司机"吴斌事迹的报道与评论。"最美快递哥"联手救人

的事迹被美国 CNN、英国 BBC、新加坡《联合早报》、澳大利亚 OPTUS、芬兰国家广播电视网等境外媒体报道,部分媒体还转载了"快递哥"救人的监控视频。但"最美"道德典型的国际传播还仅限于转载或简讯形式,尚未形成"最美"道德典型的强劲后发优势,这方面仍有很大空间可以挖掘。

(六)完善传播认知,健全"最美"法律法规

社会良好道德的养成,不仅需要个人的内在自律,同时需要外在的监督与约束。文明创建国内争先的深圳特区 2013 年 8 月 1 日起正式实施《深圳经济特区救助人权益保护规定》。被称为"雷锋法"的该保护规定包括"免责原则""举证规则""人身损害待遇""鼓励作证""惩戒措施"等五个方面做出规定,填补了我国公民救助行为立法的空白,被网友称赞为"微规定,开先河,保义举"。因此,要健全和强化对失德行为的惩戒机制和力度,在制度上为好人撑腰,特别是加快对"最美"人物保护的立法支持,为弘扬正气、激浊扬清创造良好的法治环境。

参考文献

[1] 朱清河,林燕.典型人物报道的历史迁徙与发展逻辑[J].当代传播,2011(4).
[2] 宋捷.网络时代人物报道的创新实践[J].传媒观察,2011(7).
[3] 黄伟彬.从"最美司机"看网络环境下典型人物的传播模式[EB/OL].http://media.people.com.cn,2012-11-06.

作者单位:宁波城市职业技术学院

宁波佛教文化中的建筑特色

王艳平　林志标　郭　玮　周东旭

摘　要： 佛寺是佛教僧侣供奉佛像、舍利（佛骨），进行宗教活动和居住的处所。我国佛寺的类型，按佛教传入的路线大体分为三种：汉传佛教寺庙、藏传佛教寺庙、南传上座部佛教寺庙。这三种类型的寺庙由于受各地传统建筑以及地形、气候等因素的影响，无论单体建筑还是总体布局，都各有明显特征。宁波的佛寺主要属于汉传佛教寺庙，除去因地理、规模以及不同年代工艺等特殊影响所带来的差异之外，有着与国内同类型寺庙共通的格局。

关键词： 宁波　佛教　历史建筑

佛寺在宁波的肇兴，须追溯到三国时期。赤乌二年（239），东吴太子太傅阚泽在慈城建造的普济寺，是宁波境内最早的寺院。稍后，印度高僧那罗延到慈溪五磊山结庐静修，成为五磊寺的开山之祖。到了两晋，宁波出现了几大名寺，如阿育王寺、天童寺、龙泉寺等。至唐，宁波寺院激增，遍布各邑，著名的如雪窦山的瀑布观音院，州城里的东津禅院（七塔寺）、国宁寺（天宁寺）、慧灯寺（万寿寺）、宝陀寺、白衣寺，以及四乡的岳林寺、杖锡寺、金峨寺、瑞岩寺、芦山寺等。入宋后，随着天台宗的中兴，禅宗的鼎盛，净土宗的流行，以及弥勒、观音信仰的广为传播，寺院的修建更加盛行。可以说，日后宁波的一些著名佛寺主要就是创建于唐宋，之后又有些增废重修。

第一，选址。佛教寺院选址的总原则是"四灵兽"（左青龙、右白虎、前朱雀、后玄武）模式，可用下面两句话形容其特点："环若列屏，林泉青碧。""宅幽而势阻，地廊而形藏。"这种追求固然与佛教的静修教义及佛教徒的生存需要有关,却也离不开中国传统风水学理论的潜移默化影响。宁波天童寺、阿育王寺、五磊寺、雪窦寺等有规模的寺院都是选址于山林的山地建筑。

第二,体系。自东汉永平十年(67)我国第一座寺庙——洛阳白马寺诞生至今,佛教寺庙的建筑历史将近两千年。这期间,佛寺建筑体系发生的主要变化,是以佛塔为中心的廊院式建筑群改变为以佛殿为中心的纵轴式排列、左右对称的建筑群。这一变化的关键时间点在唐朝初期,变化的根本动力在于佛教与佛寺的本土化进程。我国传统建筑诸如宫殿、衙署、府第、住宅均以殿堂为中心,与其他单体配合呈前低后高、长幼有序、主次分明的秩序,佛寺建筑亦不例外。

第三,布局。汉传佛教寺庙一般都由一组组的庭院式建筑组成。各主要殿堂布置在一条轴线上,每个殿堂前左右各置一座配殿,形成三合或四合院落。较大的寺院还可以并列有两条或三条纵轴线,在侧轴部位可以建造塔院或花园、禅房等。纵轴上的主要建筑大致为山门、天王殿、大雄宝殿、法堂、藏经阁等正殿,正殿左右两侧则对称布置钟鼓楼、伽蓝殿、祖师殿、观音殿、药师殿等配殿。尤其在唐宋以后,禅宗提倡的“伽蓝七堂”格局逐渐成为佛寺建筑的布局蓝本。至于附属建筑,则有塔、塔院(塔林)、经幢、牌坊、碑等。

第四,结构。佛殿的基本结构包括三部分:一是台基,有的为方形或长方形的土石平台,有的为须弥座,台基上有栏杆和柱础。二是墙柱构架,由墙壁和木质的梁柱构架组合而成,包括柱体、雀替、梁架、驼峰、隔梁架、斗拱、天花、藻井、窗、格扇等不同构件。三是屋顶,样式分庑殿、悬山、歇山、硬山、卷棚等诸种,常设有各种佛教内涵的饰品。

第五,造像。由于佛教宗派的不同,以及各时期崇尚的不同,大雄宝殿所供佛像也不尽相同。归纳起来大致有几种情况:一佛式(释迦牟尼佛);一佛二弟子式(释迦牟尼佛、迦叶、阿难);一佛二菩萨式(释迦牟尼佛、文殊、普贤);一佛二弟子二菩萨式(释迦牟尼佛、迦叶、阿难、文殊、普贤);横三世式(释迦牟尼佛、药师佛、阿弥陀佛);竖三世式(释迦牟尼佛、燃灯佛、弥勒佛);三身佛式(毗卢遮那佛、卢舍那佛、释迦牟尼佛)。大雄宝殿东西两侧,多塑“十八罗汉”或“二十诸天”等。

佛教之所以能够植根于中国,并显示出强盛的生命力,在于它高度融合中国的原始宗教意识和传统伦理观念,吸收不同地域具有民族特色的历史文化,形成了适合中国社会心理特征的宗教信仰。建筑作为观念的外化形态,外来文化的本土化进程也可以从它的环境、架构、营建方式等方面见出

图 1　1920 年朱洋麟绘《天童寺续志》天童山图之五

端倪。虽然早期的寺院有依照印度浮图祠的式样修建的,即以高层佛塔为中心,四周环以回廊殿阁,但完全的印度及西域传统样式则从来没有真正引进过,即便如徐州浮屠寺这类早期的寺塔,其结构及四周的阁道就已经是中国建筑的传统式样了。正如佛教传入时,佛典原理的描述采用的是中国固有的儒、道名词,佛教建筑的布局与构筑也同样体现了中国长期封建社会所形成的以家族为中心的、封闭的、向心的、主次分明的、尊卑有序的伦理观念。

宁波的佛教建筑除了具有上述与国内同类型寺庙共通的格局外,有几个方面尤其体现了宁波的地域特征。

(1)世俗情怀

佛教作为一种信仰,总是在"神圣化"(或称为"净化""出世化")与"世俗化"(或称为"社会化""入世化")的两极上,持续地保持看似矛盾的辩证过程。[①] 此间产生的教义、戒律的纷争不胜枚举。撇开宁波历史上佛教活动的生态,单就建筑层面而言,这种"世俗化"也是有迹可循。

首先,与皇家的关系十分密切。佛教自产生之始,就有着一定的宫廷背景。虽然历史上发生过"三武一宗"的灭佛事件,但由于佛教在政治上有利于国家的利益,而且其出世的精神和儒教的入世、道教的避世形成互补的文化圈,因此,佛教能够成为官方文化的三极之一。在宁波的佛寺里,有一些奉诏建筑的殿阁以及获赐的物件,也留下不少御书。如阿育王禅寺的宸奎阁,是为了收贮宋仁宗御笔偈颂、御书 53 轴和团扇 3 柄,英宗手诏 1 道等而修筑的,承恩堂是为了珍藏乾隆所赐御书《心经》一卷及紫袈裟、龙缎袍等特地改建的。雪窦资圣禅寺在宋太祖淳化三年(992),获赐经籍 2 部 41 卷,建藏经阁以贮;宋仁宗景祐四年(1037),皇帝梦游雪窦山,特遣内侍赐雪窦资圣禅寺沉香山子(木雕假山)一座,白金 500 两,龙袍 2 套,龙茶 200 斤,遂有"应梦道场"之号。至于皇帝赐名、赐额,更是不计其数,如宋真宗赐天童禅寺"天童景德禅寺"额,宋孝宗赐阿育王禅寺"妙胜之殿"额,宋高宗延庆寺"延庆教寺"额,宋真宗赐五磊讲寺"五磊普济院"额,宋理宗赐雪窦资圣禅寺"应梦名山"额,宋英宗赐白衣讲寺"白衣广仁寺"额,宋徽宗赐国宁寺"国宁寺"额,宋真宗赐白云寺"白云延祥"额,清光绪帝赐宝陀禅寺"自在神通"额,清雍正帝赐大雷禅寺"大雷禅寺"额,等等。另外还有各种册封名号,无不与世俗观念里的官家色彩相联系,如天童禅寺名列"禅宗四大丛林"(宁波天童寺、镇江金山寺、常州天宁寺、扬州高旻寺)之一;阿育王禅寺名列佛教中华五山(杭州径山——径山寺、杭州灵隐山——灵隐寺、杭州南屏山——净慈寺、宁波天童山——天童寺、宁波阿育王山——阿育王寺)之一;七塔禅寺名

① 果灯(释):《明末清初律宗千华派之兴起》,Dharma Drum Publishing Corp2004 年版,第 2 页。

列浙东佛教"四大丛林"(宁波的天童禅寺、阿育王禅寺、七塔禅寺、观宗讲寺)之一;雪窦资圣禅寺名列天下禅宗十刹(杭州万寿禅寺、杭州灵隐寺、杭州净慈寺、杭州中天竺寺、宁波天童禅寺、宁波阿育王禅寺、宁波雪窦资圣禅寺、湖州万寿寺、南京灵谷寺、苏州光孝寺)之一。宁波的若干大型佛寺住持,有被召至宫中问道的(如北宋神宗时天童寺僧惟白),有受诏成为管理者的(如南宋高宗时阿育王寺宗杲),有护送舍利入宫中供奉的(南宋孝宗三番瞻仰阿育王舍利),有进京请颁经籍御书的(如清光绪时七塔寺长老慈运),著名的佛寺与皇家,世俗层面的往来与传道布教是交织在一起的。

其次,与其他的民间崇拜相羼杂。从风俗意义来看,佛教在宁波是"百姓佛教",功利的目的多于修行修心,更多关注轮回报果、祈福禳灾,因此仙佛共寺、佛道同庙、供佛的殿宇里同时供奉土地、关公、龙王、葛仙甚至梁祝等的情况亦是常见。

图 2　阿育王寺舍利殿　上下檐间"妙胜之殿"四字方匾为宋孝宗御笔

宁波象山的某些佛寺在供奉对象上,尤其具有民间色彩,神佛世界与世俗世界得以无缝对接。

位于象山爵溪白沙湾的弥陀净寺,相传建于南朝宋文帝时,清道光、同治年间均有重修。其门首供观音,正殿供阿弥陀佛,而后殿则是"赵五娘殿"。据传,东汉赵五娘因夫蔡伯喈不念糟糠,滞留京师,因此千里寻夫到白沙湾,含恨自尽;象山县境内的相思岭、白沙湾、印伞石、赤坎村、升天石等,皆为赵五娘灵迹。后人为纪念她,在弥陀净寺造了专殿。

位于象山丹东街道的金竹庵为清代建筑,庵内供奉"三姑娘"。据传三姑娘生于清光绪末年,父母系象南山根井头农民,因家境贫寒,幼小给西门周家做童养媳,受公婆虐待至死。死后幽灵飘至东亭庙山门外,碰见黄将军被收为徒。后三姑娘随同黄将军上四川峨眉山修行,途中遇见崇祯帝仙灵,崇祯得悉三姑娘与自己归命相似,便封她为"三姑娘"。峨眉得道后,三姑娘回到丹城为百姓治病。百姓感激,立庵供奉。

将承受悲剧命运的普通人奉为神灵,同情她们的遭遇,赞美她们的品行,自然是宗教世俗化的特征之一。此外,从道具、装饰等其他方面,也还可以见出某些佛寺与百姓心理以及习俗的贴近,如宁海镇宁庵正殿内明代"七如来"檩柱,为施舍饿鬼之道具;象山白岩庵庵前矗立"出生柱",与人们对命理的认识相干;象山等慈寺殿脊上塑唐僧师徒西天取经图、天童寺殿角翘檐灰塑猪八戒造型等,则增加了世俗的诙谐与趣味性。

(2)观音崇拜与弥勒崇拜

据《宁波佛教志》记载,观音信仰约在唐代始传入宁波。唐代,日本僧慧谔法师自五台山请观音像至普陀,时波涛汹涌,舟不能进,因做茅室置像而去。后茅室扩大为寺,人称"不肯去观音院"。这一时期,宁波的雪窦寺由瀑布院易名瀑布观音院,大梅山上禅定寺改称观音禅寺,郡城白衣观音院、奉化观音院、慈溪大中观音寺等众多寺院都冠名观音,说明观音信仰已传入宁波。

观音在宁波一带广受尊敬与崇拜,不仅因为其大慈大悲救苦救难,是妇婴的保护神,还在于紧挨着的普陀山观音道场的影响。再者,东南沿海地区的观音信仰又与妈祖信仰胶合在一起,彼此难以分离。妈祖于宋太祖建隆元年(960)诞生于福建莆田湄洲屿,是五代十国时莆田都巡检林愿的第六女儿。明末僧人昭乘在《天妃诞降本传记》里说,妈祖母亲王氏夜梦观音大士而生妈祖。又据《三教搜神大全》记载,妈祖五岁能诵《观音经》,所以民间亦有把妈祖视为观音菩萨的"报身",将其与观音菩萨合祀的。由此,宁波的观音信仰又有着海洋文化的特征。

宁波七塔禅寺在明代初年曾迁入普陀山的普济寺,成为观音道场。明

图3　象山弥陀净寺中的赵五娘殿

洪武二十年(1387)信国公汤和为抗御倭寇侵扰,实行坚壁清野,将海岛居民迁徙内地,焚毁普陀山普济寺殿舍300余间,迎千手千眼观音菩萨圣像于宁波七塔寺供奉,人称"小普陀"。大多数寺庙是以设观音殿的方式供奉观音塑像,或在大雄宝殿背后设海岛观音像,而七塔寺则是在大殿正面供奉观音塑像,体现了观音道场的特色。2005年七塔寺将鼓楼底层辟为观音宝殿,供奉一尊十一面观音饰金桧木立像,像总高6.8米,上悬宝盖,下托莲台,殊妙庄严,由宁波东方艺术品有限公司制作。十一面观音像最早出现于唐初,依《十一面神咒心经义疏》载:"十一面者,前三面慈相,见善众生而生慈心,大慈与乐;左三面瞋面,见恶众生而生悲心,大悲求苦;右三面白牙上出相,见净业者发希有赞,劝进佛道;最后一面暴大笑面,见善恶杂秽众生,而生怪笑,改恶向道;顶上佛面,或对习行大乘机者而说诸法,究竟佛道。"此尊雕像,青刀白描,用料考究,被有关专家誉为"佛教文化与造像艺术完美结合的经典之作"。

主祀观音的佛寺在宁波数量不少,如镇海的安乐寺、秦山观音讲寺、妙胜禅寺、宝陀禅寺、观音阁,以及位于东钱湖镇陶公村霞屿山的补陀洞天石窟,后者仿普陀观音道场供奉观音,亦有"小普陀"之称。

弥勒信仰肇始于晋代以来有关弥勒佛典的传译,南北朝时得到繁荣,隋朝之后由盛转衰,中唐则逐渐式微。由于弥勒净土的清净、简易、入世,在民间具有深远的影响。相传宁波的雪窦山是弥勒菩萨的应化道场,因此宁波的弥陀崇拜愈加突出。

雪窦山的佛教信仰始于晋、兴于唐、盛于宋,至今已有 1700 余年。雪窦山的弥勒信仰与五代时候的布袋和尚有关。关于布袋和尚的事迹,始见于北宋初年赞宁所著《宋高僧传》卷二十一中的《唐明州奉化县契此传》。成书于 1004 年的《景德传灯录》又在《宋高僧传》的基础上加入了若干典故,使布袋和尚的故事更加丰满。另外,《两浙名贤录》、《奉化县志》中也有关于布袋和尚的记载。据载,五代梁时有一奉化长汀人,称为"长汀子",在奉化岳林寺出家,法名"契此"。契此长得蹙额皤腹,笑口常开,常以杖荷一布袋,游走街市、田野之间,向人行乞,不管人们布施什么东西,统统投入布袋中,自称:"我有一布袋,虚空无挂碍,展开遍十方,入时观自在。"人称"布袋和尚"。布袋和尚出语无定,随处寝卧,形如疯癫,示人吉凶,常得应验。据说他临终时说了四句偈言:"弥勒真弥勒,分身千百亿,时时示世人,世人自不识。"于是布袋和尚就是弥勒菩萨化身的说法渐渐传扬开来,汉传佛寺的弥勒造像也逐渐从印度的天人形象变成了布袋和尚的形象,更加具有了人性化、中国化的意味。

近代高僧太虚大师住持雪窦山的雪窦寺时,曾提议将雪窦山定名弥勒山,列为继五台、峨眉、普陀、九华之外的第五大佛教名山,但一直未能如愿。他一生以弘扬弥勒菩萨的万法唯识思想为自己的修学理念,对弥勒菩萨的这个道场念念不忘,临终前选择雪窦山作为自己的长眠之地,圆寂后的舍利灵骨也被安葬在雪窦山的妙高台。1978 年当时的佛教协会会长赵朴初视察雪窦寺时寄语:"雪窦乃弥勒应化之地,殿内建筑应有别于他寺,独建弥勒殿。"

布袋和尚出家的寺院为雪窦山的岳林寺,宋真宗大中祥符八年(1015)赐额"大中岳林禅寺"。寺院历经沧桑,早已焚毁。1995 年在布袋和尚故乡长汀村奉中山中岙圹作为新址,现已成为弥勒文化的一大基地。而雪窦山弥勒信仰的中心则在当年布袋和尚经常挂单的雪窦寺。自 20 世纪八九十年代重修的雪窦寺规模宏大,占地面积约 85847 平方米,建筑面积约 19873 平方米。自外而入,依次为山门、放生池、照壁、天王殿、弥勒宝殿、大雄宝殿、乳峰泉、法堂,依山而建,层层递进。照壁上书有"弥勒道场"四个大字,为全国政协原副主席吴学谦所题。天王殿中的弥勒铜像,身披袈裟,手执长柄莲灯,与一般寺院的弥勒化身像形制不同,据说是依据印度所传弥勒真身像塑造;弥勒宝殿中的布袋和尚像,高达 5 米,端坐于青田石雕九龙图案之须弥座上,袒腹屈膝,笑容可掬。现今的雪窦寺虽非古建筑,其华丽豪奢的营建与修饰亦非古风,但对本地区弥勒信仰的呈现与弘扬,则真实可见。

（3）独具特色的营造工艺

宁波佛教殿堂总体上属江南汉式木结构建筑,又辅以砖石构筑,多就地取材。建筑和雕刻大多精美丰富,兼具宗教性与艺术性。由于时间久远,屡毁屡建,加之各时期营建工艺与审美倾向不同,同一场所中荟萃并存着不同年代的作品,每一处佛寺都可以是博物馆与宝藏库。

宁波寺院的工艺特色主要体现在两个方面。

其一是殿宇修建的匠心独具。

阿育王寺因珍藏释迦牟尼的真身舍利及玲珑精致的舍利宝塔而闻名中外,素有"震旦圣地"和"东南佛国"之称。创建于西晋太康三年（282）,南朝宋元嘉二年（425）、元嘉十二年（435）两次增创殿宇,寺之规模由此奠定,梁普通三年（522）赐阿育王寺额,寺之名称是时确立。年深日久,佛殿数度倾圮,现存建筑除两座元塔外,多为明清时期重建或重修。寺院坐北朝南,占地 8 万平方米,建筑面积约 14 万平方米。主体建筑背山而建,梯状渐高。主轴由山门、天王殿、大雄宝殿、舍利殿、藏经楼等构成,东西副轴部有钟楼、念佛堂、客堂、先觉堂、大悲阁、大坛、祖师殿、傅宗堂、碑阁、方丈室（承恩堂）等建筑。群房 600 余间。其舍利殿的建筑,为其他寺院所罕见:屋顶为重檐歇山顶,尽盖黄色琉璃瓦,殿前屏门,浮雕绮丽;殿之正中供奉舍利石塔,塔下列利宾及阿育王像;殿之正前方上、下檐间有宋孝宗所书"妙胜之境"方匾,下檐下有清著名画僧竹禅所书"舍利殿"横匾,殿内栋上有宋高宗所赐"佛顶光明之塔"一匾。

最值得一提的是保国寺。保国寺位于宁波江北区洪塘镇的灵山山腰,也叫灵山寺,创建于东汉末年。唐会昌五年（845）寺院被毁,后又重新恢复。现有的寺院主体建筑为北宋大中祥符六年（1013）修建,但又拥有前后不同时期的珍贵建筑文物,如唐代经幢、宋代木构大殿、明代楼阁、清代钟楼以及民国殿堂等。唐僖宗曾赐"保国"匾额,遂名"保国寺"。寺院占地约 1.3 万平方米,建筑面积 6000 平方米。中轴线上依次排列有山门、天王殿、大雄宝殿、观音殿、藏经楼五幢建筑,东西轴线分别为钟楼、鼓楼、客堂等附属建设。保国寺建筑的若干特征在其他佛教寺庙中是罕见的。

布局:寺院建在半山腰的缓坡地上,东南低,西北高,建筑物随着地形高低错落,鳞次栉比。虽然总体上也遵从主轴线的布局,但又不拘泥,院落地势一进比一进抬高,各座单体建筑也在不同的高度上。在中轴线的两侧,无配殿,仅作一些僧房、客堂等附属建筑,并以围墙与轴线上的主要建筑分隔。附属建设均南北长,东西窄,面向中轴线,大多相互紧贴,随着地势自由布局,东侧的一列屋前有廊相连,从天王殿的东偏门一直抵达藏经楼的东侧空地。这种建筑布局在其他寺院中并不多见。

无梁殿:保国寺的主殿大雄宝殿是江南最古老、保存最完善的北宋木结构建筑。它的主要特点是进深大于面阔,呈纵长方形,意在容纳更多的信徒顶礼膜拜。整个大殿的全部结构皆用斗拱之间的巧妙衔接和精确的榫卯技术,不用一枚铁钉将建筑物的各个构件牢固地结合在一起,承托起整个殿堂屋顶 50 余吨的重量。在大殿前槽天花板上,还巧妙地安排了三个与整体结构有机衔接的镂空藻井,用天花板和藻井遮住了大殿的梁架,人在下方不容易看到梁架,故被称为"无梁殿"。由于藻井比较低,而它的后面供奉佛像的空间特别高旷,形成强烈对比,更烘托出主佛的"妙法庄严"和"至高无上"。这种天花装修集平棊、平暗、藻井于一身,在早期《营造法式》成书以前仅存一例。

柱子的"包镶作":保国寺大殿的柱子采用瓜棱柱的做法,即采用以小拼大的办法,在一根较小的木柱周围,包镶几根弧形木条,使整个柱子呈瓜棱的形状,这样既解决了大木料来源困难的问题,又具有很强的装饰性,美观大方。这种形式的柱子,在现存古代木构建筑中是不多见的。此外,还使用了较多的受拉构件,采用柱头微向内倾的"侧脚"做法,增强了建筑物整体构架抗震动、抗冲击的稳定性能,使其稳固。

"七朱八白"的彩绘:作为一种宋式建筑"丹粉刷饰"的彩画形式,"七朱八白"是在梁枋或阑额等木构件上,按其广分成 5～7 份,取其当中的一份刷成白颜色,其余部分用朱色断成七格,使之形成朱白相间的粉饰方法。这种装饰盛行于五代到宋这段时期,多流行于南方。保国寺大殿内所有的栏额都作"七朱八白",风格朴健。

用材:保国寺大殿不仅使用松、杉、榆木,而且用了一种带有刺激性香味的黄榉木,散发出为禽鸟虫蚁畏闻的气味,故能避免蛀蚀,使宏伟建筑历经千年而坚牢如故。

宁波佛寺殿宇营建中具独绝工艺的例子还有不少,如余姚芦山禅寺大雄宝殿的细部雕绘,象山珠山法王寺的石屋造型,鄞州鄞江云层岩庵的岩洞式庵堂,鄞州五乡福聚庵遗留的莲鱼心石,鄞州洞桥回龙庵的民国木雕,象

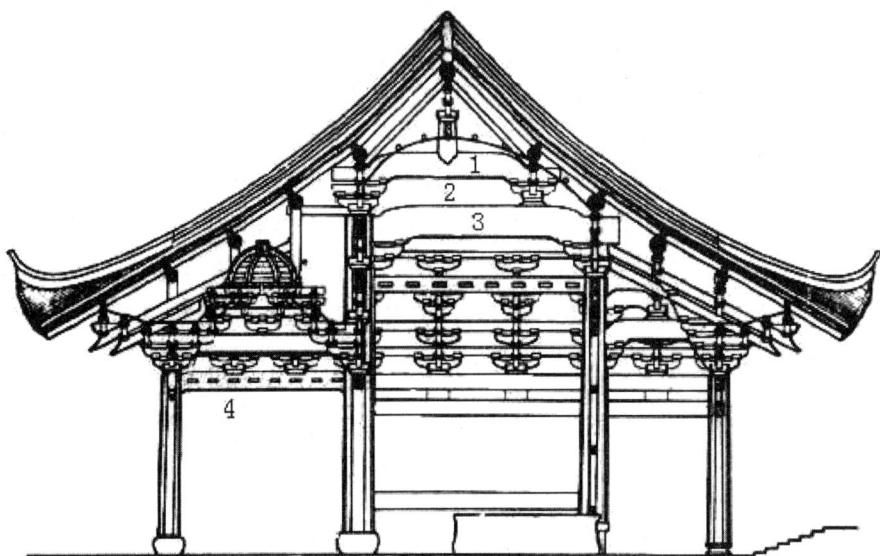

图 4 保国寺大殿剖面图:1 平梁,2 内槽,3 三椽栿,4 外槽

山泗洲头灵静庵筑于百丈悬崖上的正殿,等等,都颇具地方色彩。此外,与佛寺相关的佛塔、僧塔,如天封塔、天宁寺塔等,都代表了营建时的最高水平。

宁波寺院工艺特色的第二个方面,是造像艺术的较高成就。

宁波的佛教造像,材料以石、木、金属和泥塑为主,保存下来的历史作品以石质为主,平面的绘画佛像因较难保存,流传于世者较少。

就目前发现而言,宁波最早的佛像出现在余姚马渚青山夏王村出土的东吴时期谷仓罐上。该谷仓罐上层除了堆塑楼阙、飞鸟、鼠、五管外,还有五尊佛像,佛像高 5.5 厘米,宽 3.5 厘米,头顶有螺状肉髻及佛光,结跏趺坐于莲花座上。之后,在鄞州、余姚和慈溪等地相继出土西晋壶、罐等器物,上面也有堆塑佛像。这些佛像属于印度佛的湿衣式,又称笈多式,佛穿圆领僧衣,结跏趺坐于莲台,背有圆光。

在唐代近 300 年时间里,宁波兴建的知名佛寺及庵堂有数百座,现存佛像作品中最有代表性的为收藏于保国寺内的普济寺石经幢和永寿庵石经幢。前者原是古慈溪(今慈城镇)普济寺的镇寺之宝,雕造于唐开成四年(839),通高 4 米,八角,幢身除刻"唵摩尼达哩吽泮吒"八字真咒外,还刻着唐代书法家奚虚己写的《佛顶尊胜陀罗尼经》的全文和序文,共 3378 字;经幢的顶部雕刻云盘和八角翘檐,基座上部的承盘上刻三条盘龙和仰莲,中部八角束腰刻八大金刚,着地的基座刻覆莲,最大直径达 1.8 米,整体造型庄重、稳定,雕刻精致,反映了唐代建筑艺术、石雕工艺和书法艺术的高深造诣和成就。

海外留存不少南宋时期宁波的佛教绘画,如周季常、林庭珪的《五百罗汉图》(100 幅),陆信忠的《佛涅槃图》、《十王图》(10 幅)、《十六罗汉图》(16 幅),金大受的《十六罗汉图》(16 幅)、《十王图》(现存 9 幅),普悦的《阿弥陀佛三尊像》(3 幅),赵琼的《十六罗汉图》《诸尊集会图》等。从这些画幅的表现里,可以看出当时艺术家的审美与崇尚。

图 5　保国寺收藏的普济寺石经幢

据近数十年来宁波的文物普查和考古发掘,宋元期间留下的石刻和金玉佛像有十来处,总体格调法相饱满,神态庄严而亲切。如慈溪(今慈城镇)

普济寺石座飞天、天宁寺塔檐石刻飞天、鄞州东钱湖二灵塔、东钱湖补陀洞天造像、慈溪洞山石塔佛像、鄞州大梅山法常塔佛像、鄞州延寿王寺塔佛像、鄞州东钱湖广渡庵石塔、鄞州阿育王寺石刻四天王、镇海铁观音寺石将军、天封塔出土地佛像等。

至明清,以余姚陆埠为中心的木雕佛像和以鄞州为中心的铸铜、泥塑漆雕佛像享有盛誉,陆埠派造像对灰漆装金技艺特别讲究,耐晒、耐泡,因而名扬长江南北。

图 6　天童寺十八罗汉石刻(三幅)　竹禅作画并诗

(4)作为附件的有形、甚至无形的人文珍宝

虽然佛寺的主要功能是宗教活动,但此中凝聚的精神气息,则往往源于宗教却宽于宗教。宁波佛寺中留下许多人文珍宝,值得人们在关注殿宇的同时深加研究。因为只留意建筑外形的研究,是不免于单薄的。

首先,佛寺中的碑、联、铭、画等收藏,有些就是直观地呈现在建筑物的局部的,成为主体建筑的一个有形附件,带着某些特定时代的人文记忆,拓展了建筑物的内涵。比如阿育王寺中留存的梁武帝、宋高宗孝宗、清乾隆等题赐匾额，以及 50 余通历代碑碣石刻，包括大雄宝殿后的东壁墙上所嵌由唐万斋融撰文、范重书的"阿育王寺常住田碑"、宋苏轼的"宸奎阁碑铭"、宋张九成的"妙喜泉铭"，西壁墙上所嵌清章炳麟撰文、曾熙书并篆额的"阿育王寺重修舍利殿碑记"等。"常住田碑"以行书入碑，得王羲之精髓，字迹圆润，体态妍美；"宸奎阁碑铭"是苏轼传世最正规的一方楷书碑，结体遒劲，点画刚狠，为宋人楷书的典范作品。

图 7 苏轼《宸奎阁碑铭》

寺院的亭、台、楼、阁、榭、柱，几乎都写上或镌刻对联，以佛法、佛典、禅趣、禅理来醒悟世人。题写的人往往是某一时期有影响、有缘分的人，如题天童寺的楹联里，有章炳麟的"香象蹴地非驴所堪坐令外道六师造论都随朝露尽，金翅擘海群龙皆伏况尔恒河小婢却流敢拒应真来"，有林则徐后人林翔题的"昼夜六时恒吉祥随所偃处常安乐，人天大众皆欢喜尽虚空界悉光明"，沙孟海所题的"山势四明来看龙卷灵湫虎跑平地，禅宗两浙派想传灯雪窦分席云栖"，赵朴初所题的"明月挂寒空般若心传冷香飞上诗句，法云兴旧塔洞庭波送悲光流遍九州"等，既是哲悟，又是书法精品。

其次，有些因佛寺而产生的诗词与传说，虽不一定嵌存于建筑的实体中，但却流传后世，影响颇大，同样是该寺院文化遗产的一部分。如王安石咏天童："山山桑柘绿浮空，春日莺啼谷口风。二十里松行欲尽，青山捧出梵王宫。"（《咏天童》）舒亶咏余姚芦山寺："江云扶雨暖融融，来往东西只信风。早晚晴阴浑不定，青山半在有无中。"（《芦山寺》）方干咏余姚龙泉寺："未明先见海底日，良久远鸡方报晨。古树含风常带雨，寒岩四月始知春。中天气爽星河近，下界时丰雷雨均。前后登临思不尽，年年改换往来人。"（《登龙泉山绝顶》）戚继光咏慈溪伏龙寺："梵宇萧条隐翠微，丹枫白石静双扉。曾于山下挥长戟，重向尊前醉落晖。衰草尚迷游鹿径，秋云

空锁伏龙机。遥看沧海舒长啸,百尺仙桥一振衣。"(《题伏龙寺》)

始建于北宋治平年间的湖心寺,位于宁波月湖花屿的东南面,由宋至清屡毁屡缮,现存为清光绪时比丘尼重修,称月湖庵。此处曾留下大量名人题咏,如司马光曾有诗曰:"横桥通废岛,华宇出荒榛,风月逢知己,湖山得主人。"诗中"华宇"指的就是湖心寺。北宋著名政治家王安石、文学家曾巩、明州太守刘珵、龙图阁大学士舒亶等人,都留下过赞美湖心寺的诗篇。湖心寺当时甚至成为明州的标志性建筑之一,日本画僧雪舟1468年创作过一幅《宁波府图》,其中就有古湖心寺的远眺风貌。然而,让湖心寺声名远播日本、朝鲜、东南亚和世界各国的则是钱塘文士瞿佑,据宁波民间传说写于《剪灯新话》中的《双头牡丹灯》。湖心寺正是故事的发生地。全祖望还以此为题材写过一首竹枝词:"初元夹岸丽人行,莫是袁家女饭僧。若到更深休恋恋,湖心怕遇牡丹灯。"

《牡丹灯》的故事,是说元代末年宁波城内的元宵灯会时,有居于镇明岭下乔姓秀才"初丧其偶",未去看灯而"倚门伫立"。夜深人静,见一丫鬟,手提牡丹灯笼,后随一美人,往西而去。乔秀才颇感骇异,就尾随她俩踽行。不久,姑娘回头,对秀才微笑。秀才上前作揖,问其姓名、住址。姑娘答以:"姓符,名淑芳,字丽卿,奉化人,是州判女儿。父母均已谢世,家惟一婢,住于湖西。"秀才留她共宿。天将明,告别而去。如此暮来晨去,不觉半月。乔生邻翁,微有所疑,从壁隙偷窥,见一粉桩骷髅和乔生并坐。次晨,老翁告诫乔生:"你和阴人共处而不觉,大祸将临头了!"并催他去湖西查访,果然湖西并无此女踪迹。归途,乔生入湖心寺少憩,瞥见西廊有寄寓的灵柩,上题"符州判女丽娘之柩",柩前悬一双头牡丹灯,灯下有一竹扎纸棚的丫鬟。乔生大惊,奔告邻翁,邻翁伴他往玄妙观求魏法师出符。法师给乔生二符,命一置于门,一悬于榻,并诫以后莫过湖心寺。乔生遵嘱布置,符女果不再现。月余,往袁绣桥(在湖西之北隅)访友,醉归忘法师所嘱,竟仍取道过湖心寺,被丽卿迎入寺内,数日后发现乔生失踪,邻翁远近寻问,直至寺中,见乔生已死在柩内的丽卿尸身旁,乃发棺救生,则断气已久,寺僧将二人尸柩葬于城西郊外。从此,每当云阴月黑之夜,辄见生与女携手同行。

这篇小说,"上承唐宋传奇之余绪,下开聊斋志异之先河",文笔生动,词藻精丽,在洪武十一年(1378)刻版问世后,先传到朝鲜,由金时习编入《金鳌新话》。不久又传到了日本翻印,日本京都的周麟为之作序。由于故事情节很适合日本中下层平民心理,又被翻译成日文,仍定名为《牡丹灯》。之后,该故事被编为说唱剧目,出版为速记读物在报纸上连载,改编为歌舞伎以及电影、电视剧,在日本几近家喻户晓。

牡丹灯的传说故事,也从另一个方面说明佛寺与世俗文化的关系。

再次,有些佛寺利用或增设殿堂,举办各类讲坛习所及其他公益活动,弘扬佛法,助益社会,体现了一定的科学精神。如民国时期的七塔禅寺创办"七塔报恩佛学院",主持编纂《七塔寺志》;延庆寺清初曾为黄宗羲设"证人讲院",成为甬上学术重地;镇海的净圆禅寺民国时曾办"净圆义务小学"和"施诊所""吾幼院",资助贫苦者;余姚龙泉寺之中天阁曾是王阳明讲学授徒之所,"姚江学派"的浙中王门弟子常来此听学切磋。

图 8 依照天童寺格局建造的日本永平寺佛殿

最后要提一下的是宁波的佛寺对外交往,尤其是与日本交往关系密切。日本中世纪禅寺是宋元江南禅寺的移植与发展。两地的僧人交往亦具传奇性。唐天宝年间,高僧鉴真东渡日本弘法,两次在宁波海面遇险,均下榻阿育王寺舍利殿。宋时日僧荣西禅师两次来天童寺修行,回国后创立了日本的临济宗;日僧道元禅师在天童寺从如净法师习禅,回国后成为日本佛教曹洞宗的开山祖师,曹洞宗今为日本佛教界最大的宗派之一;日僧寒岩义尹曾到东钱湖福泉山的大慈寺参禅,回日本后创立大梁山大慈寺;天童寺僧人寂圆法师到日本传习佛法达 70 多年,还创建了日本宝庆寺。明代日本僧人周良奉使中国,曾往余姚龙泉寺观赏三世如来佛像;象山天寿寺也有日本高僧的几度朝拜,所献"海上奇观"匾额至今尚在;日本"画圣"雪舟和尚两次赴天童巡礼作画,获"天童寺禅班第一座"称号。宁波寺院建筑风格传入日本主要有"天竺样式"和"唐式",前者如平城京的东大寺、长崎崇福寺,后者如京都建仁寺、山城兴圣寺、福井永平寺、崇福山安乐寺、镰仓圆觉寺等,其中永平寺又有"小天童"之称。同时,宁波的石刻造像、铜佛像铸造艺术也都对日本等地产生巨大影响,被称为世界第二大佛的日本东大寺大佛即出自宁波工匠陈和卿。

作者单位:宁波广播电视大学

宁波方言的使用现状及保护*

邵　健　朱　雷

摘　要：本文主要分析了宁波方言目前所处困境的原因，从宁波方言存在的文化价值和社会意义入手，探讨了宁波方言传承与保护的策略，认为保护方言必须保证方言使用领域的独立性，强化和扩大方言的文化和社会功能，同时，促进方言研究的应用性转换和推广。

关键词：宁波方言　保护策略　使用领域　文化和社会功能　成果转换

一、引　言

　　宁波方言属于吴语太湖片甬江小片（侯精一，2002），起源于吴郡、吴兴郡、会稽郡等"三吴"地区为中心的太湖流域和宁绍平原，至今已有两千多年的历史。宁波方言作为本土居民日常生活和交际所使用的最有效手段，其中承载着本地的历史和文化，并且成为地域特征最重要的外在标志之一，因此，保护方言就是保护本土文化。但是，方言目前所处的地位却不容乐观。以宁波为例，近年来依托港口优势，大力发展海港经济，吸引和吸收了各地

　　* 基金项目：宁波市 2012 年度哲学社会科学规划课题"语言学视角下的宁波方言传承与保护"（G12-ZX47）。

人才和劳动力,促进了经济的迅猛发展。但同时,外来人口和外来文化对宁波方言的延续和传承也造成了一定影响。普通话的推广、本地方言实际使用空间和时间的衰减、与非本地人群交流的实际需要等诸多现实因素进一步压缩了方言的生存空间,造成了宁波年轻一代方言表达能力低下,甚至出现了土生土长的宁波儿童不会说宁波话的现象。长此以往,方言的传承必将出现断层,而方言,也将成为历史。本文着眼于宁波方言所处的困境,从宁波方言存在的价值和意义入手,探讨宁波方言传承与保护的策略。

二、现状及原因分析

目前,宁波方言面临着两大挑战。一方面,外来人口的比重日益增长。根据《宁波市人口发展报告(2012)》①显示,截至 2011 年年底,本市户籍人口576.4 万人,登记的外来人口 429.84 万人,总量居全省首位,与户籍人口之比已达 74.57∶100。方言的使用"影响着外来人口吸纳、融入本地文化。因此,解决好语言问题成为构建和谐社会的一个重要因素"(屠国平,2008:51),因此,大力推广普通话势在必行。但是,普通话的强势地位必然对方言的生存环境提出了外在挑战。另一方面,根据徐蓉(2003)的调查,宁波本地人口中,40 岁以上人群对本地方言感情较深,而年轻人群则母语观念淡薄,不少女性已经意识到在正式场合下"使用方言则显得太土、太俗气"(第 364页)。陈燕玲、陈华东(2011)通过闽南方言的调查,也发现了类似的问题。这种以普通话、英语外来词为时髦的态度很大程度上使方言的使用常常限定在家庭或私密小群体这一层面上,伤害了方言生存的社会土壤,从内部对方言的传承提出了挑战。综合以上两点,方言的日渐式微是不可避免的,在其背后,有着经济、政治、文化和认知层面上的多重原因。

首先,经济全球化和一体化所带来的大融合是挑战方言地位的最根本因素。这种融合不仅体现在地区之间,还体现在国与国之间,既有经济上的,又有文化上的。在这种大背景下,人口流动日益频繁,人与人之间的交际日益拓宽,传媒的介入和信息技术的不断进步,使作为共同语的普通话在全国范围内得到广泛的推广和应用,不仅在媒体上、教学上和公共场合运用普通话,甚至在很多私人领域也大量使用。根据陈章太(2005)的调查,至 20

---

① http://gtog.ningbo.gov.cn/art/2012/6/20/art_13266_917749.html.

世纪 90 年代,"还有些地方,普通话已经成为人们日常普遍使用的家庭用语,在语言生活中基本取代了原有的地域方言"(第 50 页)。当方言使用领域的独立性无法保证的时候,其生存和发展就岌岌可危了(Fishman,1972:135—152)。而国际化进程的加剧,使地域性方言又多了外语这个强有力的竞争者,在经济发达地区,英语在不少公务和商务类交际活动中占主导地位。此外,网络语言和大众流行语言的存在和入侵也使方言的地域性特征和文化特征越来越淡薄。

其次,对方言认识上的偏误造成了方言地位的尴尬。20 世纪 50 年代前后,国家大力推广普通话,在法律层面上保证了普通话在公共场合和正式社交场合中不可动摇的地位。而且,着眼于当时特殊的语言环境,为了消除不同方言区之间的交流隔阂,促进社会进步和人际交往,推普工作是以缩小方言的使用范围为目标的。但是,时至今日,却还有人片面地将推普工作和方言保护对立起来,认为方言保护和提高方言地位即是地方主义盛行的表现,方言的推行会阻碍社会间不同地域群体的交流,以牺牲方言多样性为前提推广普通话。甚至有一种意见认为要"推广普通话,贬抑方言"(游汝杰,2010),这就有失偏颇了。事实上,国家有关部门负责人曾多次强调,即便是推广普通话,也不是以消灭方言为最终目标。前任人大常委会副委员长许嘉璐(1998:2)指出:"尊重语言文字自身发展规律,还要求我们正确处理好语言文字主体化和多样化之间的关系。……推普不是要消灭方言,方言在不少场合具有其自身的使用价值,这是贯彻多样化原则。"前教育部语用司司长杨光则认为:"方言是地域文化的象征,它还有使用价值(如老乡之间、亲朋好友之间要用家乡话)、文化价值甚至是情感价值等。在推广普通话的同时,方言要继续保留。"①

最后,专业的方言教学和传播推广不够。方言历来是语言学家关注的重点之一,对于各种方言的音、形、义的研究成果斐然,但是,专业研究成果却鲜有服务于方言教学、传播和推广的。以宁波为例,没有一个专门的方言培训机构或组织,市面上仅有几本借字注音方式的方言速成读物,虽然有宁波老话的书面记载(如周时奋的《活色生香宁波话》等),但能活学活用的并不多。因此,方言的传承主要依赖于家庭层面的言传身教,但问题在于,即便是由土生土长的宁波人组成的家庭中,祖辈和父辈也会尽量用普通话与孩子交流,不少本地的俗语、白话濒临消失。

---

① http://news.sina.com.cn/o/2004-09-15/11183672961s.shtml.

三、方言保护的措施

联合国教科文组织在《保护非物质文化遗产公约》第二条中提到,非物质文化遗产包括"口头传说和表述,包括作为非物质文化遗产媒介的语言"。方言既是非物质文化的主要承载者之一,也是非物质文化遗产的重要组成成分,保护方言即是保护文化和历史。从宁波特有的"宁波商帮"文化看,宁波话是维系海内外宁波人情感和血脉的纽带;从方言作为非物质文化遗产的地位看,宁波话又是传承和发扬本土文化的重要手段。甬剧、宁波走书等民间曲艺形式,如果不能用准确的文字记录下来,对于文化的传承是不利的。而且,加强宁波话的保护和推广,不仅有助于传承本土文化,而且还有助于加快外来人口吸纳、融入本地文化的进程,从而增强外来群体的社会认同感和从属感,更好地构建和谐社会。

(一)已有的做法

近年来,不少文化界和语言界的有识之士日益注意到方言问题,开始倡议对方言进行保护。2004 年杭州市政协提出了《保护杭州方言,防止历史文化名城内涵缺失》的议案;2005 年上海市政协提出了《保护本土文化之一:沪语的规范与推行》的议案;2010 年,广州市民开展"保卫粤语"运动;2011 年年末上海语文学会学术年会上,钱乃荣教授等 82 名学者联名发布了《关于科学保护上海话的倡议书》,提倡幼儿园、中小学生在课余时间说上海话或其他方言;宁波电视台自 2005 年以来开播多档方言类节目,目前已具备一定的辐射面和影响力。这些倡议和改变都预示着方言生存环境的改善。但是,将方言保护落到实处,首先要做的还是方言常用词汇的书面化。一旦口头方言有了标准、规范的形式表达,便可以被传诵、被传承,其中的意义是不言而喻的。粤语早在 20 世纪初在白话文运动中发展出一套相对完备的口语书面化体系,联合国甚至将粤语列为工作语言(language),而不是将其看作是一种方言。上海方言目前也有了一套手机输入软件(沪语手机输入法)。嘉兴等多个地区也正开展口语的书面化运动。

方言保护并不是中国所特有,国外也一样有方言保护。联合国教科文组织于 1994 年成立了国际濒危语言情报交流中心,致力于濒危语言的保护工作。根据王健(2011)介绍,不少国家通过一系列的立法和专门拨款等形式对方言的使用、教学、保护和推广提供便利和支持。比如美国和澳大利亚有专门的法律支持地方语种的保护和教学,法国阿尔萨斯地区则有专门的方言课程和方言节目,确保了阿尔萨斯语在家庭中的主导地位。

通过这些国家和地区的做法,可以发现,方言或者说方言所代表的地域性文化的重要地位日益得到凸显,在全球经济一体化的大背景中出现了文化多样化、区域化的苗头。我们认为,保护方言可以通过以下的手段和策略。

(二)保持方言使用领域的独立性

方言是某个地理、文化区域日常交际的主要媒介,在普通话推广之前,它贯穿了社会和家庭生活的各个领域和层面。随着推普工作的进行,方言的使用空间和时间必然会受到压缩,因此,保护方言的一个重要手段即是保证方言在一定领域内的主导作用。宫同喜(2011:17)认为,"一种弱势语言的生存和发展,不仅取决于其使用领域的大小,更取决于其使用领域是否具有相对独立性,即其使用领域是否有强势语言的广泛进入",当方言的使用领域不再具备独立性,它的衰颓也就无可避免。因此,他提出从维护方言在私人领域的独立性入手保护方言。这一观点是正确的。方言和普通话虽然有一定的竞争,处于此消彼长的关系,但这种关系并非不可调和,而是可以引导,可以并存。一方面,推普不应以消灭方言为目的;另一方面,保护方言也不是意味着逆势而动,彻底抵制普通话的推广。这就要求在认识上厘清思想,明白两者共存的关系和地位,在公共场合、重要政务商务活动、教育领域中使用普通话,而在非公共领域、私人社交场合、家庭内部鼓励使用方言,这一点上可以借鉴加拿大、新加坡、卢森堡、瑞士等双语国家或地区的做法,努力创造双语并存的社会语言环境。

而要做到这一点,就需要政府和社会的介入和引导。目前,普通话的法律地位已载入《宪法》第十九条(1982 年修改),而保障方言地位和使用的法律条文还属空白,仅有杭州、上海等少数几个地方政协提出了议案,或者是某些语言学术团体的倡议,缺乏地方性甚至全国性的政策法规保障。这就需要政府层面的支持和引导。当然,也并不意味着需要短期内盲目地出台相关法律条文,这毕竟也不现实,但至少在一定范围内,在广播、电视、报纸等多种媒体上加强宣传,改变年轻群体对方言"太土、太俗气"的认知和感观,倡导语言文化多样性还是可能的。事实上,不少方言词汇极具感染力,它们或者生动活泼,艺术张力十足,或者言简意赅,凝练了历代宁波人的生活体验。《宁波晚报》专门开辟了宁波老话的版面,宁波电视台目前也有数档方言类谈话、互动、新闻、电视剧节目,这些媒体的做法无形中树立了方言保护的风向标,对鼓励和支持方言在非公共场合、小群体、家庭等场合中的主导使用起到了积极作用。

(三)强化方言的文化和社会功能

方言是区域文化的具体承载者之一,不少非物质文化,如地方戏剧,更是与方言密切相关。以宁波地区为例,宁波走书、甬剧(旧称宁波滩簧)、宁海平调①等都是基于方言的民间艺术,但这些曲艺形式的受众面和传播面都比较狭小,根本无法和京剧、越剧、昆剧等大剧种相比。因此,保护方言还可以从保护民间艺术形式做起,一方面对这些艺术形式进行录音、录像,对唱词、曲谱等做好书面化整理,比如,市文化艺术研究院启动了"甬剧老艺人抢救性保护工程",通过走访宁波、上海的甬剧老艺人,完成文字整理,最终编印《甬剧老艺人史料汇编》,开办甬剧博物馆(顾嘉懿,2012)。另一方面,对于有志于传承和保护甬剧、走书的青年艺术工作者则予以资助。同时,在下一代中扩大甬剧的影响力,培养本地孩童对甬剧的兴趣。比如宁波已有两所小学和幼儿园与市甬剧院开展合作,设立了甬剧非物质文化传承基地(梅薇、陈莉,2012),这一做法不仅丰富了学龄孩童的课余生活,使甬剧这种艺术形式的群众基础更加广泛,而且,对于方言的保护也具有一定作用。在专门的曲艺形式之外,还可以开展一系列以方言为主题的大众文化活动,比如方言歌曲大赛(2008 年的浙江省"种文化"原创方言歌曲比赛就是此例)、宁波老话比赛、方言小品大赛等,将方言保护融入普通市民的日常生活,以群众喜闻乐见的形式扩大方言的影响。

方言还具有极强的社会联系功能。钱乃荣(2005)认为方言是大多数汉族人最早学会的语言,而最能自如表达思想的语言也是方言。方言伴随着使用者成长的整个过程,其中凝聚着最为基本的生活阅历和经验,包含了情感和认知层面的诸多体验,这对于老一辈的宁波人尤为如此,祖辈相传的宁波老话就是老底子宁波生活的鲜活表现。作为宁波商帮文化的发源地,宁波商人遍布世界,百多年以来,不变的唯有浓浓乡音。因此,保护方言,保护方言所赖以生存的语言环境,有利于加强海内外宁波人的血脉联系,维护区

---

① 宁海平调被国务院列为中国首批非物质文化,编号 IV-9,甬剧也被列为国家非物质文化。

域认同感和归属感,从而团结全体宁波人,增强宁波经济的软实力,为全球化格局下的经济增长寻找新的契机。从这一点看,在媒体上加强乡土观念和区域文化的宣传,对于保护方言无疑是有益的。

(四)专业研究、教学和传播推广

对于宁波方言的研究涉及语音、词汇、语法等多个层面,研究成果不胜枚举,阮桂君(2009)和周志峰(2010)都有详细的总结和回顾,在此不再赘述。其中有些成果具有非常强的应用价值和社会价值,比如朱彰年等编纂的《宁波方言词典》和李荣等主编的《宁波方言词典》,收录整理了大量的方言词汇,对于保存现有的宁波方言词汇可谓意义重大。另外,市面上也出现了不少方言教学类的书籍(如《贾军教你说宁波话》系列),以汉字同音字或近音字注音的方式对宁波方言进行标注和解释,对推广宁波方言起到了一定作用,但是,目前方言研究的绝大多数成果专业性强,研究成果的推广和转换工作尚不到位,而同音或近音字注音的方法又特别依赖注音者自身的语感和语音,缺乏一定的系统性和连贯性,因此,这些成果的社会效应和普及效果并不是十分理想。

从语言学专业的角度看,方言保护应该从三个角度入手,即记音、正字(包括词汇和语义)、语法,也就是对方言的本体进行研究保护。语音方面,一方面借鉴传统音韵学的方法,重点关注宁波方言的音、韵、调、变异,从历时的角度考察历史语音变化,从共时的角度考察宁波方言和其他地域方言或者普通话的异同。另一方面以现有的科技手段,对方言进行录音,尽可能采集宁波各个区域发音的音频资料并归类存档。在此基础上,引进实验语音学的仪器、程序,考察宁波方言语音的物理属性与特征,这样,既可以和理论成果进行验证,又可以促进成果的转换,比如,开发宁波方言的输入系统、宁波方言的人机对话界面等。方言的字形方面,已有的成果比较多,上文提到的各类方言词典就是很好的证明。但是,方言正字还面临着一个问题。方言的字符到底是借用现有的汉字体系,还是如粤语一样,创造新的词汇和语符呢?如何在两者之间寻求一个合理的平衡?这也是亟待学界解决的重大问题。

除了方言本体研究之外,更重要的是做到研究成果的推广和转换,使之具有社会效应。比如,可以通过编纂乡土教材和校本教材的形式,将宁波老话(包括俗语、俚语、谚语等)、方言知识、文化背景(比如宁波地名、街名的来历)编入教材,作为选修课程在中小学校进行推广。这么做的目的在于强化宁波本地学龄儿童的方言意识，吸引调动他们对于本地方言的兴趣，鼓励他们在家庭、在课间使用方言，从而保证方言的传承。除此之外，还可以在小范围内开设方言培训，培训群体主要为需要在工作中使用方言的外来人员以及对方言感兴趣的人群。这样可以在一定范围内保证方言的传播和推广。而电视、广播、网络媒体也可以开辟专门的方言节目和版面，或者开展宁波方言培训。宁波电视台一套目前推出了全新的节目 Ningbo Focus，其中有"学说宁波话"的环节，这就是一个很好的尝试。

四、小　结

方言和普通话并不是非此即彼的关系，完全可以共存共发展。本文提出传承和保护方言，也并不是为了排斥统一，排斥推广普通话，只有在认识上厘清这一点，才能真正地保护和传承宁波方言及其中蕴含的文化。而保护方言是一个系统性、立体性、全方位的工程，只有保证方言使用领域的独立性，扩展方言的文化影响和社会影响，做好方言本体研究和成果推广，才能使古老的宁波方言焕发新的生机和活力，使带有历史和地域印记的宁波方言在宁波这块土地上继续延绵流传下去。

参考文献

[1] 陈章太.语言规划研究[M].北京:商务印书馆,2005.

[2] 宫同喜.语言领域、语言能力与方言保护[J].北华大学学报(社会科学版),
2011(3).

[3] 顾嘉懿.我市启动甬剧老艺人抢救性保护工程[N].宁波晚报,2012-08-14
(32).

[4] 侯精一.现代汉语方言概论[M].上海:上海教育出版社,2002.

[5] 梅薇,陈莉.甬剧传承基地昨在望江小学落成[N].宁波晚报,2012-11-03
(A12).

[6] 钱乃荣.论语言的多样性和"规范性"[J].语言教学与研究,2005(2).

[7] 阮桂君.宁波方言语法研究[M].武汉:华中师范大学出版社,2009.

[8] 屠国平.宁波市外来人口语言生活状况考察[J].语言文字应用,2008(1).

[9] 王健.西方国家方言保护的启示[J].郑州航空工业管理学院学报,2011(5).

[10] 许嘉璐.开拓语言文字工作新局面,为把社会主义现代化建设事业全面推

向 21 世纪服务[J]. 中国语文,1998(2).

[11] 徐蓉. 宁波城区大众语码转换之调查[J]. 中国语文,2003(4).

[12] 游汝杰. 推广普通话 善待方言[N]. 中国社会科学报,2010-08-10(第 113
期):8.

[13] 周志锋. 百年宁波方言研究综述[J]. 浙江学刊,2010(1).

[14] Fishman J A. Societal Bilingualism:Stable and Transitional. In J A Fish-
man Language in Sociocultural Change [M]. Stanford University
Press,1972.

作者单位:浙江工商职业技术学院

论批判性思维与精神富有

——兼论浙江人共同价值观在促进精神富有中的作用

宋　臻

摘　要:笔者试图从批判性思维的视角理解和诠释精神富有的本质内涵,探寻促进精神富有的现实路径。通过批判性思维阐明精神富有与浙江人共同价值观的内在联系,进而阐述以"务实、守信、崇学、向善"为指向的浙江人共同价值观作为促进精神富有的思想武器。希望批判性思维视角下的精神富有观能够为实现人的自由全面发展提供动力。

关键词:批判性思维　精神富有　浙江人共同价值观

一、为什么要谈精神富有

我们的时代,依然是一个变革中的时代。但与近代以来抵抗外辱和政权更替的时代不同,当下所面临的种种问题,是由于现代化进程本身、由于经济结构转型、由于社会发展进入一个新阶段所带来的。黑格尔曾写下这样的话:"我们这个时代是一个新时期的降生和过渡的时代。人的精神已经跟他旧日的生活与观念世界决裂,正使旧日的一切葬于过去而着手进行他的自我改造。事实上,精神从来没有停止不动,它永远是在前进运动着。"①黑格尔的这番话对于正处于转型期中的社会而言、对于一个渴望能快速地

---

① ［德］黑格尔:《精神现象学》,贺麟、王玖兴译,商务印书馆1981年版,第6—7页。

从发展中转向发达的国家而言、对于一个渴望实现复兴的民族而言,依然有着深刻的启发意义。应该承认,过去一百多年来,中国人的精神正如黑格尔所言的那样,正在一块块地拆除其旧有的结构。从鸦片战争到改革开放,中国人的精神变革过程是如此的漫长而艰辛。恰如黑格尔所说:"新精神的开端乃是各种文化形式的一个彻底变革的产物,乃是走完各种错综复杂的道路并作出各种艰苦的奋斗努力而后取得的代价。"①

变革时代中的人们很容易提出诸如社会、人类"向何处去"的问题。"当我们盼望看见一棵身干粗壮枝叶茂密的橡树,而所见到的不是橡树而是一粒橡实的时候,我们是不会满意的。"②人们或许会问,究竟要变到何种程度才能令自己满意? 是城市越来越繁华农村越来越现代化,还是能用上越来越先进的手机看上越来越逼真的电视? 是能乘坐更快更舒适的交通工具,还是能住上越来越智能的房子? 是能穿上科技含量越来越高的衣服和鞋子,还是喝上完全无污染的水,吃纯天然的食物? 显然,这样的问题只能通过精神层面的反思加以解答。

依笔者浅见,精神层面的变革固然是由于物质条件的变化所引起的,但物质层面的东西,只能满足人的感官需要,在物质尚不富裕的情况下,感官需要是推动社会发展的主要动力,但发展到一定程度,终会停滞下来。从人的物质属性与精神属性分析,物质需求的满足具有阶段性,而往往在物质需求某一阶段的满足之后,精神需要就会大幅度增加。应该看到,近几十年来,为了实现物质上的增长,人们是以一种非常紧张甚至几乎带有焦虑和急躁的情绪在不停地努力着,我们也的确在物质领域取得了举世瞩目的成就。但稍微回顾一下历史就不难发现,在追求物质富裕过程中产生的焦虑情绪实际上自工业革命以来就已经开始在不同的国家和地区出现,如果不能有效应对,就容易产生精神危机。随着世界整体生产力水平的提高,人们越来越意识到,物质富裕并不是人所追求的全部内容。实现物质富裕的同时,还必须实现精神富有。

二、如何定义精神富有

浙江省第十三次党代会提出建设"物质富裕精神富有的现代化浙江"的

---

① ② [德]黑格尔:《精神现象学》,贺麟、王玖兴译,商务印书馆 1981 年版,第 7 页。

目标。笔者以为,这一目标既体现了浙江建设和谐社会的具体指向,也反映了时代赋予浙江人的历史使命。但与能够具体化、指标化、能够直观检验和评判的物质富裕不同,精神富有这一概念则显得有些抽象、难以诠释和不易把握。因此,应从批判性思维的视角理解和诠释精神富有的本质内涵,探寻促进精神富有的现实路径,应通过批判性思维阐明精神富有与浙江人共同价值观的内在联系,进而说明以"务实、守信、崇学、向善"为指向的浙江人共同价值观是促进精神富有的思想武器。

精神富有作为一个源自生活需要的观念,必然要通过现实生活的实践加以理解和把握,并使之成为现实。实现这一过程的主体是每个具体的个人,而人的实践则内在地包含了认识自我与认识世界,改造自我与改造世界的过程。诚然,时任浙江省委书记赵洪祝曾对精神富有这一概念做过如下阐释:"我们所说的精神富有,就是要使全体社会成员普遍受到良好的教育,具有较高的文化素养、思想道德素养和生态文明,其经济、政治、社会、文化等各项权益得到切实保障,过上丰富的精神文化生活,拥有共同的精神家园。"[①]但这样的阐释与其说是定义,不如说是为人们准确理解和把握精神富有的本质提供了多维的视角与实践路径。但人在认识世界与认识自我的过程中总会受到各种因素的干扰,正如歌德所说的:"谬误和水一样,船分开水,水又在船后立即合拢;精神卓越的人物驱散谬误而为他们自己空出了位置,谬误在这些人物之后也很快地自然地又合拢了。"[②]但我们所说的精神富有毕竟不是某些精神卓越人物的事,而是每个人自己的事。这就意味着要求每个人都能自觉地、批判地思考精神富有的命题。

那么,何谓批判性思维? 批判性思维能定义精神富有吗? 批判性思维是建立在质疑和独立思考之上、追问现象背后之本质的思维方式。精神作为一种无形的东西,会在现实中表现为各种现象。要把握现象背后的本质,可以通过批判性思维实现。贺麟先生曾说过,批判绝非简单的赞成这个,反对那个,拥护这个,推翻那个之谓,真正的批判建基于研究和了解上面,是通过客观研究,做出公正的批评,与功利的、主观的党同伐异不同。那种外在

---

① 赵洪祝:《努力建设物质富裕精神富有的现代化社会》,《人民日报》2012 年 6 月 13 日,第 8 版。

② 转引自叔本华著:《作为意志与表象的世界》,白冲石译,商务印书馆 1982 年版,第 567 页。

的批评,最不值得重视,需要的是内在的批判,是矛盾的自我克服。① 可以说,用批判性思维把握精神问题,就是发现关于精神的真理之过程。

我们常说,实践是检验真理的唯一标准。笔者以为,把实践作为检验真理的标准,并不是说实践本身就是标准,而是要求人们通过实践把握历史性的人或事的使命与价值,要求我们能正确看待特定历史条件下人与自然、人与社会、人与国家间的各种关系。

三、辩证解读精神富有

综观历史,对于精神问题的讨论,常常会落脚到对某些终极问题的反思上。诸如人是什么、世界是什么、人为什么存在、人与人应该如何相处、人与世界应建立一种怎样的关系、世界向何处去、人应当怎样生活等。自人类有文字记录以来,此类反思几乎从未停止过,又似乎从未有过明确、一致的答案。但具有批判性的辩证思维并不拘泥于对此类问题的结果性诉求,而是坚持强调现实与历史的一致性。作为能思的动物,人总是希望能透过现象把握本质,从而能超越对事物的感性认识而具备理性思维能力。在这一过程中,形成了人所独有的精神世界。与物质世界的客观实在性不同,精神世界则表现为主观性的内容,且总是处于不断的建构与解构过程中。众所周知,精神的状况是人所处的特定历史阶段的反映。这种反映总是通过精神对经济、政治、文化、生态、法律、宗教、艺术、道德、科学、教育、社会等诸领域的关系,通过特定的观念形态表现出来。每个领域都有自己的观念形态。每当人们的物质生活形态发生变化,这些观念形态也就会随之变化。旧的观念形态或抗争,或消亡,新的观念形态则总是力图使自己成为时代的精神。当旧的经济形态、政治形态、文化形态、法律形态不能与时代的发展相吻合时,不管其看似多么合理,都应该采取一种积极的扬弃态度,努力构筑新的形态来替代。而这一过程,正是通过辩证法完成的。

现代社会,随着人们改造自然、利用自然的能力不断增强,人们很容易形成一种"只要我有能力,我就有权利按照自己的想法去做"的观念。这种观念的极端表达,是越来越严重的个人主义和人类中心主义。曾经被视为解决发展难题的现代化不能只是停留在物质层面,更应关注精神层面的现

---

① 贺麟:《五十年来的中国哲学》,上海人民出版社 2012 年版,第 72 页。

代转型。物质世界的现代化并不会为解决精神层面的"坏公民"问题提供现成的解决办法。精神的问题还是要通过思维批判的方式来解决。因此,精神富有必然离不开思维对精神本身的批判与祛魅,必然离不开唯物辩证法的指导。

在古代社会,不同文明为解决精神问题所选择的路径并不相同,但主要路径大致可分为两类:一类是通过树立宗教信仰的方式引导人们的思想进而影响人们的生活方式,另一类则是以构建以宗法伦理关系为核心的社会生活方式进而影响人们的思想观念。如欧洲形成了以基督教文化为核心、阿拉伯世界以伊斯兰教为核心的宗教社会,而古代的中国则是建立了由儒家文化为核心多种思想元素并存的伦理社会。但随着近代以来资本主义生产方式的不断冲击,传统社会所构建的精神家园日渐消解,如何塑造新的精神家园已成了世界性的难题。"在批判旧世界中发现新世界"或许是重建精神家园的唯一出路。批判精神包含了对旧的精神内容的积极扬弃,应该成为实现精神富有的一条重要原则,而这条原则是与辩证法密不可分的。

离开了辩证法,精神或将陷入不可知的危险境地。如有的思想家担忧,人类的精神现状背后透露出一种潜在的毁灭性危机。美国思想家罗蒂曾经感慨,从第一次将原子弹用于实战以来,人类能够存在至今完全是一种偶然或奇迹,因为无法预知那些掌控核弹发射按钮的人在面临重大威胁时会做出怎样的抉择。[1] 思想家们考虑问题的方式固然有些极端,却自有其现实的一面。从各种资料不难看出,第二次世界大战以来的核危机曾真实发生,还包括各类核事故。[2] 如果说核危机可能只是极少数人的决定或可能是不可抗拒的自然因素的影响,那么几乎正在所有人中不断蔓延的消费主义情绪则很可能让地球以最快的速度面临资源枯竭、生态毁灭的危险。

四、精神富有的唯物主义本质

"全部社会生活在本质上是实践的",以辩证法诠释精神富有必然意味着作为精神主体的人的通过实践活动建立起认识世界及认识自我之间的逻

---

① 参阅张庆熊:《西方技术时代的问题和出路——思考罗蒂在复旦大学演讲的深层含义》,《云南大学学报》(社会科学版)2005 年第 4 期。
② 如 20 世纪的古巴核弹危机、切尔诺贝利核事故、21 世纪日本核电站事故等。

辑关系,进而赋予生活以积极的意义。从认识世界的角度看,精神富有意味着人作为认识主体能从生活世界汲取积极的意义;从认识自我的角度看,精神富有则意味着精神能够通过对自我存在的意义、价值的认知汲取积极的力量。这种积极的力量进而又表现为改变世界与改变自我。因此,物质富裕精神富有这一命题必然会促使人们反思:在实现物质富裕的过程中,我们应该做一个什么样的人?这就必然涉及人的价值取向、人与社会生活诸领域之关系的反思。这里所说的人是指对社会具有责任和义务、能够理性行使自己的权利的人,是具备批判性反思能力的人,是坚持社会价值取向和个人价值取向有机统一的人。

要正确掌握和使用唯物辩证法并非易事,有必要在这里阐述唯心主义和唯物主义辩证法的根本区别。众所周知,近代以来有两位辩证法大师,一位是黑格尔,另一位是马克思。马克思从黑格尔手中接过了辩证法,并彻底改造了辩证法,使之完成了由唯心到唯物的转变。那么这种转变究竟是如何发生的?黑格尔的唯心主义辩证法的问题是什么?马克思本人是这样说的:"黑格尔的《现象学》及其最后成果——作为推动原则和创造原则的否定性的辩证法——的伟大之处首先在于,黑格尔把人的自我生产看作一个过程,把对象化看作失去对象,看作外化和这种外化的扬弃;因而他抓住了劳动的本质,把对象性的人、现实的因而是真正的人理解为他自己的劳动的结果。……人实际上把自己的类的力量统统发挥出来(这又是只有通过人类的全部活动只有作为历史的结果才有可能),并且把这些力量当作对象来对待,而这首先又是只有通过异化的形式才有可能。"①简单地说,黑格尔是把成为人理解为历史过程,而辩证法是其中的推动原则和创造性原则,这个历史过程是通过异化,也就是人背离自己的本质得以实现的。

"因此,《现象学》是一种隐蔽的、自身还不清楚的、被神秘化的批判;但是,由于现象学紧紧地抓住人的异化,——尽管人只是以精神的形式出现的——其中仍然隐藏着批判的一切要素,而且这些要素往往已经以远远超过黑格尔观点的方式准备好和加工过了。关于'苦恼的意识'、'诚实的意识'、'高尚的意识和卑贱的意识'的斗争等等这些章节,包含着对宗教、国家、市民生活等整个领域的批判的要素,但还是通过异化的形式。正像本质、对象表现为思想的本质一样,主体也始终是意识或自我意识,或者更正确些说,对象仅仅表现为抽象的意识,而人仅仅表现为自我意识。……这一

---

① 《马克思恩格斯文集》(第一卷),人民出版社 2009 年版,第 205 页。

运动的结果表现为自我意识和意识的同一，绝对知识，那种已经不是向外部而是仅仅在自身内部进行的抽象思维活动，也就是说，其结果是纯思想的辩证法。"①在黑格尔那里，辩证法所呈现出来的只是概念的逻辑运动，只是停留在想象中的东西，或许能解释世界，却无法改变世界。马克思批评了黑格尔的历史唯心主义。但马克思后来依然大量使用了黑格尔曾经使用的概念。但他已经是把这些概念从黑格尔的历史唯心主义理论体系中取出来，赋予了它们在现实中的真实含义和地位，也就是将黑格尔颠倒了的物质与精神的关系再次颠倒了过来。这条重要的原则，是今天我们讨论精神问题时绝对不能忽视的。因为人们太容易从想象而非事实出发来认识世界和认识自己了。笔者不准备举例说明，随便翻开报纸、点开重要的新闻网站都可以看到由于人们不能坚持这条原则所引发的许多荒谬的新闻。

五、精神富有与价值观

用批判性思维辩证考察精神富有，不是简单的是非对错之分，而是一个发现真理、实践真理的过程。通过批判，来调整个人以及民族生活上、文化上、精神上的危机和矛盾。但批判性思维只是方法，需要具体的思想内容作为武器。"务实、守信、崇学、向善"为核心内容的浙江人共同价值观正是这种思想武器的具体内容。

第一，将浙江人共同价值观作为促进精神富有的思想武器，是浙江构建和谐社会，促进政治、经济、文化以及其他社会各项事业的发展的内在要求。

务实是人们在评价浙江人的性格特征时经常使用的词汇。这种评价不是人们无根据的想象，而是通过对实践本身的观察即可得出的结论，改革开放30多年间浙江所取得的成就便是最好的说明。但成功很容易带来骄奢的情绪。过去的成功只是为将来的成功奠定了基础，却并不能保证将来依然会成功。因此坚持务实的作风不仅必要，而且还蕴含着在务实的过程中探求新方法、新路径的内在要求，务实与创新有着内在的逻辑联系。管理者是否具有务实的作风，则将直接影响到一个部门、一家企事业单位乃至一座城市的综合形象，从这个意义上说，务实体现了一种基本的政治操守。

守信与否是决定经济乃至整个社会生活本身能否可持续发展的关键。

---

① 《马克思恩格斯文集》(第一卷)，人民出版社2009年版，第204页。

经济生活是现代社会生活的基础。从经济发展的历史过程看,现代经济活动是建立在信誉之上的信用经济。不讲信用的单位或个人或许能在短期内获得好处,从长远看则必然遭到市场或社会的唾弃,也就失去了生存的基本条件。

把崇学作为一种目的,作为一种价值取向,本身就是对学习目的的批判性反思。学习不应该是为了得到什么,而应该是目的本身。正如亚里士多德说的,求知应出于闲暇与好奇。但中国人的绝大多数求知活动中,功利因素比重过大。往往是学生为了考试、经理(管理人员)为了点缀身份、股民为了炒股、老板为了生意、员工为了跳槽、主妇为了烹饪,实用目的一旦达到,书本即作为工具抛诸脑后。中国出版科学研究所调查显示,中国国民阅读率连续 6 年持续走低,有读书习惯的人只占全体人口 5%。不少学者认为应在阅读目的性的引导方面多下功夫。把崇学本身视为目的,是批判功利性学习观的最直接表达。

向善素来是人类社会的一种终极追求。任何时代,精神总是需要一定的、具有终极意义的价值目标指引,善的观念是这种终极目标的抽象表达之一。千百年来,无论是思想家的理论沉思或批判,还是文学家或艺术家的作品表达,抑或是普通民众的下意识判断,人们都不曾停止过对善恶问题的思考,也从未放弃过建构以良善为基石的美好社会的愿望。无论是历史还是现实,都能找出无数例子证明善恶不分的社会状态是极其危险的。对善的思考,往往与人们对恶的反感与厌恶有关。善与恶都是人的一种主观判断,但在现实中,善与恶也都理解为对具体的伦理关系的实践。比如是否待人以礼,是否能尊老爱幼、平等待人,是否能够坚守自己的职业操守、是否能够坚守基本的道德规范等等。人们在理解浙江人共同价值观的时候,应该更多的将之视为批判自我的一种参照目标,通过反思来达到提升个人与社会风气的目的。

第二,将浙江人共同价值观作为促进精神富有的思想武器,是培养现代公民意识,发展公民能力的有效途径。随着社会经济条件的发展,日趋富裕的人们很容易形成一种以个人权利为中心的观念。但人们不得不承认,个人只有成为坚守共同价值观的良好公民,才能实现自己的权利。每个人只有意识到自己同时也是世界整体的一部分,才能摆正自己在世界中的位置,才能建立起符合和谐理念的新型伦理关系。

一个人拥有公民的身份并不一定具有公民意识。没有公民意识的公民无法真正理解权利的本质。权利不是抽象的东西,而是通过具体的伦理关系建立起来的现实的东西。公民只有通过与其他公民的各种社会关系才能实现自己的权利。只有具有公民意识的人才能建立起自己与他人、自己与社会、自己与世界的各种权利义务关系，才能意识到自己所肩负的责任，才能学会尊重和包容，才能学会信任与守信。

因此，以"务实、守信、崇学、向善"四个价值取向作为浙江人共同价值观，可以也应当成为促进精神富有、批判思想谬误的武器。

六、小 结

从批判性思维的角度解读精神富有，必然也包括精神对负面情绪、消极情绪的控制和调整。旧精神的消解与新精神的生长是个相伴相随的过程，人的实践活动会使精神慢慢向着新的形态发展。但旧精神并不会轻易地离去，而是表现为各种消极的力量。在这一过程中，人们难免会受到各种负面情绪的影响。在受到负面情绪影响时，以社会的共同价值观作为精神的参照物就显得尤为重要，这是由于人的社会属性本身所决定的。城邦之外，非神即兽。当每个人只考虑自己时，社会也就不能称其为社会了。而负面情绪的一个重要特征就是不断地将精神引向自我的、任性的方向，产生各种反社会的思维和行动。因此，只有能够将共同价值观设定为自己的精神参照物，才不至于在负面情绪的影响下迷失自己。

中国是处于现代化进程中的国家，一直在努力追赶发达国家的脚步。浙江是中国实现现代化进程中的领跑者之一。当我们离目标越追越近时，不能不对发达国家已有的精神危机视而不见。马尔库塞曾经指出，发达工业社会会压制人们内心的否定性、批判性和超越性，社会会成为单向度的社会，而生活其中的人们成了单向度的人。这样的人不再有能力去追求，甚至也不再有能力去想象另一种与现实不同的生活。丹尼尔·贝尔在《资本主义文化矛盾》一书中则表达了另一种忧虑，即当代资本主义制度所体现出来的政治、经济和文化三大领域间已经从曾经的互相合作转变为不可调和的矛盾。原本互相合作的领域变得形同陌路，在后工业化时代来临时导致社会冲突加剧。虽然这是西方学者对西方社会的忧思，但随着经济全球化不断加剧，对不断融入世界的中国而言，这些观点何尝不值得我们警惕。而对于外向型经济占主导地位的浙江而言，则更加不是危言耸听的天方夜谭，有的威胁甚至已经悄然来临。譬如不断膨胀中的消费主义，最典型的便是国人未富先奢的报道早已见诸各大媒体。

从批判性思维的角度解读精神富有，必然包括积极应对外在变革的精神和努力实现内在超越的精神。美国学者杰里米·里夫金在《第三次工业革命——新经济模式如何改变世界》一书中，提出了"第三次工业革命"模式，即互联网技术与可再生能源相融合。这一模式将使人类迅速过渡到一个全新的能源体制和工业模式，从而避免人类文明的消失。由于每个家庭都可以生产、使用新的能源，从而能源的民主化将从根本上重塑人际关系，将影响人们做生意、管理社会、教育子女和生活的方式。

毫无疑问，"第三次工业革命"作为一种可持续发展的经济理念，将对未来的经济产生深远的影响。作为一个经济发达的省份，既要从中看到挑战，也能发现新的机遇。表面看来，浙江的民营经济依然处于领先地位，在2012年全国民营企业500强的排名中，浙江的民营企业以142家的数量连续第十年位居榜首。但数据领先的背后亦有隐忧，在浙江的主要支柱产业中，传统制造业依然居于主导地位，能耗型和劳动密集型企业仍然占据较大比例，这和世界经济的发展趋势尚存一定距离，经济结构转型已经迫在眉睫。但产业结构转型并不等于放弃原有的产业本身，而是要通过升级换代提升产业竞争力，提高产业中的科技含量和环保要素。正如里夫金所描述的那样，第三次工业革命模式将深刻地改变世界政治经济的版图，因为传统的、等级化的经济与政治权力是金字塔式由上到下组织起来的，而即将到来的是一种合作性的扁平化权力，由互联网技术与可再生能源相结合而产生，将重构人类乃至国家间的关系。浙江应该利用已有的优势，加快实现转型升级，这也是精神富有的应有之义。

如何发展批判性思维能力是另一个值得深入探讨的话题，本文只做简要回应。正如前文已经指出，真正的批判建基于研究和了解之上。这就要求人们对在表达自己的观点之前先行研究，而非基于好恶或喜怒的信口开河。一般而言，一个人相信某人或某事的依据主要来自经验、权威、知识、信仰、文化认同等方面。加强批判性思维训练，必然要训练人们在这个几个方面能够提出有根据的质疑，而不是轻信已有的结果。但在质疑过程中，又必须注意度的把握，要避免陷入怀疑主义的误区。

应该承认，要让每个人都能做到这一点是困难的。但至少可以让大家学会辨别观点是否严谨、科学的基本方法，保持独立的判断而非人云亦云。随着人们文化水平的不断提高、获得信息的途径不断增加，对媒体和学校教育也提出了更高的要求。人们不再满足于过去简单的信息获取式的接受和学习,而会更加关注信息背后的内在逻辑。

　　笔者认为,至少可以通过学校教育、媒体基于正确价值导向的宣传、群众舆论引导和社交网络传播等方面关注人们的批判性思维能力状况,学校和主流媒体应该成为展示和训练思维批判性的重要场所。而对于群众舆论和社交媒体则应当采取批判性的引导。

　　综上所述,精神富有既不仅仅是精神材料的简单堆积,也不仅仅是精神现象的多样化表达,而必须通过批判性的思维方能全面阐释和表达。精神富有应是精神通过批判性思维准确理解生活的意义,通过赋予生活积极的意义实现改变自我与改变世界的目的,通过批判建立起自己与世界之间新的、积极的伦理关系,为实现人的自由全面发展提供动力。

作者单位:宁波大学

社会微环境视野下的社会文化管理机制创新

——优化未成年人健康成长的社会文化环境研究

陈　迪

摘　要: 我国 18 岁以下的未成年人超过 3.6 亿,占全国总人口数的 29.6%。未成年人的思想道德建设不仅事关每一所学校、每一个家庭、每一个孩子,更是事关整个国家、整个民族未来发展的大事。未成年人处于一个人世界观、价值观、人生观形成的关键时期,其成长过程受到外界的影响极大。净化社会文化环境,是加强和改进未成年人思想道德建设的重要内容,是事关亿万家庭切身利益的民心工程,是确保中国特色社会主义事业后继有人的希望工程。

关键词: 社会微环境　社会文化　管理机制　创新

一、未成年人社会文化环境管理重在微环境的管理

未成年人社会文化环境对未成年人的健康成长具有高度的相关性,国内理论界将社会文化环境分为两个主要方面:一是文化信息环境,主要是指传播学领域的各类媒介和精神文化的历史传统、现实状况。前者主要包括传统大众传媒文化信息和新兴媒介文化信息,即"展示性媒介、展现性媒介和机械性媒介","书籍、报纸、广播、电视、电影"是五种主要传统载体,近年来互联网络、手机声讯等新兴媒体的全社会的影响力越来越大,大有超过传统的传统媒介的趋势;后者主要包括文化传统、民风民俗、文化观念、价值取

向等。这方面的社会文化环境是经加工和改造过的，文化主体作为受众置身其中，是文化软环境。二是文化活动环境，主要指公共文化生活和实践的制度环境、硬件设施、活动场所，包括文化政策、文化设施、文化演出活动、休闲娱乐场所、网吧、电子游戏室等，它们是相对于文化软环境的硬环境。从文化软环境看，新兴的网络媒体、手机声讯由于其娱乐性、新奇性、社交性的特征，在未成年人中普及较广，影响较大；从文化硬环境看，网络、网吧、游戏厅、娱乐场所等，也对未成年人影响较甚。

学校周边的环境是未成年人活动最经常的区域，校园周边环境也是一种重要的社会文化环境。例如街道、景物都有其文化含义，商铺、公园都折射着社会百态。因此有的学者把校园周边环境特别地与未成年人所处的校园内部文化环境、整个大社会的文化环境区别开来，作为"社会微环境"①，用社会微环境理论来分析校园周边的社会文化环境建设的重要性。社会微环境理论认为，社会文化环境对青少年的成长具有重要的影响，而社会微环境则对青少年影响尤甚，这个微环境则是指青少年经常活动范围内的社会文化各种因素。从目前相关部门对校园周边社会文化环境的调查分析来看，基本上都认为当前的校园周边的社会文化环境集中存在网吧违规经营、小摊小贩和小店的违规违法经营、交通安全问题、社会治安问题等四大类现象②，因此从校园周边环境看，整治社会文化环境至少应包含文化经营市场环境、商贩经营环境、交通安全环境、社会治安环境，还要加上影响力无处不在的传媒文化环境。

调查表明，未成年人在校外活动的地点，距离学校的平均距离超过 5 公里，只有约 12％的未成年人在距离学校 500 米以内的场所内参与活动，大多数人在更大范围的区域内活动。③因此，校园"周边"的范围并非我们想象的是完全在校园附近，更难以说它是个几百米的范围，从管理操作的角度看，整治校园周围几百米内的环境相对具有可操作性和可考核性，但从未成年人活动的范围看，几百米的整治并不能解决根本问题。以宁波市区为例，5公里内通常有很多学校，如果每个学校的学生都在平均 5 公里的范围里活动的话，或许应该整治的并非只是校园周边，而是整个市区乃至全社会。也就是，社会治理的意义或许更大，然而社会治理的成本和复杂程度都是无比巨大的。如果以当前小学学区概念的范围看，以每个小学校学区为一个网

---

①③　辛自强：《校园周边的社会微环境》，《中国教育学刊》2008 年第 6 期。

②　冯景东：《应加强校园周边环境的综合治理》，《教学与管理》2012 年第 10 期。

格,一个网格则是一个微社会,全部网格的加总则是整个城区,加上各种媒体文化则构成了整个未成年人社会文化环境。因此,从微社会环境的角度分析,只要将一个微环境内影响未成年人的软、硬社会文化环境整治好,对整个未成年人社会文化环境的治理和优化就可以起到非常良好的效果。

二、从社会微环境角度分析当前宁波未成年人面临的社会文化环境

　　为了能够进一步了解宁波市未成年人所处的社会微环境,2012 年 12 月本课题组委托第三方调研机构就学校周边环境问题开展一次问卷调查。分别调查了海曙、江东、江北、鄞州四区的中小学学生家长各 50 名,回收问卷 200 份,有效问卷 200 份。在调查中,为了方便市民的理解,我们用"校园周边环境"的概念来代替"社会微环境"的概念。调查结果如下。

　　1. 七成家长认为学校周边交通安全隐患较大

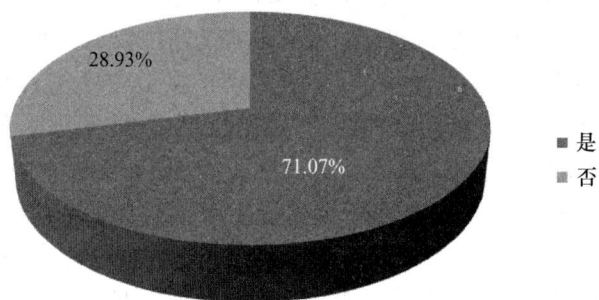

图 1　交通安全问题

　　根据本次调查结果,如图 1 所示,在受访的中小学家长中,71.07％的家长认为目前中小学周边存在交通安全问题。仅有不足三成家长对学校周边交通安全充满信心,认为不存在交通安全隐患,其中反映较多的问题为:交通拥堵、车多路窄、空气污染严重等。

　　2. 部分校园周边的治安环境仍不乐观

　　对于宁波市中小学周边治安状况,如图 2 所示,61.25％的受访者表示肯定,认为宁波市中小学周边治安状况良好,不存在治安隐患。但同时也应看到,仍有 38.75％的受访者认为中小学周边存在治安隐患,主要存在的问

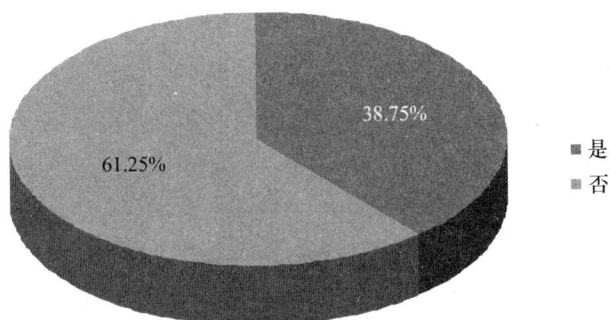

图 2　治安隐患

题是校园周边人员较杂,有些路段存在治安盲区,一旦发生涉及学生的治安
事件不能保证警方第一时间发现和处置,不少家长对学生独自上下学仍不
放心。

3. 校园周边的食品安全令人担忧

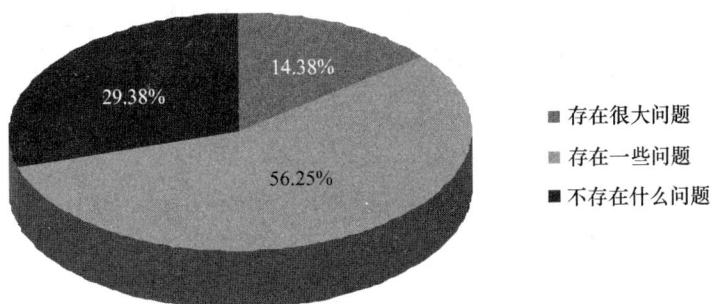

图 3　食品安全问题

食品安全问题是家长们关心的另一话题。如图 3 所示,超过七成受访
家长对此表示担忧,认为宁波市中小学周边存在食品安全问题,其中
14.38％受访者认为存在很大问题。主要问题是无证摊点比较多,不少学生
放学后都喜欢到无证摊点购买食物,个别经营的食品点卫生情况也不能让
人放心。食品安全直接影响着学生们的身体健康,乃至生命安全,加强监管
势在必行。

4. 校园周边的文化经营环境仍有可能对未成年人产生不利影响

从 2009 年开始,浙江省相关部门明确表示:"禁止在中小学周围 200 米
内开办网吧和设立彩票投注站点,禁止在校园周边 600 米内设立彩票专营
场所。"从图 4 可以看出,不少家长总体肯定近年来宁波市对校园周边文化

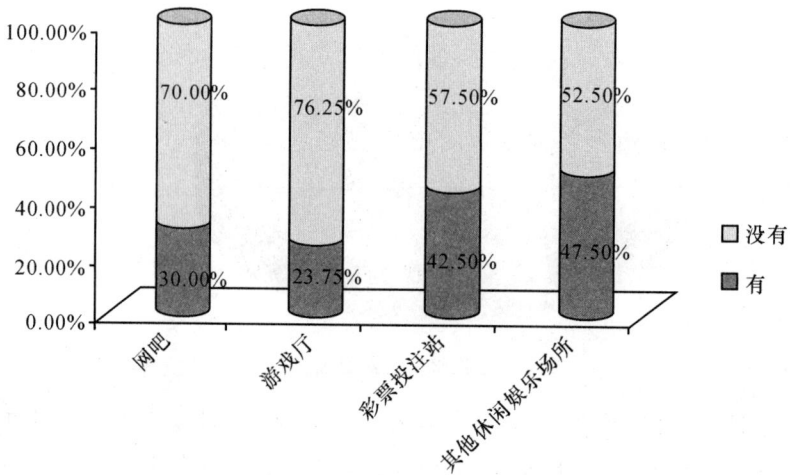

图 4   学校周边休闲娱乐场所

经营场所整治所取得的成果,但也有平均 39.54％的受访者认为在宁波市中小学周边 200 米内存在网吧、游戏厅、彩票投注站和歌舞厅、按摩房、洗浴中心、麻将馆等休闲娱乐场所。调查中发现,完全达到相关部门的标准难度较大,在当前城区中小学密集分布的情况下,有些文化经营场所是无法避免完全远离校园周边,否则这些经营单位根本无法设点。

5. 无证摊点是校园周边存在的较为集中的问题

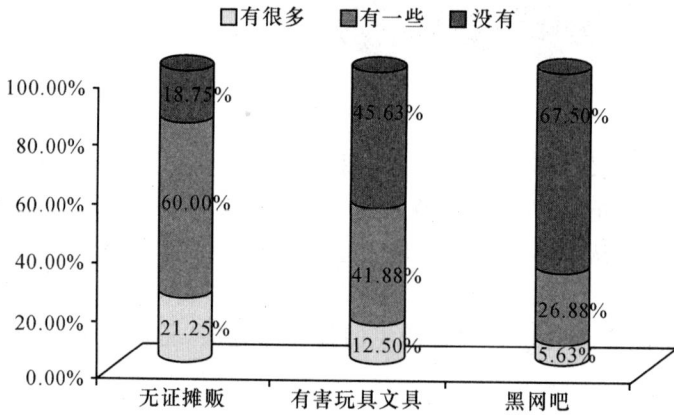

图 5   学校周边其他影响学生身心健康因素

无证摊贩、有害身心健康的玩具文具、黑网吧这是都是影响学生身心健康和学校教学秩序的重要因素。从图 5 可见,无证摊贩广泛存在于中小学周边,81.25%的受访家长表示学校周边存在无证摊贩,其中21.25%的受访者表示无证摊贩较多。无证摊贩的经营包罗万象,它们脱离了城市的有效管理,成为校园周边环境中一个非常重大的负面因素。有害身心健康的玩具、文具在学校周边也存在一定的市场,超过一半的家长(54.38%)认为存在有害玩具和文具。总体来看,对校园周边的"黑网吧"家长反映不多,特别是中心城区的"黑网吧"在有关部门的高压态势下基本看不到,但家长们认为在城郊接合部仍然存在一些"黑网吧",这部分家长占32.51%。

　　6. 调查结论:在社会微环境治理中,要特别重视交通安全、食品安全和无证摊贩三大问题

　　分析受访家长对影响中小学周边环境的各因素,如图6所示,我市校园周边环境中,家长反映最大的是:交通安全(75.33%),食品安全(53.33%),无证摊贩(38.67%)。而食品安全又与无证摊贩的存在有相当大的关联性。因此当前我市在优化未成年人社会环境中,要高度重视维护交通秩序,加强食品安全监管,大力整治各类无证摊贩,还学生一个和谐、安全、安宁的学校周边环境。

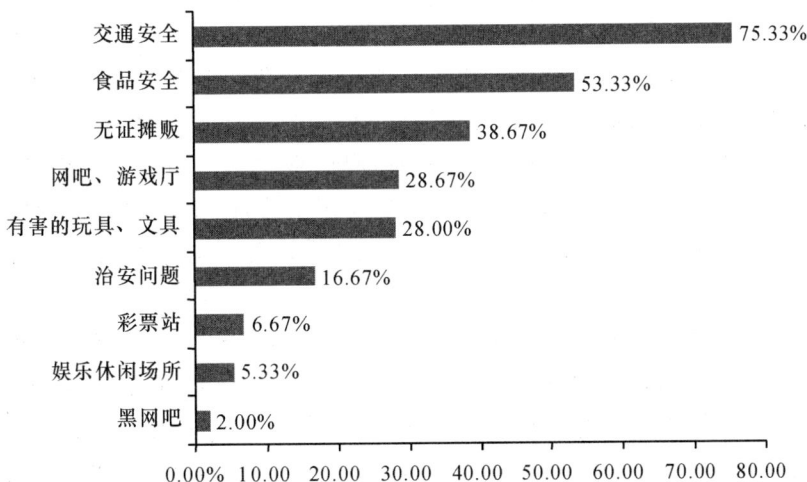

图 6　中小学周边环境存在的最大问题

三、宁波市在社会文化管理上的基本做法及由此引出的思考

改革开放以来尤其是近几年来,宁波市努力创新机制体制,优化有助于未成年人健康成长的社会文化环境,取得了一系列成绩,得到了社会各界的认同。2006 年中央文明办、教育部、建设部、民政部就在宁波召开了全国城市社区的未成年人工作经验交流会,集中推广了宁波未成年人思想道德建设的经验;2008 年 12 月,全国网吧文明创建与管理工作交流会上再次推广了网吧管理的"宁波经验";2010 年 11 月,宁波文化市场综合执法工作经验在全国城市文化市场综合执法工作经验交流会上被重点推广;2011 年 5 月,在宁波召开的全国农村文化市场管理工作经验交流会暨全国文化市场综合执法工作会议上,又重点推介了宁波市在农村文化市场管理方面的做法和经验。总结宁波未成年人社会文化环境的做法,如下几点值得关注:

第一,形成了全面覆盖的执法体制。宁波市、县两级分别建立了文化市场行政执法总队和文化市场行政执法大队。全市的文化市场执法力量进行了进一步的整合,改变了过去分头管理、分散执法的不利局面,工作衔接更加流畅,执法效率大为提高。进一步明确了文化、公安、工商、海关、城管、司法、监察、信息等部门的文化环境监管职责,按照属地管理原则、责任到岗到人原则、谁许可谁负责原则、综合管理原则、业主第一责任人原则,明确了各部门在网吧管理、娱乐场所管理、营业性演出管理、出版物经营管理等方面的职责,有效建立了综合执法的工作机制,形成了文化市场齐抓共管的合力。

第二,形成了有效运行的工作机制。近年来,宁波市在全省率先实行文化执法 24 小时值班出警制度,率先统一全市文化市场行政执法处罚文书,率先实施查处、办理相分离的办案机制改革,率先出台文化综合市场举报奖励办法,率先开展县(市)区文化市场行政执法工作考核评估工作,率先开展案卷评比工作、统一执法工作台账资料标准,全市的文化市场管理和执法工作形成了比较完善的工作机制,如执法部门联席会议制度、信息通报机制、联合执法机制、举报投诉处理制度、责任倒查追究机制等。

第三,保持了高压监管的态势。近年来,宁波市各相关部门根据各自的职责,加大对社会文化环境的整治力度,对各类举报投诉有案必查,并通过明察暗访、交叉执法、联合执法等办法,对网吧等文化经营市场按照网格化

管理方法提高巡查力度,采取技术手段加强网络信息管理,加强文化市场义务监督员队伍建设,在寒暑假期间开展持续的集中整治活动,保持对社会文化环境整治的"高压监管"态势。

从上述社会文化环境管理的做法上,虽然从监管部门的角度看,取得了比较大的成效,但我们还需要思考以下几个问题:

第一,社会文化环境能否只靠"整治"了事? 社会文化环境本质上不只是社会治安或环境治理问题,更是教育问题、心理学问题、社会工作问题等综合的反映。例如,我们该让未成年人看什么? 我们该让未成年人去哪里? 我们该让他们与哪些人员接触? 我们不可能事事时时都看住他们,未成年人也需要自由,但我们能给他们怎样的自由? 所以,社会文化环境的管理是标,可依靠公安、文化、城管、工商等政府部门给予治理,但从"本"的角度讲,更要发动社会各方面的力量,建设一个未成年人愿意参与、乐于参与的社会文化环境。

第二,学校、家庭、社会是分工还是融合? 当前的未成年人思想道德建设突出了"学校、家庭、社会"的共同责任,但这个责任是分工负责的,如学校主要管好学生在校内的教育,上学前、放学后就没有学校的责任了,家长就承担学校外的责任,而社会文化环境方面则属于社会的责任,这个社会的责任是由各相关部门来承担的。这样的分工看似职责明确,却存在不少问题。在此分工体制下,学校异化为提高学生成绩的机构,很少关注如何去促进未成年人心智成长和发展,让学生有心灵成长的空间、人际交流和情绪表达的空间,更不可能给未成年人提供更多的课外活动。帮助学生现在就走向社会、认识社会、适应社会,应该是学校、家庭和社会共同的责任,而不是关上校门,等他们毕业后再推向社会。

第三,如何发挥未成年人在面对不同社会文化环境的自主性? 未成年人尽管说在体格和心智上都不够成熟,但我们却不能剥夺他们的自主性,不能把未成年人的所有言行均纳入教师或辅导员等成人的控制和监管中,应该从未成年人的角度考虑如何满足他们的需求,而不是帮他们预先选择好。从与未成年人的交流及现实观察中,我们不难得出这样的结论:当前未成年人喜欢的兴趣活动,与学校、家庭开设或提供的活动是脱节的。在调查问卷中,不少未成年人较多地把"学习性"的活动(如操作电脑、阅读、拓展训练等)作为自己的兴趣爱好,在交流中更多的学生却喜欢"放松性"的活动,如郊游、电游、看电视、美食等,表明未成年人内心需求的多样性,但不少中小学生反映,现实情况是他们的"真正兴趣爱好"无法得到满足。

回答上面三个问题,就要求在社会文化环境管理中,不能只狭隘地停留在抓整治、抓监管等问题出现的后段,而应该更加具有超前性和治本性的机制设计。

三、创新未成年人社会文化管理机制需要处理好的几个关系

1. 堵与疏的关系。优化未成年人社会文化环境必须做到科学疏导、规范管理,堵疏结合、标本兼治。既要在"堵"上下功夫,采取各种有效的措施,加大工作力度,坚决堵住社会上存在的各种有害于未成年人成长的不健康文化现象和产品的产生,严厉打击各种违法经营的文化行为,确保未成年人成长有一个良好的社会文化环境;除此之外,更重要的是要合理引导未成年人健康的文化生活方式的形成,做足"疏"字这篇文章,更多采取"给予的"而非"治理的"思想,关注的重点应该从"环境整治"转向"人的全面发展",特别是要注重社会微环境的文化建设。

2. 教育与实践的关系。教育与实践是一对相互促进的关系,从某种意义上说,实践也是一种教育。教育是未成年人接受知识的重要途径,但不是唯一途径,一方面教育不能光简单停留在应付考试上,另一方面也不能简单地停留在几门主课上,我国教育从课程上设计应该是科学的,但在执行中由于应试教育的根深蒂固而往往走偏。知识的巩固最终要靠实践,未成年人只有在实践中才能实现心智模式的完善,而这种实践的设计不能来自主管部门或学校,更非家长和社会,也不能是一种说教式、监督式、强制式的实践活动,而是发自未成年人内心的自觉自主行动。这样的实践活动才能体现效果,实现未成年人教育从"监管下的成长环境"转向"自主化的成长环境"。

3. 部门管理与学校、家庭和社会参与的关系。在未成年人社会文化建设中,政府部门往往发挥了"环境治理"的重要作用,却忽视了学校和家庭的作用发挥,更忽视了社会成员在其中的参与作用。社会文化环境的整治,从大环境说,政府必须要发挥主导作用,没有政府全面的介入,社会文化大环境的治理不可能起到良好的效果。但从微环境的角度看,学校、家庭以及与未成年人成长活动相关的周边人群的一切活动和言行,却起着更为直接的影响。学校环境固然非常重要,而且也是比较受到重视,也相对来说是比较好的;家庭环境则取决于家长的重视程度和亲身示范程度;而除此外的微环境层面却变数较大,可控性也较差,没有社会各方的参与,社会微环境建设

很容易处于放任的状态。

4. 集中整治与常态管理的关系。从城市管理的方式看，集中整治和常态管理是辩证统一的两种重要的管理方式。集中整治能解决积集起来的一些难点问题，并对非法活动形成一定意义上的震慑作用，并起到相应的社会宣传效果。但光靠集中整治却不能从根本上解决问题，目前的一些集中整治的方式，造成的后果是社会文化环境的反复性和"整治—恶化"的恶性循环。从长远看，建立常态化管理机制的管理形式更加重要，更能体现效果。常态管理需要做好三件事：一是制定相应的法律法规，明确违法经营的界限和执法的边界；二是明确执法部门的工作职责，分清管理责任，做到"违法乱纪的事有人管""群众反映的事有人理"，部门之间不"踢皮球"，不推诿责任；三是以完善的机制确保各项措施的落实。常态管理关键在于各项举措的落实，这就需要建立完善相应的管理机制，特别是要建立工作监督机制和责任的追究机制。

四、创新未成年人社会文化管理机制的模式

从以上分析中，我们可以得出这样的结论，优化未成年人社会文化环境，必须改变过去政府职能部门单方面的、运动式的、整治型的模式，形成全社会共同参与、正本清源的新型管理机制，简单说要实现以下三种机制的共同运用。

1. 以城市管理为核心的联合执法机制。既然根据社会微环境调查分析得出的结论，当前社会文化环境主要是与城市管理息息相关的交通问题、小摊小贩问题和食品安全问题，那么从治理的角度看，为了改变目前多部门联合执法牵头难、紧急启动缓、不能形成常态执法等问题，应该以城市管理部门为中心，建立联合执法机制。具体来说就是以城管和交警为主力，各部门向城管授权，委托城管部门对相关违法行为进行处罚。执法对象重点是以校园为核心的周边区域，执法时段重点是上下学时间，这样就形成了一种比较常态的执法机制。

2. 建立校园周边社会微环境的网格化活动机制。以小学为核心，以学区为单位，划分区域，形成相应的网格。这个网格小于目前街道为单位的管理区域，但稍大于社区活动区域。这个网格内，整合学校、家庭、管理部门的力量，既是一个管理网格和责任区域，也作为未成年人的活动网格。可以借

鉴江东区东海小学的活动模式,开放学校课外教育资源,把社会资源吸引到学校。建议中小学的校园资源放学后、节假日全面向社会开放,开设中小学生感兴趣的各类课外活动,成立各类活动兴趣小组。这样,既解决了社区活动资源不足的问题,也营造了良好的社会文化微环境,有利于未成年人的健康成长。

3. 以社会志愿服务队伍为中心的快速反应机制。在社会文化环境管理中,部门管理受执法力量不足的限制,很难形成常态化的管理机制,特别是针对一些"游击式"的不法经营,管理部门往往显得力不从心。可以将管理网格内的社会志愿服务力量组织起来,例如社区志愿者、家长志愿者、学生志愿者等,这些志愿者开展相应的巡查活动,建立日常的巡查机制,社会志愿者队伍建立与部门执法力量的联络渠道,一旦发现有损未成年人身心健康的文化产品或文化经营活动,可立即利用执法力量进行查处。而部门执法力量可以常驻在重点区域,或者进行流动巡查,这种快速机动的执法机制必定会收到更好的效果。

作者单位:慈溪社会科学院

90 后大学生理想信念教育的现状及其对策思考[*]

汪　丹　朱霞群①

摘　要：随着 90 后群体成为大学生的主流军，传统的灌输式理想信念教育方式的效果愈显薄弱。本文通过调查，总结了 90 后大学生群体理想信念的现状，分析了当前高校对 90 后大学生理想信念教育的模式，并尝试着从本科生导师制、批判性思维培养和社会实践活动开展三方面对 90 后群体的理想信念教育提出相关建议。

关键词：90 后大学生　理想信念教育　现状　对策

90 后大学生由于所处的政治经济社会文化等环境正发生着巨大的变化，尤其在网络手机等新媒体的影响下，90 后大学生的个性特点有着显著的个性特征，"贫二代""富二代""官二代""穷二代""新二代"成为描述 90 后青年群体的代名词。迷茫、纠结、混乱等这些词汇语言，也彰显着 90 后大学生理想信念的种种问题和尴尬。因此，如何掌握 90 后大学生群体的理想信念特点，并有针对性行之有效地做好 90 后大学生理想信念教育工作，成为高校思想政治教育工作的重点，并直接影响到 90 后大学生的成长成才。

---

* 本文系 2012 年宁波市哲学社会科学规划课题（教育）（编号 G12JY-09）阶段性研究成果。
① 汪丹，宁波大学讲师；朱霞群，宁波大学本科生。

一、90 后大学生群体理想信念现状

(一)理想明确,欠缺行动

在一道"你有理想吗"的问题调查中,22.9％的人选择了"有短期理想,并且有意识地去达成自己的理想",26.8％的人选择了"有短期理想,但是没有特别的计划去实行",19.7％的人选择了"有长期理想,并一直为之准备着,完美自我去实现自己的理想",27.1％的人选择了"有长期理想,但没有相应的计划,凭感觉走",4.5％的人选择了"没有理想,根本就没有想过,整天混日子"。从数据可以看出,95.5％的人有理想,但仅 42.6％的人有相应的计划去实现自己的理想。"理想丰满,现实骨感"是其经常挂在嘴边的描述理想与现实差距的一句话。归根究底,是因其有思想但缺乏行动的动力。

(二)理想现实,欠缺高度

在一道"形容自己的理想"的题目中,仅 12.2％的人选择了"雄心壮志",有 45.1％的人选择了"现实实际",33.5％的人选择了"平凡普通";一道人生目标的调查题中,"追求真理,在为国家和社会做贡献中创造出有价值的人生"选项仅有 10.5％的人选择,而"有一个称心如意的工作、幸福的家庭,干好本职工作,做一个真正的人"一项却有 63.4％的人选择。90 后大学生承认物质,追求利益,追求社会普遍承认和能带来实际效果的价值定向,他们对物质财富的获取表现出积极肯定的价值观。"高富帅""白富美""女神""屌丝"这些在 90 后大学生群体中广为流传的流行语,无不反映其追求物质、攀比物质的特点。

(三)理想多元,欠缺毅力

在"当理想和现实发生冲突时,你通常会尝试什么途径解决"一题中,50％的人选择了"重新调整理想,对现实妥协",仅 30.2％的人选择了"改变现实方式"。90 后大学生享有优越的物质条件和多样的信息渠道,使他们能以更开阔的视野和开放的心态去看待个人的发展,在树立理想时,呈现出多元化的一面,不再局限在"万般皆下品,唯有读书高"等传统观念中。但经历的逆境较少,因此欠缺应对挫折的毅力,在面对挫折时往往知难而退。

二、90 后大学生理想信念教育的现状分析

第一,专业课教师往往不会主动地去承担对大学生的理想信念的教育,行动上也往往忽略了将理想信念的教育引导与专业教学相结合,忽略将个人的理想信念引导与基于专业思想的职业理想引导相融合。

第二,思政课教师总体上来说授课较为单调乏味,起不到应然的作用。部分思政课教师,或者由于没有充分认识到 90 后大学生理想信念教育的重要性而以应付性的态度对待 90 后大学生的理想信念教育,或者脱离 90 后大学生的个性特点和生活实际,更多地强调社会理想、长远理想和崇高理想为主要内容的"宣传式"单向灌输,而缺少针对个人理想的关注,往往停留于"社会需要你过怎样有意义的生活"的灌输,而缺少"我需要过怎么样有意义的生活"的引导,说教性强,容易使大学生产生"怀疑主义""功利主义""虚无主义"等错误的理想信念的态度,而忽略了理想信念对于大学生的本质意义。

第三,目前 80 后辅导员群体在实施 90 后大学生理想信念教育活动过程中还存在众多的不足。在调查"你认为目前的辅导员怎么样"一题中,仅20.6%的人选择了"能时刻关注并完成对学生的理想信念教育",相反,有32.9%的人选择了"能时刻关注,但很少对学生开展理想信念教育活动",34.8%的人选择了"基本不关注,只是为我们提供日常服务",更有甚者,有11.6%的人选择了"水平有限,根本讲不清理想信念的诸多问题"。在"当理想和现实发生冲突,你通常会尝试什么途径解决"一题中,"向老师、辅导员求助"这一选项仅有 6.0%的人选择,绝大多数选择自己解决或者向同龄人求助。可见,目前辅导员在 90 后大学生群体中的信任度并不高。

三、对策思考

(三)以本科生导师制为载体,让专业教师成为 90 后大学生理想信念教育的主体之一

本科生导师制使得专业教师同时具备班主任、任课老师、生活顾问三种

身份,本科生导师制克服了传统的大班教育的缺点,具有"小而优"的明显优势,能够有充分的时间与学生交流并且照顾到个别差异,让担任本科生导师的专业教师成为 90 后大学生理想信念教育的主体之一无疑是非常好的选择。通过师生之间对话、学生的学习状态等全面地了解并及时地引导学生树立正确的理想与信念。当然,学高为师,身正为范,思想领域的影响是潜移默化的,导师的一言一行也是学生学习和模仿的榜样。

(二)以批判性思维能力培养为途径,优化思政课教师在 90 后大学生理想信念教育中的作用

批判性思维强调的是一种主动积极的思考过程,要求 90 后大学生具备独立的思考分析能力、理性的反思质疑能力、科学的选择评价超越能力、卓越的创新构建能力,这些能力的拥有都是理想信念教育的价值追求。因此,思政课教师在多大程度上提高了大学生的批判性思维能力水平,意味着其所实施的理想信念教育活动目标实现的程度。这就要求思政课教师在原有知识性内容传授的基础上,科学合理地将批判性思维能力的培养纳入大学生理想信念教育过程中,并使得知识性教学和能力性教学相融合,教会大学生自我教育的能力,通过教育使得大学生能更好地进行独立思考,面对复杂多元多变的信息能科学理性地选择、消化、辨析和吸收,学会用批判的眼光审视周围的世界,学会用批判性思维来准确理解个人与自然、与他人、与社会的关系,为实现人的全面自由发展和追求卓越社会价值提供精神动力。

(三)以社会实践活动开展为平台,发挥 80 后辅导员在 90 后大学生理想信念教育中的引导作用

辅导员要尽可能多地关注学生的心理状态、特长爱好,从他们感兴趣的方面,加以引导。只有了解他们在想什么,需要什么,欠缺什么,才能更好地帮助他们了解自我,发挥所长。辅导员除了可以利用传统的团建、党建等平台,对学生进行理想信念教育,也要学会使用新兴的网络平台,比如人人、微博等网络媒体,对学生进行理想信念方面的引导。主动设计社会实践活动,搭建大学生实践活动平台,在社会实践活动中,引导大学生完成对自我的认识,对他人的认识,对社会的认识,帮助和引导大学生树立科学的理想信念,引导 90 后大学生不断地追求卓越的人生价值,实现全面自由发展。

作者单位:宁波大学

关于发展我国金融服务外包的几个问题

熊庆云

摘　要: 服务外包是经济全球化和国际贸易迅猛发展的产物。金融服务外包既隶属于服务外包,又具有不同于服务外包的一些特征。对金融服务外包造成重要影响的外部因素有信息技术革命、金融自由化和金融领域的创新。强化核心业务、节约费用、提高核心竞争力等等是企业选择金融服务外包的内部原因。我国金融服务外包企业处于产业链低端,外包业务规模较小,涉及金融产品较少,加上针对金融服务外包的法律政策及相关政策制度不完善,所以制约了其发展。

关键词: 服务外包　金融服务外包　特征　发展动因　现状

一、金融服务外包的特征

金融服务外包是指金融企业将其非核心业务持续地交由外包服务商来完成的业务活动。金融服务外包隶属于服务外包,除具有服务外包的一般特征外,还具有如下特征:

1. 金融机构与服务商之间从过去单纯的提供服务关系转变为战略合作伙伴关系。随着外包业务的拓展和深化,外包商的重要性日渐凸显,外包商的地位也与日俱增,与外包商保持持续良好的合作关系,并按照合理的风险利润分配方式进行分摊,让外包商承担责任范围内的风险,能够较大程度上降低金融机构风险,从而促进金融机构的长远发展。

2. 离岸化金融服务外包获得青睐。发展中国家具有劳动力廉价的优势,随着硬件设施如通信技术和信息技术的建设,以及更宽松更优惠的相关政策的实施,在日趋激烈竞争的压力下,促使越来越多的金融机构将越来越多的业务逐步转移到发展中国家。

3. 金融服务外包对技术要求高,业务牵扯金额巨大。金融服务对信息技术、数据处理系统等要求较高,所以业务外包不能简单进行,而必须对其要求的信息系统、网点布局、业务流程等进行改造,以达到金融服务外包业务要求,所以涉及金额巨大。见表1。

表 1　金融服务外包案例　　　　　　　　　　（单位:亿美元）

外包商	客户	外包业务范围	价值
EDS	美洲银行	数据系统服务	45
IBM	摩根大通	与 IT 有关业务,数据网络服务,后台服务	50
IBM	美国运通	信息技术	40
HP	加拿大帝国商业银行	全面 IT 业务	15
Unisys	华盛顿互惠银行	全面 IT 业务	10
E-Serve International	花旗集团	收购该客服中心	1.22

资料来源:Mendolsen,K.《银行业大型 IT 包外交易》,英国《银行家》2003 年 3 月。

4. 金融服务外包与金融再造密切相关,是金融机构的一种经营战略。以银行再造为例,其核心策略是整合业务流程,控制中心业务,建立中心到四周辐射式组织结构,将非核心业务外包并且建立战略联盟。从根本上重新设计银行传统工作结构组织和工作方法模式,以达到保持和发展银行的持续竞争优势的目的。

5. 监管当局对金融服务外包的监管越来越严格和健全。由于金融服务外包涉及金融这一敏感领域,很多国家已经建立了系统的金融服务外包的监管标准和立法控制,这些国家以发达国家为主,发展中国家绝大部分还处在起步阶段。

二、金融服务外包的发展动因

(一)金融服务外包发展的外部原因

对金融服务外包造成重要影响的外部因素有,信息技术革命、金融自由化和金融领域的创新。信息技术革命为金融自由化和金融创新提供了必要的技术条件,促进了自由化的发生,这些因素环环相扣,共同推动着金融外包的发展。

1. 信息技术革命。20世纪60年代以来,信息技术发展突飞猛进,信息技术革命由此爆发,这包括数字化革命、通信技术革命、计算机能力成本革命,以及由此引发的网络革命;在技术发展的同时,服务的层次和结构也向着技术和知识密集型方向靠拢,IT技术被广泛运用于数据存储、信息处理等领域,在可以通过IT技术或其他高新技术降低成本的服务领域如系统维护、软件服务等中,外包的发展如火如荼。

尽管在金融企业中还有劳动密集的工作业务流程需要用纯手工的方式完成,但这并不影响信息技术在整体业务中的贯穿,信息技术为金融业务提供了许多先进的工具和技术,提高了金融业务的效率,减少了冗繁的流程和手续,扩大了金融服务外包的需求。由于存在信息技术作为外包业务强有力的技术支持和坚实的物质基础,使得发包企业可以远距离地监管外包业务,防范风险。

2. 金融自由化。紧接着信息技术革命,在20世纪70年代掀起了金融自由化的浪潮。其主要内容是要求监管当局放松对金融机构的控制;允许各类金融机构之间业务可以重叠;取消和放宽各类金融机构营业领域上的限制;取消金融机构的最高、最低限价控制;允许商业银行等金融机构自主设立分支机构,准许其可兼并其他金融机构从事相关业务;等等。

自由化带来的结果必然是竞争的激烈,金融自由化导致金融机构之间的竞争加剧,这是因为顾客可以依据自身情况和喜好在大量的可供选择的金融机构中挑选一家为其服务。各类金融机构也失去了过去的优越感,客户的多样化和个性化要求致使金融市场从卖方市场转变为买方市场,金融机构变得无所适从,开始盲目地抢夺人才,造成专业人才的频繁流动,或以牺牲利润的方式争抢客户。在这种情况下,金融业并购活动大规模产生。

因此,金融自由化给金融机构的生存和发展既带来了机遇也带来了挑战,迫使金融机构极大地利用自身资源并发挥最大能力来获得发展空间,金融机构渐渐发现需从外界寻求新的资源,并重造经营管理模式,以专注于核心业务、形成核心竞争力,外包随之应运而生了。

3. 金融领域的创新。金融领域包括产品、技术、市场、组织结构和流程的创新促进了外包的发展。金融市场日新月异的变化要求金融机构能够快速反应并跟上此变化,金融机构通过外包有效释放大量资金,用于新产品、新项目的开发,推动金融领域的创新发展。外包本身就是一种创新,是经营管理观念的创新,是金融管理模式的创新,也是组织结构有效组合的创新。

(二)金融服务外包发展的内部原因

在经济全球化的背景下,追求低成本高回报仍然是国际金融业进行服务外包的根本动因。强化核心业务、节约费用、提高核心竞争力等等这些都是企业选择外包的动机和目的。我们将金融企业选择外包的内部原因概括如下:

1. 降低成本和专注于核心业务是金融服务外包的两大决定性因素。随着金融业竞争日趋激烈,金融业利润率逐步降低,这种经营压力促使金融机构想方设法降低成本,提高经营效能。金融机构将非核心业务外包,特别是进行离岸外包,能够在保证业务质量甚至提升业务质量的情况下,降低业务成本,极大地推动了外包发展。根据 Outsourcing Institute 调查统计表明,高达 55% 的金融机构认为,降低成本是外包的重要驱动因素。除此之外,金融机构还需要通过外包专注于自身具有比较优势和竞争优势的核心业务,维持更加稳定的业务质量和良好的客户口碑,增强核心市场竞争力。

2. 技术是金融服务离岸外包的驱动力。提高业务的灵活性和改善服务质量也是金融机构进行离岸外包的主要驱动力。通过离岸外包得到技术上的支持也是企业做出选择的目的之一,这是由于部分金融企业在专业技术领域很难达到要求,但是通过借助具有这方面能力的外包提供商,可以获得自身所不具备的能力。此外,电信技术与 IT 技术的发展与变革催生了金融服务离岸外包。全球电信通信能力和信息技术的提高,以及随之而来的成本骤然下降是金融服务离岸经营能够获利的根本原因。由于信息可以在基本不影响质量的情况下以很低的成本远距离传输,这导致在决定服务职能地点的决策中企业界限和国家边界的重要性大大降低。

3. 带来更大的组织灵活性,增强业务可持续增值能力。可以预见,在未来几年里,大量专业外包机构将主导金融服务业的特定领域,例如抵押贷款流程、信用卡管理和交易金融活动等。在这一不断变化的环境中，金融机构只有顺应发展趋势，调整发展策略，变革发展模式，才能决胜于未来。

三、我国金融服务外包现状分析

根据以往的标准，当人均 GDP 达到或超过 5000 美元的时候，真正意义的外包才开始。美国、日本和英国人均 GDP 超过 4.2 万美元，也就是超过了标准的 6～7 倍，成为国际上公认的外包较成熟的国家。目前，我国的金融服务外包仍处于初级发展阶段。根据我国商务部服务贸易司对 2008 年世界主要国家服务贸易与货物贸易占比情况的统计，我国服务贸易额在本国总贸易额中仅占到 10.6%，低于发达国家 19% 的平均水平，可以看出我国服务贸易能力还有待提高，所以作为其中一个重要环节的服务外包尤其是金融服务外包的水平还比较有限。在 2010 年中国服务贸易出口分项目表中显示，2009 年我国纯金融服务出口额仅为 4 亿美元。目前，我国初级的金融外包特征主要表现在以下几个方面：

第一，金融服务外包企业处于产业链低端，以低成本的人力资源优势和低廉的基础设施为竞争力，提供中低端服务，主要集中于金融业内呼叫中心业务、信用卡业务等。

第二，针对金融服务外包的法律政策及相关制度不完善，在争端发生时作为依据的法律界限模糊，也给监管部门造成了监管困难。我国目前只在银行业务外包方面颁布了一些条文规定，而在保险业外包领域还是一片空白，对证券业的政策也比较有限。

第三，金融服务外包业务规模较小，涉及金额较少。根据《中国 BPO 服务外包市场分析报告》称，到 2008 年年底，中国金融服务外包市场规模仅为 48 亿元人民币，而美国同期市场规模为 97 亿美元，折合人民币 654 亿元。也就是说，中国金融服务外包市场规模不及美国市场的 7.4%。

服务外包是中国金融产业未来发展中不可逆转的趋势。健康快速发展的金融服务外包将为中国金融产业的发展和创新以及中国整体服务外包产业的迅速壮大提供强劲的动力。在这种情形下，我国的金融服务外包呈现出几大特点：

第一，在岸外包为主要形式，离岸外包仍居次位。尽管离岸外包的趋势逐渐加强，但目前我国金融服务外包仍然是以在岸外包、承接本土金融机构业务为主。根据有关人士在 2010 年年初的预测，2010 年我国在岸金融服务外包市场应该达到 500 亿美元,而离岸金融业务流程外包仅为 50 亿美元,在岸业务是离岸业务的 10 倍。本土金融服务外包提供商中,绝大部分仍以承接国内金融服务机构的外包业务为主。从我国承接离岸金融服务外包区域分布看,主要承接的是韩国、日本等邻国的近岸外包。国内较具代表性的服务外包企业中,软通动力日韩业务占 65%,欧美业务只占 35%;大展集团日本业务占 1/3,是最大的一块,其后依次为北美、欧洲和中国;东软对日外包业务占 90%,欧美业务也只占 10% 左右。

第二,以承接国内外金融机构 IT 外包为主。由于国内金融机构信息化进程的加快,越来越多的金融机构选择信息技术外包模式。来自计世资讯(CCW Research)的研究报告显示,2010 年中国金融 IT 外包服务市场规模为 74.57 亿元,同比增长 21.03%,2011—2014 年中国金融 IT 外包服务市场的复合增长率将达到 22.91%。金融机构 IT 在较长一段时间内都将是金融服务外包增值潜力最佳的亮点之一。

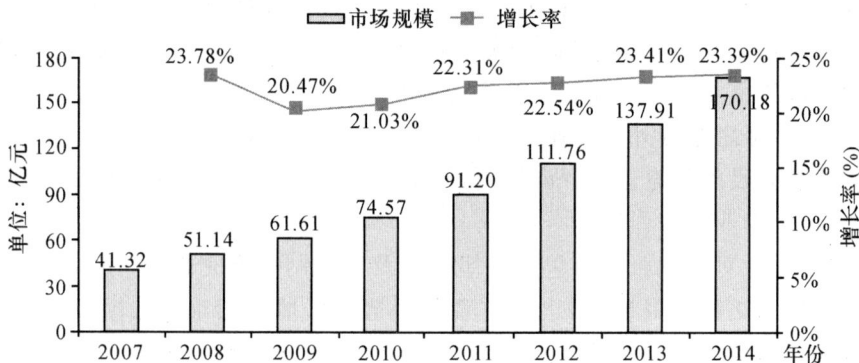

图 1 2007—2014 年中国金融 IT 外包服务市场规模及增长

在快速发展的同时,我们也要看到我国金融服务外包仍以低端 ITO 业务为主,较少承接 BPO 等高端业务。在前面分析中,我们得知我国承接金融服务离岸外包业务大部分来自日本和韩国,这两个国家非常保守,特别是日本发包方,很少将高端项目外包,往往只将技术含量较低、人工需求量较大的加工型业务外包,即使是高端项目,也要层层分包,这些外包项目价格很低,人员规模和项目复杂程度降低,对外包商的整体要求不高,这使得我国金融服务外包提供商进入市场较易,但是却制约了其市场竞争能力的提升。如果要从西方发包方手中承接业务,我们大多数外包服务商又缺乏从欧美发包商手中直接接单的能力。

　　第三,外资金融服务商渗透不断加深。我国目前出现的金融服务外包企业主要有三种类型:第一种是跨国金融机构自建外包企业,用以承接本机构全球或指定区域服务业务和中国国内企业的外包业务;第二种是跨国服务外包企业在华设立的分支机构,主要承接中国本土业务和日韩近岸外包业务;第三种是中国土生土长的外包企业。

　　2002 年以后,以 IBM、惠普、EDS、埃森哲、凯捷为代表的全球主要专业外包公司纷纷进驻中国,并在数量上占据中国金融离岸外包市场的主导地位。与此同时,炎兴科技、华拓数码、浙大网新、东南融通、软通动力、南京润和信息系统有限公司等承接金融离岸外包业务的中资公司也在逐步成长。

　　第四,外包市场集中在经济发达的一线城市。我国承接金融服务外包的地域集中度较高,主要集中在北京、上海和大连等一线城市,这与外包和经济发达程度密切相关的理论相符合。以金融软件外包市场为例,这 3 个城市的业务规模占国内外包市场的 50% 以上。但从 2007 年开始,国内一线城市的成本不断攀升,包括人力成本和租金运营成本等,外包服务商出于降低成本的目的开始向内陆次发达地区转移,开拓了以一线中心城市为主,二线、三线城市地区相补互促的金融服务外包新区域。2009 年 2 月,国务院批复了商务部会同有关部委共同制定的促进服务外包发展的政策措施,批准北京、天津、上海、重庆、大连、深圳、广州、武汉、哈尔滨、成都、南京、西安、济南、杭州、合肥、南昌、长沙、大庆、苏州、无锡这 20 个城市为中国服务外包示范城市,并在这些试点城市实行一系列鼓励和支持措施,加快了中国服务外包产业的发展。

参考文献

[1] 武力超.服务外包研究综述[J].西安电子科技大学学报,2009(9).

[2] 田毕飞.基于全球价值链整合的中国企业服务外包承接战略.[J].商业研究,2008(4).

[3] 魏秀敏.国际金融服务外包的运作模式及其启示[J].服务贸易,2007(2).

[4] 陈慧杰.价值链理论的研究综述[J].大众商务,2010(5).

[5] 季节.金融服务外包:中国发展高端服务的重要标志[J].经济导刊,2009(10).

[6] 曾康霖,余保福.金融服务外包的风险控制及其监管研究[J].金融论坛,2006(6).

作者单位:浙江工商职业技术学院

区域内义务教育均衡发展的实证研究

——基于宁波区域 2006—2010 年义务教育发展的比较分析

吴小蕾

摘　要：本文以宁波区域义务教育 2006—2010 年的办学条件、师资条件、生源、生均教育事业性经费为研究对象，以实证方法分析宁波区域义务教育均衡发展现状，分析影响宁波区域义务教育均衡发展的主要原因，并提出相应的对策和建议。

关键词：区域内义务教育　均衡发展　实证研究

《国家中长期教育改革和发展规划纲要（2010—2020 年）》将推进义务教育均衡发展提升到义务教育战略性的高度，要求"建立健全义务教育均衡发展保障机制，均衡配置教师、设备、图书、校舍等各项资源，切实缩小校际差距，加快缩小城乡差距，努力缩小区域差距，到 2020 年基本实现区域内义务教育均衡发展"。由此可见，促进区域内义务教育均衡发展是关系到当前和今后一个时期中国基础教育发展的整体战略问题。

本文以宁波区域义务教育 2006—2010 年的办学条件、师资条件、生源、生均教育事业性经费为研究对象，以实证方法分析宁波区域义务教育均衡发展现状，分析影响宁波区域义务教育均衡发展的主要原因，探索完善区域义务教育均衡发展的对策。

一、区域义务教育均衡发展的内涵

教育均衡发展是一个综合、动态和发展的概念，随着研究视角、阶段、层面和维度的不同,其内涵往往也有诸多差别。

综合国内外学者的研究,本文认为,区域义务教育均衡发展,是指区域内城乡之间,中小学校之间在办学条件、生均教育经费投入、校舍建设以及师资队伍等基础教育资源均衡配置,在区域内实现学校设备设施建设的标准化、师资配备的均衡化以及教育质量的均衡发展。

二、宁波区域义务教育发展的实证分析

为了衡量区域间义务教育发展的均衡程度,通常用经济学关于区域经济发展的差异分析方法来进行。比较普遍使用的指标有:标准差、极差、差异系数和基尼系数等。为实证分析宁波区域内义务教育均衡发展现状,我们对宁波市各县(市)近年来义务教育发展各项指标进行了标准差及差异系数等数据计算分析。所有的数据均来自中国经济社会发展统计数据库和宁波统计年鉴,并经作者计算得出。

基于教育相关理论,借鉴学者董世华、范先佐《我国县域义务教育均衡发展监测指标体系的构建》中的指标体系,并结合相关数据的可得性,本文研究从区域义务教育活动中的办学条件、师资配备、生源情况、生均教育经费等几方面,设计了一套衡量区域义务教育均衡发展的指标。

(一) 分项比较分析

1. 危房面积占校舍建筑面积比例比较

表 1   危房面积占校舍建筑面积的比例　　　　　　　　　(单位:%)

	年份	2006	2007	2008	2009	2010
小学	农村小学	0.28	0.06	0.10	0.19	0.73
	城市小学	0.01	0	0.03	0.08	0.23
初中	农村普通中学	0.21	0.19	0.15	0.86	0.52
	城市普通中学	0.03	0	0.08	0.04	0.07

数据来源:根据中国经济社会发展统计数据库,作者计算得出。

从表 1 可以看出,宁波市各县(市)中的城市小学和城市初中学校的危房占校舍建筑面积的比例都非常低,但农村小学和农村初中危房还是存在。

2. 生均计算机数量和生均图书册数比较

表 2　生均计算机数量(台/人)和生均图书册数(册/人)

		生均计算机数量(台/人)				生均图书册数(册/人)				
小学	农村小学	0.061	0.075	0.081	0.089	18.02	21.15	21.84	24.07	24.39
	城市小学	0.090	0.093	0.100	0.107	19.86	19.05	19.18	19.70	19.74
初中	农村普通初中	0.104	0.115	0.123	0.133	29.14	32.12	31.99	37.98	42.47
	城市普通初中	0.117	0.124	0.135	0.155	21.43	21.07	21.37	22.57	23.95

数据来源:根据中国经济社会发展统计数据库,作者计算得出。

从表 2 可以看出,宁波市各县(市)小学和初中生均计算机数量在不断提高,城市与农村小学生均计算机数量绝对差距相对较大,城市与农村初中生均计算机数量绝对差距相对较小,城市与农村小学生均计算机数量绝对差距近年基本维持稳定,城市与农村初中生均计算机数量绝对差距正在缩小。

表 2 可以看出,宁波市各县(市)初中生均图书册数在不断提高,农村学校生均图书册数大于城市学校生均册数。

3. 生均教育事业性经费比较

表 3　初中生均教育事业性经费支出　　　　　　　　(单位:元)

年份	2006	2007	2008	2009	2010
地方普通中学生均教育事业性经费	6605	8232	9291	10573	12315
地方农村初级中学生均教育事业性经费	5187	6467	7845	9169	11277

数据来源:根据中国经济社会发展统计数据库,作者计算得出。

从表 3 可以看出,宁波市各县(市)普通初中生均教育事业性经费平均水平在逐年提高,城市与农村绝对差距正在逐年缩小。由于农村小学生均教育事业性经费数据未公开,不能对小学生均教育事业性经费进行统计和分析。

4. 专任教师比例比较

表 4　专任教师比例　　　　　　　　(单位:%)

年份		2006	2007	2008	2009	2010
小学	农村小学	93	93	93	93	94
	城市小学	90	90	91	91	91

续表

年份		2006	2007	2008	2009	2010
初中	农村普通初中	79	85	82	83	83
	城市普通初中	86	86	87	87	88

数据来源:根据中国经济社会发展统计数据库,作者计算得出。

从表 4 可以看出,宁波市各县(市)小学和普通中学专任教师的比例都比较高,小学专任教师的比例高于普通初中,农村小学专任教师比例高于城市小学,农村普通初中专任教师比例近两年有下降的趋势。

5. 学生入学率、升学率比较

表 5　入学率、升学率 (单位:%)

年份	2007	2008	2009	2010	2011
小学学龄儿童入学率	100.00	100.00	100.00	100.00	100.00
小学毕业升学率	100.00	100.00	100.00	100.00	100.00
初中毕业升学率	97.42	98.66	98.70	98.87	99.09

数据来源:根据中国经济社会发展统计数据库,作者计算得出。

从表 5 可以看出,宁波市各县(市)小学学龄儿童入学率、小学毕业升学率已达到 100.00%,初中毕业升学率平均水平也正在不断提高。

(二)总体差异比较分析

对于教育发展是否均衡,我们使用离散程度来进行描绘,用标准差、差异系数来反映。差异系数大,代表其数据的离散程度大,其平均数的代表性就差,反之亦然。

对宁波义务教育发展各项指标进行标准差和差异系数分析,得到以下实证结果:

1. 宁波市普通初中办学条件均衡状况要优于小学(普通初中多项差异系数均小于小学);

2. 宁波小学师资均衡条件状况要胜于宁波普通初中;

3. 无论小学还是普通初中,在学生入学率方面的差异正在逐渐减少;

4. 义务教育中差异最大的是危房占校舍面积的比例和初中生均教育事业性经费支出,这两项差异都与教育投入有关。

表 6　各项差异系数

一级指标	二级指标	小学			初中		
		均值	标准差	差异系数	均值	标准差	差异系数
办学条件	危房占校舍比例	0.003	0.007	2.300	0.001	0.001	0.360
	生均计算机(台/人)	0.516	0.035	0.676	0.102	0.032	0.302
	生均体育运动场(馆)面积(平方米/人)	6.624	1.842	0.278	9.580	2.459	0.257
	生均实验仪器设备(万元/人)	0.027	0.007	0.256	0.048	0.008	0.159
	生均教室面积(平方米/人)	2.496	0.324	0.130	2.823	0.369	0.131
	生均图书册数(册/人)	19.804	2.3344	0.118	25.418	4.121	0.169
师资	教师学历达标率(%)	82.72	6.68	0.081	69.73	9.57	0.137
	专任教师比例(%)	91.66	1.32	0.014	85.54	2.24	0.026
生源	小学学龄儿童入学率(%)	100	0	0	100	0	0
	小学(初中)毕业(升学)率(%)	100	0	0	98.57	0.59	0.006
经费	生均教育事业性经费支出(元)	—	—	—	7628.429	2612.092	0.342

数据来源:根据中国经济社会发展统计数据库,作者计算得出。

三、影响宁波区域义务教育均衡发展的主要原因分析

比较分析宁波区域内普通初中、小学办学条件、师资、生源、生均教育经费各指标的均值、标准差和差异系数,本文认为区域内经济发展水平、教育经费支出程度和政策制度与宁波区域内义务教育均衡发展密切相关。

(一)区域内经济发展水平

通常一个区域经济增长速度快,经济实力强,当地政府和居民就有充足的资金投入教育。根据上述实证分析结果,影响宁波各县(市)义务教育均衡发展差异较大的指标,如危房占校舍比例、生均教育事业性经费支出都与教育经费投入有关。

以 2010 年宁波区域内的人均 GDP 为例,第一位鄞州区的人均生产总

值为 87987(元),最后一位宁海人均生产总值为 39183(元),第一位较最后一位多出 48804(元),宁波区域内人均生产总值的差距比较大。

(二)教育经费支出程度

据统计,2007—2010 年宁波各县(市)教育支出占 GDP 比例在逐年提高。以 2010 年为例,教育支出占 GDP 比例排前三位的奉化、象山和宁海,它们的人均 GDP 排名却是最后三位。可以看出,教育经费支出与经济发展并不完全正相关,而教育经费支出是促进区域内义务教育均衡的有效方法。

(三)政策制度

建立健全相关的政策制度是促进义务教育均衡发展的根本保障。只有在区域内建立健全政策与制度,才能更好地促进义务教育均衡发展。据统计,2009 年与 2008 年相比较,宁波各县(市)教育支出占地方财政支出比例都下降了,但并没有进行相关教育经费落实的问责制度,体现了人大执行力不足,政府监督不力、政策制度不全。

四、促进区域义务教育均衡发展的主要策略

(一)深入了解区域内义务教育的现状

积极争取教育行政管理部门、宁波市教育科学研究所、大专院校的科研力量,通过实地调研、问卷调查、统计抽样调查等方法,全面、系统掌握宁波区域义务教育均衡发展的原始数据,以此为依据,提出切实可行的促进区域内义务教育均衡发展的建议和对策。

(二)完善义务教育统计数据库建设

目前不少学者专家已经设计了一系列能较为全面、系统描述和分析评价区域义务教育均衡发展的指标,但由于有关义务教育基础数据不全面,统计信息的共享机制尚未建成,宁波统计年鉴上有关义务教育的数据甚少。为此,建议完善义务教育统计数据库建设,才能更全面、系统地描述和分析评价区域义务教育均衡发展现状。

(三)调整义务教育办学标准

浙江省教育厅关于印发《浙江省义务教育标准化学校基准标准》(浙教办〔2011〕63 号)的通知中,明确规定了义务教育标准化学校必须达到的最基

本办学条件,实现师资、设备、图书、校舍等资源在城乡中小学的均衡配置。义务教育办学标准的制定与完善,有助于规范学校的办学条件,有助于对薄弱学校的鉴别和改造,逐步减少不合格学校的数量,保证所有受教育者享有相对均等的教育资源,缩小教育差距,促进教育公平。但面向未来的教育发展目标,义务教育办学标准需要做以下四方面的调整:(1)从单纯强调数量标准向数量与质量标准相统一转变;(2)颁布义务教育学校校车标准;(3)研究制定并实施义务教育学校心理健康教师标准;(4)逐步提高教师任职学历标准。

(四)落实政府责任

新《义务教育法》明确规定:义务教育是国家统一实施的所有适龄儿童、少年必须接受的教育,是国家必须予以保障的公益性事业。义务教育最重要的是要体现政府责任,即把义务教育作为一种公共产品向全体适龄儿童、少儿提供。政府要健全工作机制,完善配套政策措施,进一步优化教育资源配置,完善义务教育体系,建立完善政府问责制度,发改、财政、人力社保等相关部门要通力合作,扎实推进区域义务教育的均衡发展。

(五)建立健全政策保障机制

建立经费保障机制,有效的经费保障机制是推进义务教育均衡的基础。在教育经费的预算管理中,要加强编制教育经费预算、优化预算资金分配,加强预算的严肃性,同时加强对教育经费预算支出的绩效考核,重视预算执行、考核结果,提高教育经费预算的管理水平。宁波市各级政府应当严格履行法律法规所确定的教育投入的总量,提高政府财政支出中教育经费的比重。同时确立促进教育资源向农村倾斜的配置理念,加大教育经费向农村地区和薄弱学校的投入力度。建立资源共享机制,充分发挥具有优质教育资源学校的辐射、带动作用,采取与薄弱学校整合、重组、教育资源共享等方式,促进薄弱学校的改造。建立师资交流机制,建立区域内骨干教师巡回授课、城镇教师定期到农村学校任教等各项制度,解决农村师资力量不足及整体水平不高的问题。建立督导评估机制,建立必要的监督和绩效评审机构,定期对区域内义务教育均衡情况进行审查和监督,定期对区域内义务教育学校的各项指标进行监测和分析,并以适当方式予以公布,接受全社会监督,促进教育资源配置和利用效率的进一步提高。

参考文献

[1] 肖军虎.我国县域义务教育均衡发展指标体系的构建[J].中国教育理论与实践,2011(31):30—33.

[2] 张旺,郭喜永.省域义务教育均衡发展研究[J].东北师大学报,2011(6):170—176.

[3] 张旺.农村义务教育的推进历程、特征分析及策略建议[J].社会科学战线,2011(1):205—212.

[4] 汪明.义务教育均衡发展与若干保障机制——部分地区的政策及实践分析[J].教育发展研究,2005(10):41—44.

[5] 董世华,范先佐.我国县域义务教育均衡发展监测指标体系的构建[J].教育发展研究,2011(9):25—29.

作者单位:宁波城市职业技术学院

非法集资的法律规制失衡与治理对策

庄华忠

　　摘　要：我国在民商事、行政类和刑事法律规范中均对有关非法集资的内容做出了规定。但相关法律规范却存在规定相对分散，规定过于笼统、并未有统一的认定标准，对于民间借贷的地位未予以明确规定，存在重刑事处罚轻民商事和行政制裁的倾向，在集资诈骗罪中不适宜地保留有死刑的规定，缺乏对非法集资被害人相应的民事救济机制等缺陷。针对上述问题，在对我国有关规制非法集资的法律规范进行修改和完善的过程中，一方面要从制度层面建立合理的民间借贷体系，有效疏导民间借贷秩序，另一方面要在法律层面统一非法集资的法律规范，形成层次分明的处罚结构，建立并完善相应的被害人民事救济机制。

　　关键词：非法集资　非法吸收公众存款罪　非法集资罪　民间借贷

　　非法集资在国外又被称为庞氏骗局（Ponzi Scheme），这是一种极为古老而又常见的投资诈骗行为，是金字塔骗局的变种模式。[①] 在我国，随着市场经济体制的逐步确立和国民经济的迅速发展，违反相关法律进行非法集资的现象也日益凸显。为了打击非法集资活动，消减非法集资活动给我国经济发展和社会稳定带来的负面影响，我国在相关民商事、行政类和刑事法律规范中均对非法集资活动进行了规制。这些法律规范为我国经济体制的正

[①]　参见彭少辉：《非法集资的刑法规制与金融对策》，《中国刑事法杂志》2011 年第 2 期。

常运行提供了法律保障,并在一定程度上缓解了非法集资活动对我国经济发展和社会稳定带来的冲击。但是,不容忽视的是,我国现有对非法集资活动进行规制的法律规范仍存在法律规制失衡的问题,其并不能切实满足我国市场经济发展的现实需要,因此,需要进一步对相关法律规范进行修正与完善。下文笔者即以我国相关法律规范中对非法集资的规定为切入点,针对非法集资法律规制失衡的问题进行剖析并提出相应的治理对策,以期对我国非法集资法律规范的完善有所裨益。

一、我国相关法律规范对非法集资的规定

(一)我国相关法律规范对非法集资概念的界定

在我国,最早对"非法集资"这一概念进行界定的法律文件是最高人民法院于 1996 年 12 月 24 日颁布的《关于审理诈骗案件具体应用法律的若干问题的解释》。该《解释》在第三条指出:"'非法集资'是指法人、其他组织或者个人,未经有权机关批准,向社会公众募集资金的行为。"

随后,1999 年 1 月 27 日由中国人民银行颁布的《关于取缔非法金融机构和非法金融业务活动中有关问题的通知》对非法集资的概念及其特点做出了进一步的解释说明。该《通知》第一条规定:"非法集资是指单位或者个人未依照法定程序经有关部门批准,以发行股票、债券、彩票、投资基金证券或其他债权凭证的方式向社会公众募集资金,并承诺在一定期限内以货币、实物及其他方式向出资人还本付息或给予回报的行为。它具有如下特点:(一)未经有关部门依法批准,包括没有批准权限的部门批准的集资以及有审批权限的问题超越权限批准的集资;(二)承诺在一定期限内给出资人还本付息。还本付息的形式除以货币形式为主外,还包括实物形式或其他形式;(三)向社会不特定对象即社会公众筹集资金;(四)以合法形式掩盖其非法集资的性质。"

2007 年 7 月 25 日由国务院办公厅发布的《关于依法惩处非法集资有关问题的通知》虽然并未对非法集资的概念做出直接的界定,却对非法集资的主要特征和形式进行了具体描述。该《通知》在第二条指出:"非法集资的主要特征:一是未经有关监管部门依法批准,违规向社会(尤其是向不特定对象)筹集资金。如未经批准吸收社会资金;未经批准公开、非公开发行股票、

债券等。二是承诺在一定期限内给予出资人货币、实物、股权等形式的投资回报。有的犯罪分子以提供种苗等形式吸收资金,承诺以收购或包销产品等方式支付回报;有的则以商品销售的方式吸收资金,以承诺返租、回购、转让等方式给予回报。三是以合法形式掩盖非法集资目的。为掩饰其非法目的,犯罪分子往往与受害者签订合同,伪装成正常的生产经营活动,最大限度地实现其骗取资金的最终目的。"

(二)我国相关法律规范对非法集资的具体规定

根据法律部门的不同,可以将我国对非法集资进行规制的法律规范分为民商事法律规制、行政类法律规制和刑事法律规制三类。

1. 我国民商事法律规范对非法集资的规定

2003年12月27日由第十届全国人民代表大会常务委员会第六次会议修订通过的《中华人民共和国商业银行法》(以下简称《商业银行法》)第81条第1款规定:"未经国务院银行业监督管理机构批准,擅自设立商业银行,或者非法吸收公众存款、变相吸收公众存款,构成犯罪的,依法追究刑事责任;并由国务院监督管理机构予以取缔。"该法第83条规定:"有本法第八十一条、第八十二条规定的行为,尚不构成犯罪的,由国务院银行业监督管理机构没收违法所得,违法所得五十万元以上的,并处违法所得一倍以上五倍以下罚款;没有违法所得或者违法所得不足五十万元的,处五十万元以上二百万元以下罚款。"

2005年10月27日由第十届全国人民代表大会常务委员会第十八次会议修订通过的《中华人民共和国证券法》第188条规定:"未经法定机关批准,擅自公开或者变相公开发行证券的,责令停止发行,退还所募资金并加算银行同期存款利息,处以非法所募资金金额百分之一以上百分之五以下的罚款;对擅自公开或者变相公开发行证券设立的公司,由依法履行监督管理职责的机构或者部门会同县级以上人民政府予以取缔。对直接负责的主管人员和其他直接责任人员给予警告,并处以三万元以上三十万元以下的罚款。"

除了上述民商事法律对非法集资进行规制以外,1996年6月28日由中国人民银行颁布的《贷款通则》也对非法集资进行了规定。《贷款通则》第61条规定:"各级行政部门和企事业单位、供销合作社等合作经济组织、农村合作基金会和其他基金会,不得经营存贷款等金融业务。企业之间不得违反国家规定办理借贷或者变相借贷融资业务。"《贷款通则》第73条规定:"行政部门、企事业单位、股份合作经济组织、供销合作社、农村合作基金会和其他基金会擅自发放贷款的；企业之间擅自办理借贷或者变相借贷的，由中国人民银行对出借方按违规收入 1 倍以上 5 倍以下罚款，并由中国人民银行予以取缔。"

2. 我国行政类法律规范对非法集资的规定

除了以民商事法律规范对非法集资进行规制外，在我国的行政类法律规范中也有对非法集资的规定。

1998 年 7 月 13 日由国务院颁布的《非法金融机构和非法金融业务活动取缔办法》(中华人民共和国国务院令第 247 号)(以下简称《非法金融机构和非法金融业务活动取缔办法》)第 4 条第 1 款规定："本办法所称非法金融业务活动，是指未经中国人民银行批准，擅自从事的下列活动：(一)非法吸收公众存款或者变相吸收公众存款；(二)非经依法批准，以任何名义向社会不特定对象进行的非法集资；(三)非法发放贷款、办理结算、票据贴现、资金拆借、信托投资、金融租赁、融资担保、外汇买卖；(四)中国人民银行认定的其他非法金融业务活动。"这是我国在行政法规中第一次正式使用"非法集资"的概念。

1998 年 8 月 11 日由国务院办公厅转发的中国人民银行《整顿乱集资乱批设金融机构和乱办金融业务实施方案》第一条规定："凡未经依法批准，以任何名义向社会不特定对象进行的集资活动，均为乱集资。主要打击以非法占有为目的、使用诈骗方法从事的非法集资活动；整顿未经批准，擅自从事以还本付息或者以支付股息、红利等形式向出资人(单位或者个人)进行的有偿集资活动；整顿以发起设立股份公司为名，变相募集股份的集资活动。"

3. 我国刑事法律规范对非法集资的规定

在我国 1997 年 3 月 14 日经第八届全国人民代表大会第五次会议修订通过的《中华人民共和国刑法》(以下简称 1997 年《刑法》)中，涉及非法集资的罪名主要有以下六种：第 160 条规定的欺诈发行股票、债券罪[1]，第 174 条

---

① 我国 1997 年《刑法》第 160 条规定："在招股说明书、认股书、公司、企业债券募集办法中隐瞒重要事实或者编造重大虚假内容，发行股票或者公司、企业债券，数额巨大、后果严重或者有其他严重情节的，处五年以下有期徒刑或者拘役，并处或者单处非法募集资金金额百分之一以上百分之五以下罚金。单位犯前款罪的，对单位判处罚金，并对直接负责的主管人员和其他直接责任人员，处五年以下有期徒刑或者拘役。"

规定的擅自设立金融机构罪①,第 176 条规定的非法吸收公众存款罪②,第 179 条规定的擅自发行股票、公司、企业债券罪③,第 192 条规定的集资诈骗罪④,第 225 条规定的非法经营罪⑤。其中,非法吸收公众存款罪和集资诈骗罪是司法实践中惩治非法集资犯罪最普遍适用的罪名。

2010 年 11 月 22 日由最高人民法院审判委员会第 1502 次会议通过的《关于审理非法集资刑事案件具体应用法律若干问题的解释》对涉及非法集资犯罪的五种罪名即非法吸收公众存款罪、集资诈骗罪、擅自发行股票、公司、企业债券罪、非法经营罪和虚假广告罪的适用做出了进一步的解释。该解释

---

① 我国 1997 年《刑法》第 174 条第 1 款规定:"未经国家有关主管部门批准,擅自设立商业银行、证券交易所、期货交易所、证券公司、期货经纪公司、保险公司或者其他金融机构的,处三年以下有期徒刑或者拘役,并处或者单处二万元以上二十万元以下罚金;情节严重的,处三年以上十年以下有期徒刑,并处五万元以上五十万元以下罚金。"

② 我国 1997 年《刑法》第 176 条规定:"非法吸收公众存款或者变相吸收公众存款,扰乱金融秩序的,处三年以下有期徒刑或者拘役,并处或者单处二万元以上二十万元以下罚金;数额巨大或者有其他严重情节的,处三年以上十年以下有期徒刑,并处五万元以上五十万元以下罚金。单位犯前款罪的,对单位判处罚金,并对直接负责的主管人员和其他直接责任人员,依照前款的规定处罚。"

③ 我国 1997 年《刑法》第 179 条规定:"未经国家有关主管部门批准,擅自发行股票或者公司、企业债券,数额巨大、后果严重或者有其他严重情节的,处五年以下有期徒刑或者拘役,并处或者单处非法募集资金金额百分之一以上百分之五以下罚金。单位犯前款罪的,对单位判处罚金,并对其直接负责的主管人员和其他直接责任人员,处五年以下有期徒刑或者拘役。"

④ 我国 1997 年《刑法》第 192 条规定:"以非法占有为目的,使用诈骗方法非法集资,数额较大的,处五年以下有期徒刑或者拘役,并处二万元以上二十万元以下罚金;数额巨大或者有其他严重情节的,处五年以上十年以下有期徒刑,并处五万元以上五十万元以下罚金;数额特别巨大或者有其他特别严重情节的,处十年以上有期徒刑或无期徒刑,并处五万元以上五十万元以下罚金或者没收财产。"第 199 条规定:"犯本节第一百九十二条规定之罪,数额特别巨大并且给国家和人民利益造成特别重大损失的,处无期徒刑或者死刑,并处没收财产。"

⑤ 我国 1997 年《刑法》第 225 条规定:"违反国家规定,有下列非法经营行为之一,扰乱市场秩序,情节严重的,处五年以下有期徒刑或者拘役,并处或者单处违法所得一倍以上五倍以下罚金;情节特别严重的,处五年以上有期徒刑,并处违法所得一倍以上五倍以下罚金或者没收财产:(一)未经许可经营法律、行政法规规定的专营、专卖物品或者其他限制买卖的物品的;(二)买卖进出口许可证、进出口原产地证明以及其他法律、行政法规规定的经营许可证或者批准文件的;(三)未经国家有关主管部门批准非法经营证券、期货、保险业务的,或者非法从事资金支付结算业务的;(四)其他严重扰乱市场秩序的非法经营行为。"

"明确了非法集资类案件审理的定罪和量刑标准,有助于此类案件的审理工作,同时通过提供豁免规则,也为民间融资者提供了合法运作的空间"①。

二、我国规制非法集资的法律规范中存在的问题

尽管上述民商事、行政类、刑事法律规范在我国打击非法集资活动的过程中发挥了重要的作用,为我国经济体制的正常运行提供了良好的法律环境,但是,不容忽视的是,上述法律规范仍存在法律规制失衡的问题。这主要表现如下。

(一)上述规制非法集资的法律规范相对分散,相关法律规定过于笼统,并未形成统一的认定标准

通过对上述有关规制非法集资的法律规范进行分析,不难看出,我国虽然从民商事、行政、刑事法律等多个领域均对非法集资活动进行了相应规定,较为全面地打击了各个领域的非法集资活动,但这种规制方式却不可避免地带来了法律规定过于分散,对于非法集资的概念和非法集资活动的认定标准并不统一的弊端。

一方面,相关法律规范并未规定统一的非法集资的概念。在我国,非法集资并非一个规范的法律术语。相关法律规范虽然对非法集资的概念做出过界定,但这些定义分布在不同类别的法律部门中,且未达成共识。如在1996年12月24日最高人民法院颁布的《关于审理诈骗案件具体应用法律的若干问题的解释》中,非法集资被界定为法人、其他组织或者个人,未经有权机关批准,向社会公众募集资金的行为。而在1999年1月27日由中国人民银行颁布的《关于取缔非法金融机构和非法金融业务活动中有关问题的通知》中,非法集资则被界定为单位或者个人未依照法定程序经有关部门批准,以发行股票、债券、彩票、投资基金证券或其他债权凭证的方式向社会公众募集资金,并承诺在一定期限内以货币、实物及其他方式向出资人还本付息或给予回报的行为。单就这两个定义而言,虽然后一定义较前一定义而言规定得更为明确、具体,但二者对非法集资这一概念外延的划分并不一

① 彭冰:《非法集资行为的界定——评最高人民法院关于非法集资的司法解释》,《法学家》2011年第6期。

致。可以说,前一定义中非法集资的外延是极为广泛的,而后一定义则大大限制了非法集资这一概念的外延,将前一概念中所包含的不以相关债权凭证方式向社会募集资金和未承诺在一定期限内还本付息或给予回报等情形均排除在非法集资的概念之外。

另一方面,相关法律规范对非法集资的认定标准并不统一。由于不同的法律规范对非法集资的概念并未形成统一的认识,即便在同一法律规范中,相关法律规范也只是罗列各种非法集资的形式,并未规定具体、明确且具有可操作性的认定标准,因此,这就造成了司法实践中在确定何种行为为非法集资,应当采取何种方式对其进行打击时出现认定标准不统一的现象,甚至使某些罪名沦为打击非法集资犯罪的"口袋罪"。以我国 1997 年《刑法》中对非法集资犯罪的规定为例。正如上文所述,我国 1997 年《刑法》并未规定单独的非法集资罪,而是通过采取规定欺诈发行股票、债券罪,擅自设立金融机构罪,非法吸收公众存款罪,擅自发行股票、公司、企业债券罪,集资诈骗罪和非法经营罪等六种罪名的方式对各种非法集资犯罪予以分别打击。这种针对不同情形对不同犯罪行为进行区别对待并予以分别打击的立法初衷虽然是好的,但是,在司法实践中,却存在着不区分犯罪情节而将绝大部分非法集资行为均认定为非法吸收公众存款罪的问题,而使非法吸收公众存款罪沦为打击非法集资犯罪的"口袋罪"。造成这一问题的原因一方面是由于刑事立法中对于"社会公众"含义的界定不合理,另一方面是因为立法者无视集资用途的差异,以致混淆了直接融资行为和间接融资行为的界限,因此造成非法吸收公众存款罪的入罪门槛过低。① 我国现行刑事立法的此种立法模式不禁使一些学者感慨,即便最高人民法院于 2010 年 11月 22 日通过的《关于审理非法集资刑事案件具体应用法律若干问题的解释》在第 1 条对非法吸收公众存款罪做出了进一步的解释说明,也未能解决长期以来社会对该罪属于"口袋罪"的诟病。②

除此之外,在对非法集资进行规制的法律规范中,一些法律规范颁布于20 世纪 90 年代,已经难以适应现阶段我国司法实践打击非法集资活动的需要。

---

① 刘宪权:《刑法严惩非法集资行为之反思》,《法商研究》2012 年第 4 期。

② 刘新民:《"非法吸收公众存款罪"去罪论——兼评〈关于审理非法集资刑事案件具体应用法律若干问题的解释〉(法释〔2010〕18 号)第一条》,《江苏社会科学》2012 年第 3 期。

（二）相关法律规范对于民间借贷的地位并未予以明确规定

所谓民间借贷,是指公民之间、公民与法人之间、公民与其他组织之间的借贷。民间借贷包括狭义的民间借贷和广义的民间借贷两种形式。狭义的民间借贷是指公民之间依照约定进行货币或其他有价证券借贷的一种民事法律行为。广义的民间借贷除上述内容外,还包括公民与法人之间以及公民与其他组织之间的货币或有价证券的借贷。① 民间借贷是民间资本投资的一种渠道,是民间金融的一种表现形式。我国 1982 年 12 月 4 日经第五届全国人民代表大会第五次会议通过的《中华人民共和国宪法》第 13 条规定:"公民的合法的私有财产不受侵犯。国家依照法律规定保护公民的私有财产和继承权。"1986 年 4 月 12 日经第六届全国人民代表大会第四次会议通过的《中华人民共和国民法通则》(以下简称《民法通则》)第 71 条规定:"财产所有权是指所有人依法对自己的财产享有占用、使用、收益和处分的权利。"实际上,民间借贷就是公民对自己合法所享有的财产进行收益和处分的行为。根据上述规定,理应对其予以保护。此外,根据保护意思自治的原则,1999 年 3 月 15 日经第九届全国人民代表大会第二次会议通过的《中华人民共和国合同法》也确认了在基于真实意思表示基础上的民间借贷的合法性。

然而,由于相关法律规范并未对民间借贷的概念、主体、形式及其地位予以明确规定,对非法集资进行规制的法律规范也未明确划分民间借贷与非法集资之间的界限,这就造成了司法实践中往往不能清晰地区分违法的非法集资与合法的民间借贷之间的界限。引起社会各界普遍关注的孙大午案和吴英案无一不传递着目前我国非法集资和民间借贷之间的法律界限不清晰这一信息。在对非法集资进行规制的法律规范中,未清晰地划清非法集资与民间借贷之间的关系,这就"混淆了不同性质的集资行为,从而粗暴禁止了所有未经批准的集资活动,无法应对我国经济持续发展所产生的合理资金需求,也无法为今后合法化民间融资预留空间和余地,更不符合保护投资者利益的公共政策"②。

（三）相关法律规范存在重刑事处罚轻民商事和行政制裁的倾向

我国对非法集资活动进行规制的法律规范虽然包含了民商事规范、行

---

① 吉门、马玉美编著:《罪与非:民间借贷、股权私募、知识盘点、热门案例及法律导引》,中国政法大学出版社 2012 年版,第 20 页。

② 彭冰:《非法集资活动规制研究》,《中国法学》2008 年第 4 期。

政规范和刑事规范三种类型,但实际上,我国将打击非法集资的重点放在了刑事规制上,而较少采用民商事制裁和行政处罚的方法。

除了在司法实践中,对非法集资活动多采用刑事制裁方式进行打击以外,即便在民商事和行政类法律规范中,也存在重刑事轻民商事和行政打击的倾向。通过上述《商业银行法》第 81 条和第 83 条的规定即可以看出,该法对非法集资进行打击的态度是先考虑采取追究行为人刑事责任的方式,在行为人的行为不构成犯罪的情况下才考虑追究其相应的民商事责任。《非法金融机构和非法金融业务活动取缔办法》第 22 条的规定也同样采取了先进行刑事处罚再进行行政处罚的规定模式。

刑法在国家的整个法律体系中处于后盾法和保障法的地位。只有当民法、行政法等其他法律规范对某种行为无法进行有效制裁的情况下,才能动用刑法对该种行为进行制裁。此所谓刑法所具有的谦抑性特征。而我国相关法律规范在对非法集资活动进行打击时所采取的这种重刑事处罚轻民商事和行政类制裁的倾向恰恰违背了刑法所具有的谦抑性特征。应当认识到,采用刑法介入的方式并不一定就能取得良好的法律效果和社会效果。我国目前所采取的这种重刑事处罚轻民商事和行政制裁的基本模式并未遏制住非法集资犯罪高发的态势即是很好的例证。

(四)在集资诈骗罪中保留有死刑的规定并不合理

2011 年 2 月 25 日由第十一届全国人民代表大会常务委员会第十九次会议通过的《中华人民共和国刑法修正案(八)》(以下简称《刑法修正案(八)》)废止了票据诈骗罪、金融凭证诈骗罪、信用证诈骗罪等 13 种犯罪的死刑。《刑法修正案(八)》颁行之后,集资诈骗罪成为我国刑法典中唯一一个保留死刑的金融诈骗犯罪。

近年来,在我国的司法实践中,因犯集资诈骗罪而被判处死刑的案例可谓不胜枚举。2002 年 2 月,被告人张永斌、段登丽因犯集资诈骗罪被上海市第二中级人民法院判处死刑,剥夺政治权利终身,并处没收个人全部财产①;2008 年 3 月,被告人杜益敏因犯集资诈骗罪被浙江省丽水市中级人民法院判处死刑,剥夺政治权利终身,并处没收个人全部财产②;2009 年 10 月,被

① 参见北大法宝:"张永斌等集资诈骗案",http://vip.chinalawinfo.com/case/display-content.asp? gid=117451890。

② 参见北大法宝:"杜益敏集资诈骗案",http://vip.chinalawinfo.com/case/Display.asp? Gid=117728698&KeyWord= 。

告人吴英因犯集资诈骗罪被浙江省金华市中级人民法院判处死刑,剥夺政治权利终身,并处没收个人全部财产。①

在当前宽严相济的刑事政策的指导下,死刑的适用在我国已经得到了严格的控制。除了对情节极为恶劣的故意杀人案判处死刑外,司法实践中对于非暴力性质的经济犯罪即便是犯罪数额达上亿元的贪污犯罪也鲜有判处死刑的案例。司法实务部门之所以要对集资诈骗罪这种非暴力性的经济犯罪频繁地适用死刑,究其原因主要是立法者受刑法典为集资诈骗罪设置了死刑这一畸重的法定刑和严惩非法集资观念的影响。②

集资诈骗罪属于非暴力性质的经济犯罪,这种犯罪与传统的暴力性犯罪相比,产生的原因更为复杂。这其中既包括国家经济体制、分配方式等方面的原因,又有被害人受利益驱动、抱有侥幸心理等不可忽视的人为因素,犯罪人个人因素在此类犯罪中所起的作用相对较小。单纯以重刑尤其是死刑来处罚此类犯罪不但不能起到预防此类犯罪发生的最终目的,反而造成了我国刑罚结构的不协调,产生了司法实践中对打击非法集资犯罪时出现的重刑主义倾向。

(五)相关法律规范缺乏对非法集资被害者的民事救济机制

根据《非法金融机构和非法金融业务活动取缔办法》第 21 条的规定,"因清理清退发生纠纷的,由当事人协商解决;协商不成的,通过司法程序解决。"《民法通则》第 108 条规定:"债务应当清偿。暂时无力偿还的,经债权人同意或者人民法院裁决,可以由债务人分期偿还。有能力偿还拒不偿还的,由人民法院判决强制偿还。"通过上述法律规范可以看出,我国相关法律体系存在为因参与非法集资的被害者提供救助的法律依据。然而,由于此类法律依据只是散见在不同类别的法律规范中,且规定相当概括,既不具有可操作性,也未形成相应的民事救济机制,这就导致"实践中,人民法院一般以非法集资形成的借款合同是非法合同为由,不受理非法集资活动引发的诉讼。故参与非法集资活动受到的损失,由参与者自行承担。"③而正是因为损失得不到相应的补偿,非法集资才容易引发群体性事件,造成经济、金融和社会秩序的紊乱。因此,可以说,现行法律规范中缺乏对非法集资被害者

---

① 参见北大法宝:"吴英集资诈骗案",http://vip.chinalawinfo.com/case/displaycontent.asp?gid=118314960。

② 参见刘宪权:《刑法严惩非法集资行为之反思》,《法商研究》2012 年第 4 期。

③ 彭少辉:《非法集资的刑法规制与金融对策》,《中国刑事法杂志》2011 年第 2 期。

的民事救济机制是造成非法集资活动具有严重社会危害性的一个重要原因。

三、治理我国现行非法集资法律规制失衡的相关对策

针对我国现行非法集资相关法律规范存在的上述问题,笔者认为,应当从制度层面和法律层面两个方面建立疏堵结合的非法集资规范体系。

(一)制度层面:建立合理的民间借贷体系,有效疏导民间借贷秩序

在我国,由于经济体制因素的影响,民营经济特别是中小民营企业很难通过正常渠道借贷资金以满足企业发展的需求。而民间借贷从其产生之初就偏重于服务中小企业和民营企业。[①] 可以说,正是由于民间借贷的存在才融通了社会闲散资金,有效地弥补了我国现行经济体制对中小企业和民营企业融资关注不足的缺陷,为该类企业的发展提供了充足的资金保障。但由于我国目前并未形成一套规范合理的民间借贷体系,相关法律规范也未明确民间借贷的合法地位,这就造成了司法实践中对于民间借贷和非法集资往往难以进行区分,甚至出现了将合法的民间借贷作为非法集资进行处理的混乱局面。

2010 年 5 月 7 日,由国务院颁布的《关于鼓励和引导民间投资健康发展的若干意见》(国发〔2010〕13 号)指出,将进一步扩宽民间投资的领域和范围,鼓励和引导民间资本进入基础产业和基础设施领域,鼓励和引导民间资本进入金融服务领域,允许民间资本兴办金融机构。这一《意见》的颁布一方面代表着我国经济体制未来的发展方向,另一方面也为我国民间借贷体系的确立提供了有利的契机。

应当认识到,社会集资既包括合法集资,也包括非法集资。非法集资的现象之所以会出现,一方面是由于行为人受占有他人财物的不法动机的驱使,另一方面一个很重要的原因即在于合法集资途径的不畅通。在对规范非法集资的法律规范进行彻底梳理之前,首先从制度上畅通合法集资的渠道,即建立合理的民间借贷体系,有效疏导民间借贷秩序,不失为规范非法集资行为的重要基础和前提条件。

---

① 　参见彭兴庭:《辩证地看待非法集资现象》,《检察风云》2009 年第 12 期。

（二）法律层面：统一非法集资的相关法律规范，形成层次分明的处罚结构，建立并完善相应的被害人民事救济机制

1. 统一非法集资的相关法律规范，赋予相关法律条文以明确且具有可操作性的内容

针对规制非法集资活动的法律规范所存在的相对分散，对非法集资的内容和认定标准既不具有统一性，也不具有可操作性的弊端，在现阶段，有必要统一不同类别的法律规范中对有关非法集资概念和认定标准的规定，及时更新已经过时的法律规范，并赋予相关法律条文以明确且具有可操作性的内容。为此，可以制定一部统一的《惩治非法集资法》对有关非法集资的法律规范进行归纳和梳理。

2. 在相应法律规范中明确民间借贷的合法地位，并对民间借贷的有关内容进行具体、明确的规定

除了在制度上要建立合理的民间借贷体系，有效疏导民间借贷秩序以外，在相关法律规范中也应当明确民间借贷的合法地位，并对有关民间借贷的相应内容做出具体、明确的规定，从而达到区分罪与非罪，达到合理限制非法集资的打击范围的目的。此外，对于与民间借贷相关的融资类法律规范，也应当予以及时修改和更新，以完善相关融资类体制改革，为民间借贷体系的合理运行打下良好的制度和法律基础。

3. 坚持以"民商事处理和行政制裁为主，刑事处罚为辅"的原则，实现非法集资民商事处理、行政制裁和刑事处罚的有机衔接

在我国现行法律体系中，刑法是保障法、事后法。在规制非法集资的相关法律规范中，同样应当符合刑法所具有的谦抑性的基本特征。针对现行法律规范重刑事处罚轻民商事和行政处罚的倾向，在对非法集资的相应法律规范进行修改和完善的过程中，应当坚持以"民商事处理和行政制裁为主，刑事处罚为辅"的这一原则，在相应民商事法律规范和行政类法律规范中优先规定制裁非法集资活动的相应处理办法，只有在不能以民商事和行政类处罚进行处理的情况下，才能规定以刑事处罚的方式对其进行制裁。

4. 废除集资诈骗罪中死刑的规定

实际上，早在《刑法修正案（八）草案》向全国征求意见的过程中，已有部分专家和学者提出，从犯罪性质上来看，集资诈骗罪有非暴力性和经济犯罪两个显著的特征；从犯罪原因上来看，集资诈骗罪的被害人对于集资行为本身的违法性有一定的认识,其本身具有一定的过错;从集资诈骗罪与其他同类犯罪的关系来看,对集资诈骗罪保留死刑难以保持该罪与其他同类犯罪的罪刑平衡。因此,建议废除集资诈骗罪的死刑。立法机关在经过反复研究后认为,减少死刑应稳妥推进,考虑各方面的因素,死刑不宜一下子减得太多,因此,并未废除集资诈骗罪中的死刑。① 如上文所述,在集资诈骗罪中配置死刑这一极刑的刑罚处罚既不符合非法集资的法律性质,也不能有效控制非法集资犯罪的产生,反而造成了刑罚结构的不协调,产生了司法实践中对打击非法集资犯罪时所出现的重刑主义倾向。因此,未来在修改和完善非法集资的法律规范的过程中,废除集资诈骗罪中死刑的规定是大势所趋。

5. 建立并完善非法集资被害人的民商事救济机制

我国现行规制非法集资的法律规范往往注重对集资者的打击,而忽略了对非法集资被害人的救济,这就容易引发群体性事件的发生,造成社会秩序的混乱。因此,在对非法集资的法律规范进行修改和完善的过程中,除了应当注重对非法集资活动中的集资者进行打击以外,还应当建立并完善相应的被害人救济机制,从源头上消除非法集资活动给经济、金融和社会秩序带来的不稳定因素。

作者单位:浙江万里学院

---

① 参见黄太云著:《刑法修正案解读全编——根据刑法修正案(八)全新阐释》,人民法院出版社 2011 年版,第 9—10 页。

政务微博、草根微博与传统媒体新闻传播融合研究
——基于宁波的实践

张文鸯

摘　要:政务微博、草根微博与传统媒体新闻传播的互动融合,为新媒体背景下社会管理和新闻传播创新提供新的模式。研究立足宁波的实践与探索,在分析其现状、问题的基础上,指出推进三大微博主体融合的路径为:地方政府应有经营政务微博的理念及制度保障、政务微博要善于利用微博设置议题、传统媒体的融合报道要积极探索新的传播方式、微博信用制度建设等。

关键词:微博　政务微博　草根微博　传统媒体　融合

一、引　言

中国互联网在经历了 QQ、博客、社交网络等一系列交流沟通的变革后,2009 年迎来了微博这种新的传播形式。微博凭借其自身鲜明的特点,如发布信息快捷、互动式的结构、复数形式的传播等,很快成为即时社交产品的翘楚。微博的崛起,无疑在传播领域打开了一扇"乱花渐欲迷人眼"的大门。通常,信任关系只在亲人和朋友之间才会拥有,而微博却可以使这种信任关系建立在"陌生人"之间,再加上微博用户的关系嵌套,其渗透力和影响力大大超出传统传播的想象。"在微博的世界里,传播者是谁并不重要,重要的是所传播的资讯内容是否具有分享意义和对于社会的价值穿透力。"[1]

自新浪微博诞生的一年多时间里,微博版图迅速成多足鼎立之势,互联

网的话语权不再单独由某个群体掌握,而是竞相发出自己的声音。最为突出的是:政务微博、草根微博、传统媒体微博三大微博群。政务微博(包括政府机构微博和官员微博)的产生,意味着官方机构开始尝试一种有效、开放的信息发布形式,因为在多元意见表达日趋热烈的今天,政府已经不可能延续从前那种单向度的传播方式;草根民众的微博,如雨后春笋般活跃在互联网,它冲击着传统上由政府、传统媒体把握的公共话语空间,并开始扮演一个举足轻重的传播角色,众多公共事件表明:微博是中国社会问题的"放大镜",它给各方施压,而且往往是引发重大事件的催化剂,而草根微博天然地熟悉"微博"这种传播方式;传统媒体虽然在权威性和可信度上拥有相对的实力,但在微博时代,其速度和广度明显落后于微博传播,又缺少自身的特色,因此传统媒体与微博的新闻传播如何融合也是当前媒介融合的一个重要内容。

根据宁波市互联网宣传管理办公室、宁波市网络文化研究中心发布的《宁波市网络文化发展状况蓝皮书》显示:2011 年年底,宁波互联网普及率约为 59.2%,超过全国平均水平近 20 个百分点;网民中的微博使用者约 338 万人,其中每周至少发布(含转发)一条微博或登录三次及以上的使用者约 150 万人,微博使用率为 56.7%,高于全国平均水平 50.9%。本研究将以宁波为蓝本,探讨宁波本地政务微博、传统媒体微博和普通民众微博三者之间的融合互动,以期为新媒体背景下社会信息管理和新闻传播创新提供现实依据。

二、宁波政务微博、草根微博与传统媒体新闻传播融合的现状

(一)基于微博的官民互动平台初具规模

据来自新浪官方的公开数据显示,截至 2012 年 9 月 8 日,宁波认证用户中政府机构 472 家,政府官员 63 人,拥有粉丝 50 多万。可以说,宁波本地基于微博的官员与市民的互动平台初具规模,地方政府有意愿加入到微博的传播潮流中。

政务微博是指政府机构和官员的微博,是"微博问政"的载体。2011 年 10 月,宁波市海曙区政务微博平台正式开通,海曙城管、公安、工商等近 50 个职能部门实行在微博上的"联合办公",成为浙江省首个集体上线的政务微博群;同年 12 月"宁波发布"政务微博在新浪网独家上线。"宁波发布"是宁波市人民政府新闻办公室实名认证的政务微博,集合了公安、交通、旅游、

环保、民政、工商、城管、教育、气象、规划等部门,它承载了了解民情、听取民意、集中民智,加强主流舆论引导等多项功能。在 2012 年 8 月初台风"海葵"冲击宁波之际,政务微博高速运转,@宁波气象、@宁波市公安局交通警察局、@宁波市公安局消防局及各县市区的政务微博不断地发送雨情路况的权威信息。"海葵"入侵的三天中,"宁波发布"就发布微博 2000 多条,其中三分之一的微博转发评论数上百,甚至还有上万条转发评论信息,处理咨询、求助等更是不胜枚举。政务微博只要采取低调、亲民、真诚的姿态,就会得到大众及网民的认可。

(二)草根微博异军突起

草根微博(指具有草根精神的网友使用的微博)崛起,并开始在一些重大公共事件中充当重要传播角色,他们已逐渐成为影响新闻传播格局的新力量,这在一定程度上削弱了传统媒体新闻传播的话语权;草根微博的发展壮大,让"对话"真正成为新闻生活过程的一个环节,使从前的"自上而下"的传播变成"互播"成为一种可能。

2012 年 7 月 3 日,一张宁波市委党校篮球筐加盖上锁的照片被上传到新浪微博,并引发关注。发帖者称,校方此举是为阻止市民前去打球,随即引发网友热议。对此,校方负责人随即表示:照片是真实的,校方上锁主要是由于市民在上班时间打球"影响党校教学和正常办公"。但网友们的反映却并非如此,"我的地盘,我做主","这些用纳税人钱养活的人为什么对待人民那么冷酷?"……网友们在微博上用自己的方式表达对身边的公共事务关注。公民意识的觉醒,通常是社会步入现代文明的标志。这也意味着,宁波市民的参与、监督、责任及法律意识都已经逐渐成熟,并且渴望通过正常的渠道进行表达。而作为事件的另一方,带有"公权"特征的宁波党校,在应对此次公共事件中,并未表现出某些政府机关傲慢、冷漠、迟钝的态度,从始至终都能保持一个较为开放的态度。7 月 4 日,宁波党校第一时间专门发微博对校园管理进行说明;而此时的微博评论也开始趋向平和,大众对事件的探讨也更为理性。由此看出,草根微博已经开始在公共领域中发挥自己独特的舆论影响力,也在一定程度上督促公共事务管理者的自我转型。

(三)传统媒体借力微博

宁波本地传统媒体很早就开始接触"全媒体"理念,并在实践中探索现代信息传播的运行机制。传统媒体借力微博,把微博作为新闻信息源,并力求做好信息的快速传播及后续的深度报道工作。

　　传统媒体一直被认为是单向度媒体,简单来讲,就是"我说你听",精英掌握话语权;而互联网则是扁平的、多向度媒体,每一个人同时扮演媒体、受众、传播者的多重角色,其中又以"微博"最为突出。有鉴于此,宁波日报报业集团在 2009 年 1 月成立了全国首家全媒体新闻部,实行 24×7 全天候多媒体信息发布模式,为全媒体运营迈出了第一步;同年 5 月初,集团新设立基于手机报纸、手机电视的 3G 事业部,实现多媒体、即时和互动的移动新闻播报。更令人欣喜的是,在被称为"微博之年"的 2011 年,宁波晚报新浪官方微博位列"新浪微博浙江媒体微博 10 佳"之首。宁波晚报官方微博出彩在何处? 新浪浙江总经理田芳艳指出:目前整个浙江省的新浪微博用户大约有 2500 万,宁波占到 20%,只比杭州少了 5%~7%;宁波晚报官方微博最好的表现就是在其影响力上,关注度很高;资讯量大是宁波晚报官方微博的又一大优势,内容十分丰富;此外,一旦有突发新闻发生,粉丝愿意主动"@宁波晚报",可见宁波晚报官方微博已受粉丝信任和认可。[2]

三、融合过程中存在的主要问题

(一)政府机构微博冷热不均,官员微博乏善可陈

　　作为理想的政务微博,应构建成为一个集信息发布、舆情引导、政民互动的新形式平台,尽最大的可能扩大民众对公共事务的参与。但现实情况下,各个政务微博的发展并不均衡,很多问题开始浮现。比较突出的问题表现在以下几个方面:(1)地方政府各级机构微博内容往往质量参差不齐,流于应付,更多的只是当作政令的发布平台,或简单地将制度规定罗列网上,或粘贴几条新闻敷衍了事,普遍缺少与市民必要的沟通与交流。(2)政务微博运营内部机制不完备,令出多门,部门繁杂,未能有效传达信息,也未能体现微博传播速度快的优势;地方政府管理微博的手段较为单一,未能多元化、人性化,造成官员与普通民众交流不畅,双方的意愿与热情均不高。(3)宁波政务机构微博虽然数量上升明显,但官员微博却增幅不大,各级官员微博仅仅满足于"潜水",混淆了"政府代表"与"普通网民"的身份,以至于明星式官员微博匮乏。新浪官方数据显示:2010 年 11 月初,宁波开通新浪微博的政府机构总数为 123 个,政府官员微博为 48 个;截至 2012 年 9 月 8 日,政府机构微博总数为 472 个,政府官员微博 63 个,增幅分别为

284％、31％。

(二)草根微博易受困于网络谣言,信息质量有待提高

由于微博低门槛的制度设计,网络大众素养良莠不齐,传播的信息或真假难辨,或包罗万象,网民的自律程度距离真正的"网络公民"尚任重道远。再加上微博的参与群体略显单一,多集中于学生、办公族,因此,宁波本地政务微博上的"民众声音"是否能真正反映各阶层的民意还有待考察。微博作为曝光假丑恶现象的舆论监督武器,有时也会成为虚假信息插上翅膀的技术帮凶。如微博上盛传一时的宁波启动监控探头抓"开车打电话"就是子虚乌有的假消息,微博的网友为求逼真,还附上一张开车打电话的"处罚单";这条微博不仅引起众多实名认证的网友转发,甚至有官方微博都对此进行了转发,最终宁波交警支队微博专门对此做了辟谣,事件才告一段落。究其原因,除了传统的政府权威受到质疑之外,恐怕跟网民们易于被激发的非理性情绪,未能意识到传谣的严重性也有很大关系。

(三)传统媒体微博信息较单一

本地传统媒体的微博发布新闻信息渠道、方式、内容较为单一,比如一些纸媒微博上发布的信息仅仅是该媒体网页版的标题附上网址链接,微博发布的内容更多则是照搬纸质媒体的某些内容,这些简单的表达方式是很难引起微博网友的关注的。而且传统媒体微博的互动性也有待提高,通常是发了一条微博信息后,缺少对互动反馈环节的关注,更没有将网友们讨论互动的精彩内容放到微博主页中去。传统媒体在互联网报道中仅停留在导读和补充层次,仍然缺乏有深度的评论,缺少探索事件本源的职业精神。加上受原有体制影响较深,新闻主创人员主动介入公关事件的热情不足,对重大事件缺少持续、深刻的报道,在一定程度上放弃了作为传统媒体对事件跟踪、分析、探讨的天然优势,易流于表面。地方传统媒体即便看到了新媒体带来的机遇与危机,但思想观念上仍然偏保守,缺乏主动创新、大胆求变的开拓精神,因此,在微博传播领域建树不大,甚至于产生"鸡肋"的感觉。

四、推进三大微博主体融合的建议及路径

(一)地方政府应有经营政务微博的理念及制度保障

地方政府应认真对待"政务微博",当视其为部门行政职能的扩展延伸,

要设置制度保障,提倡"经营微博"理念,并打造"营销微博"式的团队。政务微博保障制度具体可从以下几个方面进行:(1)公开微博信息。应将政务信息公开作为一项制度进行,确保政务运作的透明度,增强政府的公信力,保障群众的知情权。(2)应急处置微博。以突发公共事件应急处置机制为蓝本,建立微博事件应急处置机制,把微博这一新媒体作为稳定情绪人心、促进处突应对、提速提质舆论引导的重要载体,使突发事件通过权威途径客观、及时对外公布。(3)建立微博管理团队。外省成功经验显示,如果地方政务微博有自己的管理团队,每天能对官方微博进行维护,会有效提升政务微博的影响力。政府机构部门开通官方微博后也应建立自己的微博管理团队让微博的建设工作常态化。(4)评估奖惩微博工作。对本部门公开微博信息、应对网络舆情、解决网民诉求、与网民沟通互动等进行科学评估,并把这种评估奖惩制度化,使其成为政治生活的刚性制度要求。

宁波政务微博表面上看比较繁荣,政务微博数量位居全省第一,但政务微博在政府各职能部门的分布并不平衡,问政主体没有真正涵盖各个阶层,分布的阶层、地域、部门机构差异较明显,而且还有不少"死博"和"沉博"现象存在,长期处于休眠状态。有鉴于此,宁波海曙区已经出台有关政务微博平台运作的"教程",使政务微博管理的制度化建设有了一个好的开端。

(二)政务微博要善于利用微博设置议题,以吸引更多网络注意力

微博议题的设置,其本质就是如何抓住网络受众。微博、QQ、人人网等社交网站的出现,对官方、传统媒体的议程设置功能提出了挑战。在网络社会,个人不再是单一接受信息的"受众",而是成为既接受又主动参与信息发布的"自媒体",个人及周边信息的"自我曝光"也会对之前的主流媒体产生影响,进而改变舆论的导向。从一定意义上说,议程设置逐渐变为全民参与的一项活动。因此,作为政务微博,在议题设置中,要充分理解党和国家的有关政策及某个时期的工作重点。一般来说,设置的议题大多是社会热点,对热点报道的关注。当然,微博议题设置不能一味地追求轰动效应,而是要成为帮助党和政府做好各项工作,为广大群众解决实际困难,以密切党和群众的联系的平台。要选择有重大影响和听众普遍关注的热点问题作为议题。具有社会热点性质的议题,才有足够的吸引力,才能引起受众的广泛注意和共鸣。

议题设置对提高微博关注度有着重要的意义。如果在一则微博中,仅仅满足于官方式的政治话语和简单的政治态度的话,势必不能满足网络群体的需求,会严重削弱政务微博的关注度。若采用合理的议题设置,就能够明显地克服这方面的欠缺。我们不难发现,议程设置功能的外延,已经得到了拓展。由于新兴媒体的逐渐壮大,已经渗透进社会生活中的各个角落,传统的官方意识形态与思维开始淡出,取而代之的是对疾苦坎坷、社会民生类的强烈关注。政务微博隐含的舆论影响力在很长一段时间内仍然是其他传媒无法取代的,若想成为"网络问政"的新平台,政务微博必须学会在基于网络言论语境下,通过设置合适的议题,从而体现政府和部门的特点,并能针对具体事务发布权威信息,注重与网民的互动交流,否则,在经历"突进"之后的政务微博会与公众的期望渐行渐远。

(三)传统媒体的融合报道要积极探索新的传播方式

现阶段,传统媒体微博的融合报道仍然形式较为单一,仅停留在导读与补充层面。要积极探索新的报道形态,丰富传播方式。"微直播"既不同于传统电视频道的直播,又有别于门户网站直播,是值得当下传统媒体探索和实践的直播模式。如"宁波发布"为使全市广大党员干部群众及时了解宁波市第十二次党代会盛况,曾经对大会开幕式进行微博直播。人民日报微博则采用一种全时性的报道,把微博打造成了一个新闻整合平台,采取每天24小时的全时循环报道。微博运营者不断更新记者发回的来自现场的最新消息,每当有最新进展,就实时进行修正与补充,改变了一些媒体微博只是简单地把纸媒上的内容复制到微博上的方式。随着传统媒体与新媒体界限的逐渐模糊,二者的地位和关系也将由垂直的商业交换关系向平行的合作关系转变。传统媒体不再单纯地从事低端的原始信息生产,新媒体也不再单纯依赖传统媒体提供内容,新老媒体将通过跨界合作共同进行内容生产,实现多平台、多形式传播,从而达到规模化效益。

在新媒体的影响力日益彰显、各类媒体走向融合的大变局中,传统媒体要保持对舆论的引导力,无疑需要重新掌握各种新技术和新的传播渠道,比如:(1)利用数字化工具获取信息的能力;(2)利用新媒体发布、扩大信息影响力的能力;(3)在信息泛滥的情况下,学会判断、筛选、整合有价值、可靠信息的能力。对于传统媒体来说,如何在信息传播中重视对微博的利用,创造出更有效的新闻传播模式,还有待继续探索。

(四)加强草根微博制度建设,应对网络不实信息

目前困扰微博最大的问题就是网络谣言的盛行,而草根微博在谣言的传播中往往起的是推波助澜的作用。加强微博信用制度建设,可以参照网络域名注册系统,开发建设微博注册平台,采用实名制身份认证、信用分积

累等方式,以保证让真正有价值的微博信息得以传播。媒介融合时代的最显著特点是"人人都有麦克风",受众的话语权得到了空前的提升。人人都有发布信息的可能,最终将导致很多时候受众只是"注重表达,而不再注重表达的内容",自我炫耀、自我放纵、自我狂欢成为一部分受众滥用的主题,若未有相应对策,网络将成为一个不负责任的公共场所,对整个社会的价值导向产生很大冲击。但在当前信息透明化机制尚不健全的国度,微博作为人们自由表达的公共意见平台,具有特殊的意义。因此,构建微博信用制度不啻为控制和杜绝与表达自由初衷相去甚远的纯粹以猎奇、情绪化、非理性的价值评判为标准的内容的一种手段。现阶段可采取的应对策略主要有以下几条:(1)微博用户尤其是活跃用户,要能对模糊信息进行自我识别,这种主动意识能减少不实消息的传播;(2)各大政务微博要第一时间发现虚假不实信息,并及时贴上"不实信息"的标签,提醒微博用户在转发时进行甄别;(3)社交媒体平台应负有保护用户账号安全的责任,避免因账号被盗用而恶意传播扰乱公众认知的信息。

五、结　语

微博话题是将日常琐事转向社会公共事件,从而使得微博逐渐发展成为介入公共事务的新媒体,成为网络舆论中最具影响力的一种,并逐渐改变传统网络舆论格局的力量对比。政务微博、草根微博和传统微博未来承担不同的角色定位:政务微博将是政府某些行政功能的进一步扩展,而草根微博则扮演舆论监督的角色,传统媒体微博试图扩展自己的影响力。未来三者都会试图扩大各自的舆论影响力,三者之间的互动将构成基本的互联网微博的生态环境,它们彼此之间的关系绝不是水火不容、势不两立,而是互相监督、共同促进、相辅相成。微博是新生事物,发展过程中的问题只有靠进一步发展来解决。宁波本地的经验已经告诉我们,互联网的容量已经足够大,能够完全包容各自不同的声音,我们有理由看到微博更为光明的前景。

参考文献

[1] 喻国明.社会化媒体崛起背景下政府角色的转型及行动逻辑[J].新闻记者,
  2012(4):3—8.

［2］马晶晶.宁波晚报新浪官方微博获"浙江媒体微博 10 佳"［EB/OL］.(2012-01-11)
　　［2012-10-10］http：//news.cnnb.com.cn/system/2012/01/11/007209584.shtml.

［3］董碧辉.我的议案建议 9 成多来自网友智慧［N］.钱江晚报,2012-03-05
　　(A5).

［4］黄新.官员开微博最需要宽容［N］.钱江晚报,2012-03-04(A3).

［5］塞尔托.多元化文化素养［M］.李树芬译.天津：天津人民出版社,2003.

作者单位：宁波大学

基本民生服务项目供给转型研究

——以教文卫体等基本民生服务项目为例

宁波市委政策研究室联合课题组

党的十八大报告指出要加快形成政府主导、覆盖城乡、可持续的基本公共服务体系。宁波市第十二次党代会也明确提出"努力成为民生服务好的示范区"的奋斗目标,这是我市当前和今后一个时期改善和发展民生的重要目标。本课题就是围绕党代会提出的目标要求,紧密联系宁波学前教育、公共卫生、公共文化、全民健身和青少年课外活动保障等若干基本民生服务项目的发展实际,着眼"为什么要供给、为谁供给、供给什么、由谁供给、如何保障供给、如何提高供给效率"等问题,深入分析基本民生服务项目的规律特征、发展现状、存在问题及产生原因,提出在经济社会转型背景下基本民生服务项目供给的目标要求和对策思路,促使供给机制转型发展。

一、基本民生服务项目供给的内涵、特征和分类

(一)基本民生服务项目供给的内涵

基本民生服务项目是基本公共服务的重要内容。基本民生服务项目,指建立在一定社会共识基础上,由政府主导提供的,与经济社会发展水平和阶段相适应,旨在保障全体公民生存和发展基本需求的基本民生服务内容。享有基本民生服务项目属于公民的权利,提供基本民生服务项目是政府的职责。基本民生服务项目范围,一般包括保障基本民生需求的教育、就业、社会保障、医疗卫生、计划生育、住房保障、文化体育等领域的基本民生服

务,广义上还包括与人民生活环境紧密关联的交通、通信、公用设施、环境保护等领域的基本民生服务,以及保障安全需要的公共安全、消费安全和国防安全等领域的基本民生服务。基本民生服务标准,指在一定时期内为实现既定目标而对基本民生服务活动所制定的技术和管理等规范。基本民生服务供给的目的是满足公众需求,政府要在供给和需求之间搭建好桥梁,保障供给的民生服务符合社会公共需求,让社会公众对民生服务满意。包括三个基本点:一是保障人类的基本生存权(或生存的基本需要),需要政府及社会为每个人提供基本就业保障、基本养老保障、基本生活保障等;二是满足基本尊严(或体面)和基本能力的需要,需要政府及社会为每个人提供基本的教育和文化服务;三是满足基本健康的需要,需要政府及社会为每个人提供基本的健康保障。随着经济的发展和人民生活水平的提高,一个社会基本民生服务的范围逐步扩展,水平也逐步提高。

(二)基本民生服务项目供给的规律特征

基本民生服务供给是基本民生服务体系建设的核心,是反映由政府提供、以保障公民基本权利为目的、用来满足公民基本需要的产品或服务。"供什么""如何供""供给谁"等问题是各级政府在构建基本民生服务体系过程中必须深入研究和解决的问题。其体现了以下五大特征。一是公共性。这是基本民生服务的根本属性,也是其存在和发展的前提条件。主要是指服务对象的全体性,强调区域内全体人群享有基本同等的接受服务机会。二是公平性。这是基本民生服务的出发点和落脚点,是逐步形成惠及全民的基本民生服务体系的基础。主要是指让区域内全体社会成员享受服务内容基本相同、机会基本均等的基本民生服务。三是层次性。这是基本民生服务供给的重要特征。主要是指基本、准基本、非基本三个层次的民生服务项目,突出了供给要与一定的经济社会发展水平和公共财政能力相适应,优先供给事关广大社会最直接、最现实、最迫切利益的基本民生服务。四是责任性。这是基本民生服务供给的有效保障。主要是强调基本民生服务供给主体是政府,突出基本民生服务供给责任制度,能够应对基本民生服务的需求,更快速地在财务成本和时间效率等方面做出反应。政府应积极倡导引入市场机制,有责任对市场进行规范和管理。五是效益性。这是基本民生服务供给的基本要求。主要是指政府机构服务基本民生时,必须充分考虑到供给的效率与质量,推动公共部门改善服务质量,降低服务成本,合理引入市场竞争机制,构建多元化供给格局,使有限的资源发挥最大的效益。

(三)基本民生服务项目供给的主要分类

基本民生服务项目供给主要包括政府供给、市场供给、志愿供给和混合供给等四类：一是政府供给。在这种供给体制下,政府是基本民生服务供给的主体,扮演着政策制定者、资金供应者和生产安排者的角色,通过政府直接或间接提供基本民生服务项目,直接供给主要包含政府服务、政府出售、政府间协议等服务,间接供给主要包含政府补助、凭单制、政府采购等服务。二是市场供给。市场供给是打破政府供给基本民生服务的垄断行为,引入市场竞争机制提供基本民生服务的制度安排,有效改善基本民生服务供给效率,满足部分消费者获得超出基本民生服务范畴的更高需求,基本民生服务的市场供给主要包括合同外包、特许经营、用者付费、内部市场等类型。三是志愿供给。志愿供给是指志愿团体通过其雇员或通过雇用和付费给企业,为社会免费提供基本民生服务的制度安排。志愿供给的本质是社会成员以其专业性和志愿性向自主社会提供基本民生服务,实现公共利益。基本民生服务志愿供给主要包括无偿捐赠、志愿服务、没有营利性的收费服务等形式。四是混合供给。基本民生服务以公共性为纽带构成一个连续体,提供者和生产者不是一一对应,可以由一个提供者对应多个生产者,也可以由一个生产者对应多个提供者。基本民生服务的混合供给,创造了多元而富有弹性的基本民生服务供给,有效提升了政府、市场和志愿服务之间的分工与协作,使消费者获得更多的选择权、决定权。基本民生服务的混合供给主要包括多样化安排、混合式安排和局部安排等方式。

(四)基本民生服务项目供给需要注意的问题

基本民生服务项目供给机制转型是当前增加基本民生服务供给的关键问题。增加基本民生服务供给,有这样三个问题必须解决:一是要保证基本民生服务供给能够基本满足社会成员的公共需求。提供什么样的基本民生服务、基本民生服务的覆盖范围、什么时候提供基本民生服务等问题很大程度上取决于政府的选择,并由政府官员决定供给基本民生服务的品种和数量。作为一般的社会成员,较少参与具体的基本民生服务供给决策,只能被动地接受决策机构做出的基本民生服务供给的决定,这样就容易造成基本民生服务供给与社会成员需求之间产生较大的差异。二是要正确界定基本民生服务供给主体及其供给范围。政府可以通过委托、购买、代理等方式,把基本民生服务供给转移给企业、民间团体来运作,但从实践上来看,由于上下级政府基本民生服务职能界定模糊以及同时存在"市场化过度"和"市场化不足"的现象,基本民生服务的供给主体与其供给范围的对应关系出现了一定的偏差,这会造成一些基本民生服务由于缺少资金来源而供给不足,难以满足社会公共需要。三是要有充足的资金并保证其利用效率较高。充足的资金是保证基本民生服务供给的基础,从我国的实践来看,基本民生服务的供给资金主要来源于财政。而从世界各国的经验来看,基本民生服务的供给资金除了来源于财政之外,有相当的数量来自非政府公共组织和企业。上述三个问题都属于基本民生服务供给机制的范畴,由此可见,当前要增加基本民生服务供给,关键的问题是要建立与完善基本民生服务供给机制。

二、宁波基本民生服务项目供给的发展历程和实践探索

纵观宁波基本民生服务项目供给的发展历程,可以用单纯计划性供给、过度市场化供给和探索复合式供给三个阶段来概括。

(一)单纯计划性供给阶段

主要是指改革开放前,民生服务项目供给机制实行的是计划经济时代政府包揽的体制。在这一阶段,政府同时扮演了服务的提供者、安排者和生产者三重角色,有三个显著特征:一是民生服务项目往往变成了展示新中国发展成果的平台,成为经济社会发展示范性、展示窗口性、社会点缀性、工作样板化的工作。如城市青少年宫、工人文化宫、实验类重点学校、各级机关幼儿园都是当时标志性的服务机构。二是以城市为主、基层和农村缺乏,不具有"公共性"。如青少年宫最初是模仿苏联的教学模式,通过社会实践活动带动教育教学,能够进入青少年宫学习的学生都是学校推荐的"三好学生",走的是小众化、精英化的道路,只有部分孩子才能享受到这种优质教育。三是普遍实行事业单位体制,由财政全额保障,几乎没有私人、民办性质的服务机构,因此民生服务对象范围非常有限。如各级党政机关所办的幼儿园,经费由财政解决,受益对象是党政机关干部职工子女,至少是干部子女优先入园。

(二)过度市场化供给阶段

主要是改革开放后至2003年前,伴随着计划经济向市场经济转型,开始走上了过度市场化的发展道路。在这一阶段,政府从民生服务的直接提

供者、生产者变为促进者和发包人。有三个较为典型的特征:一是民生服务项目的普及率大大提高。借鉴了经济领域中改革、转制和开放的做法,吸引民营资本来投入建设民生服务项目,大量民营医疗机构、民办文化培训单位、民办教育服务机构等如雨后春笋般纷纷落成,极大地满足了群众对日益增长的民生服务的需求。二是民生服务项目从非营利性向营利性转变。政府财政对民生服务项目的投入明显不足,由于营利色彩越来越浓,导致出现队伍素质低下、服务质量不佳等现象,民生服务与社会经济发展极不合拍。三是两极分化严重,造成社会不公。计划经济时代保留下来的事业单位性质的服务机构,质量高、收费低,但服务对象特定,社会受益面较窄;少量的提供高端服务的民营机构,质量高,但收费也高,服务群体仅为少部分高收入人群,如民办贵族幼儿园、民办文体服务机构、民办培训机构等;大批收费低的民营服务机构,由于群众支付能力的限制,运行管理不够规范,导致服务水平和质量都相对较低。

(三)探索复合式供给阶段

主要是从 2003 年起至今,我市进入了民生服务体制改革的创新转型、探索发展阶段。在这一阶段,服务型政府的职能开始回归,过度市场化供给的局面逐步扭转;对于生产者自身不能有效生产的服务,则通过整合其他服务资源来生产,间接满足服务需求。这种复合化供给模式,强调以公民为中心,注重公共利益,强化政府服务职能。有三个方面的主要特征:一是以顶层设计的思路来推进民生服务事业的发展,积极改正过度市场化的弊端,扭转公益性下降的趋势。更加突出服务型政府的职能。二是出台了促进社会各项事业发展的各类政策,提出了"保基本、广覆盖、强基础、建机制"的发展策略,构建城乡大致均等的基本民生服务网络体系。三是不断推进供给方式综合改革制度。新的发展思路还有待实践的检验,新的体制机制探索过程中遇到了旧体制的束缚,尤其是干部人事分配制度改革、公共财政制度改革等措施不配套。

民生服务项目供给的发展历程,就是政府职能重心的演变过程。近年来,宁波市始终坚持着眼于满足人民群众最关心、最直接、最现实的民生需求,从最基础、最广泛、最迫切、最可行的供给出发,对保障全体社会成员基本生存权和发展权的基础教育、基本医疗、公共文化、全民健身、社会保障等民生服务项目,注重宏观调控、整合供给力量、推进供给公平、加快体制改革、加大资金保障,不断增强多层次供给能力,满足群众多样化需求,逐步形成符合宁波实际的基本民生服务项目复合供给机制,在推动服务型政府建设上发挥了一定的作用,极大地提升了基本民生服务水平。

宁波的实践探索及其经验做法主要有以下几点:

第一,转变政府理念,加强顶层设计。一方面,民生优先原则突出,财政投入力度加大。市委、市政府深入贯彻落实科学发展观,大力建设和谐宁波,在重视经济发展的同时,更加突出重视社会民生事业的发展,把发展社会事业摆上了重要议事日程,在政策导向、财政支持等各方面都给予了倾斜。特别是调整和优化财政支出结构,确保新增财力的三分之二以上用于解决民生问题,重点向低收入人群、向农村和农民、向社会事业发展的薄弱环节倾斜。另一方面,城乡一体化步伐加快,民生服务日趋均等公平。宁波坚持致力于基本民生服务的均等化,经过多年的努力,宁波城乡间、区域间、不同群体间基本民生服务项目供给的公平性、有效性逐年提高。如完善了城乡义务教育均衡发展制度,从经费投入、师资调配、职称评定、教育培训、评先评优等方面向农村学校倾斜;建立了覆盖城乡的公共卫生医疗保健制度,城乡社区卫生服务机构的建立和村、社区责任医生制度的实施,使全市医疗保健服务覆盖率达 100%;推出了农村小康体育工程,全市所有符合安装条件的社区和 100% 的行政村都拥有 1 条以上的全民健身路径,"十五分钟文体健身圈"基本形成。

第二,有效整合资源,实现共建共享。宁波较早提出了建设服务型政府理念,并找到了过渡时期建设服务型政府的支撑点,即整合资源,构筑系列化服务平台,使全市基本民生服务管理创新工作取得了显著成效。一是市、县两级政府之间的共建共享。如市与高新区、东部新城共建李惠利医疗东部园区,市与江北区共建妇儿医院北部园区,市与鄞州区共建宁波博物馆和大学园区图书馆(鄞州区图书馆),市与江东区、鄞州区共建东部文化广场。二是部门与部门之间的共建共享。如体育与教育部门合作推进各级各类学校的体育设施向社会公众开放,文化与体育部门共建推进基层文体活动中心成为农村社区居民业余生活最好的去处,人口计生与卫生部门促成基层计生服务中心(站)与社区卫生服务中心(站)资源共享,教育部门与共青团共建青少年宫等。三是系统内的资源共建共享。如卫生系统整合各家综合医院的病理诊断专业人员、设备和技术等资源,成立宁波市临床病理诊断中心,提供更加专业化、精细化的服务,实现全市病理检验一单通;针对乡镇卫生院的影像诊断医生中兼职人员较多、技术力量薄弱、影像诊断水平不高,余姚市依托该市人民医院的技术力量,成立了余姚影像会诊中心,提供会诊服务;文化系统整合市、县、镇乡(街道)三级图书馆,实行一卡通工程,凭一张借书卡,做到了全市通借通还。这些基本民生服务供给项目的共建共享举措,切实提高了政府资金的使用效率,发挥了多方的积极性,更好地服务于城乡居民。

第三,引入市场机制,政府购买服务。这几年,宁波为提高基本民生服务供给的质量,积极探索合作供给模式,逐步在政府和民间组织之间建立起了一种取长补短的平衡关系和合作关系,通过税费减免、政府购买服务等多种形式,鼓励和引导民间资本广泛参与基本民生服务,把一些公益性、服务性、社会性的民生服务职能,委托给具备一定条件的非营利性民间组织。如文化方面,大力开展"万场电影千场戏"活动,通过"政府买服务、群众享实惠"的创新思路,公开向社会招标电影放映队、演出剧团,率先在全国实施农村电影数字化放映工程和戏剧进农村工程,开创了政府采购公益性文化产品的先河;民办教育方面,政府采取补助生均教育经费的形式支持民办中小学和幼儿园的发展,其中普惠性民办幼儿园的制度已经进入《宁波市学前教育条例》,成为地方政府的制度创新;体育方面,市级公共财政通过每年安排100万元专项经费用于购买中小学的体育设施免费对附近群众开放服务。这些购买服务方式,既调动了民间资本的积极性,又提高了政府资金的使用效率,还通过市场化导向,更好地满足并服务于有多元化需求的群众。

第四,改革事业单位体制,完善市场供给机制。一是新建立的基本民生服务机构探索实施了新的运行管理体制机制。如宁波博物馆核定少量的事业编制和经费,再安排一定的专项经费向社会购买后勤服务;宁波大剧院采取了公共财政以演出场次进行补助的运行机制;东部文化广场通过科学的功能规划,整合形成集大剧院、科学探索中心、教育培训、群艺表演、体育健身等为一体的公共文化主题功能,实行国有公司集中建设、集中管理的运行机制。二是积极推进艺术院团改革。整合演艺资源,在市越剧团、甬剧团、歌舞团三团合并的基础上,成立了宁波演艺集团。组建了宁波市歌舞团有限责任公司,走上了"企业化管理、市场化经营"的路子。三是稳妥探索事业单位内部改革。以全面推行用人制度、劳动制度、分配制度"三项制度"改革为重点,加大机制创新力度。通过改革,部分民生服务机构的运行更加高效,服务更加有效,取得了良好的社会效益。

三、基本民生服务项目供给机制存在的主要弊端

当前,基本民生服务供给不足、发展不平衡的矛盾仍然十分突出,建立健全基本民生服务体系仍然面临许多困难和挑战。基本民生服务的规模和质量难以满足人民群众日益增长的需求;农村、贫困地区和针对社会弱势群体的基本民生服务尚未得到充分保障;体制机制有待于进一步完善,城乡区域间制度设计不衔接,管理条块分割,资源配置不合理,服务提供主体和提供方式比较单一,基层政府财力与事权不匹配,以及监督问责缺位等问题较为突出。必须深刻认识到,基本民生服务体系不健全,不仅难以保障发展成果惠及全民,不利于社会和谐稳定,而且还会制约经济社会健康协调可持续发展。近年来,宁波在民生服务项目的供给上进行了有益探索,但就整体而言,民生服务项目供给还呈现出局部性、非制度化和不可持续性等现象,更没有建立起系统、规范的与之配套的体制机制。主要有以下几个方面的弊端:

第一,自上而下的供给决策评价机制容易出现供给与需求相脱节。目前很多的民生服务项目建设的决策和管理的评价是自上而下,评价机制的不合理,导致供给方只是一味地为了完成上级部门提出的达标考核以及得到认可与评价,因此往往出现重建设轻管理,重硬件轻软件,重表面形象轻实际功能,重拥有轻服务的现象,自然地造成了很多的供给与需求相脱节。如文化方面,自农家书屋工程建设启动以来,至 2012 年 4 月份全市已建有 2658 个,达到了行政村的全覆盖,但由于受农民群众知识层次、阅读习惯影响,以及图书更新不及时等,目前农家书屋群众借阅率不高,农家书屋成为摆设。

第二,单纯事业单位体制的政府供给主体运行机制容易导致供给服务宗旨停留在迎合上级要求上。传统的政府供给主体实行的是事业单位体制,这种运行体制面临诸多挑战。一是事业单位管理者受上级主管部门内部聘任、考核、评价、任免等干部体制的影响,供给的服务宗旨难免停留在迎合上级要求上,难以把群众的需求真正落到实处。比如,"一村一场电影""一村一场戏曲",都是自上而下层层考核要求下所采取的行动,至于其效果如何,则无法评价。二是事业单位往往由财政只保障人员工资,运行经费需要依靠机构创收自我筹措,有些自收自支、差额拨款事业单位更要通过收费

和创收来维持生存,这就会导致这些事业单位经济利益至上,单纯出租机构的房产、开设高收益的非公益服务项目,最终导致服务机构偏离它的初衷。如部分实行自收自支和差额拨款的体育类事业单位成为"房产租赁公司",体育馆自然成为"大卖场""餐饮城""娱乐城"。三是低效僵化的干部人事体制,人浮于事,导致队伍整体素质不高。近几年开始实施绩效工资后,多服务却不能多收益的现象普遍,干部职工的积极性丧失,队伍中逐步出现优秀人才留不住现象。

第三,市场供给主体发展环境不平等性容易使民办机构的生存空间受到挤压。市场供给主体一般实行"民办非企业法人""企业法人"制度,在发展环境中也存在较多的问题:一是随着公办资源的不断扩充,民办机构的生存空间受到挤压。如各地在制定和实施区域卫生发展规划和大型医疗设备配置上,往往优先考虑公立医疗机构的布局,削弱、挤压了民营医疗机构的发展空间。二是代替政府弥补公共资源不足的服务机构,得不到政府的扶持。随着对公立民生服务机构的逐步重视,财政投入逐步加大,民营机构竞争压力随之加剧,而我们的购买服务制度还不够完善,使民营机构的生存越来越困难。三是公平竞争机制不够充分,一些民办机构在税收、建设、从业人员待遇制度方面与事业单位差别很大。如宁波华茂、至诚、荣安、神舟 4 所完全由民间资本出资举办的民办学校,以及众多民营医院,就因登记为"民办非企业法人",教师、医生护士不能进入事业编制而纷纷跳槽。四是政府监管制度不健全,监管力量薄弱,使得少数动机不良的民营机构不规范经营,恶性竞争,在一定程度上影响了民营机构整体的声誉,导致群众对民营民生服务机构总体缺乏信任。

第四,公共财政保障机制的"越位"与"缺位"容易产生区域间基本民生服务供给的不平衡性。一是政府职能中的"越位"与"缺位"并存。由于历史原因,政府承担了本应由市场承担的职能,且财政尚未退出营利性领域,继续实行企业亏损补贴和价格补贴等工作,导致一些必须由政府承担的基本民生服务职能却没有履行好。二是各级政府的事权与财权不匹配。民生服务项目越来越面向基层,基层政府承担的事权越来越大,与它相对弱小的财权越来越不匹配。同时,各基层政府的财力状况相差悬殊,造成各地服务不均等的状况比较普遍,而区域内不同基层政府保障的群众对基本民生服务的需求却相对一致。应积极保证各区域间事权与财权的平衡,但目前制度性障碍有待突破。三是现行的财政预算主要还是基于"事业机构及其人员"的事业经费,而不是基于"整个民生服务项目事业"所需的事业经费,导致各部门的财政经费大部分被用于"养人"和维持机构的运转,而真正用于扶持、保障整个事业发展的资金非常微薄。四是政府公共财政保障对基本、准基本和非基本的民生服务项目的投入保障优先顺序存在错位。政府应优先保障基本的民生服务项目,其次保障准基本的,最后才保障非基本的,而目前由于历史的种种原因,政府公共财政大量经费用于建设和保障豪华的、高端的服务项目。

四、推进新形势下基本民生服务项目供给转型的目标任务和对策建议

当前和今后一个时期,是加快构建基本民生服务体系的关键时期。要按照全面建设小康社会战略目标,牢牢抓住这一难得的历史机遇,顺应城乡居民不断增长的民生需求,完善保障和改善民生制度安排,加快推进基本民生服务供给的均等化、多元化、规范化、高效化,逐步缩小城乡、区域差别,努力实现由政府主导向市场引导转变、由政府直接投资向政府民间共同投入转变、由政府自主经营向政策扶持转变、由政府调控向完善政策制度转变、由政府大包大揽向服务外包转变,建立健全多元供给、均衡发展、便捷高效、群众满意的覆盖城乡居民的基本民生服务体系,使发展成果惠及全体人民。

要实现上述目标,必须坚持以下原则:一是坚持以人为本、量力而行的原则。从最广大人民群众的根本利益出发,立足宁波实际,坚持尽力而为、量力而行,优先保障基本民生服务的供给。根据社会经济发展和群众需求变化,不断扩大服务范围,创新服务内容,变换服务形式,改进服务质量,提高服务标准,为群众提供更多更好的民生服务。二是坚持政府主导、公益至上的原则。牢牢把握基本民生服务的公益性质,明确政府的主体责任,完善公共财政体系,科学划分各级政府基本民生服务事权与责任,健全地方政府为主、统一与分级相结合的基本民生服务管理体制。加强立法、规划、投入、监管和政策支持,促使基本民生服务机构把社会效益放在首位,促进公平公正。三是坚持重心下移、强化基层的原则。加快城乡基本民生服务制度一体化建设,大力推进区域间制度统筹衔接。积极整合各类资源,加大公共资源面向社会、面向基层、面向公众的倾斜力度,实现基本公共民生制度覆盖全民。把更多的财力、物力投向基层,把更多的人才、技术引向基层,切实加强基层基本民生服务机构设施和能力建设,促进资源共建共享,全面提高基

本民生服务水平。四是坚持提高效率、完善机制的原则。创造各种便利条件,使基本民生服务能以最便捷、最经济的路径,被广大的人民群众所获取和享用,不断提高基本民生服务的质量和效率。完善财政保障、管理运行和监督问责机制,形成保障基本民生服务体系有效运行的长效机制。创新基本民生服务供给模式,引入竞争机制,采取购买服务等方式,形成多元参与、公平竞争的格局。五是坚持民主决策、统筹推进的原则。充分听取民意,引导和鼓励全社会共同投入和发展基本民生服务事业,探索建立基本民生服务多元化供给机制。全面总结各地在基本民生服务供给领域的经验与做法,统筹协调区域、城乡发展,因地制宜,突出重点,逐步提高基本民生服务的水平。

基本民生服务项目供给转型,应从宁波实际出发,以满足基本民生服务需求为主线,加快推动政府职能、供给方式、运行机制、绩效评价和市场机制转型,努力提高民生服务的水平。

(一)加快政府职能转型,提高服务供给层次

一是加快服务理念转型。理念是行动的先导。实现基本民生服务项目供给机制转型,必须改变落后、传统的民生服务理念,真正确立符合群众意愿的民生发展理念。确立民本服务理念,始终坚持以人为本,把实现好、维护好、发展好最广大人民群众的根本利益作为出发点和落脚点;确立按需服务理念,以需求为导向,定期组织开展基本民生服务需求分析调研,实现按需供给和保障;确立公开服务理念,深化政务公开和政府信息公开,充分利用大众传播媒介向社会公布基本民生服务项目,增强公共政策制定透明度和公众参与度;确立均衡服务理念,坚持民生服务的公益性、均等性特征,加大对民生服务公平与效率的追求,确保供给既公平,又高效。二是加快政府职能转型。基本民生服务供给,是服务型政府的一项基本职能。在当前市场经济尚不成熟的条件下,通过加快政府职能的转变,实现基本民生服务供给机制转型。合理定位政府职能,正确处理基本民生服务与经济调节、市场管理、社会管理的关系,真正把基本民生服务纳入经济社会发展总体规划,确保政府在公共领域不越位、不错位、不缺位。每年要确定一批重点"基本民生服务项目",纳入对各级政府的年度目标管理考核。转变政府管理方式,按照市场经济体制的要求,着力推动政府在基本民生服务领域宏观调控职能。承担民生服务的文化、教育、卫生等部门,要积极协同工会、共青团、妇联等人民团体,动员社会力量积极参与民生服务。深化事业单位改革,根

据事业单位的改革要求,重点深化公益性事业单位劳动、人事、分配等方面的内部改革,将涉及基本民生服务的工作人员纳入财政预算。如稳妥推进公立医院人事、分配、绩效考核和监管等综合改革,加大对青少年宫等公益性服务机构的财政全额保障。三是加快政策顶层设计。项目供给的制度化是提高基本民生服务层次的先决条件。制定严格的民生项目供给政策法规,建立与完善"自上而下"与"自下而上"相结合的基本民生服务项目供给决策机制,既保证基本民生服务需求的充分表达,又使得基本民生服务供给的有机对接。对公益性较强的非基础性基本民生服务,可以通过向社会投资者公开招标项目法人,通过财政补贴、公私合营、特许经营、贷款贴息、优惠政策等方式支持社会组织或其他社会力量举办。对公益性较弱,以经营性为主要特征的非基本民生服务,可以在政府统筹规划、宏观调控下,由市场调节供需关系。充分利用市场机制建立政府与企业之间的契约关系,鼓励保险公司等营利机构与社保基金合作,搭建服务平台,解决政府经费不足、人员不足和管理不到位等问题。建立和完善有充分竞争机制的市场竞争,避免投标过程走过场,促使政府和企业、社会组织在平等基础上遵守契约。对社会组织和企业自身的管理要公开、透明,可以直接委托或采取评估监督等方式来间接管理,确保社会组织和企业购买政府基本民生服务的透明化。

(二)加快供给方式转型,提高服务供给水平

一是供给主体多元化。坚持在政府负责的前提下,充分发挥市场机制作用,推动基本民生服务提供主体和提供方式的多元化。推进供给主体多元化。充分发挥宁波民营经济发达、民间参与社会事业热情高的优势,出台地方性法规和办法,积极引导社会力量参与基本民生服务,形成以公共部门为主导、社会和个人服务主体共同参与基本民生服务的强大合力。推进公办服务机构尤其是社会福利机构的改制、改组及民营化,从资金支持、政策扶持、环境营造等方面解决阻碍非政府公共组织发展的瓶颈问题。支持民办公益性机构的发展,鼓励培育扶持各种社会民生服务团体发展,吸引社会资本参与投资开办医院、学校、博物馆、图书馆等,实现政府、社会、个人服务主体多元共存。二是供给方法多样化。总结推广"万场电影千场戏剧进农村"等成功经验,采取公共财政直接投资、政策扶持、政府采购、委托生产、服务外包等多种方式,进一步在民生服务领域引入市场竞争机制,形成基本民生服务供给机制的有序竞争,提高服务的数量和质量。综合运用权威型供

给、商业型供给和志愿型供给等多种模式,在坚持政府主导的前提下,积极推进基本民生服务供给的市场化和社会化。政府要扮演好生产提供者、制度安排者和支持者的角色,扶持培育服务的第三部门发展,总结推广海曙区"81890"成功经验,进一步整合政府、市场和社会资源,构建"全天候、全方位、全程式跟踪监督服务"的基本民生服务复合供给机制。三是供给体系扁平化。建立基本民生服务供给政府与社会分担机制,打造适应扁平化基本民生服务需求的基层供给体系。从基层和面向居民出发,加强基层的基本民生服务机构建设,着力解决基层财力不足问题,多渠道地筹集基本民生服务供给资金,不搞上下一般粗的管理体制机制,大力发展相关非政府公共组织,提高基层政府提供基本民生服务的能力。针对基层政府改革的措施要多一些,人事制度要有突破,要进一步调整和完善政府职能,着力促进公共资源向基层延伸,应在这方面加大投入,推动优质公共资源城乡均衡分布。

(三)加快运行机制转型,提高服务供给效率

一是强化政策法规保障。加强基本民生服务政策研究,将基本民生服务立法纳入市人大立法规划,研究制定《宁波市基本民生服务体系中长期规划》,出台鼓励个人和企业投资基础设施、开展基本民生服务的优惠政策,制定实施对捐赠或赞助者的鼓励措施,落实有关对公益事业进行捐赠的税收优惠政策。积极探索公益性服务机构市场化运作的新机制,放宽基本民生服务准入限制,建立健全市场化的社会服务机构,规范社会服务行为和市场秩序。二是健全公共财政保障。完善以公共财政投入为主、社会力量积极参与、稳定增长、分类保障、分级负担、城乡统筹的基本民生服务投入保障机制,各级财政在基本民生服务投入上年均增长速度应高于同期财政收入增长速度。调整财政支出结构,重点向不发达地区、农村地区倾斜。发挥公共财政引导作用,重点资助基本民生服务项目和活动,每年安排一定的财政经费用于资助民办非营利机构。制定基本民生服务指导目录,对民办机构实行营利性与非营利性分类管理,通过项目采购、委托承办及政策经费补助等方式,对提供纯公益性基本民生服务的非营利法人可实行全额的财政补贴,对准公益性的非营利法人可实行部分的财政补贴,调动民办机构参与民生服务供给的积极性。三是提高政府服务保障。不断提高政府工作人员在基本民生服务供给的相关知识和专业化水平,建立与市场经济相适应的运行机制和保障能力,加强基本民生服务的创新,进一步明确服务外包工作既是政府授权的,又是行政机关必须有责任对服务业企业和社会组织进行监督

和管理,明确服务外包机构的资质,细化外包机构的选聘标准,加强对外包机构的全程监管,加大对外包机构违法的惩罚力度,提高违法成本,引入第三方评估机构来完善对外包机构的考核。服务外包一定要明确政府和外包企业与社会组织的界限,明确约定基本民生服务的范围,避免企业或社会组织越权。

(四)加快市场供给创新,拓宽服务供给渠道

一是开发和动员非资本化资源参与供给。充分发挥市场机制在配置资源中的作用,调动广大社会成员参与社会生活、解决社会问题,激发基本民生服务的社会活力。进一步完善市场体制来激发全体社会成员参与社会决策,参与提供基本民生服务的积极性,动员社会中的非资本性资源,如志愿服务资源,通过动员更多的志愿服务资源作为非资本化资源投入到日益短缺的社会保障资源中去,把大量非资本化资源与有限的资本化资源有机结合起来,形成社会保障、社会福利和基本民生服务的新的资源组合。二是利用和引导社会组织参与供给。通过完善促进社会组织发展的相关政策,鼓励和引导社会组织积极参与基本民生服务的提供、管理和监督。在事业单位转向公益性的过渡时期,建立与事业单位目标相适应的社会文化环境和事业单位内部的文化价值体制,充分考虑实现社会目标和可持续发展的应对之策。政府要鼓励承接基本民生服务项目的社会组织,要重点培育和扶持行业协会、公益慈善组织、农村专业经济协会、社区社会组织。三是支持和鼓励社会组织不断创新。各级政府要在政策和法律上给予支持,从土地使用、税收减免、财政补贴等方面支持社会组织参与基本民生服务的机制创新。政府通过制定相关的便利条件,吸引更多劳动力进入社会组织工作,为社会企业家成长和社会创新提供优良的社会环境。鼓励政府外包和社会组织借鉴市场方法从事非营利的基本民生服务活动,鼓励企业承担更多的社会责任,逐步创造一个与经济社会发展相适应的基本民生服务领域和基本民生服务环境。

(五)加快绩效评价转型,提高服务供给质量

一是建立科学评价体系。扩大政府决策的公众参与,建立与完善“自下而上”与“自上而下”相结合的基本民生服务供给决策机制,着力健全基本民生服务需求表达机制和反馈机制,增加决策透明度。制定基本民生服务评价指标体系,增加基本民生服务绩效考核在政府和干部政绩考核中的权重,定期委托第三方开展基本民生服务满意度测评。积极鼓励基本民生服务的

创新,设立政府民生服务创新奖。对基本民生服务项目进行绩效评估,加强预算执行跟踪审计和监管。二是提高服务评估成效。基本民生服务绩效评估的公平性和公正性表现在基本民生服务均等化程度上,充分体现绩效评估的公平性。绩效的设计是服务外包的核心,通过绩效才能对投入与产出的关系以及资金使用、规制管理等制定出明确的政策,来刺激基本民生服务的供给。要加强对基本民生服务供给效果的评估工作,进一步建立和完善专业评估机构,设计合理可行的评估指标,避免评估工作形式化和表面化,努力提高评估指标的系统性和科学性。三是建立服务评估责任。创新建立基本民生服务评估的责任机制,实行基本民生服务设施建设质量追溯制度,对学校、医院、公共图书馆、福利机构、保障性住房等建筑质量实行终身负责制。充分发挥群众监督、媒体监督的作用,推行基本民生服务质询制度和民主评议制度,确保服务供给的质量。健全基本民生服务重大事项报告制度,强化对各级政府和各部门的基本民生服务行政问责问效,提高绩效的管理体系,努力提高基本民生服务绩效。

宁波腔普通话说略

肖　萍

摘　要：宁波腔普通话是指宁波人在学习普通话的过程中，掺杂了宁波话成分的地方普通话。具有如下特点：舌尖前声母和舌尖后声母不分，r 声母读不准，把清声母错发成浊声母；eng、en 混淆，ing、in 相混，卷舌元音与儿化读音不准确，"啊"的变读存在缺陷，介音 u 掌握欠佳，鼻音韵尾丢失，复元音误读成单元音；舒声调值和入声调受宁波方言影响。

关键词：宁波方言　地方普通话　宁波腔普通话

一、引　言

随着普通话的日益普及，宁波话与普通话发生接触。在接触过程中，宁波话影响着普通话，普通话也影响着宁波话。在实际语言生活中，宁波话与普通话形成了一种"你中有我，我中有你"的局面。本文所说的"宁波腔普通话"，当地人也称之为"灵桥牌普通话"（灵桥是 20 世纪 70 年代宁波市的标志性建筑），是指宁波人在学习普通话的过程中，掺杂了宁波话成分的地方普通话。它是宁波人学习普通话过程中必然产生的语言现象。

操宁波腔普通话者主观上说的是普通话，但客观上受了宁波方言的影响。而这能影响说话人普通话水平的宁波口音往往反映了宁波话的某些特点。宁波腔普通话是一种客观存在的语言现象，是大多数宁波籍人士的工作用语,目前学界对它的研究还很不够,因而对它展开研究是很有必要的。研究宁波腔普通话的意义在于,弄清宁波人学习普通话的难点,指出克服难点的方法,使学习标准普通话更有针对性,更切合宁波人实际,收到事半功倍的效果。宁波腔普通话在大多数情况下总是以不纯的、不标准的、带有个人成分的、不稳定的状态出现。如果把纯正的宁波话作为零起点,标准普通话作为终点目标语,那么从零起点开始,向终点目标语发展变化的中间状态都应该是宁波腔普通话研究的范围。我们知道,普通话水平分为三级六等。为称说的方便,本文把一级甲等和一级乙等称为标准普通话,二级和三级(无论甲等还是乙等)称为广义的地方普通话。广义的地方普通话分为三个层次:二级甲等是第一层次,称之为"次标准普通话";二级乙等和三级甲等是第二层次,即狭义的地方普通话;三级乙等是第三层次,称之为"次标准方言"。与标准普通话相对的是标准方言,即极少受他方言或普通话影响的纯正的方言。本文研究的范围是狭义的地方普通话。

本文语料来源主要是 2013 年 1 月鄞州区公务员普通话测试成绩为二级乙等和三级甲等、籍贯为宁波(其中鄞州人居多)的录音资料(以朗读和说话为主),外加笔者日常听到的部分带有宁波口音的普通话材料。录音显示,语音材料具体可感、数量众多,其方言特点较为显性。限于篇幅,本文主要探讨宁波腔普通话的语音现象。文中相关符号说明:音标加方框的表示国际音标,不加方框的表示汉语拼音。宁波方言音标参照《鄞县方言同音字汇》。[1]右下角小字表示用例。

二、声　母

(一)舌尖前声母和舌尖后声母不分

宁波话没有舌尖后声母,普通话的舌尖后声母在宁波话中读如舌尖前声母。在宁波话中,芝=资、搀=餐、捎=骚;找到=早到、重来=从来、诗人=私人。调查中发现,"中国、智慧、终于、直到、煮饭、书本、诗篇、水饺"等双音词中的前字,"标准、班长"等双音词中的后字均存在着读成舌尖前音的现象。舌尖前音,俗称平舌音。舌尖后音,俗称翘舌音。有一种观点认为,发翘舌音,就是舌尖翘起来发音,其实这是一种错误的理解。发这类音的舌尖状态,应该是在发舌尖前音的基础上后缩舌身,舌前部和前硬腭贴紧,使舌头两边感到紧张。[2]这样，就可以发舌尖后辅音。应该注意的是，发舌尖后辅音时，不是挑舌尖，而是缩舌头。如何判断普通话的舌尖后声母呢？有三种方法：(1)利用声旁代表字类推。我们知道，现代汉语7000个通用汉字中形声字约占80%。形声字与该字声符的读音大多相同或相近。利用这一特点，可通过声符的读音来类推同声符的形声字。例如：假如我们知道"丈"读zh声母，就可以判断出"仗""杖"等字也读zh声母。声符代表字如下：丈、专、支、止、中、长、主、正、占、只、召、执、至、贞、朱、争、志、折、者、直、知、真、辰、章(以上为zh类)；又、斥、出、也、产、成、少、呈、昌、垂、春、除、周、朝、寿、厨(以上为ch类)；山、市、申、生、召、式、师、寺、时、叔、尚、受、舍、刷、扇、肖、孰、率、善、暑(以上为sh类)。上述声符组成的形声字，也有个别字例外，读成舌尖前的：吱钻(声母是z)；娑狮寺(声母是s)。[3](2)利用声韵拼合规律。韵母ua、uai、uang只拼舌尖后声母，不拼舌尖前声母。例如：抓、耍(ua类)；拽、揣、帅(uai类)；装、窗、双(uang类)。(3)利用声旁声母读d或t判断。中古的知系字特别是知章组字，与中古的端组字在上古汉语中存在着密切的联系。清代大儒钱大昕在《十驾斋养新录》说："古无舌头舌上之分。知、彻、澄三母今音读之，与照、穿、床无别也；求之古音，则与端、透、定无异。"古知、彻、澄、照、穿、床、审7个声母今普通话一般读zh、ch、sh，古端、透、定3个声母今普通话一般读d、t。今声旁声母读d或t的，该字声母是读舌尖前还是舌尖后呢？两者若作选择，则绝大部分读舌尖后声母。以"社"字为例，该字声旁读t，可推断该字读舌尖后音sh。其他例字如：查、蝉、纯、税、蛇。

(二)r声母读不准

宁波话没有普通话的r声母。普通话的r声母，宁波人常常说成边音l，例如：测试材料中"然后、热情、热点、如下、榕树、荣誉、让位"等双音词的第一个字，"比如、鱼肉、不容乐观"等词语的第二个字。r声母属于舌尖后辅音，发音要领同上。《现代汉语词典》(第六版)列了不到150个r声母字。[4]其中常用字更少，70个左右。下面按音节分别排列。ran：然燃冉染；rang：嚷瓤壤攘让；rao：饶娆桡桡荛扰绕；re：惹热；ren：人壬仁忍荏稔稔熟刃认仞纫韧轫饪妊；reng：扔仍；ri：日；rong：戎茸荣嵘绒容蓉溶榕熔融冗；rou：柔揉糅杂糅蹂蹂蹂肉；ru：如茹儒濡孺孺子牛蠕汝乳辱入褥被褥；ruan：阮软；rui：蕊锐瑞睿睿智；run：闰润；ruo：若弱。

(三)把清声母错发成浊声母

浊音是指发音时声带颤动的音。普通话辅音声母中只有m、n、l、r四个是浊音,其他声母都是清音。元音都是浊音,因此零声母也是浊音。宁波话保留了古代汉语的一套全浊声母。在宁波话中,"陪""倍"不分,"台""代"不分,"其""技"不分,"床""状"不分,"财""在"不分,这些字在宁波话中都读浊声母。与普通话比较,宁波话多了 11 个浊声母:[b]、[d]、[ʤ]、[z]、[ʥ]、[ʐ]、[g]、[ɦ]、[v]、[n̩]、[ŋ]。受宁波话影响,宁波腔普通话经常把普通话的清声母读成浊声母。例如:"白[pai]云"说成"白[bai]云"。如何纠正这一现象呢? 我们知道,清音有发音响亮的特点,因而声音显得比较高;浊音有发音浑浊的特点,因而声音显得比较低。宁波人只要有意识地把本地固有的发音浑浊的低的浊音,改读成发音响亮的高的清音就可以了。

声母方面,送气与不送气有时也会出现混淆。我们知道,与英语等印欧语言比较,汉语的送气与不送气是一对很重要的区别性特征。宁波话也是如此,唇音、舌尖音、舌面音、舌根音都存在着送气与不送气的区别。但对部分字来说,送气与否宁波人比较纠结。例如:"包括"的"括",宁波方言读不送气声母[k],跟中古见母发展规律相合,普通话读送气声母[kʰ]。受宁波话影响,部分宁波人说普通话时,声母也读作不送气。有时同一个人在同一篇文章里,"括"字一会儿读成不送气的[k],一会儿读成送气的[kʰ]。显然,母语方言对该部分宁波人有着比较大的影响。

三、韵　母

(一)eng、en 混淆

在吴语中,鼻音韵尾只有一个,或者是 n 或者是 ng。n 通称前鼻音,发音部位是舌尖与上齿龈;ng 通称后鼻音,发音部位是舌根与软腭。宁波话鼻音韵尾是 ng。与普通话比较,普通话 eng 韵母的字,在宁波话中除有"[əŋ](灯)"与之对应外,还有其他多个韵母,如:[ã](冷)、[oŋ](风)、[iŋ](城)、[uã](横)。反之,宁波话[əŋ]韵母的字,在普通话中有"[əŋ](灯)""[ən](门)"两个韵母与之对应。在宁波话中,僧=森,更_{更换}=根。基于此,宁波腔普通话 eng、en 混淆,通常是把标准普通话的 eng 读成[ən]或[ɤn](即不前不后的舌尖后或舌面中鼻音)。例如:"风景、风土人情、风俗、征人、朋友、捧着、声音、增大、增添、成功、生动、生气、生机、封锁、等待、能写、能量、程度"等词的第一个字,"信封、裂缝、富翁、特征、歌声、反正、组成、顶层、齐整、完整、节省、学生、先生、人生、卫生、怕生、花灯、三层"等词的第二个字，以及"蹦蹦跳跳、声声柳笛、雾蒙蒙、怯生生、瑞雪兆丰年等等"等词中的 eng 往往读成[əŋ]或[əɲ]。判断普通话中哪些字韵母是 eng，有两种方法：(1)利用声旁代表字类推。eng 声符代表字如下：风、正、生、成、争、函、亨、更("便 biàn"除外)、呈、庚、奉、朋、孟、乘、曾、彭、登、眷、蒙。(2)利用声韵拼合规律。d、t、l 三个声母只拼 eng，不拼 en。例如："凳""疼""棱"韵母是 eng。

(二)ing、in 相混

宁波话没有普通话的韵母 in。普通话的韵母 in 宁波话读成[iŋ]。也就是说，宁波话的[iŋ]韵母对应普通话的两个韵母：in(亲)、ing(青)。在宁波话中，平＝贫，零＝林。宁波话 ing、in 相混，通常是把标准普通话的 ing 读成[in]或[iɲ](即不前不后的舌尖后或舌面中鼻音)。例如："经久不变、精确、精心、惊疑、境界、镜头、平时、平顺、星期五、形象、兴趣、名著、应该、营养、顶层、定额、停课、领袖、影子、影响、宁海、青山绿水、情感、情节、并且、听到、醒目、令人不解、另外"等词中第一个字，"已经、风景、直径、批评、地形、圆形、民营、一定、摄影、背影、恩情、亲情、吃惊"等词中第二个字，"平静、性命、瓶颈"三个词多读成[in]或[iɲ]。判断普通话中哪些字韵母是 ing，方法有二：(1)利用声旁代表字类推。ing 声符代表字如下：丁、并("拼 pīn""姘 pīn"除外)、宁、丙、平、令("邻 lín"除外)、名、廷、刑、京、定、英、("劲干劲 jìn"除外)、青、冥、亭、竟、莹、婴、敬、景。(2)利用声韵拼合规律。除"您"外，d、t、n 三个声母只拼 ing，不拼 in。

(三)卷舌元音与儿化读音不准确

普通话的"儿"字，韵母是卷舌元音 er。它由两个字母组成，实际上是一个舌尖单元音。对于宁波人来说，发这个音有一定难度。其发音要领是，在央元音[ə]的基础上，舌身略缩舌尖略抬。例如：婴儿。这里的"儿"有实在意义，独立成为一个音节。调查中发现，宁波腔普通话中，有不少人把"儿化"现象中的"儿"误读成"婴儿"的"儿"。我们知道，普通话的"儿化"，例如："豆芽儿、一圈儿、牙签儿、有点儿、这儿、别针儿"，其中的"儿"不是一个音节，而是音节末尾附上了一个卷舌动作，已经融入了前面一个音节的韵母。在普通话中，"花儿 huār"是一个音节两个汉字，其中，"r"是附加符号。儿化音的发音要领是，舌面元音加卷舌动作。例如：[ər]，发[ə]时同时卷舌(注意：[ər]是一个音素)。

(四)"啊"的变读存在缺陷

分析录音材料时发现,有人在"是啊"中,把"啊"读成"呀",这说明对普通话的"啊"的音变还缺乏正确的认识。在普通话中,用在句尾的"啊",受到前面一个音节最后一个音素的影响,常常发生"同化""增音"等音变现象。具体规律如下(见表 1)。

(五)介音 u 掌握欠佳

古宕摄开口三等庄组字以及江摄知庄两组字,普通话读作合口呼,宁波话读作开口呼。例如:"窗",宁波话韵母无介音[u],普通话有介音 u。有人在说"窗前"时,把"窗"读成开口呼。这是受宁波话影响。类似的字还有:庄、装、桩、壮、妆、创、舱、闯、撞、幢、霜、双、床、状。古假摄合口二等字,普通话读作合口呼,宁波话读作开口呼。例如:"瓜",普通话韵母是 ua,宁波话韵母是[o]。该字的宁波腔普通话声母声调同普通话,韵母同宁波话。类似的字还有:夸、瓦、花、化、洼。

(六)鼻音韵尾丢失

听录音资料时发现,有人把"世间"的"间"读成了[tɕi⁴⁴]。在宁波话中,"间中间"有两读,其中一读韵母读成[i],阳声韵读成了阴声韵,受了宁波方言的影响。我们知道,宁波方言的韵母具有吴语的共性特点:咸山摄鼻韵尾脱落,今读口元音。比如:"尖"是古咸摄字,"肩"是古山摄字,这两个字在普通话中都带前鼻韵尾,但在宁波话中,都是口元音,都读成[tɕi]。进一步调查发现,普通话 an、ian、uan、üan 四个韵母的字在宁波话中对应的韵母都是口元音,而且绝大多数是单元音。其对应关系如下(见表 2)。

(七)复元音误读成单元音

古效摄一二等字,普通话读作双元音韵母[ɑu],宁波话读作单元音韵母读作[ɔ]。录音材料显示,有人把"豪华"的"豪",读作[ɔ],这是受了宁波话的影响。类似的例字还有保、抱、毛、刀、讨、逃、脑、老、早、草、造、高、考、好、豪、奥(以上是效摄一等字)包、泡、跑、貌、闹、罩、吵、捎(以上是效摄二等字)。古蟹摄一二等字,除"贝沛"及二等部分见组字外,普通话一般读作[ai],宁波话读作[a]或[e],一般都读单元音。例如:摆,宁波话作[pa³⁴];菜,宁波话作[tsʰe⁴⁴]。类似的例字还有:带、态、代、耐、来、再、猜、财、改、开、海、害、爱(以上是蟹摄一等字);拜、排、埋、斋、豺、挨(以上是蟹摄二等字)。

表 1　普通话语气词"啊"的连读音变

"啊"前面音节的韵母	前音节末尾的音素	"啊"音变	例子	汉字写法
i ai uai ei uei ü	[−i]，[−y]	[ɑ→iɑ]	你呀	呀
ɑ iɑ uɑ o uo e ie üe	[−ɑ]，[−o]，[−ɣ]，[−ɛ]	[ɑ→iɑ]	他呀	呀
u ɑo iɑo ou iou	[−u]	[ɑ→uɑ]	苦哇	哇
an ian uan üan en in uen ün	[−n]	[ɑ→nɑ]	看哪	哪
ang iang uang eng ing ueng ong iong	[−ŋ]	[ɑ→ŋɑ]	唱啊	啊
−i[ɿ]	[−ɿ]	[ɑ→zɑ]	字啊	啊
−i[ʅ]	[−ʅ]	[ɑ→rɑ]	纸啊	啊

表 2　古咸山摄舒声字普通话与宁波话对照

普通话	宁波话
an	[e](肝)、[ɛ](炭)、[ø](满)、[i](闪)、[u](半)
ian	[ɛ](减)、[i](天)、[ie](念)、[ø](羡)
uan	[ø](短)、[iY](篡)、[u](管)、[uɛ](关)、[y](阮)
ün ɑ	[iY](泉)、[y](劝)

(八)受方音影响的其他韵母

受方音韵母影响的例子还有一些。例如："宁波"的"波"，宁波话新派读 [pəu⁵³]，说普通话时韵母直接读方音。"波浪"的"浪"，普通话韵母主要元音 是[ɑ]，宁波话主要音是[ɔ]，部分宁波人受宁波话影响读成[ɔ]。在"多走走" 中，"多"读成[təu⁴⁴]，说普通话时韵母直接读方音。"抓"，读成[tsa]，是受了 宁波话的影响。在宁波话中，该字读开口呼，韵母读成[o]。有人受宁波话 韵母部分的影响，丢掉了普通话的介音 u。以上例字，普通话和宁波话主要 元音不同。还有韵母错读的情况，主要是读"半边字"的影响。如："柏树"的 "柏"，读成"伯"。

四、声　调

(一)舒声调值受宁波方言影响

普通话四个调类都是舒声调，宁波话撇开阴入、阳入两个入声调外，还有5个舒声调：阴平53、阳平22、上声34、阴去44、阳去13。两相比较，宁波话多了个阳去调。这是因为宁波话保留了中古的全浊声母。在宁波话中，浊声母配阳调类。宁波话的阳去和阴去相加，大体可以折合成普通话的去声。宁波话其他三个舒声调：阴平、阳平、上声，与普通话相应的三个调所辖的字大体相同。值得注意的是，普通话的阴平、阳平、上声包含了若干来自古入声的字。

调类相同，调值不一定相同。普通话的阴平，调值是55，是一个高平调；宁波话的阴平，调值是53，是一个高降调。听录音测试材料后发现，有人把"课间"的"间"，读作高降调，这是受了宁波方音的影响。20世纪90年代初，北方的同志到宁波北仑港参观。一位宁波人介绍宁波经济腾飞的原因，说"一靠政策，二靠机遇"。北方的同志把"政策"听成了"警察"，把"机遇"听成了"妓女"。把宁波话的"机"字音和普通话的"妓"字音对比后发现，二者的差别仅表现在声调上，宁波话的阴平，调值接近普通话去声的调值。

普通话和宁波话的上声字都来自古清声母上声字，普通话的上声，调值是214，是一个降升调；宁波话的上声，调值是34，是一个中升调。听录音材料后发现，有人把在"史记"一词的"史"读成[sɿ³⁴]，声调显然受到了宁波话的影响。"偶尔"的"尔"，也有人出现类似的情形。普通话的去声字，调值是51，是一个全降调；宁波话的阴去字，调值是44，是一个半高平调。有一次，笔者看到一位宁波交警指挥行人过马路。他一边挥着手做着手势，一边操着宁波腔普通话说"过去"。在这里，"过"读作[kuo⁴⁴]。声母韵母与普通话相同，声调却保留了宁波话的特点。

（二）入声调受宁波方言影响

普通话没有入声，宁波话保留入声。宁波话的入声分阴入和阳入。阴入来自古清声母入声，阳入来自古浊声母入声。例如："一心一意、六神无主、七上八下、十全十美"中的"一、七、八"是阴入字，"六、十"是阳入字。宁波人尤其是四十岁以上的中年人，经常会把普通话已消失但宁波话仍保留的入声字读成入声。听辨录音材料中的朗读部分，发现有人把"失去、疾病、忽然、各国"等词的第一个字读成入声，这显然是受了宁波话的影响。

此外，声调有错读的，如："消耗"的"耗"、"且有"的"且"、"在于"的"在"。普通话的多音字，宁波人也有错读的。比如："困难"的"难"、"着急"的"着"、"空话闲话"的"空"。普通话的轻声字，如"一点点"中最后一个字，宁波腔普通话仍读原调。有声韵调交错影响的。比如："正"字，标准普通话声母是舌尖后音,韵母的韵尾是后鼻音。受宁波话影响,宁波腔普通话声母读成舌尖前音,韵母的韵尾读成前鼻音。还有直接套用方音的,比如:在"超越"中,"超"读成[tɕʰio⁴⁴];在"长一点"中,"长长短"读成[ʥiaŋ]。这样的例子还有很多,不赘述。

　　(本文的普通话测试语料由宁波市教育局刘群、王渊志两位老师提供,谨致谢忱。)

参考文献

[1] 陈忠敏. 鄞县方言同音字汇[J]. 方言,1990(1):32—41.
[2] 周殿福. 国际音标自学手册[M]. 北京:商务印书馆,1997.
[3] 钱乃荣. 现代汉语[M]. 南京:江苏教育出版社,2001.
[4] 中国社会科学院语言研究所. 现代汉语词典(第 6 版)[M].北京:商务印书馆,2012.

作者单位:宁波大学人文与传媒学院

我国社区教育发展中政府职能的缺失
与应然路径选择

乐传永

摘　要：社区教育在我国经过近 30 年的发展取得了一些成绩但也面临着诸多困难，要实现社区教育快速健康发展，一个重要方面就是要重视和加强社区教育中的政府行为。本文探究了我国社区教育发展中政府职能缺失的主要表征，并指出社区教育发展中政府职能的应然路径选择。

　　关键词：社区教育　政府职能　缺失　应然路径

　　我国现代意义上的社区教育正式兴起于 20 世纪 80 年代，它是一种旨在提高社区全体成员整体素质和生活质量，服务区域经济建设和社会发展的一种教育活动。社区教育是实现终身教育的重要形式和建设学习化社区的基础，是社区成员实现终身学习的基本教育形态。今天，社区教育不仅成为社会公共利益的重要组成部分，也成为当前政府关注民生事业的重要切入点和着力点，更是社区居民利益的诉求点。因此，政府与社区教育关系密切，追溯我国社区教育发展的整个历程，我们发现，社区教育的每一次突破性的发展都与各级政府的高度重视和大力推进，特别是与政府在法律法规和制度建设上的积极推动密不可分。因此，积极推进社区教育的快速健康发展不仅是政府应负的职责，也是政府公共管理职能的重要体现。然而，透视我国社区教育发展中政府职能实施的当下境况，我们遗憾地发现：现阶段由于政府职能作用发挥的不当或不足而引起的或加剧的诸如社区教育区域发展水平不均衡、居民社区教育参与度不高、社区教育经费投入严重不足、政策法规缺乏、保障机制不力等发展问题，亟待政府的重视与解决。

今天,社会民众对公共管理与公共服务的要求越来越高,政府与社会、政府与群众、政府与市场的关系正发生着明显而深刻的变化,尽快转变政府在社区教育发展中的职能定位,打造公共服务型、责任型政府是我国政府在社区教育发展中当下务必解决的一项十分紧迫任务。

一、我国社区教育发展中政府职能缺失的主要表征

政府作为我国整个社会资源的管理者、调控者和支配者,促进社区教育快速健康发展是其应尽的职责。政府发展的目标是服务型政府,主要为社会提供公共产品。社区教育也是一种公共产品,政府对社区教育的发展承载着不可推卸的责任,政府是社区教育发展的支点。但目前,政府在社区教育价值理念认知上、法规制度建设上、制度供给上、政策倾斜上、宏观调控上、资金投入上等都没有发挥出其应有的职能作用,影响着社区教育快速健康发展和其战略目标的实现。政府职能的缺失主要表现如下。

(一)政府在社区教育价值理念认知上"缺识"

社区教育的健康发展,需要政府在价值理念上的积极倡导和重视。然而目前对社区教育的理解和认知程度以及开展社区教育的积极性方面,不少地区政府对社区教育的重视程度不够,认识模糊,社区教育还没有摆上政府教育工作的应有位置。不少地方,特别是中西部地区还没有真正开展社区教育工作,这与建立全民学习、终身学习的学习型社会的要求差距甚远。各地对社区教育的发展往往表现为基层高于上层,实际推行者高于决策者。这种"基层热,上层冷,中间两头不平衡"的现象,在一定程度上反映了政府对社区教育发展的重要性缺乏共识(缺识),影响了社区教育的全面发展和整体推进。

(二)政府在社区教育法规制度建设上"缺力"

目前,我国社区教育的理论研究和实践发展进入快速发展的关键时期,涌现出了丰富的理论和实践成果和经验。但我国社区教育的法律法规与制度建设明显滞后社区教育实践的发展。我国至今尚未制定社区教育的基本法,社区教育并没有纳入依法治教的正常轨道,这与蓬勃发展的社区教育实践很不相称。其次,现有的社区教育规章制度执行力也不强,流于形式。社区教育蓬蓬勃勃发展的近30年,从中央到地方政府制定的有关社区教育的

规章制度、实施意见确实不少,但很多只停留在"号召""指导"层面,真正具有法制的严肃性和执行力的不多,具体的条文可操作性也不强,导致缺乏监督和执行,没有发挥很大的效用,这反映了政府在社区教育法规制度建设上缺乏力度(缺力)。

由于法制保障的缺失或立法的滞后,势必给社区教育的进一步发展带来严重的阻力,无法体现出国家对社区教育发展的意志和权威。

(三)政府在社区教育管理体制建设上"缺位"

社区教育是一个涉及社会方方面面的复杂系统工程,应该建立强而有力的工作体制和灵活有效的运行机制才能推进和保障社区教育各项工作的顺利实施,但我国社区教育发展至今,体制机制问题正逐步成为社区教育发展的瓶颈。政府在社区教育体制机制建设上没有发挥应有的地位作用(缺位),具体表现为:

第一,体制流于形式。我国社区教育形式上虽然建立了"政府统筹领导、教育部门主管、有关部门配合、社会积极支持、社区自主活动、群众广泛参与"的社区教育管理体制,但实际管理中各职能部门存在行业壁垒,教育主管部门难以协调推动,社区教育委员会的组织协调功能也难以真正发挥作用。目前,政府在社区教育管理体制方面还没有建立起可以统筹各类社区教育资源的组织领导体制,该问题的存在不利于社区教育的顺利推进和社区教育整体水平的提升和发展。

第二,机制运行不畅。目前在社区教育发展中,政府各行政部门之间缺乏合理的互动机制。社区教育涉及政府的多个部门,如民政部门、宣传部门、文明办、劳动部门、司法部门等,民政部门从社区建设方面切入社区教育;宣传部门从学习型社会建设方面关注社区教育;文明办从文明城市(区)建设方面统整社区教育;劳动部门从劳动技能培训方面开展社区教育;司法部门从法制教育方面切入社区教育。而作为社区教育实施单位的社区学院和街道乡镇,成天忙于应付各项任务,缺乏应有的效率和成就。在社区教育发展中政府各部门之间各自为政,自行其是,缺乏合理的互动和协调,导致社区教育运行机制不畅,政府作用地位难以发挥。

(四)政府在社区教育政策措施上"缺全"

社区教育作为国家教育体系的一个重要组成部分,理应由政府制定相关的发展与促进政策,而事实上不然。目前,中央及各地方政府为了促进社区教育的发展,虽然已经制订并出台了一系列社区教育的发展规划、实施意见、暂行办法等,但在具体的可操作性的政策措施上,还显得比较薄弱,比较零散,配套性不强,缺乏整体规划和考虑,没有系统性,包括社区教育的激励政策、投入政策和人才队伍发展政策、资源整合的促进政策等,都还没有形成全面完善的配套体系(缺全)。具体表现在:

第一,缺乏激励优惠政策,难以激发社区教育发展的内在动力与需求。社区教育是一项社区居民广泛参与的教育事业,除政府的积极推动外,社区成员的学习需求需要进一步引导,社区单位的合作参与激情需要更大限度的激发。但目前,社区教育以政府活动安排为主,单位和居民个体根据自身的需求主动参与的少。政府在社区单位投入社区教育的税收优惠政策、社区工作者和志愿者的工作量计算及待遇、职称等问题,政府和民间共同承担的社区教育体制问题等,这些方面还缺乏具体的政策措施。

第二,从事社区教育的人员队伍建设缺乏,配套政策尚未建立。目前,除了理论研究人员和政府机构管理社区教育工作人员和社区学院部分管理人员和教师外,大多数从事社区教育的管理人员和教师都是临时聘请或兼职的,很多人缺乏对社区教育的正确认识和从事社区教育的专业技能,政府在这方面还缺乏相应的社区教育人才发展政策。

第三,政府缺乏社区教育资源的协调整合能力,社区合作缺乏政策制度的保证。发展社区教育需要把社区内政府、单位、学校、家庭、社会各种教育资源有机地整合起来,使之协调、互补并形成合力,才能产生明显的经济效益和社会效益。但从目前社区教育资源的使用上来看,还存在不少问题。如资源使用的被动性、场地开放的不完全性、非公资源整合政策上的不可操作性等,都需要政府进一步研究资源整合的策略和具体的操作办法。

(五)政府在社区教育经费投入上"缺量"

经费投入是社区教育赖以生存和发展的前提和基础。加大社区教育的经费投入力度,加快社区教育的基础设施建设是建设学习化社会、实现科教兴国战略目标的重要措施。但现实的境况是:我国教育投入严重不足,社区教育又处于整个教育系统中的边缘地位,其境况更是可想而知,社区普遍没有稳定的教育经费来源,开展社区教育有如无米之炊,政府在社区教育经费投入方面严重不足(缺量)。

目前,全国社区教育实验区、示范区的教育经费投入按照《教育部关于推荐社区教育工作的意见》中所规定的按社区常住人口每人每年不少于1元和2元的标准来提供的,这个标准已经很低,但实际上很多地方并没有兑现,不是社区教育示范区、实验区的地方政府投入社区教育经费更是少得可怜或是没有经费,政府公共财政投入的严重不足影响了社区教育的正常开展和健康发展。

二、社区教育发展中政府职能的应然路径

社区教育是政府实现公共服务职能的一个有效载体,政府在社区教育建设中的职能主要体现在三个方面:一是管理,即把握社区教育的发展方向,建立一个责权明确的社区教育管理体制和运行机制,对社区教育实施监督和评估;二是服务,即在政策制定、组织协调、宏观指导和环境营造上,提供良好的发展环境,并依法支持和科学指导社区开展社区教育工作;三是协调,即加强政府在社区教育发展中的协调作用。

我国政府在计划经济条件下形成的全能型管理方式已不能适应社区教育发展的需要。我们要在缩小政府权力范围的同时增强政府的能力,在限制政府专断权力的基础上强化政府提供公共产品的能力。亦即我国社区教育发展的现阶段不仅需要一个职能不断厘清的"小政府",更需要一个能有效调控社区教育发展的"强政府"。这是实现我国社区教育跨越式发展的必然要求。

(一)发挥政府在社区教育发展中的宣传职能,加强对社区教育价值理念的正确认知

我国社区教育目前面临的普遍问题是政府和社区成员对社区教育价值理念的认知还较模糊,主动参与社区教育的积极性不够。不可否认,很多时候,我们的社区教育还存在"一头热和一头冷"的窘境。即举办者十分"热衷",参与者往往"冷对"。这就需要政府的重视及政府在各个方面、各个领域进行大力的宣传,需要政府勇于担当社区教育的"宣传员"角色,让社区教育真正深入社区成员的人心,获得社区成员的认可,进而有更多的社区居民积极参与。

国外特别是发达国家,政府和民众对社区教育表现出高度重视。美国政府因为看到了"社区教育在促进经济发展和稳定社会秩序上的巨大作用"而加大了对社区教育的支持力度,其价值理念是社区教育能服务于整个社会的发展,是社会发展的重要组成部分。日本政府由于看到了"教育在现代

经济中所创造财富的比重日益增加",而将社区教育提高到"教育立国"以及"提高人的综合素质"的高度,其价值理念是社区教育能强国和促进经济发展。美国和日本在社区教育发展之初并不都是处于经济十分发达的状况,但他们的共同点是:政府都一开始就意识到了社区教育的重要性,意识到社区教育具有传统学校教育无法具备的社会教育功能和终身教育功能,意识到未来社会的发展和相互之间的竞争除了依赖一个国家固有的资源等基本条件外,国民的素质是一个重要的竞争力。他们认为,社区教育能解决社会矛盾,是稳步发展经济和稳定社会秩序的手段。因而,在社区教育发展萌芽之初,政府就十分重视并在经费、政策和法律上予以大力支持和引导。

因此,在我国社区教育发展中政府首先要充分利用广播、电视、报刊、网路等各种媒体广泛宣传开展社区教育的目的意义和价值,让社会各界对社区教育有一个深刻认识;其次要通过"社区教育节""市民读书月""全民学习周"等宣传活动载体,加大集中宣传的力度,延迟活动时间,扩大活动影响面,增强活动影响力,使这些活动载体成为倡导社区教育价值理念的有效阵地和展示社区教育成果的重要舞台;最后要积极引导和发挥社区内的各单位在宣传中的带头作用,积极开展各类学习型组织的创建活动等,以此提高社区教育的知晓率、认同率和参与率,有效形成有利于社区教育健康发展的良好社会环境。

(二)发挥政府在社区教育管理中的主导职能,创新社区教育管理的体制机制

社区教育必须要体现政府职能,否则就不大可能协调和调动更多的社会力量参与到社区教育中来。社区教育必须要以政府为主导。只有以政府为主导,才能保证社区教育正确的发展方向,才能保证社区教育为社区建设和发展服务,才能保证社区教育对经济和社会发展的积极贡献。这是因为,计划经济体制下形成的"单位人"属性根深蒂固,在当下并没有获得根本性改变,社区居民对社区的认同感、归属感和参与度不高,由此导致了其自治组织动力源和权威性的不足,而社区内部非政府的专业性社会组织刚刚处于发育和初创阶段,无论数量、人力资源总量还是质量方面都嫌不足,这与有着拥有充裕的人力、物力、财力和行政权力资源的政府相比显得十分渺小,因此,政府理应成为现阶段推动社区教育发展的主导性力量。

而要发挥政府在社区教育管理中的主导作用,就要建立科学的社区教育管理体制和运行机制。针对不同地区社区教育发展的水平和程度的不同,政府介入社区教育管理的方式方法也有所不同:对社区教育发展较好的东部地区以及全国社区教育示范区和实验区,地方政府对社区教育的管理可以采取从单一的政府治理模式向多中心治理模式转变,发挥社会民间组织和其他社会力量共同参与到社区教育的管理和建设中来;对社区教育刚刚开展的中部地区,社区教育有一定的社会经济基础,政府也比较重视,应该加强政府对社区教育的宣传,从构建终身学习的体系和组织开展社区教育活动两方面工作入手,健全政府推进社区教育的体制和机制;对于社区教育尚未开展或开展得很少,基础比较差、政府不够重视的西部地区和中部部分地区,政府要形成开展社区教育的意识,转变政府观念,建立适合社区教育发展的政策制度。

总之,政府对于社区教育的管理要随着形势的变化而调整,随着社区教育的发展规模和不同发展阶段而变化。只有这样,才能实现政府对社区教育发展中应然角色的科学定位,保证社区教育发展中政府职能的有效发挥。

(三)发挥政府在社区教育发展中的立法职能,建立健全社区教育发展法规体系

政府为社区教育立法是其发展社区教育的重要和必要的职能,这是任何一个社会和中介组织都无法替代的职能。我国社区教育的快速健康发展需要政府重视和加强社区教育的法制建设,为社区教育的发展扫除障碍,提供强有力的法制保障,改变"人在政在,人去政亡"的"人治"问题,使社区教育有章可循、有法可依,以确保其稳定发展。为此,政府要做的工作是:

首先,可以借鉴国外社区教育的立法经验,制定我国社区教育基本法。国外社区教育的发展特别是美日等发达国家社区教育在政府立法上已相对成熟。我们应该分析并充分借鉴其成功经验,制定符合中国国情的社区教育基本法。

其次,结合我国的基本国情和地区特点构建完整的社区教育法规体系。根据我国社会、政治、经济、文化发展的特点,建立适合我国社区教育发展的法规体系,以规范和促进我国社区教育的发展和完善。具体来说,在社区教育立法中明确政府以及社会各部门、各机构应担的责任、权利和义务;明确社区教育投入增长机制;明确将社区教育工作纳入各级政府领导任职考核的重要指标体系中;明确社区教育资源必须向社会大众开放;明确社区教育工作者的相关待遇和要求;等等。

最后,鉴于我国幅员辽阔、地区发展差异大、发展速度不均等特点,我国社区教育立法应该在全国统一的社区教育基本法基础之上,鼓励各地方根据自身条件和实际制定各自的社区教育条例或实施意见等,使社区教育立法更具针对性,更符合本地区的实际,更有现实指导意义。

(四)发挥政府在社区教育管理中的协调职能,整合社区教育的各类资源

资源整合,是政府建立社区教育合力的重要途径和政府职能的重要体现,是社区教育管理要素整合的重要组成部分,也是社区教育功能整合的一个重要环节。加强资源整合是做好社区教育工作的前提和基础,也是全面推进社区教育工作的重要保证。政府应充分发挥自身具有的协调职能优势,将社区教育有形资源和无形资源有效地整合起来,这样可以极大地降低社区教育的成本,使社区教育办得起,居民学得起,政府投得起,真正做到低投入、高产出,提高社区教育的办学效益。

政府在社区教育发展中的资源整合可以分为内整合、中整合和外整合三方面。"内整合"是指政府对自身各部门的资源进行有效的整合。长期以来,由于我国政府机构的庞大臃肿,工作条线众多,形成了条线分离、资源独立的工作状况。这种状态造成"上面千条线,下面一根针",给社区教育基层工作带来了繁重的任务,因此,政府要齐抓共管,对社区教育资源统一管理,实行资源共享、优势互补,做大做强社区教育。"中整合"是指政府对教育系统的资源进行整合。政府要打破传统的由教育系统办社区教育的固有思维模式,成立由政府相关部门参与的社区教育组织管理运行模式,通过该组织管理模式可以打破学校教育的"围墙",开放大中小学的场地资源;充分利用各类学校的师资力量等开展社区教育工作,从而可以有效克服社区教育快速发展所面临的资金不足、人员短缺等矛盾和问题。"外整合"是指政府对管辖区的资源进行的整合。要满足社会成员的多样化学习需求,仅仅依靠现有的社区教育资源是远远不够的,更重要的是要开发、利用好全社会的教育资源和可转化的非教育资源,形成社区教育的资源整合体系。因此,政府要整合辖区内的科、教、文、体、卫等社会资源,包括各类可提供教育服务的单位和组织。通过"社区教育委员会""联席会议""理事会"等形式将各单位资源整合起来,纳入本地区的社区教育工作中,为社区教育提供人才、场地、专业技能等方面的资源。

总之,在目前我国社区教育资源严重短缺的情况下,要充分发挥政府强大的协调职能,继续加大社区教育资源的优化整合力度,推进社区教育资源整合机制的建设，最大限度地向社会开放各类资源，最大限度地实现资源的有机整合，不断满足全体社会成员对优质社区教育的需求，形成横向联合、纵向沟通、资源共享的社区教育资源利用格局，推进我国社区教育的快速健康发展。

（五）发挥政府在社区教育发展中的保障职能，建立多元化的经费投入机制

一是加大政府投入力度，保证政府投入的主体地位。政府是社会公共服务的主体，是公共服务产品的主要提供者。社区教育以其特有的区域性和大众性为社区居民提供时时处处的公共教育，它的基本功能是服务于社区建设和社会发展，主要目标是提高社会全体成员的生活质量和整体素质，提升整个社会的文明程度。这就决定了社区教育同其他社会事业一样，是一项事关全社会的公益性工作。因此，政府有必要为社区教育增加资金投入和加强配套设施建设，提供时时处处的公共教育来满足社会民众的多样化文化需求。这也是建设公共政府、服务型政府的重要体现。

二是建立科学的经费分担机制。社区教育发展关涉政府、社区全体居民、社区内各单位，社区教育开展有利于以上三个主体，因此，根据"谁受益谁分担"的原则，按照教育部 2004 年出台的《关于推进社区教育工作的若干意见》中提出："要充分发挥政府扶持和市场机制的双重作用，采取'政府拨一点，社会筹一点，单位出一点，个人拿一点'的办法，多渠道筹措社区教育经费"。

三是建立和完善社区教育的多渠道投入机制。社区教育得以健康快速地发展，经费是重要的保障。要充分发挥政府扶持和市场机制的双重作用，政府在保证经费投入的同时，要制定相关政策和措施来吸引社会民间资金以各种形式投入到社区教育中来，建立以政府投入为主，民营、民办、私人办学及社会捐资助学为辅的多元化社区教育经费筹措机制，使社区教育的办学条件不断改善和发展。

四是建立政府"服务外包"模式。通过政府出资购买服务和政府出资并引导社会组织长期运作的方式，可以使政府从琐碎的事务中脱离出来，致力于公共事务管理，不但使自身工作效率得到提高，而且可以吸收社会优势团体参与社区教育，为社区居民提供更好的教育服务。

参考文献

[1] 林云鹏,黄元炳.试论社区教育中的政府行为[J].信阳师范学院学报(哲学社会科学版),2001(5):55—56.

[2] 徐永祥.社区发展论[M].上海:华东理工大学出版社,2001.

[3] 黄琴.社区教育发展中政府职能及其实现方式研究[D].上海交通大学学位论文,2007.

[4] 胡本春.社区教育中的政府职能研究[D].浙江大学学位论文,2008.

[5] 李荟.政府在社区教育中的公共服务职能研究[D].浙江工业大学学位论文,2011.

作者单位:宁波大学成人教育学院

机制设计理论在高校社科成果转化中的应用研究

姜 颖

摘 要：把机制设计理论运用到高校社科成果转化工作中，通过完善评价体系、改变资助方式、创新分配机制和搭建转化平台等措施，充分调动社科研究主体转化成果的积极性，形成激励相容的社科成果转化机制，能够激励每个参与者的自利行为主动地与高校转化社科成果的目标相一致。

关键词：机制设计理论 高校社科成果转化 激励相容

高校作为社科成果产出的学术高地，是社科成果转化系统中的供方系统，目前大多与社会需方系统呈"离散"状态，缺少社科成果转化机制作为支撑系统来连接、促进供需方良性互动。高校现有的管理机制对社科成果转化主体的利益安排不明，主体缺乏转化的动机和积极性，使高校社科成果转化成为难题。社科成果转化之难，实际上也就是人们的观念变革和体制改革之难的再现。[1]机制设计理论可以为破解该难题提供很好的借鉴。

一、机制设计理论及应用

美国教授利奥·赫尔维茨（Leonid Hurwicz）、埃瑞克·马斯金（Eric S. Maskin）和罗格·迈尔森（Roger B. Myerson）创立和发展了机制设计理论，并因之于 2007 年获得诺贝尔经济学奖。经济学上的所谓机制设计理论，就是要为达到"资源有效配置"需求一种"激励机制"。粗糙地说，所谓"资源有效配置"就是要使"物尽其用";而"机制设计"则可以理解为要使"人尽其能",以达到某种"物尽其用"的经济目标。[2]机制设计理论一般涉及两个维度：信息维度和激励维度。信息维度主要讨论信息效率问题，即所设计的机制需要多少信息量的问题。任何一个机制的设计和执行都需要信息传递，而信息传递是需要花费成本的。因此，对于制度设计者来说，自然是信息空间的维数越小、信息成本越低越好。[3]激励维度涉及信息传递过程中的策略互动问题。如果在给定机制下，参与者如实报告自己的私人信息是占优策略均衡，那么这个机制就是激励相容的[4]。这种情况下，即使参与者按照自利原则制定个人目标，在追求个人利益的同时也能够实现机制设计者所设定的目标。

任何承认"个人是理性的行动者"这一预设的社会科学流派，都可以借鉴机制设计理论的某些研究思路、分析工具、概念和结论[5]。大多数机制需要同时考虑信息效率和激励相容的问题。就高校社科成果转化来看，信息和激励问题一直未受到充分重视。虽然国家越来越重视社科研究，但是由于社科成果往往是通过改变使用者的思想、观念、策略、方法来实现转化，其转化效益具有难以计量性、隐蔽性、延迟性等特性，使供需方难以产生转化社科成果的自觉性、主动性和积极性。相较于科技成果转化，从高校小环境到社会大环境，社科成果转化明显缺乏政策支持度和社会关注度，没有形成一个全社会高度重视社科成果转化的良好氛围。在供方高校与需求方各级政府、企业之间，仍然存在诸多信息分散和信息不对称、激励不相容的问题，影响着高校社科成果顺利转化。高校在社科资源配置有限、需求信息不对称的背景下，要实现社科成果转化的目标，就必须对现有的机制进行调整和改革，调动高校社科研究者的积极性，人尽其能，使其在追求个人利益最大化的同时，实现高校社科成果"物尽其用"的转化目标。

二、高校社科成果转化机制存在的问题

(一)高校社科成果转化的信息效率

1. 信息输入重复

高校是当前社科成果产出的主力军，在成果产出数量方面占绝对优势。仅就论文看，中国人民大学书报资料中心每年收集我国报刊公开发表的人

文社科学术论文近 30 万篇[6]，但这些成果转化应用率很低，多数出版发表后被束之高阁，没有进一步应用到实际需要的领域中去。究其原因，受高校竞争排名等影响，高校社科成果的管理和评价体制更关注项目、成果的数量和级别等可计量的外在评价指标，对社科成果的后续转化缺乏足够的重视。社科研究者作为自身效用最大化的理性行动者，必然倾向于能给自身带来更多利益的社科研究项目及研究发表的论文、出版的著作等，而不关注这些成果是否符合实际部门的需求，能否在实际部门得到应用转化。即使专门针对现实重大热点问题所做的应用研究，也常常由于不了解政府部门的实际操作方法，导致资政建议要么过于理想，政府部门难以操作；要么是只讲道理，较少涉及具体"如何做"。社科成果不符合实际部门的需求，但是受高校评价考核机制的影响，迫于现实压力和短期利益的追求，高校社科成果还是源源不断地产出，而且为了快出成果、多出成果，很多研究回避重大问题的深度研究，倾向短平快的浅层重复研究，缺乏应用转化的责任意识，成果信息与需求信息不对称，利用率低，成果质量受到影响，甚至引发了学风浮躁和学术腐败等学术道德问题。高校在获取短期利益的同时，学术名声、学术实力都遭受质疑，从社会获得资源也就更困难，受损的还是长期利益。

2. 信息成本较高

高校社科成果转化是个系统工程，但目前组织管理机构调控和管理不到位，没有形成推动社科成果转化的有效体制。大部分高校的组织管理体系中，社科成果转化的职能没有清晰归属，一般作为各级科研管理部门的附属功能，即使个别高校专门设立了地方合作与服务部门，其工作重点还是科技成果转化，社科成果转化的管理制度附属于科技成果转化的管理制度。高校科研管理部门发布的成果转化需求一般来自上级主管部门而不是实际需求部门，研究者根据上级部门发布的指南并结合自己的兴趣开展研究。这其中多层次等级链式的信息传递模式会影响信息传递效率并可能导致信息扭曲与失真，信息空间维度过大，最终使研究方向发生偏离，很难对接社会需求以实现成果转化。这种计划体制下的管理机制将社科研究人员和需求方(政府、企业、普通民众)分隔开，使供需方脱节、社科研究与社会经济发展脱节，需求方需要解决的问题无法及时准确地反映在课题研究中。

即便是符合社会需求的高校社科成果，没有管理部门的组织领导和牵线搭桥，也很难进入各级政府和有关部门的决策领域或者企业运营管理的实际领域；而作为需方系统，市(县)各级政府有关部门以及广大企业也不知道应该从哪里、通过什么样的途径和方式才能获得其所真正需要的成果。管理组织分散,需求信息和可供转化的成果信息呈碎片化散落在高校和相关部门、企业之中。在这种情形下,研究者要实现成果转化,一般要通过熟人或朋友引荐,凭借自己的社会关系进入转化渠道(这种转化不仅少且经常不能保持畅通)。这样的转化流程,由于信息芜杂繁乱、环节过多,信息成本过高,投入和回报不成比例,很容易让研究者止步于研究的正式发表和出版。而且由于缺乏信息共享,极易造成重复研究、有用成果浪费等问题。虽然国家对人文社科的发展越来越重视,各级社科规划部门的投入支持资金也越来越多,但是越来越多的经济投入并没有带来明显成效。

(二)高校社科成果激励机制的不相容

在我国,人文社科"无用之说"由来已久。在社会关注层面上,人文社科明显不如自然科学。人文社科成果价值的延时性和隐蔽性使得国家科研投入的力度较之自然科学要小得多。在这种大环境下,高校社科成果激励机制的形成,并不完全是高校自己主动的选择,高校的上级部门、高校所处的社会环境都可能是那只起着决定作用的"无形的手"。由于资源的有限性,高校在争取资源的时候,就不得不考虑代表国家管理高校的主管部门的评价。这些评价常常被量化为种种指标:项目数、经费数、奖项数、论文数等等。由这些数据转化而来的各种大学排行榜、高等教育的管理体制以及市场经济价值观影响,这些合力推动形成了高校人文社科成果过度量化的评价标准。成果的质量被量化为经费数、成果数、政府部门的级别、期刊级别等。学校根据这些量化指标制定的科研岗位考核评价体系,"脱离社会科学成果的学术价值和市场价值的现象非常普遍,尤其是那些积极申报博士、申报社科基地的普通高校更为严重"[7]。高校职称评审、职务晋升时沿用并强化了这种量化。这种激励机制缺乏吸引参与者从事社科成果转化工作的动力,不能"人尽其能",自然也就无法实现高校社科成果"物尽其用"的转化目标。

心理学家弗洛姆(V. H. Vroom)的期望概率模式理论认为:一个人从事某项活动的动力大小,取决于该项活动所产生的成果吸引力大小和该项成果实现概率大小这两个因素。[7][8] 对于高校而言,激励不相容的另一个原因是实现成果转化的概率比较小,如果目标太难无法实现,参与者参与转化的动力降低。社科成果转化是有难度和风险的,即使投入很多人力物力,也不一定有所回报;加上大多数高校研究者缺乏转化的媒介和渠道,需要社科成果管理者和中介者的帮助。但高校现有成果转化的激励政策常常缺乏风险分担政策,激励的对象也常常只针对社科研究者,缺乏针对成果转化者(包括管理者和中介者)的激励政策。这样的激励机制很难对个体产生激励效用。

三、解决高校社科成果转化机制存在问题的对策

确保高校社科成果转化机制"激励相容"是解决信息效率问题的关键。一个激励相容的高校社科成果转化机制下,社科成果转化主体应当把适合转化的社科成果推向转化作为最优选择,应当使得研究者在研究初始就把是否能够转化作为最优选择,使参与者在追求个人利益最大化的同时实现集体利益和社会利益的最大化。

(一)完善评价体系,提高社科成果转化指标的比重

激励机制,说到底是对人的激励——"人们会去做受到奖励的事情"。当激励反映人的需求,则会加强满足这些需求的愿望。这时各种冲突的需求会得到调和,利益均衡,就会实现共同目标。社科成果评价的结果与利益分配紧密相关,评价产生的激励效用应该能够反映社科成果转化主体多层次的需求,激发其参与积极性,从而实现共同目标。

在高校的评价体系中,首先,应该明确提高社科成果转化指标的比重,建立公正合理的分类评价机制。对于社科类基础研究,要把学术界和社会的反响程度、论文水平、社会效益等作为主要评价指标;而社科类应用研究则应以成果转化和产业化程度、经济效益作为考核的重点指标。其次,应加大对横向项目、社科成果应用采纳、领导批示的奖励力度,社科成果转化主体如果选择做应用类研究和社科成果推广应用,其获得的奖励要等于甚至高于论文、著作等的奖励。第三,高校应借助国家倡导科研分类评价、简政放权下放职称评审权的契机,在职称评审中改变单一论文评价导向,增加地方服务、社科成果转化考核指标的比重,把社科成果转化推广作为一种类型单独评审,鼓励研究者走出校门,服务社会,通过社科成果转化的成效实现职称晋升。第四,在职务晋升方面,扭转"学而优则仕"的用人倾向,把社科成果推广转化做得好的、横向课题多、与政府及企业紧密联系的教师提拔到重要管理岗位。

通过完善高校评价体系,高校成果转化主体看到并体会到:在这种激励机制下,从事社科成果转化工作能带来经济利益、学术声誉和社会地位,满足其自我实现的需求,从而激发其转化成果的热情。

(二)改变资助方式,降低社科成果转化风险

社科成果主要是公共产品,获得的是社会效益,因此在转化中很难快速产生明确的经济效益。目前,高校资助和政府财政拨款采购仍是社科成果产出的主要经费来源,社科成果转化的经费依赖于政府和企业的横向委托项目。但越来越多的政府社科管理和研究机构开始设置面向应用对策研究成果转化的后期资助项目,申报时要求部分成果已经取得初步的转化,项目资助推进继续转化。

为了促进教师投身成果转化,高校须转变计划性的立项资助方式,把项目资助转变为风险投资。高校设立社科成果转化风险投资基金,用来支持可转化成果研究和已完成成果转化。鼓励研究者对接需求单位,采集需求信息,组建研究团队。团队根据需求开展研究时,如果使用单位没有经费资助,可以申请学校的转化基金资助获得经费,成果完成后免费提交相关单位使用,扩大社会影响力。对各级各类政府立项的已完成成果进行分类转化招标,对中标的推广人员予以经费支持,推动推广团队走出校门,走向政府和企业。

如果实施社科成果转化的政府或者企业给予资金支持,收益可由项目研究团队和推广团队按契约分成。如果社科成果有进一步产业化的可能,项目研究团队和推广团队可以倒逼高校决策层设立社科成果产业化风险基金,以投资入股的方式资助成果产业化。对那些市场前景好,有潜在经济效益的合作项目,在产业化取得明显经济效益后还可以追加奖励性经费,扶持其扩大产业规模。

(三)创新分配机制,激发转化社科成果热情

社科成果转化的直接成效往往是社会价值,这种价值很难用经济收益来衡量。所以很多时候社科成果被政府相关部门应用采纳是以少量的委托经费完成的,而那些通过各种渠道进入领导视野被关注、批示的成果往往没有任何经济收益。有效解决成果研究人员和推广转化人员的利益分配问题是激发其从事研究和应用转化工作热情的关键问题。

高校可以按照国家和当地政府的政策,结合本校实际情况,制定各种开放、优惠政策,把社科成果转化效益和研究人员、管理人员、中介人员的工

资、奖金、福利等挂钩,为成果转化提供压力和动力。对适合产业化的社科成果,鼓励研究者以各种形式参与创新收益分配,积极支持研究者把自己的社科成果推向市场,开办各类咨询公司,积极转化自身的社科成果;鼓励研究者在校外兼职,与政府、公司合作开展有针对性,适合应用转化的社科研究。

通过制定政策保障社科成果推广转化中介者的稳定利益,不仅要根据社科成果转化的级别和影响力给予提成和奖励,还要明确规定社科成果转化推广取得的业绩可以用在考核、奖励、职称、晋升中。以此吸引具有市场意识、了解经济规律,自己也有科研力量的教师、多年从事科研管理的人员或具有经营兴趣和公关特长的在校教师投身到社科成果转化工作中去,形成高校自己的社科成果推广团队。他们是联系社科成果供需双方的桥梁和纽带,其工作效率、工作质量直接关系着社科成果转化的速度、幅度和深度。

(四)搭建转化平台,开拓社科成果转化渠道

为了发挥政策的执行力,推动供需双方信息通过最少的环节以最快的方式扩散、交流,高校要加强对社科成果转化的组织管理,理顺管理机构、研究团队、推广团队等之间的关系,打造一个职责明晰的组织管理体系。其主要任务是管理需要转化的社科成果,对不同的社科成果进行征集、分类、甄别、筛选,组织专家进行评估、包装,并通过各种媒介向政府、企事业单位宣传推销;征集政府、企事业单位的需求,向社科研究者定制相关成果,沟通供需双方,降低转化的信息成本。但社科成果分类不同,其转化方向也不同。多样性和层次性的转化需求仅靠组织管理系统的推动是远远不够的,还需要搭建具有不同功能定位的成果转化推广平台来扩容转化渠道,通过创新平台的机制体制,尽可能用最少的信息投入实现转化的目标。高校可以充分利用现有的基础和资源,搭建以下平台。

1. 协同转化平台

高校联合其他科研院所、高校、政府机关、企业等相关单位,建立优势互补型的协同转化平台。这类平台可以是为政府服务的校官联合研究机构,研究人员以挂职或咨询专家的身份参与到政府实际工作中去,了解政府部门工作的实际需求,根据政府需要为政府决策提供智力支持或理论指导;也可以是为企业服务的校企联合研究机构,研究人员可以参与企业实际工作,将企业生产实践中遇到的问题如管理模式、工艺流程、成本控制、财务监督、市场开拓等作为课题进行深入研究,利用高校和科研机构的理论研究优势和企业实践验证优势,联合解决实际问题。

2. 信息、宣传平台

高校要加快推进社科成果网络化、专业化、社会化的信息服务体系的建设,建立社科成果信息共享机制,搭建面向社会的社科成果转化信息服务平台,集信息采集、加工、传递、咨询、反馈为一体,打造涵盖供需双方信息的专业化社科成果转化信息服务平台。在信息采集方面,通过在网站共享平台上建立社科成果分类数据库、社会需求数据库、社科专家分类数据库,课题发布时,通过相关内容检索,提高资源配置率,更好地发挥研究经费的效力。成果信息共享,需求分类对接,为供需方及社会民众咨询服务和信息沟通提供交流平台。同时利用报刊、广播、通信、电视等媒体,宣传介绍社科成果,包装社科成果研究者,打造高校社科成果服务品牌和明星;通过开辟专栏、社科论坛等方式,构建各类信息宣传服务平台,增强社科成果转化的辐射面,确保人才、成果等供需信息通过各种媒介快速传播、发散,提高公众的关注度,扩大高校社科成果的影响力从而提高成果供需对接的比率。

利用机制设计理论激励相容原理构建高校社科成果转化机制,有效调整高校个体和整体之间的关系,激发社科成果转化主体的内在动力,在个体目标实现的同时,高校可以更好地吸引政府、企业等需方系统参与社科成果转化,促进供需方系统紧密联系、良性互动,进一步完善高校服务社会的职能。

参考文献

[1] 张尚松,马良.哲学社会科学成果转化的特点、途径与机制[J].社会科学管理与评论,2006(2):73—77.

[2] 史树中.资源有效配置的机制设计[J].科学,2008(1):60—62.

[3] 杨卫安,邬志辉.机制设计理论与城乡教育一体化建设[J].理论与改革,2012(5):57—59.

[4] 吴瑕.论高校思想政治教育机制设计的"信息效率"和"激励相容"[J].湘潭大学学报(哲学社会科学版),2011(1):18—21.

[5] 严俊.机制设计理论:基于社会互动的一种理解[J].经济学家,2008(4):103—109.

[6] 杨红艳,钱蓉,刘然,等.2012 年度我国人文社会科学学术创新力分析报告[N].《中国新闻出版报》,2013-03-26(5).

［7］刘萌芽,曾长虹.论社会科学研究的激励机制——兼谈我国社科研究的经济激励体系的构建[J].南华大学学报(社会科学版),2006(8):22—26.

［8］郝辽钢,刘健西:激励理论研究的新趋势[J].北京工商大学学报(社会科学版),2003(9):12—17.

作者单位:宁波大学人文社科处

民间借贷风险的形成机理及其规范化

吴欣欣

摘　要：民间借贷在解决中小企业向正规金融融资难问题的同时，由于缺乏有效监管也成为非法集资的重要掩饰，对地方金融的正常秩序形成了极大的危害。本文通过分析我国民间借贷风险的形成机理，并在温州中小企业民间借贷的问卷调查基础上，提出如何规范发展我国的民间借贷活动。

关键词：民间借贷　风险　形成机理　规范化

一、引　言

民间借贷作为正规金融的补充，打破了长期以来银行借贷成为企业生产经营融资的主渠道的格局，与正规金融机构形成了多元化的金融格局，并能够在较短的时间里积聚民间闲散资金，解决了民间对资金的需求，转移和分散了银行的借贷风险，对我国中小企业发展和"三农"等问题的解决发挥了重要的作用。但是由于缺乏有效的管制措施，民间借贷也成为非法集资的重要掩饰，对居民个人之间的相互信任和国家的金融秩序产生了严重的破坏。近年来，各地由于资金链断裂引起的跑路事件不断爆发，这也极大地暴露了民间借贷存在着巨大的风险。因此，如何正确对待和规范民间借贷，对于我国金融体系的繁荣具有重大的意义。

国外研究中并无"民间融资"或"民间借贷"概念，与之相对应的是对"非正规金融(Informal Finance)"的研究,并且由来已久,主要集中在以下几方面:(1)非正规金融内涵和外延的界定,通常认为是指在政府批准并进行监管的金融活动外所存在的游离于现行制度法规边缘的金融行为。(2)非正规金融的生成逻辑和体制动因,主要包括"金融抑制假说"和"市场分割假说"(麦金农、肖 1988),以及从信息经济学角度解释的均衡信贷配给模型(Stiglits & Weiss,1981)。(3)非正规利率及其定价机制,影响因素可以从需求和供给两个方面进行分析(Wei,1992),而决定其高利率的因素主要有利息的机会成本、风险报酬、补偿交易成本的报酬以及垄断利润(Bottomlay,1975)。(4)非正规金融与制度变迁理论,广泛存在的非正规金融正是民间创造出的分担风险的一种制度安排(Besley,1995);金融制度变迁最初的创新主体不是政府,而是民间自发的体制外的创新过程(Dekle & Hamada,2000)。

国内相关研究已取得很大进展,但目前即使在最基本层面上仍存在不少争议。主要涉及:(1)关于这种体制外金融活动和金融组织的名称描述上的差异;(2)关于民间借贷存在合法性和合理性的争议;(3)关于是否需要政府金融监管及对民间借贷危机进行援救的争议。针对如何防范民间借贷风险及对其治理机制的建立涉及一系列经济社会发展的重大问题,国内学者对此已从不同角度进行分析。主要表现在:对民间借贷风险类型的归纳总结;民间借贷风险的形成机理;我国经济转型期特有的民间借贷风险;民间借贷的风险影响;规制民间借贷风险的法律制度构建;防范民间借贷风险的监管措施等。

在当前新的现实背景下,对民间借贷风险防范和治理机制建设是一项繁琐复杂的系统工程,需要的不仅仅是对风险生成逻辑的重新认识,更重要的是在认识的基础上提出应对突发性民间借贷危机的治理手段,实现民间借贷健康发展和民营经济转型升级两者可持续发展的管理机制。

二、民间借贷风险的形成机理

作为一个社会经济活动中自发形成的体制外金融活动,民间借贷游离于国家金融监管体系之外,金融监管机构难以准确掌握其资金规模、价格、流向等实际运行情况,因而存在不可忽视的潜在风险。本文从以下三方面阐述民间借贷风险的形成机理:民间借贷双方信息不对称,缺乏完善的利率控制机制以及缺乏民间借贷监督机制。

　　信息不对称是指在市场经济活动中,各类人员对有关信息的了解是有差异的;掌握信息比较充分的人员,往往处于比较有利的地位,而信息贫乏的人员,则处于比较不利的地位。一方可能掌握的信息量多,另一方掌握的信息量少,所以双方做出的决策就存在风险。掌握信息较少的承担的风险比掌握信息多的要大得多,处在比较不利的地位。按照传统的观点认为,更多地基于借款人地缘、人缘或血缘关系的民间借贷行为相对于正规金融借贷而言,能在一定程度上减少信息不对称带来的逆向选择和道德风险问题。但近几年国内部分地区民间借贷危机的爆发,却让我们看到了民间借贷的另一面。每一个跑路事件都反映出民间借贷市场上存在着严重的逆向选择和道德风险,这让人不得不怀疑游离于监管之外的民间借贷是否真具有信息优势。实际上,在民间借贷活动中,许多贷款方并不清楚甚至不关心资金的最终流向,其提供资金仅仅是受高利率的诱惑以及对借款方的片面信任,很少使用风险防范手段。因此,在民间借贷市场上贷款方并不一定具有相对正规金融机构较多的信息优势,而且其落后的风险管理反而有可能使信息不对称程度更加严重。因此,从信息不对称角度来讲,民间借贷确实在一定范围内具有信息优势,但这个范围大小仅受限于一定的血缘、人缘与地缘。但是,温州和鄂尔多斯等地区民间借贷危机的爆发让我们看到一旦民间借贷的广度突破个人所能控制的范围,则其所拥有的信息优势荡然无存。而且由于缺少必要的信息披露、风险提示,一旦发生违约又难以获得法律保障,危机爆发就如多米诺骨牌效应一样,一时势不可挡,会如洪水般迅速冲击整个民间借贷市场。

　　目前,我国民间借贷市场并不具有正规金融市场相对完善的利率机制。当处于资金供给短缺,需求扩大时期,民间借贷市场中拥有大量资金资源的个体或团体利用自己的优势,趁机抬高借贷利率,从中获得高额利率。从而,社会中出现了远高于市场利率的高利借贷现象、非法的地下钱庄,从而大大损害借款人的利益,造成非正规金融市场的混乱,影响金融市场秩序。民间借贷高利率主要缘于三个因素:资金供求不平衡,高风险要求风险溢价,以及民间投融资渠道缺失。商业银行的存贷款状况会受到金融市场利率变动的影响。若正规金融市场中的利率高,则中小企业将对民间借贷资金的需求大大增加,这势必将提高民间借贷市场的资金价格。民间借贷利率受到多种因素的影响:第一,经济环境影响。当经济发展较快时,在良好的环境下,中小企业投资机会将增加,对资金的需求量加大,那么利率也会随之上升,民间借贷规模变大。反之,在经济处于萧条时期,中小企业对资金的需求量减少,利率随之下降,民间借贷规模缩小。第二,宏观政策的调控。当央行扩大货币供给量时,市场上的资金将供大于求,这将造成市场利率下降,中小企业更倾向于向银行等正规金融机构寻求资金帮助,民间借贷市场变得不活跃。反之,央行缩紧银根,货币供给减少,使得可贷资金供给量短缺,民间借贷规模将会扩大。第三,价格水平的变化。当物价上涨时,央行通过货币调控政策,那么利率将会提高,货币供给量减少,银行等正规金融机构的贷款条件会变得相对严格,民间借贷规模扩大。反之,价格水平下降,相应地,央行实行扩张的货币政策,货币供给将会增加,造成民间借贷规模缩小。

民间借贷活动由于缺乏相应的监督机制和适用的法律法规,因此一部分正常的民间借贷行为无法得到相应的监督和保护,而另外一部分非法违规行为则容易钻法律漏洞,这样既获得了高额的收益,同时也避免了法律对他们的责任追究。由于越来越多人受到这块"肥肉"的诱惑,从而使得非正规金融市场变得混乱,阻碍了经济的发展。在民间借贷中,缺失关键性法律规定,容易造成借贷双方之间的纠纷。特别是在刑事领域,民间借贷的某些非法行为没有相应的适用法律。因此,在处理民间借贷的案子时会产生法律混乱,给借贷双方带来法律风险。同时,由于法律缺陷,民间借贷可能演变为集资诈骗或者非法吸收公众存款。它们之间的法律界限就显得十分的模糊。就像吴英案,就其所犯的是哪条罪行而产生分歧。由此可见,较大的法律风险抑制了我国民间借贷的发展,这将阻碍我国非正规金融市场的建设。

三、温州中小企业民间借贷的调查

为了解温州中小企业的民间借贷情况,课题组于 2013 年 3 月通过抽样问卷调查方法对温州瑞安市的部分中小企业进行了实地调查。参与问卷调查的主要是以小企业和微小企业为主,共发放 100 份调查问卷,实际收回 95 份有效问卷。所调查的样本企业主要从事汽车及摩托车零配件、印染业、浴室用具、标准件制造等行业。在企业规模的分布情况上,以年销售额为划分标准,将被调查企业分别归类为 100 万元以下、100 万~500 万元,以及 500 万~1000 万元、1000 万元以上四类。不同的行业,其需要的周转资金量是

不同的。在问卷调查中，涉及 5 个行业，借贷额度分为 50 万元以下，50 万～
100 万元，100 万元以上 3 个档次。

表 1　温州中小企业民间借贷额度　　　　　　　（单位：%）

行业类型	50 万元以下	50 万～100 万元	100 万元以上
汽车摩托车零配件	16	67	17
印染厂	31	69	0
浴室用品	52	46	2
标准件	64	36	0
铜丝产业	9	23	68

　　由表 1 数据可知，汽车摩托车零配件和印染业的民间借贷借款额度大
部分位于 50 万～100 万元区间之内，浴室用品和标准件行业主要位于 50 万
元以下和 50 万～100 万元两个区间。从事铜丝产业的企业，其大部分的借
款额度则达到 100 万元以上，这是因为铜的市场价格波动频繁，企业为了防
止铜价上涨，必须提前大量购入用于储备，当无法从正规金融机构融资时则
需要向民间借入大量资金。根据以上数据显示，温州大部分行业的企业借
款额度不会超过 100 万元，这与他们的企业经营项目以及借款用途有关。
若企业借款用于正常的生产经营，那么借款额不会很大，短时间内借入大量
资金的则主要用于资产项目类投资，如房地产、股票市场、私募基金等，金额
也就势必大大超过 100 万元，甚至达到上千万元。

　　被调查的大部分企业民间借款的用途是为了补充流动资金，用于自身
企业生产发展的，其还款能力比较稳定，一般企业的借款期限在几个月左
右，很少超过 1 年。而且，企业一般每个季度都能获得货款，这能帮助借款
人及时归还借款，所以一般不会出现拖延还款或无法在规定时间内足额还
款等情况。而那些将借款用于资产类项目投资的企业，其主要获利并不是
来自自身的生产经营，因此一旦因为国内外经济环境的变化或是投资项目
出现问题，这部分企业将无法还款，甚至影响到原有产业的发展。所以在民
间借贷时，贷款人要考虑借款人的资金用途，从而控制自己的风险。因此，
在分析民间借贷可能产生的风险时，不仅要了解借款人的经营状况，更要了
解它的借款用途，这样才能降低借款人无法及时、足额还款的风险。

　　目前温州民间借贷量大概是在 1100 亿元左右，但约 40% 资金规模没有
进入生产投资领域。投资领域一般分为三类：竞争性投资领域、基础性投资

领域和公益性投资领域。目前,温州民间投资主要集中在竞争性营利性投资领域,政府投资集中在非营利性投资领域。浙江省工商联针对近 800 家企业的调查显示,浙江民间投资进入垄断行业、基础设施领域及公用事业领域的企业还不到 10%,行业垄断的后果是民间资本只能在充分竞争领域内进行,民间投资受到很大的限制。民营资本进入电、煤、气、水等领域的民营企业占比例只有 1.1%,进入金融业的只有 0.1%,进入公共设施领域的只有 0.4%。因此,从温州中小企业的实地探访和相关政府统计调查可知,温州民间借贷危机事件的表面是民间高利贷盛行,而其背后实际上是民营企业实业不兴,导致投资"离实业化"。因此,温州民间借贷危机的根本问题在于产业空心化的加剧与蔓延。从跑路及倒闭的温州企业的产业类型看,绝大多数属于做实业的,涉及皮革、电线、电缆、眼镜等实体部门。民间投资在竞争性行业中有很强的竞争力,但随着人民币大幅升值,劳动力及原材料成本大幅提高,难以盈利成为普遍现象。出于资金安全和收益方面的考虑,相当数量的民间资本从实体经济中流出,投机需求增强,转向"炒房""炒煤""炒蒜",最后升温到"炒钱"。在温州只有 30% 的民间资本回归实体经济,而65% 则流向了投机有关投资,从而阻碍了实体经济发展,同时也给民间借贷危机的爆发带来了隐患。

四、民间借贷规范化建议

规范民间借贷、降低民间借贷危机的产生,当前需要从促进民间借贷合法化和完善民间借贷的监督机制、建立和完善民间借贷担保体系这三方面着手加强。

我国民间借贷的发展状况良莠不齐,这是因为不同地区,不同的借贷双方的现象的存在。由此可见,对于民间借贷的合法化不能一刀切,而是要区别对待,具体问题具体分析。对于那些已经形成规模,经营良好,并且愿意接受相关部门监管的民间借贷机构,可将其纳入金融监管体系,使其拥有合法的地位。而那些为了获取高利润而采取高利率的民间借贷活动,要予以打击,抑制其发展,从而防止该类民间借贷活动破坏金融秩序。同时,政府不应过多地干预民间借贷的正常活动,保持正常的民间借贷自己所独有的特点,弥补正规金融所无法触及的空缺。因此,政府应该给予民间借贷充足的自主经营的空间,过多的干涉将会使民间借贷活动的灵活性和便利性受到冲击。民间借贷活动的合法地位的确立过程要循序进行,要把握好其力度以及速度。在不同地区,民间借贷面临的需求市场也是不同的。在东部地区,中小企业发达,最大的需求对象就是中小企业的流动资金和投资需求;在较不发达地区,民间借贷主要是满足农户生活消费和农牧业生产消费的需要,因此需要不同的监管要求。

民间借贷活动的兴起,虽然它满足了中小企业大量的资金需求,但是同时也隐藏着大量的风险。在利益的驱动下,一些民间借贷活动大大高于市场利率,同时政府对民间借贷活动调控比较弱,无法及时控制其利率,从而形成高利借贷,对国家利率政策不利;民间借贷活动的高利率,无疑会增加借款人的还款压力,容易造成借款人无法及时以及足额还款,形成不良贷款。此外,地下钱庄等非法金融组织,对国民经济的发展和社会的稳定和谐造成极大的破坏。因此必须建立健全合理的监管机制,规范民间借贷的行为,促进金融市场健康发展。可以考虑从以下几个方面入手:第一,建立与民间金融机构相适应的内部治理结构和风险内控制度。监管当局应对民间金融机构风险内控制度的有效性进行审查和检查,形成有效的风险监管制度。第二,建立民间融资检测通报制度。各民间借贷机构应定期上报其资金借贷情况,以便及时了解不良借贷状况,便于监管部门进行检测与管理。从而,减少民间借贷机构不良贷款,促进其健康发展。第三,建立民间金融风险处置机制。对存在问题的民间借贷机构,运用相关的行政手段、法律手段等勒令它进行整顿修改,甚至禁止其以后的运营。依法处置情况特严重的民间借贷组织,在处理过程中要注意多方面的利益关系,维护好相关人员的合法权益,从而降低其存在的不稳定因素。

建立和完善我国中小企业民间借贷担保体系,对拓宽中小企业的融资渠道具有重要的意义,可降低借款人风险,减少不良贷款率,同时也是促进中小企业持续健康发展的必经历程。中小企业民间借贷担保体系可分三个层次:一是政府参与的担保,这种担保的可靠性最强,因为这关乎政府的信誉,其担保机构的性质带有一定的政策性。二是中小企业之间的相互担保,这种担保的可靠性较前者稍弱。由于是中小企业自愿组成的,参与担保的中小企业更加关注被担保企业的经营状况,这对被担保企业形成推力,有利于形成中小企业之间的相互监督机制。三是商业性担保机构为中小企业民间借贷提供担保。总之,建立多层次中小企业民间借贷的担保体系有利于分散风险,促进民间借贷的健康持续发展。

参考文献

[1] 燕小青,赵丙奇.温州乱象与民间融资渠道[J].银行家,2011(11).

[2] 俞锡平,吕晓萌.基于信息不对称的民间借贷经济学分析 [J].时代金融,
    2013(3).

[3] 徐维隆,郭伟.基于社会网络理论的商业银行风险管理[J].黑龙江金融,
    2008(6).

作者单位:宁波大学

提升宁波桥域空间价值利用水平探析

童明荣

摘　要： 桥梁不仅具有连接交通、方便出行的基本功能，还具有商业价值、社会价值、文化价值、艺术价值等许多综合价值。宁波位于江南水乡，桥梁众多，提升宁波桥域空间价值利用水平，不仅是提升城市经营管理水平的需要，也是发展城市经济的重要抓手。宁波要借鉴国内外城市桥域空间价值开发利用的经验做法，抢抓机遇，深化认识，创新方式，完善制度，加快推动桥域空间价值的开发利用。

关键词： 宁波　桥域　价值　提升

桥域空间是城市的宝贵资源，是展示城市品位、丰富城市功能、吸引产业集聚的重要载体。提升桥域空间利用水平，是提升现代城市经营管理水平的客观要求，是提升城市形象和品位的必然选择，也是培育经济新增长极、发展城市经济的重要抓手。

一、桥域空间的利用价值及相关案例

桥域空间包括桥梁主体空间、关联空间以及较大范围的辐射区域。桥域空间的利用价值，包括显性经济价值和隐性综合价值，在桥梁不同空间上可以开发利用不同的价值。显性经济价值主要是指直接经济价值，比如通行费、命名权、广告费、商业租金等。隐性综合价值主要包括形象价值、艺术价值、文化价值、生态价值以及大桥带来的社会经济发展、人民生活改善等民生价值。目前,世界各地对桥域价值的利用已有许多成功的案例。

(一)显性经济价值

桥域空间的显性经济价值主要有:

(1)桥梁的资源占用费。主要是通行费,比如杭州湾跨海大桥2012年共通行各类车辆1254万辆,通行费收入13.4亿元。

(2)主体建筑的商业价值。无论是桥上建筑物,还是索塔结构,其所有权和使用权都可以转化为经济价值,比如印刷张贴广告的收入等。

(3)附属空间的商业价值。桥上的观景平台、引桥控制区域等区块都蕴含着商业开发价值。比如杭州湾大桥"海天一洲",2012年接待游客56万人,实现营业收入3300多万元。

(4)命名权的商业价值。比如,原泸州市泰安长江大桥命名为"泸州长江起重机公路大桥",冠名权使用年限为20年,冠名费为100万元。

(5)桥上和桥下空间的商业价值。例如,奥克兰港湾大桥开发了刺激的"跳海蹦极"和"跳楼"等娱乐项目,也有不菲的收益等。

(6)土地增值带动价值。使用效率改变带来的土地增值,比如杭州湾大桥的开通,根本上改变了沿杭州湾一带的交通和区位,也使这一区域的土地价值得到大幅提升。

(二)隐性综合价值

桥域空间的隐性综合价值主要有:

(1)艺术价值。例如宁波的福星桥,建于1891年,有五个半圆桥孔,桥体为花岗岩砌筑而成,桥面和栏杆有狮、松鹤、荷花、梅、兰、竹、菊等精美石刻,具有较高的艺术价值。

(2)历史价值。例如宁波的百梁桥,始建于北宋年间,是浙江省仅有的最长石磴木梁古廊桥,气势宏伟,结构完整,历史悠久,是研究古代桥梁的难得实例。

(3)科学价值。例如赵州桥在世界建桥史上开创性地在大桥主拱肩部加设了四个对称的小拱,创造了桥梁工程史上的新型结构,具有很强的科学价值。

(4)旅游价值。例如悉尼海港大桥和周围的悉尼歌剧院等建筑共同构成了杰克逊港湾的独特形象,成为悉尼城市的象征和重要旅游景点。

(5)休闲价值。比如,在桥梁两端设置桥头广场,既可以缓冲车流和人流,也可以提供给人驻足观望水边景色和休息的场所。

（6）社会价值。桥梁的出现优化了区域之间的交通联系,给连接区域甚至更大的范围带来了经济社会活动的变化。如美国布鲁克林桥,连接了布鲁克林区和曼哈顿岛,改变了两个城市间的往来关系和往来速度,每天有数万人经过此桥进出曼哈顿。

二、宁波现有桥域空间价值利用水平分析

宁波位于江南水乡,三江穿城而过。据统计,仅在环城北路—机场路—杭甬高速—世纪大道沿线范围内,以及江北区姚江以北部分区域,就纵横交错地分布着 160 多条内河,大小桥梁不计其数。仅宁波的母亲河——甬江(含姚江和奉化江)上如今就已经架起了甬江大桥等 24 座跨江大桥。

但是从桥域空间价值利用的角度看,宁波现有的利用水平普遍不高,这与宁波尚未形成现代城市经营理念、桥梁开发运作模式粗放以及相关体制机制不够完善有关。

第一,桥梁价值利用意识不足,运营管理的市场化程度不高。桥梁的运营管理模式雷同于道路、大楼,建成后往往是移交给当地政府负责日常管理和维护,而不是交付给市场化运营的主体,因而往往没有逐利的欲望。总体而言,宁波对桥梁的开发以社会价值为主,经济价值开发模式非常局限,即便是桥梁建设的"辐射区",基本也是"卖地"模式,一次性收取土地增值收益,忽视土地增值的渐进性。

第二,桥梁价值利用的前瞻性不够,规划建设不利于价值开发。这种情况下,桥域空间特别是关联区的开发难度很大。典型的如外滩大桥,该桥梁关联区的很大一部分甚至在桥梁规划时就已经被占据,开发主体甚至需要通过加高引桥来规避桥头空间的原有建筑。桥梁建成给关联区带来的土地增值并没有转化为投资回报,反而加剧了"拆迁难"问题,外滩大桥的八车道和惊驾路的四车道形成鲜明对照。这种现象在宁波还有不少。

第三,桥梁价值利用方式不多,过于依赖过路费收取。分析其原因,与国有企业的运作模式密切相关,也与当前投资驱动的宏观环境存在一定的关联,这就导致投入和产出难以平衡,加剧基础设施建设的"融资难"问题。以杭州湾跨海大桥为例,规划设计基本依靠过桥费和海上观景平台收入作为获利渠道,但由于杭甬、沪杭、杭宁客运专线通车及嘉绍大桥建成等原因,

大桥车流量远达不到设计标准,项目的还贷压力巨大。数据显示,杭州湾大桥公司已是连年亏损,2013 年全年资金缺口达 8.5 亿元。

第四,桥域价值利用体制机制不活,深度开发还存在着诸多困难。宁波没有充分发挥"有制订地方性法规权限的较大的市"的区域优势,在一些体制机制上形成率先突破,例如桥域空间开发的利益分配问题、开发主体的联动问题、开发行为的规范问题等。

三、进一步提升宁波桥域空间利用水平的对策建议

借鉴国内外城市桥域空间价值开发利用的经验做法,宁波要抢抓机遇,深化对桥梁价值开发利用的认识,明确分工,强化责任,加快提升桥域空间的开发利用价值。

第一,进一步深化认识,把提升桥域空间利用价值作为宁波经济社会发展的一项重要举措。要坚持"统一谋划、大胆创新、重点突破、深度开发"的理念,将提升桥域空间利用价值与宁波经济社会发展的重大战略相结合。一是要与城市经济发展相结合。当前宁波经济正处于由县域经济向城市经济转型提升的关键时期,要把桥梁经济作为发展城市经济的重要增长点,大力开发桥梁显性经济价值的同时,着力充分挖掘桥梁关联区、辐射区的隐性经济价值,从而提升城市经济发展水平。二是与重大功能区块开发相结合。当前,宁波现代都市建设正处于新功能、新基础、新形象综合开发阶段,中心城市的新功能、新基础、新形象集中体现在重点区块开发建设上,要把桥梁建设和价值开发与重点区块开发建设相结合,比如湾头区块、三江口滨水核心区、江北核心区块等,逐步实现连点成片、连片成面,呈现整体形象。三是要与街景整治相结合。桥梁是城市的重要景观,要以中心城区街景整治为契机,通过对桥梁的道路改造、绿化美化、灯光改造、立面整理等,传承历史文化,突出特色塑造,提升桥梁综合价值,切实提升城市形象品位。

第二,创新桥梁价值开发利用的模式与路径。一方面,要创新桥梁价值开发利用模式。比如,充分利用桥梁关联空间,通过出让、出租、合资等形式做好招商引资和物业开发工作,充分挖掘经济价值;借鉴相关城市做法经验,对部分桥梁冠名权实施商业性公开拍卖,冠名收益将纳入市财政专户,专项用于桥梁建设;在有条件的桥梁两头建设桥头广场,体现桥梁的休闲价值;在有条件的桥梁周边开设蹦极、游船等旅游项目,开发旅游价值;结合城

市改造和环城河治理,谋划建设古桥公园和古桥博物馆,深入开发古桥的历史、文化和旅游价值等。另一方面,要推进体制机制创新。要健全土地资源规划与开发统筹机制,进一步加强政府对桥梁周边土地资源的宏观调控能力,发挥城市规划的龙头和引导作用,对近期建设桥梁联动辐射区域土地从规划源头控制、统征,有计划地进行开发整理,提高并掌握更多的土地增值收益。要建立健全桥梁资源资产盘活机制,通过多种途径,盘活桥梁的冠名权、商业开发、旅游、文化等有形和无形资产,多渠道筹措桥梁管理维护和城市建设资金。建立重点桥梁共建共享机制,尤其对于跨区域的桥梁建设项目,按照"分享实施、共建共享"的原则,强化市与县(市)区、重点开发区的联动,建立统分结合、分级负责的投资建设机制,明确市与各县(市)区和重点开发区的投资责任、出资比例以及项目可能产生的政策性亏损的弥补比例。

　　第三,建立完善桥梁价值开发工作推进机制。一是要制定专项规划。对现有宁波桥域空间利用现状进行全面排摸,绘制《宁波桥域空间利用现状图》,制定提升宁波桥域空间利用价值专项规划,明确阶段性实施目标、重点任务、重点项目和各项保障措施。二是要建立协同合作机制。桥梁价值开发利用涉及国土、规划、建设、城管、市政、水利等多个部门,建立多部门联动协作工作机制必不可少。对于市区桥梁,建议强化市街景整治工作领导小组的职能,牵头相关部门做好市区桥域空间价值的开发利用,探索合理的利益分配模式,强化对桥梁建设开发的评价考核,做到有重点、有措施、有部署,形成全面联动格局。三是要先行先试重点突破。研究制定实施细则和三年行动计划,明确年度任务、工作重点、实施主体,并纳入各级政府和各部门年度工作。确定若干典型性强、潜力大的桥域空间做试点,率先突破。从内容上看,桥梁命名权的转让,桥面广告和产品展示权的拍卖,桥域空间旅游和体验项目的开发,桥域关联区商业业态的提升和产业园区的转型升级等都可以作为先行先试的主要内容。在成功试点的基础上,积极进行模式总结和经验推广,全面提高宁波桥域空间价值的利用水平。

作者单位:宁波市政府发展研究中心

做好农村外来建设者服务和管理工作的几点思考

——以奉化市溪口镇班溪行政村为例

王仕龙

摘　要:本文在对奉化市溪口镇班溪行政村的外来建设者的基本情况进行全面深入调研的基础上,分析了外来建设者的管理和服务工作情况、存在的主要问题和原因。为做好我市农村外来建设者服务和管理工作,文章提出了简化程序、健全网络、深化内涵、整合信息,在提高"四种功夫"上做好工作的对策,提出了做好农村外来建设者服务和管理工作的措施,这也为宁波其他县市区农村做好外来建设者服务和管理工作提供了参考和借鉴。

关键词:外来建设者　服务管理　思考

为贯彻落实党的十八大和十八届三中全会提出的"要重视社会组织建设和管理,加强流动人口服务与管理","加强和创新社会管理,推动社会主义和谐社会建设"的精神,促进"平安奉化"建设活动的深入开展,不断提升外来建设者服务管理工作水平,必须加强对外来人口管理和服务工作问题的研究。

一、溪口镇班溪行政村外来建设者基本情况

班溪行政村位于国家级重点风景名胜区溪口镇以南约 8.7 公里,距甬金高速溪口西出口仅 1 公里,交通便捷,景色秀丽。班溪村有 19 个村民小组,542 户家庭,户籍人口 1600 余人,耕地面积约 1100 亩,山林面积约 9200

亩。2012 年和 2013 年,班溪村人均收入约 6010 元和 6910 元,村级集体经济收入不足 5 万元。

近年来,班溪村依托其秀丽的自然风光,开发了著名的班溪漂流,带动了农村经济的发展,同时,也为外来建设者提供了就业机会。而且,班溪小学和班溪中心幼儿园是方圆几个村庄仅有的两所学校,为方便孩子就学,大量外来建设者选择在班溪村居住、生活、工作和学习。至 2013 年年底,在班溪村的外来建设者约 265 户家庭,1350 余人,与本村常住人口的数量基本相等,这在促进经济发展的同时,也给班溪村的社会管理,村庄环境整治等工作带来了很大的压力。

目前,在班溪村的外来建设者的现状如下。

(一)总量不断增加,一户多子女情况普遍,来源地相对集中

据不完全统计,截至 2013 年年底,班溪全村共有外来建设者 250 个家庭,1300 余人。由表 1 可知,其在班溪村定居、生活、工作的总量呈不断上升之势。

表 1　班溪村外来建设者家庭及总人数变化情况

主要指标＼年份	2007	2008	2009	2010	2011	2012	2013
户数(户)	142	159	175	204	237	250	265
增长率(%)		11.97	10.06	16.57	16.17	5.49	6.00
人数(人)	738	820	900	1060	1200	1300	1375
增长率(%)		11.11	9.76	17.77	13.20	8.33	5.77

表 1 中的班溪村外来建设者家庭及总人数,为不完全统计数据。

从上述数据可知,在 260 余个家庭中,其总人数有 1370 余人。可知,平均一个家庭为 5～6 人,除去 2 位成年人,还有 2～4 个孩子。

外来建设者的来源地分布广,但又相对集中。在班溪村的 1370 余人中,来自贵州省德江县的约 220 个家庭,1200 余人,占总数的 87.27%;来自安徽、江西、四川、江苏、重庆、湖南等省市区的约占 9%,不明省市户籍的约占 3.7%。

(二)文化程度普遍较低,素质有待提高

在班溪村统计的外来人员中,没有高中毕业及以上文化程度的人,文化

水平普遍偏低,综合素质亟待提高。中共党员 1 名,当选过县人大代表的 1 人,服过兵役的 2 名,没有当过村干部的人员。在调查中,村干部、企业主和村民反映比较好的有 30 来名。在应该受过初等教育的 750 余名人员中,初中毕业的约占 55.58%、小学文化程度的为 26.55%,文盲半文盲占应受初等教育人数的 17.87%。在入户调查中,有些人甚至连《暂住人口信息登记表》上所写的内容也看不懂、不理解,要靠正在班溪小学读书的孩子的帮助才能勉强完成《暂住人口信息登记表》的填写工作。

(三)就业范围广,居有定所,流动范围窄

在班溪村的外来建设者中,绝大多数有工可做,实现灵活就业。他们有些上山挖花木,做短工,有些经商做小本生意,有些在工厂企业上班,或在班溪村附近做运输工作,还有一些跑到相对较远的奉化市、溪口镇工作,每天来回上下班;大多数女工在村子附近的企业上班,也有的在做山活种地。

外来建设者绝大多数有固定住所,相对稳定。租赁房屋的约占 98%,住单位内部约占 2%,有的多个家庭合租一套农宅,大多与出租户关系良好,也有部分与房东关系紧张,不缴房租。据不完全统计,在这 260 余个家庭中,2009 年以前来班溪村的约占 70.14%,其余是近几年陆续来的,最早到班溪村是 1997 年,还有个别的已经在班溪村买了房子,长期居住。这就说明他们在班溪村生活基本固定,而且,他们的后代也陆续在班溪、溪口附近的企业工作或中小学校上学。

外来建设者流动相对稳定,只在年末岁初流动性会大一点,这大多是在班溪村居住 1~2 年新来溪口的外来人员,其流动只是从这个村跑到另一个村居住的情况,例如从班溪村搬到康岭村,也有从公棠村来迁来班溪村居住,大多是在班溪村附近流动,因为其孩子上小学、上幼儿园需要有近 10 年的时间,他们必须在班溪附近居住。

(四)精神生活单调,文化需求得不到满足

调查显示,班溪村的外来建设者的休闲方式主要是睡觉、打牌、侃大山、老乡串门等精神生活消遣形式,与本地人的接触很有限。也有人想提高个人素质,看电视、读书看报、上网、听广播、看电影这些文化娱乐渐渐成为外来人员的休闲方式。单调枯燥的休闲活动给他们的生活和发展造成极大的不利影响,使部分人的劳动技能得不到提高而面临退出劳动力市场的风险,同时也促使了老乡观念和"帮派意识"的滋长,危害社会稳定。

二、班溪村外来建设者服务管理工作存在的主要问题

(一)服务和管理的自主意识有待增强

目前,班溪村外来建设者服务与管理工作必须从"重管理轻服务"向"注重服务,规范管理"的方向发展。但从班溪村的实际情况看,部分村民(甚至个别干部)还没有树立起管理和服务意识,歧视心理、排外情绪依然存在,对外来建设者的服务管理工作也仅仅停留在口头上,真正能够落实在行动上的还不多。有些村民对笔者所做的"班溪村幸福共建会"筹建工作表示不理解,他们说:"外地人的事,你管那么多干什么?"也有些外来人员对"班溪村幸福共建会"的骨干们所做的工作表示不理解,有外来人员曾经对骨干说:"他们又没有给你钱,你也没有好处,管那么多的事情干吗","况且,你也不是村里的干部,没有权力和责任来管我们的事情",而不给予配合。村子上的外来建设者服务与管理工作怎么办,他们的社保怎么办,他们的医保怎么办,他们的身心健康有谁问,他们的组织管理和发展问题怎么办,他们的孩子上学怎么办等问题,还缺少必要的关心和帮助。目前,他们的管理和服务工作其实还处于磨合期,村两委对外来建设者的管理工作,基本是处于管得不多、问得不多、帮得不多的"三不多"状态。虽然这种情况在近几年有所改进,但与上级机关的要求相去甚远,对这支重要的民生力量,急需我们用平等、和谐、融合、包容的理念去保障他们必要的权益,以促进整个班溪村社会主义新农村建设工作。

(二)工作方法和管理机制亟待调整

调研发现,各级机关给予班溪村用于外来建设者服务管理工作的专项经费是零,而班溪行政村是一个人均年收入不足 5 万元的贫困村,其工作经费的困难程度可想而知,就更加不可能拨出一部分经费用于班溪村幸福共建会的建设工作,也更不可能有用于外来建设者管理和服务工作的经费保障。至今,所有与"班溪村幸福共建会"筹建工作相关的调研、走访和基本情况的统计工作,每一次工作会议、每一项工作任务、每一项活动全是靠同志们的自觉、自发而为。有人曾开玩笑说:"王指导员,你玩的是'空手道'。"笔者担心的是,这样的工作机制恐难以为继,也缺少科学的长效管理机制,难以进一步凝聚人心,发挥骨干作用。

在调研过程中,从来没有哪级领导主动提出过外来建设者服务和管理工作的经费问题,每当笔者提到外来建设者管理经费的来源问题时,都没有下文。

在溪口镇党委和政府的领导下,在相关部门的大力支持下,班溪村的外来建设者服务与管理工作的机构——班溪村幸福共建会已基本建立,运行的工作体制和机制也正在建立过程中。而且,下一步还有大量的后续工作要做。目前,这部分工作基本是由宁波市级机关派驻村的指导员为主,村干部为辅。外来建设者的管理和服务工作,由于管理主体不一,经费不能落实,考核模式不一,工作制度和计划的落实难度大,而无法达到上级提出的规范化管理的要求。

(三)权益的保障还有缺陷

有些外来建设者存"暂时"的心态。从调研的情况看,外来建设者主要目的是来宁波赚钱,来去自由是他们最大的特点。一旦不想在班溪村工作、生活,就搬迁到其他地方去。这是导致他们的权益得不到有效保障的重要的和主要的原因。也正因如此,他们所在的企业就不愿意与他们签订劳动合同,使他们的社会权益得不到保障。

这些问题的存在,也影响到了外来建设者子女的继续就学。《奉化市教育局关于做好 2013 年初中招生工作的指导意见(试行)》奉教普〔2013〕50 号文件的附件《外地户籍少年招生实施办法(初中)》规定:

3. 招生批次

"第一批(符合条件):①有原籍地户籍;②持有流出地政府(乡、镇或街道)开具的证明,证实户籍所在地无监护条件,其监护人或其法定监护人确属奉化市外来务工人员;③监护人无违反计划生育政策,并且持有当年度《流动人口婚育证明》;④监护人或其法定监护人在奉化工作,依法取得《暂住证》,并暂住一年以上有相对固定住所(暂住证与租房合同正式文本,两证地址相符);⑤监护人确在奉化市工作,有相对稳定职业:持有本市劳动合同原件或取得工商营业执照并通过当年度年检(附完税证明一年及以上),在此基础上在本市依法缴纳社会保险一年及以上。同时符合以上①②③④⑤条件的外来务工人员子女可在我市享受免费义务教育。"

而在奉化打工的外来务工人员很多人就不符合以上③④⑤条规定,其中第④条:"监护人或其法定监护人在奉化工作,依法取得《暂住证》,并暂住一年以上有相对固定住所(暂住证与租房合同正式文本,两证地址相符)。"在这一条中,农村出租房屋根本没有出租合同,所以,他们不可能提供有效的租房合同正式文本。而第⑤条"在此基础上在本市依法缴纳社会保险一年及以上。"但是,很多外来建设者因为与企业没有签订劳动合同,而达不到相应的要求。这就意味着从 2013 年下半年开始,在奉化区域范围内打工的外来建设者的孩子不能在奉化所属的初中就学。在班溪的外来建设者中,几乎没有一家企业为他们交纳过社会保障费,部分外来建设者想主动交纳社会保障费,却不知道向哪个部门缴纳,也不知道有关政策的规定。因此,使他们从小学毕业的孩子无学可上,不能继续在奉化的初中学校接受教育,只能回老家而处于无人监管的状态,或辍学在父母身边,进入本地社会游荡,而可能引发后继的不稳定因素,而且,这些第二代、第三代外来建设者的孩子们,在宁波区域内出生、成长、就学、就业,已经处于"回不去"的状态,这些人将处于无归属地的境况。

(四)融入的广度和深度还不够

目前在班溪村的外来建设者与本地人的融合度还不甚紧密,村里的各项工作,外来建设者参与得较少,虽然已经成立了班溪村幸福共建会,但其活动情况还是不够普遍,导致外来建设者的骨干们对村里的工作参与不多,即使参与了村里的工作,大多也是被动的,他们还处于相对边缘的位置。而他们对村里工作的关心,也只是浮在表面的,要让他们深入参与到班溪村新农村的建设中,还需要做大量的工作,让他们真正发挥主人翁的作用,真正唤起他们内心对班溪村的归属感。目前,正在推进的"班溪村幸福共建会"是一个有效的载体,在班溪的外来建设者对"班溪村幸福共建会"的建设工作积极性也很高,但其内容、形式和长效发展机制还存在一定的局限性,有待在今后的工作中不断丰富和完善,让外来建设者真正感受到"第一故乡,第二故乡都是家",使奉化在外务工人员管理和服务工作始终走在宁波文化大市建设、和谐城市建设的前列。

三、提升外来建设者服务与管理能力的几点思考

外来建设者服务和管理工作是一项惠及全体民众福祉的政府工程,它也惠及在奉化、溪口、班溪居住、务工、经商、学习的外来建设者及他们的家人。

(一)简化程序,在提高功效上下功夫

外来建设者服务与管理工作一直遵循"政府主导,社会联动,三级配合,齐抓共管"的原则,奉化市政府对此项工作一直高度重视,也投入大量的管理资金。但从外来建设者服务管理的规范、高效运行模式看,有时无法顺畅运转,一个重要原因就是"齐抓共管,大家不管;上下联动,各自行动"。所以,建议把"外来人口服务与管理办公室"非常设机构转变为政府常设职能机构,由原来的部门运作向政府运作转变,提升整合各部门职能,提高工作效率。建议在乡镇(街道)、村(居)建立综合的"外来建设者服务窗口"。各有关部门向该服务窗口派驻精干人员,委托部分行政职权,从务实、高效的角度来设定其职能,将"技能培训、职业中介、房屋租赁、入学入托、社会保险、劳动保障、信访维权、法制教育、法律咨询、党团建设"等内容纳入"外来建设者服务窗口"范围,为所有在奉化、在溪口的外来建设者提供"一站式"优质服务,提高暂住证(居住证)使用功能,变"要我办证"为"我要办证",进一步树立政府"亲民、爱民"的良好形象。

(二)健全网络,在落实责任上下功夫

过去的服务管理工作经验和教训告诉我们,针对外来建设者服务和管理的工作实行市、乡镇、村"网格式管理、组团式服务"的模式是可行的,但要真正发挥社会资源的整合优势,关键是要找准"网格式管理、组团式服务"这一工作模式的落脚点,要强调"村、企、户"一体化的管理模式,按照村民自治管理和"谁用工谁负责"的原则,严格落实村(居)企业的管理责任,要将外来建设者服务管理工作的考核细则中有关外来建设者管理的目标、任务下达到各村、各企业,通过村企结对,互动互利的原则,切实增强基层组织、企业主对外来建设者服务管理的主动性、责任性。

加强出租房屋管理工作,实行人房并重、人房一体的管理方式,由街道、居委会、派出所联合与出租房主、用工单位签订治安管理责任书,落实出租户的治安管理责任,明确出租人、承租人和用工单位的权利义务及应承担的治安责任。通过推行房东协管制,强化房主的责任意识。村(居)委会将房东的管理纳入村规民约,开展安全文明出租房创建活动。

乡镇(街道)级外来人口办公室要承担指导、督察、考核的职能,派驻各乡镇(街道)专职民警行使日常协调和指挥工作。各乡镇(街道)要把大部分外来建设者管理员放到基层一线,建议采取"治安承包""定期督察""划片包干"等网格化管理办法,进一步拉近管理人员与服务对象之间的距离,使外

来建设者管理员的工作真正沉入一线,乡镇(街道)要定期对外来建设者管理员进行培训、指导、考核,既要保证外来建设者管理员的工资报酬待遇,又要保证"进出口顺畅",对不适合本职岗位或有违法违规人员及时进行清退,以确保这支队伍的战斗力和稳定性。

(三)深化内涵,在细致服务上下功夫

在外来建设者服务管理过程中,溪口镇和班溪村都推出了各具特色的管理方法,如"社会治安承包制""外来人口集中居住""幸福共建会""和谐促进会"等方式。下一步将探索"网格化管理,组团式服务"的新模式,实行条块结合,以块为主,将出租房屋比较集中区块建立中心户,鼓励村(居)各村出租房屋划分若干片(组),分设片(组)长、副组长,监督其他出租户主依法合格出租房屋,落实外来建设者人来登记办证、人走注销。开设登记报备电话或短信群发、包片管理人员电话。推行按地名号码统一制作出租房屋编号,有序管理。尝试推行"居住满5年且有固定工作岗位的外来建设者,发放长期居住证,不再重复做证"。

此外,建议把"做证登记率、出租私房上牌率、外来建设者犯罪率、外来建设者满意率"作为考核乡镇(街道)、村(居)的主要指标,将职业介绍、房屋中介、人民调解等服务项目纳入村、企服务管理站范畴,结合"治安、城管、计生、社保、劳动"等部门的相关指标,实行季考核季通报制度,以确保工作实效性。

(四)整合信息,在资源共享上下功夫

改变以往外来建设者、出租房屋静态管理模式,确立以"网格、网络"信息为依托,充分发挥信息系统作用。

第一,要全面采集信息。要求乡、镇、街道落实工作责任和检查考核等途径,促使民警、外来人口管理员自觉收集外来建设者及出租房屋情况、个人家庭情况、务工地情况、计划生育情况等信息,不断拓宽信息来源,全面、及时、准确地占有信息,并在规范管理的基础上,注意补充和盘活,以保持信息的准确性和及时性。

第二,要分析研判信息。在大量采集外来建设者各种信息的基础上,对信息进行分类整合,强化信息预警作用。

第三,各部门信息实行资源共享,完善全市范围内的村(居)互通,部门联通的综合信息平台系统建设,为政府、部门间齐抓共管提供决策依据。

总之,加强对外来建设者的服务与管理工作不仅仅是外来建设者维权

的问题,也不单纯是一个社会管理问题,它是促进社会经济发展,创建和谐社会过程中一项艰巨而长期的工作。只要各级外来建设者服务管理机构真正把此项工作做实、做细、做到位,"新溪口人""新班溪人"一定能够在"平安奉化""和谐宜居"城市的创建工作中发挥出更大的作用。

参考文献

[1] 党的第十八次全国代表大会报告.

[2] 党的十八届三中全会报告.

[3]《国务院关于解决农民工问题的若干意见》(国发〔2006〕5 号).

[4] 奉化市教育局关于做好 2013 年初中招生工作的指导意见(试行)奉教普〔2013〕50 号.

[5]《中共浙江省委、浙江省人民政府关于进一步加强和改进对农村进城务工人员服务和管理的若干意见》(浙委〔2006〕10 号).

[6]《浙江省人民政府关于解决农民工问题的实施意见》(浙政发〔2006〕47 号).

[7]《关于加强外来建设者服务与管理工作的意见》(甬党〔2007〕15 号).

[8]《关于进一步深化提升融合性社会组织建设的实施方案》溪政(2013)53 号.

[9]《中共奉化市委办公室文件》市委办〔2013〕4 号,《市委办公室 市政府办公室〈关于进一步深化提升融合性社会组织建设的意见〉》.

作者单位:宁波市社会科学院

大学与地方经济社会协同发展的路径研究

——宁波市科技型企业技术需求调查报告

赵风波

摘　要：大学与地方经济社会协同发展，不仅具有重要的理论意义，而且具有迫切的现实意义。本文对宁波市科技型企业的技术需求状况进行了调查研究，并对大学与地方经济社会协同发展的必要性进行了简要分析，在此基础上对宁波市的大学与地方经济社会协同发展的实践进展进行了初步探讨，希冀为我国大学与地方经济社会协同发展的未来路径提供些许启示和思考。

关键词：大学　协同发展　宁波　科技型企业　技术需求

区域现代化与高等教育发展，这两者之间存在着密不可分的关系。自20世纪60年代开始，受"威斯康星思想"的影响，大学拥有"社会服务"的基本职能已经得到广泛认可。在知识经济时代，大学作为知识产生、发展、扩散的主要来源以及产业部门研发活动的重要伙伴，在服务于区域经济发展方面，发挥着愈加重要的作用。当前，在全球经济迅猛发展的时代，高等教育该如何与区域经济社会发展形成协同体系？在高等教育与地方经济社会协同发展的框架中，大学又该如何主动促进区域发展的活力？这些均成为未来数年我们需要关注的重要课题。在这样的形势下，本课题组聚焦于科技型企业的技术需求状况，对宁波市科技型企业进行了资料收集和调查研究，试图为大学与地方经济社会协同发展的实践提供决策依据。

一、宁波市科技型企业的技术需求调查报告

伴随着我国经济社会的深度发展,大学应该在服务地方经济社会中发挥重要的力量。为了解大学实践中尚存的一些问题,以便更好地促进大学与科技型企业开展合作的机制完善,课题组曾对宁波高新技术产业的企业管理者进行了校企科技合作的实证调研,重点了解科技型企业对大学提供支持行动的想法和建议。

调查问卷于 2012 年 11 月下旬至 12 月中旬在宁波高新园区进行,共发放问卷 100 份,回收问卷 72 份,其中有效问卷 63 份。问卷回收率 72%,问卷回收有效率 86.5%。本次调查所收回的问卷基本上达到统计上的数量要求,呈现如下反馈建议。

其一,加快科技项目的深度推进是开展校企科技合作的重要路径。调研结果表明,就企业期待得到的科技合作形态而言,44%的科技型企业最希望大学能够支持公司科技项目的深度推进,同时,22%的科技型企业最希望大学能够推进与企业间的科研人力资源互动。此外,有 18%和 16%的科技型企业最希望大学能够协助开发产品和加快平台的建设。

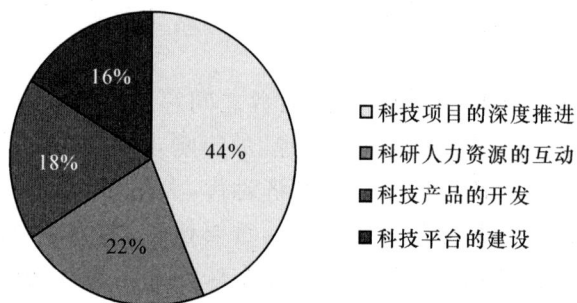

图 1　企业期待得到的科技合作形态(自制)

其二,设计可行的校企科技合作模式是现实课题。调研结果表明,92.2%的科技型企业愿意接受大学的科技支持。就具体的合作方式而言,这些科技型企业最期待高等院校能够派专门人员到公司内提供科技支持,且最期待使用面谈的方式来交流科技合作事宜。此外,伴随着企业自身的纵深发展,45%的科技型企业还期待大学能够形成跨学科的研发合作团队提供支持。限于成本等多原因考虑,91%的科技型企业还是会优先考虑选

择与公司地缘接近的大学开展全方位的科技合作项目。因此,大学如何把握地缘优势加快开发合理的校企科技合作模式成为必然选择。

其三,推进多领域的社会领域间的互动交流是开展校企科技合作的保障。调研结果表明,大学服务地方经济社会的实践推进,有企业管理者认为除了大学和企业本身的积极作为外,还仰赖于所在地区的社会环境,包括当地政府的政策倾斜,金融界、行业协会以及社会团体等机构的支持力度和强度。为此,建议加快科学、技术、产业等多个领域和组织机构的紧密联系的交流平台意义显得尤为迫切,建议不妨通过发行宣传杂志、举办研讨会、开设讲座等形式加快彼此的交流。同时,有诸多科技型企业管理者十分期待政府或社会各界能够开发建设有效的校企科技合作的网络平台。

其四,直接的理论培训是开展校企科技合作的雷区。调研结果表明,有将近65%的科技型企业管理者不愿意大学提供的直接的科技人才培训。这个结果是令人诧异的。然而通过深度交流之后,课题组发现科技型企业管理者对当前大学培训科技人才停留于理论培训的现象表示不满。相关企业管理者认为,单纯的理论培训对其企业的发展并不具有多大的现实价值,甚至会造成文化价值的冲突。这一结论给诸多大学开展校企科技合作带来一种新的方向,即大学究竟该如何开发企业管理者满意的科技人才培训课程。

二、宁波高等院校与地方经济社会协同发展的必要性

高等教育与经济社会发展之间越来越显现出强烈的互动作用、依存关系。时任国家主席胡锦涛在清华大学百年校庆中明确指出:"要积极推动协同创新,通过体制机制创新和政策项目引导,鼓励高校同科研机构、企业开展深度合作,建立协同创新的战略联盟,促进资源共享,联合开展重大科研项目攻关,在关键领域取得实质性成果,努力为建设创新型国家作出积极贡献。"本部分主要以宁波市为例,对大学与地方经济社会协同发展的必要性进行简要分析。

(一)大学与地方经济社会协同发展:宁波发展的现实需要

高等教育机构服务区域经济社会发展的作用在研究界已经形成共识,当代高等教育的迅猛发展对地区经济社会具有重要意义。因此,变革区域教育体系、创新教育服务理论就显得十分迫切而重要了。在某种程度上,大

学甚至能够从根本上塑造当地特色,可视为该区域内的"锚机构"(Kate McAlister,2012)。

宁波,地处中国的东海之滨,向东是大海。这种临海的地理位置,使得宁波文化秉持的是一种海洋文化,彰显的是一种创新精神。宁波简称"甬","甬"字源于宁波人赖以生存的甬江源头——甬山,沿着江河方向延伸到东方大海。多年来,宁波市一直秉持创新精神,关注民生求和谐,取得了不少可喜的进展。

当前,宁波正处于全面转变发展方式、提升综合实力的重要机遇期和关键阶段。其中,着力提升宁波经济社会的知识含量,推动科技型城市的发展,已经构成宁波提升城市竞争力的根本动力。宁波曾于 2010 年被世界知名商业杂志《财富》评为中国五大最具商业发展潜力城市之一,多年蝉联《福布斯》中国大陆最佳商业城市前十强。伴随着"科教兴市""国家首批创新型城市""智慧城市"的深度推进,增强本市高等院校服务经济社会发展能力无疑成为重要课题。如今,城市教育竞争力亦被相关学者视为撬起城市综合竞争力的重要杠杆。可以这么说,城市竞争力的优化提高对宁波高等教育服务经济社会提出了更高的要求。

(二)大学与地方经济社会协同发展:宁波构建服务型教育体系的战略选择

当前,高等教育在服务地方经济社会发展的重要性和贡献度上日益突出。然而,当前大学的社会服务职能显然还滞后于地方经济社会发展的实际需要,大学尚未能提供与之匹配和有影响力的支撑。宁波市教育局副局长胡赤弟(2012)甚至认为,服务地方经济社会发展已成为当前高等教育的核心职能,高等教育必须深刻变革,特别在其组织结构、技术和课程方面,以使自己适应时代的要求。可见,在当前的形势下,加快大学与地方经济社会的协同发展具有重要的现实意义,尤其对于宁波构建服务型教育体系更是如此。

就政策领域而言,宁波市于 2005 年提出了服务型教育体系建设的战略目标,这在国内尚属首例。之后,宁波又相继出台了《关于加快构建服务型教育体系增强服务地方经济社会能力的若干意见》《关于"十一五"时期完善高等教育发展体制推进服务型教育体系建设的若干意见》《关于深化服务型教育体系建设加快培养高素质应用型人才的若干意见》和《关于设立教育服务经济贡献奖的条例》等文件。可以看出,宁波市委、市政府正在通过多元政策加速推进服务型教育体系的形成。

2011 年,宁波市制定了面向未来十年的《中长期教育改革和发展规划纲要(2010—2020 年)》,纲要明确指出:"宁波致力于形成适应经济社会发展的服务新格局,建成较为完善的服务型教育体系,建成一批与宁波支柱产业、战略性新兴产业紧密相关的特色学科、品牌专业,产学研合作的平台和机制需要得到完善。"这在很大程度上意味着宁波高等教育尤其是大学服务地方经济社会的目标已经进入实质阶段。

三、宁波市高等院校与地方经济社会协同发展的基本现状

近些年来,宁波市的高等院校在与地方经济社会协同发展方面已经取得了不少进展。就实践领域而言,宁波的高等教育如今日益成为区域经济社会发展的助推器,各种创新变革已在高等教育领域发生着。一方面,宁波市着力探索产学研一体化的联动发展,竭力发挥高等院校在知识创新中的引领作用。例如宁波市的大学科技园已经成为国家级的大学科技园,这极大地促进本地区的民营经济、服务业以及港口物流的深入发展。另一方面,宁波市正在大力引进创新型领军拔尖人才。以 2010 年为例,宁波市新增了8 个院士工作站和 8 个国家级博士后工作站,以推动区域经济社会的深入发展。此外,宁波市还通过多元化的国际合作全面提升高等教育的质量,这些领域的变革无疑为区域经济社会的发展注入了新的活力。

以宁波诺丁汉大学为例,作为我国境内第一所具有独立法人资格的中外合作大学,自建校伊始就汲取了英国诺丁汉大学服务诺丁汉市的核心理念,将服务地方经济社会发展作为大学办学思想。《宁波诺丁汉大学章程》第一章总则第六条明确指出:"宁波诺丁汉大学的办学宗旨是促进中英两国的教育合作,加强地区间的交流,引进英国高等教育的管理模式,加快国际化人才的培养,适应二十一世纪浙江省、宁波市经济与社会发展的需要,培养基础实、素质高、专业能力强的国际化高级人才。"建校八年来,宁波诺丁汉大学一直努力汲取英国诺丁汉大学的办校经验,探索出一条适合中国发展的且兼具西方先进思想的发展之路。时至今日,作为中英合作的嫁接的产物,该校业已取得的可喜成绩引起社会各界的关注。宁波诺丁汉大学致力于面向经济社会,承担为社会培养所需要的人才,现有在校生 5400 多人(其中博士生 50 人,硕士生 500 人,其余均为全日制本科生),学生就业率达

到 100％,毕业生参加世界名校研究生考试或者竞聘"全球 500 强企业",录取率也都高于国内名校。此外,宁波诺丁汉大学的学生在国内外各项竞赛中的出色成绩得到了广泛关注。例如,2010 年,宁波诺丁汉大学赛扶(SIFE)团队参加全国大学生赛扶创业大赛荣获冠军,之后代表中国参加了在美国洛杉矶举行的全球大学生赛扶创业大赛,荣获亚军。2011 年,宁波诺丁汉大学启动了创新人才培养模式,与宁波市科技局、教育局和英国诺丁汉大学共建"国际博士创新研究中心",计划投入 1.7 亿元,在数字经济和能源技术两大领域,实行大学和企业联合培养,致力于培养 100 名创新型博士,这无疑又搭建起一座国际科研合作和人才培养的桥梁。

正是基于高等教育对地方经济社会的重要意义,宁波市教育局于 2008 年 1 月委托中国社会科学院倪鹏飞博士承担《宁波城市教育竞争力比较研究》课题,并于 2009 年 3 月出版了《中国城市教育竞争力比较——探寻宁波方位》。此外,我国在宁波设立了首个"城市教育竞争力研究中心",就是致力于开展中国整体及不同区域城市教育竞争力的研究,每年发布一次《中国城市教育竞争力报告》,且正在致力于每年系统分析一次宁波教育竞争力的多种因素,目前已确定把"教育对城市竞争力贡献度研究——以宁波为案例"课题作为攻关项目。当前,宁波正处于新一轮的重要发展机遇期,迫切需要发挥高等教育尤其是高等院校在人才培养、科学研究和服务经济社会发展方面的重要作用。推动形成政府、社会和高等院校的联动发展机制,加快宁波在更高层次、更宽领域、更全方位的多元合作,成为宁波未来十年快速发展的实践课题。

四、反思:大学与地方经济社会协同发展的未来路径

在大学与地方经济社会协同发展的框架中,我们究竟该沿着何种路径去努力开拓呢? 这或许已经成为各界关注的话题,亦值得我们反思。课题组曾抽样访谈了 30 名科技型企业的管理者,他们亦对大学与地方经济社会协同发展的未来路径提出了广泛的建议。笔者基于这些高层管理者的需求、建议的分析,结合已有的理论基础,认为大学的实践领域可从如下路径予以重点开拓,且需要注意若干问题。

从职能定位来看,需要充分发挥大学的"引进来""推介出去"和"建立合作"等职能,重点是增进大学与科技型企业进行合作的空间,产生积极的"溢

出效应"。为此,大学至少需要拥有三支团队来支持这一行动:第一支团队是调查大学科技"供给和需求"的团队(能提供给科技型企业什么,自己想要从科技型企业得到什么);第二支团队是向科技型企业推介大学信息的谈判公关团队,具体涉及信息传播、科技合作的公关和谈判以及建立与企业的合作联系,获取企业的具体科技需求;第三支团队是向大学院系的相关机构和人员发布这些科技型企业的最新需求信息,并能帮助大学组建跨学科、跨领域的业务团队。总之,大学与科技型企业之间要保持经常性的交流互动的机会,以彼此认同对方的价值和想法。

从时间周期来看,校企间开展合作并不是简单的物理聚合,而是要形成化学反应。一方面,从短期来看,需要激励大学对科技型企业发展进步的供给能力,充分发挥高等院校在区、校合作中的先导作用,比如鼓励高等院校科技人员到相关企业兼职、挂职,提倡高等院校科技人员进入区属企业,通过双方的接触,激发科技人员的灵感,拆除企业与科技人员之间的"围墙"。另一方面,从长远来看,需要建立较为合理的科技合作机制,寻求利益平衡和构建战略合作平台的关系,兼顾全局利益和长远利益,实现大学和企业的共同发展。如若可能,大学不妨建立激励科研人员服务地方经济社会的激励考评体系和跨学科合作制度,引导那些有意服务地方经济社会的研究团队更加积极地开展科研活动。

此外,校方的支持是促进大学提供科技支持的根本环节。基于科技型企业对于大学提供支持的欢迎程度,各大学应该结合本校实际,敦促科技处、人事处协同共进,为有志于提供科技支持的教学科研人员完善相关的激励政策,包括在时间、信息、经费、实验设施等方面的支持和政策倾斜。若有可能,学校应该敦促相关的人事部门制定出台新型的教师考核评价体系,在评价指标中突出产学研合作方面的激励力度和强度。

需要指出的是,尽管大学在地方经济社会发展进程中可做出积极贡献,然而高等院校自身的政策导向和教师自身的利益诉求渐趋明显,这就导致大学在与科技型企业合作时还是存在一些利益上的冲突,导致一些产学研合作项目无法实施或难以深入开展。此外,科技型企业对于技术创新联盟、产学研合作中心、设计中心等创新平台,仍然持谨慎观望、试探的态度居多。这些现实问题给大学服务地方经济社会带来了诸多难题和挑战。

然而,大学服务地方经济社会发展已成为高等教育未来发展的必然选择。为此,建议每一所大学结合自身特点来制定有效的路径,尤其是要特别重视大学在科技型企业发展进步中的支持作用。在提倡促进服务地方经济社会的过程中,每所大学不妨经常反思如下几个问题:大学在服务地方经济社会的路径方面是否有进一步改善的空间?大学在服务地方经济社会的过程中是否考虑了学生学习体验这一维度?大学服务地方经济社会的过程中遇到哪些瓶颈问题,该如何去突破?或许,在这样的反思、审问和实践中,我国大学服务地方经济社会的发展才能走得更坚定、更扎实。

参考文献

[1] 张力.产学研协同创新的战略意义和政策走向[J].教育研究,2011(7).

[2] 范笑仙."区域现代化与高等教育发展"中英研讨会综述[J].中国高教研究,2012(8).

[3] 李道先,罗昆.协同创新视角下地方高校产学研合作的实现途径[J].高校教育管理,2011(6).

[4] 胡锦涛.在庆祝清华高等院校建校 100 周年大会上的讲话[EB/OL].[2011-04-24](2012-04-24)http://www. gov. cnldhd2011-04/24/content _ 1851436. htm.

[5] 杨晨广.教育部:着力提升高等学校服务经济社会发展能力.中国教育报.2012-07-11(1).详见:http://www. sinoss. net/2012/0711/41469. html,2012-07-23.

[6] 徐小洲,张敏.创业教育的观念变革与战略选择[J].教育研究,2012(5).

[7] 李兴华.协同创新是提高自主创新能力和效率的最佳形式和途径[N].科技日报,2011-09-22(4).

[8] 张振助.高等教育与区域互动发展论[M].桂林:广西师范大学出版社,2004.

[9] 向兴华,梁锦霞,杜娟.我国研究型大学适应经济社会发展的若干思考[J].高等工程教育研究,2012(5).

[10] 王志强.研究区如何贡献于大学的创新活动与区域经济发展[J].全球教育展望,2012(8):3.

[11] 何海霞.地方高校产学研合作教育评价及对策——以广东省为例[J].教育发展研究,2012(9):41.

作者单位:宁波诺丁汉大学

宁波市乡镇政府依法行政能力提升与
制度建设的对策建议

朱锡明　　徐仲建　　沈雪潋　　郭　跃

摘　要: 我市乡镇政府依法行政工作中面临的主要问题有:乡镇干部依法行政水平有待提高,群众的法律意识有待加强;乡镇政府法定职能不够明晰,法定职权存在若干缺失;乡镇政府依法行政体制不健全,缺乏有力的行政执法权;乡镇政府依法行政能力考核不受重视,考核指标不够科学。提高我市乡镇政府依法行政能力可从以下几方面入手:健全普法宣传制度;建立健全乡镇公务员法律知识培训制度;建立健全县、乡两级政府在行政执法中的协调制度;完善乡镇政府各种行政执法制度;在乡镇政府中设立专门的法制办公室;建立健全乡镇政府兼职法律顾问制度。针对卫星城市试点镇综合行政执法过程中出现的问题,可采取如下特别措施以改善其行政执法能力:适当增加在编人数,减少编外人员数量;以综合行政执法为主,适当采用其他执法模式;强化镇综合执法局对派驻人员的考核权,维持委托单位的基本人事权;坚持条块结合,建立沟通协调机制。

关键词: 乡镇政府　依法行政能力　制度建设

乡镇政府是我国的基层行政机关,是国家和政府联系广大人民群众的重要桥梁和纽带,也是依法管理、依法行政的最前沿阵地。乡镇政府做好依法行政工作,是实现法治政府的重要环节,提升我市乡镇政府依法行政能力对推进法治政府建设具有十分重要的现实意义。

一、我市乡镇政府依法行政工作中存在的问题及成因

在我国依法行政工作整体逐步推进的大背景下,我市各级政府将依法行政工作摆上重要议事日程。我市依法行政的制度框架逐步形成,政府依法行政的能力正在逐步提高,各项法制工作成绩显著。与此同时,不可否认的是,我市各级政府依法行政的工作力度有自上而下逐级递减的态势,乡镇政府依法行政工作中存在的问题相对较为突出。

(一)乡镇干部依法行政水平有待提高,群众的法律意识有待加强

目前我市乡镇干部的法律意识和个人素质尽管已有所提高,但其运用法律手段解决实际问题的能力和水平还不够高,依法行政不适应程度比较突出。同时,作为行政相对人的广大乡镇群众,特别是农民群众,对法律的了解十分有限,不大相信能通过法律维护自身合法利益,遭遇不利时常想到通过"找人托关系""上访"等形式解决问题,群众薄弱的法律意识增加了乡镇政府依法行政的难度。

(二)乡镇政府法定职能不够明晰,法定职权存在若干缺失

现行法律对乡镇政府职能和职权的界定不够明晰,相当多的乡镇政府在工作中将重点放在上级派下来的硬指标工作上,对自身应担当的行政管理职能缺乏应有的积极性;相应的行政管理职权主要集中于县级以上人民政府及其职能部门,乡镇政府在许多事项上存在着管理缺位,导致权力与责任脱节、管理与监督缺位、职责与职能错位现象。

(三)乡镇政府依法行政体制不健全,缺乏有力的行政执法权

依法行政体制与现行行政管理体制和政府职能转变尚未形成全方位的对接,乡镇政府的有责少权和缺乏强有力的执法权影响了依法行政工作的展开,造成乡镇政府行政效率低下和部分工作目标难以完成的结果。乡镇政府如因此产生"依法行政是县级职能部门的事""乡镇没有处罚权,依法行政与我关系不大"等错误思想,就有可能导致乡镇政府行政不作为行为的产生。

(四)乡镇政府依法行政能力考核不受重视,考核指标不够科学

目前,考核乡镇政府政绩的决定性指标是"经济发展"和"社会稳定",乡

镇政府依法行政状况在业绩考核中所占分量不大,考核后的成绩不作为评价乡镇政府及其领导干部政绩的指标,所以单纯的依法行政考核就变得不痛不痒;同时,依法行政工作与经济工作等相比所能显现的成效慢,尚不足以引起各级领导的高度重视。

二、乡镇政府依法行政能力的含义和提升意义

在国家现有的法律框架和行政管理体制下,提升乡镇政府依法行政能力是解决乡镇政府依法行政工作所存在问题的重要手段,是实现依法行政的中间环节和重要条件。乡镇政府依法行政能力,是指乡镇政府按照依法行政的要求,在实现依法行政目标过程中实际所拥有的能量和力量的总和,是由乡镇政府在依法行政工作各个环节中表现出来的能力所构成的一种综合能力。这种能力既包括对乡镇政府作为一个组织的整体能力要求,也包括对所有乡镇政府机关工作人员(公务员)个体的能力要求。

乡镇政府依法行政能力的主要内容包括:实现依法行政目标所要求的制度建设能力、制度执行能力(执法能力)、监督保障能力。公务员依法行政能力,是行政机关工作人员根据依法行政的观念、原则和要求,按照法定职责和权限实施行政行为并承担相应行政责任的能力,其主要内容包括依法行政的观念、依法行政的知识水平和依法办事的行为能力。

提升乡镇政府依法行政能力,是社会经济发展的必然要求,是构建社会主义和谐社会的必然要求,是提高党的依法执政能力的必然要求,是适应现代行政管理需要、整体提升政府能力、加强政府自身建设的需要,也是正确处理人民内部矛盾、化解纠纷、减少和消除社会不稳定因素的必然要求。

三、提升我市乡镇政府依法行政能力的制度建设

从整体上看,科学的依法行政理念和法治意识、高素质的公务员队伍、健全完善的制度体系和运行机制,是乡镇政府依法行政能力建设的主要环节。具体而言,可从以下几方面入手着力提高我市乡镇政府的依法行政能力。

(一)健全普法宣传制度

普法宣传工作应以提高乡镇人民法律意识和法律素质为中心,深入开展以法治实践、道德教育紧密结合的法制宣传教育,夯实以农村为重点的基层民主法制建设基础,营造人人学法、用法的良好社会氛围,以此推进各项事务依法规范和管理,不断提高法治化管理水平。要创新法制教育形式,要从群众的实际需求和农村的法治现状出发,利用电视、广播、报纸等手段,通过案例剖析、专题讲座等形式,少读法条,多讲案例,少打条幅,多发资料,少搞形式主义,多注重实际效果。

注重乡镇普法宣传工作的领导,由乡镇主要领导负责指挥和决策工作,可在乡镇司法所设立普法宣传领导小组办公室,具体负责普法日常工作。建立健全普法宣传的督查制度,成立普法宣传的督查机构,组织协调各年度的普法宣传教育检查工作,通报有关工作的进展和落实情况,对有关工作提出评议意见。

(二)建立健全乡镇公务员法律专业知识培训制度

强化基层领导干部的法治观念。乡镇领导干部必须转变与依法行政不相适应的思想观念和行为方式,学会用法律思维来研究情况、分析问题,学会依法管理社会和政府的各项事务。要有效利用培训这一途径,着力提高乡镇政府领导的法律意识,增强公务员的法律知识,建立、完善乡镇政府公务员的法律知识培训制度。

对乡镇公务员进行法律专业知识培训,应注意以下事项:一是对培训不能流于形式,而是要形成经常性的制度,建立一种长效机制,力求实实在在的效果;二是要力戒法律培训形式单一,充分利用各种形式和载体开展法律知识教育,变被动灌输为主动汲取,建立一种学与教之间良性互动的法律培训机制;三是加强法律素养及行政法基本理论的培训,为提高依法行政能力夯实理论基础,不仅要培训法治的精神,还要把相关法律(特别是土地管理、水务、林业等实体法及行政处罚、复议、诉讼等程序法方面的法律)的内容培训透,使乡镇公务员懂得在行政管理过程中运用相关法律。

(三)建立健全县、乡两级政府在行政执法中的协调制度

为解决乡镇政府的行政执法权问题,便于乡镇政府直接进行行政管理,可以采取以下几种模式协调乡镇政府与县级政府的行政执法权:一是由县级政府相关部门依法委托乡镇政府行使执法权,如县级政府人口与计划生育主管部门依据有关规定将征收社会抚养费的执法权委托给乡镇政府行

使;二是县级政府相关部门在乡镇设立派出机构进行行政执法,如县级政府相关部门根据需要在乡镇设立"分局"等工作机构;三是开展相对集中行政处罚权的县级政府综合执法局,实行职能部门与乡镇条块结合的方法在乡镇设立执法大队或中队。

此外,对与农民群众联系比较紧密、不涉及行政处罚权的有关工作,如社会保障、农业生产等,可以继续以乡镇为管理主体,县级职能部门给予指导,并建立必要的工作机制保证顺畅的沟通渠道。乡镇政府在做出各种具体行政行为时,必须严格审核执法主体资格问题,与上级政府相关职能部门保持充分的协调和沟通,确保行政行为的主体资格合法。

(四)完善乡镇政府各种行政执法制度

要在乡镇现有制度的基础上,完善各种行政执法制度,为依法行政提供制度保障。与乡镇政府行政执法直接相关的制度应包括:行政执法程序制度、行政执法人员管理制度、依法行政考核制度、行政执法案卷评查制度、行政执法责任追究制度等。

(五)在乡镇政府中设立专门的法制办公室

目前我市乡镇政府基本上没有专职法制工作人员,根据依法行政的需要,乡镇政府可设立专门的法制办公室,以加强基层法制机构的建设。乡镇政府法制机构作为乡镇政府法制工作的办事机构,可与政府办公室合署办公,增挂"法制办"牌子。乡镇政府法制办公室的工作职责可包括:审核规范性文件和具体行政行为;负责行政执法责任追究制度的实施;落实政府信息和政务公开工作;负责法律咨询、政策的法律把关等。

(六)建立健全乡镇政府兼职法律顾问制度

与政府法制机构工作人员相比,专门从事行政法律事务的律师具有自身的专业知识和实践经验上的优势,作为编外人员,又能在一定程度上弥补乡镇政府法制机构工作人员的局限性。乡镇政府聘任律师作为兼职法律顾问,邀请其全面介入政府行政决策和行政执法领域的合法性审查,积极参与突发事件应对,就能有效解决依法行政过程中出现的涉法问题,进一步提高行政机关依法行政能力。

乡镇政府应加强对受聘政府法律顾问的管理,建立和完善以政府法律顾问的考核、激励、进出和日常工作等机制为重点的工作规则和相关配套制度。县级政府法制办公室牵头会同县司法局负责推进乡镇政府法律顾问制度的建立和完善工作,对乡镇政府法律顾问的确认、聘任及工作开展情况进行指导、检查和监督。县级政府将乡镇政府法律顾问制度的实施情况纳入年度目标任务考核体系进行考核。

在上述各项制度中,健全普法宣传制度和乡镇公务员法律知识培训制度是提升乡镇政府依法行政能力的前提条件,建立健全县乡两级政府行政执法协调制度和乡镇政府行政执法制度是基本方法,设置法制办公室和聘任兼职法律顾问则是重要保障。

四、改善卫星城市试点镇行政执法能力的特别措施

宁波于2009年开始展开卫星城市建设,至今已有8个镇确定为卫星城市试点镇。在卫星城市建设过程中,行政管理体制改革的基本思路是:通过设立镇综合执法局的方式赋予试点镇县一级的管理权限,加快推进城市开发建设,提高城市管理水平,逐步完善卫星城市行政管理体制。

卫星城市试点镇综合行政执法方式在一定程度上解决了镇政府缺乏行政执法权的问题,有助于其行政执法能力的提高。试点过程中,卫星城市在综合行政执法过程中面临的主要问题有:在编人员少,临聘人员多;专业技术人员缺乏,专业技术设施不完备;派驻人员身份特殊,难以有效奖惩考核;相关部门之间权责不清,容易出现相互推诿或争相执法的情况。为此,可采取如下特别措施进行应对,以改善卫星城市试点镇的行政执法能力:

第一,适当增加在编人数,减少编外人员数量。综合执法局在编人员少、编外人员多的现状已在一定程度上影响了其依法行政能力,建议适当增加编制人数,通过公开招考的方式,招录既具有高等学历,又具有专业知识和法律知识的人员充实到队伍中来,同时减少一定数量的临聘人员,提高执法人员的专业素养和法律素养,使执法队伍的组成人员基本保持稳定,为依法行政奠定坚实的基础。

第二,以综合行政执法为主,适当采用其他执法模式。推进相对集中行政处罚权和综合行政执法试点工作,是解决多头执法、重复执法、执法扰民和执法队伍膨胀等问题的重要举措。但是,由于各镇经济发展的产业重点不同,行政执法的重点也会有所不同,综合行政执法试点工作不能采取一蹴而就的方法。县、镇两级政府可以根据自身特点进行逐步推进综合行政执法工作,对于某些专业性强、专业人员缺乏、专业设施不完备的部门,可以暂时采取由县级政府相关部门在镇设立派出机构等方式进行执法,等相关条

件具备后再将其纳入综合执法范畴。对于县级职能部门已设立集中行政执法机构的,如城市管理综合执法局等,如现阶段不宜直接纳入的,也可以考虑在镇设立分局,采取与综合执法局合署办公等方式,等日后条件成熟时再将其纳入。

第三,强化镇综合执法局对派驻人员的考核权,维持委托单位的基本人事权。县级职能部门将行政执法权委托给镇综合执法局,一般同时会委派若干人员给后者,具体负责相关事项的工作,同时在两者之间起到沟通、联系的作用。对于派驻人员的工作业绩,应强化镇综合执法局的考核权,并相应负责落实其福利待遇,将考核结果及时通报委托单位,而委托单位对派驻人员仅维持基本的人事权,以便调动派驻人员的工作积极性和责任心。

第四,坚持条块结合,建立沟通协调机制。通过建立联席会议、告知回复等工作机制,使执法工作从"条"为主的管理体制转变为"条块"结合的管理体制,以达到沟通流畅、配合密切的管理效果;在委托执法、建立沟通协调机制时,明确委托单位的指导、监督责任,针对委托事项,规范操作流程,加强培训指导,明确镇综合执法局的执法责任,切实落实执法责任制,按照职责分工追究责任,防止相互推诿。

作者单位:宁波工程学院

基于社会流动视角的社会工作人才队伍建设研究

周莹莹

摘　要：文章在研究社区中社会流动的基础上，分析社会流动对于社会工作人才队伍建设的作用，提出加强社会工作人才队伍的建设，应充分发挥每个社会工作者个体的不断向上的自驱力，以及榜样和优势团体的他驱力，发挥社会流动中上向流动作用。文章还进行社会工作者社会流动现状调查研究，分析影响社会工作者社会流动的因素，及社会工作人才队伍建设中存在的问题，最后从加强组织领导、完善岗位设置、多渠道吸纳社会工作人才，完善教育体系，拓宽育才渠道，努力形成良好的人才培养机制，积极探索、洋为中用，不断完善社会工作运行机制，建立健全政策与制度保障机制，加强社会工作人才队伍建设，提高认识，加大宣传，营造良好的社会工作人才发展环境等方面提出多渠道建设社会工作人才队伍的对策与建议。

关键词：社会流动　社会工作　社会工作人才队伍建设

社会流动是客观存在的一种社会运动形式，社区是人类社会的一个组成部分，社区也存在着社会流动，充分发挥社会流动中上向社会流动的作用，建立科学合理的社会工作人才队伍建设工作机制，建立多级梯次的社会工作人才培育机制，建立有效的社会工作岗位聘任制度的竞争激励机制具有十分重要的现实意义。

一、社区中社会流动

(一)社区中的社会流动概念辨析

社会流动概念是美国社会学家索罗金在 1927 年所著《社会流动》一书中首先提出的。他认为,社会流动是不同阶层背景中的人口交换,即一个阶层的人转入另一个阶层。社会流动也称"社会位移",是指社会成员在社会关系的空间中从一个社会位置向另一个社会位置的移动。当人们改变自己现有的阶层背景时,它就表现为一种社会流动。因此,社会流动既表现为个人社会阶层背景的变动,也表现为个人社会角色的转换,实质上是个人社会关系的改变。

社会流动是客观存在的一种社会运动形式,社区是人类社会的一个组成部分,社会流动同样客观存在于社区之中。本研究所探讨的社区社会流动是指社区工作人员的社会地位、地域、组织关系的转变过程,社区社会的流动对象是人,是指社区工作人才的流动。

(二)社区中社会流动的方式

从不同的维度对社区社会流动这种现象进行分析,可以把社区社会流动分为以下几种方式。

1. 垂直流动与水平流动

就社区社会的结构而言,把流动分为垂直与水平流动两种方式。垂直流动是指社会工作者向上或向下的流动。垂直流动的结果是主体的社会地位发生了变化,如社会工作者从社区干部退回一般工作人员或从一般工作人员成长为社区干部。向上流动是社区人才选拔的结果。向下流动是社区新陈代谢的结果。因为社区也存在激烈的竞争,所以决定上下流动的主要因素是社会工作者的教育水平、职称、能力等。垂直流动是在社区中不同层次之间的流动,不同层次中的"精英"向上流动的机会更多。社区也只有创造更多向上流动的机会,才能充满活力,更能使社会工作者产生努力向上的动力。水平流动是指社会工作者在流动过程中地位未发生改变,改变的只是群体、组织关系和地域。如社区干部在同级部门的位置调整。水平流动在社区中是同一层次的流动,起主要作用的个人的价值取向和社区的需求。这种流动有利于社区社会资源的优化配置,经验的交流,管理水平和理论水平的提高。社区里扩大水平流动的规模,加快流动的速度,规范其流动程序,有利于社区的健康发展。但从现实角度来看,目前社区的流动主要是垂直流动为主。

2. 自然流动与非自然流动

按其功能和产生的社会作用不同可以把社区的社会流动分为自然流动与非自然流动。自然流动是指社会工作者在人才链上的流动是正常的,顺向的流动。如社区居委会工作的普通社会工作者升级后当副主任,副主任升级当主任。自然流动是社区运转不可缺少的机制和手段,也是社区资源的合理利用和各结构层次人员的补充。非自然流动是指社会工作者在人才链上的流动是不正常的,逆向的,有害于整个社区或社区某一集团的利益。非自然流动这种现象,如干部竞选中的作弊及我们常说的"拉票"等现象,对社区发展和正常运转具有巨大的破坏力,是个别人或某一集团为了获取利益而采取的不正当的、非法的手段,造成了社区资源的浪费,内部机制运转紊乱,必须坚决禁止和严惩。但是有些非自然流动却情况不同,它有时会使某一集团的利益或在社区中的地位受损,而对整个社区或社会工作者的个人发展而言情况就不一样了。

因此,社区中存在着社会流动,其流动方式以自然流动为主,垂直流动和水平流动并存。

二、社会流动对于社会工作人才队伍建设的作用

(一)社会流动与教育的关系

社会流动与教育之间的关系是互为前提、互为因果不可分割的关系。这种关系尤其在数字化、信息化时代表现得更加密不可分,且呈现出极强的动态性质。第一,古今中外,要想参与上向社会流动就必须有接受过良好教育的背景。社会流动,尤其是上向流动的前提条件必须是具有良好的教育背景,因为教育背景代表着是否具备从事某方面工作的知识与才能。而知识、才能和专业素养的来源则是教育。第二,由于信息时代的知识日新月异,知识结构不断地得到更新。这就要求劳动者不断地接受新信息、新知识的挑战,要求不断地接受教育刷新陈旧的知识。第三,成功理念在社会流动中呈现出多元化。受全球经济发展的影响,对于成功的理解有了更多的范

式,但是无论专业还是行业的要求,它都无法摆脱相应领域的教育与培训过程。反之,人才链上向上流动的人才,必然是接受过相关专业、相关领域专业教育的有素训练者。

(二)教育对于社会工作人才队伍建设的影响

当前我国处于经济、社会转型的关键时期,随着各种社会问题大量涌现,复杂性、多样性明显增强,解决问题的难度不断加大,对社会福利、社会救助、社区服务等专业化社会工作的需求越来越多,要求越来越高。从我国社会工作人才队伍的现状来看,无论数量还是能力素质与现实需要都存在很大差距。造就一支结构合理、素质优良的社会工作人才队伍作为一项重大任务摆上日程。

教育作为一切有目的地影响人的身心发展的社会实践活动,对于社会工作人才队伍建设至关重要。通过完善教育体系,拓宽育才渠道,充分利用高等院校和科研机构学科专业齐全、课程体系完善、师资和技术力量雄厚的优势,可以提高社会工作人才培养的质量和水平。通过立足本职工作,加强岗位锻炼,可以充分发挥实践对社会工作人才队伍培养的基础作用。

三、社会工作者社会流动现状调查

为了更准确地了解现在宁波社会工作者的情况和进一步研究提供第一手资料,课题组开展了此次调查。课题组成员深入宁波各市县区开展调查。本次调查发出问卷 100 份,回收 100 份,回收率 100%,有效问卷 100 份,有效率 100%。调查对象为社会工作者,调查方式为随机方式,问卷采用无记名形式。为制定科学的应对政策和进一步研究提供了较为翔实的第一手资料。

(一)被调查者的基本情况

1. 性别

本次调查中,被调查对象男性占 69.0%,女性占 31.0%。

2. 职业分布

本次调查所涉及的社会工作者职业较广,包括妇女主任、社区保安、村委会主任、社区委员等。

(二)宁波社会工作者的社会流动现状

1. 社会问题的复杂,需要更多社会工作者

由于经济改革,出现了许多"社会人"和体制外人员,如失业人员、自由职业者、新经济体的从业人员、拆迁户、农民工等。这些群体的问题频繁而多样,难以避免地产生这样那样的不可轻易能够协调的纠纷。由于经济的快速发展,城市的面积持续增长,以往的郊区偏远地带也逐步划入城市的管理范畴,社会问题越趋复杂,需要更多社会工作者。

2. 转职成为社会工作者的跨职阻力较小

由于尚未普及落实社会工作者凭职称上岗的制度,也就导致进入社会工作的门槛较低,转职成为社会工作者的跨职阻力较小。在"你认为完成从别的职业到社会工作这个职业的跨越有难度吗?"这个问题的回答上,15%的受访者认为难度较大,69%的人认为一般,16%的人认为较为容易(见图1)。

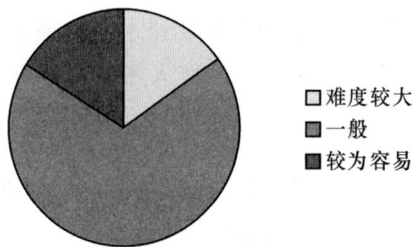

图1 从事社会工作跨职阻力情况

3. 文化程度上的提升空间,为其社会流动提供可能

社会工作者的文化程度在一定程度上体现相应的知识技能的水准和工作能力的水平,具有较高水平的文化程度能够更为及时有效地开展社会工作和构建和谐社会的发展。据悉,宁波市现行的助理社会工作师和社会工作师的报考要求的最低文化程度为高中或拥有同等学力的中专,而当前宁波市社会工作者的相关文化程度还有待提升。据本次调查显示,初中及以下学历占15%,高中含中专占46%,专科占7%,本科占30%(见图2)。这为发挥教育的上向流动提供可能。

4. 职称上的提升空间,为社会工作者的社会流动提供可能

2006年7月20日,民政部、人事部联合发布了《社会工作者职业水平评价暂行规定》和《助理社会工作师、社会工作师职业水平考试实施办法》,首

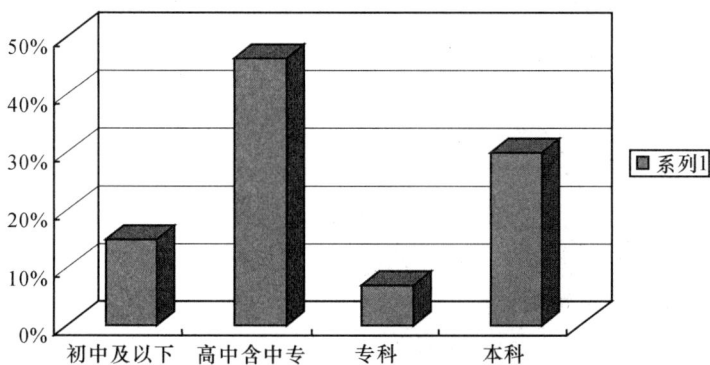

图2　文化情况

次从国家制度上将社会工作者纳入专业技术人员范畴,为进一步提高社会工作人才队伍的专业化水平提供了制度保障。但鉴于推行过程中存在的普及以及落实的困难,宁波市尚未能够完全落实社会工作者水平的评估和职称的评定。依据本次调查的数据显示:尚未取得职称的占53%,取得初级职称的占26%,获得中级职称的占16%,拥有高级职称的占5%(见图3)。因此,社会工作者职称上还有很大提升空间,这为发挥教育的上向流动作用提供可能。

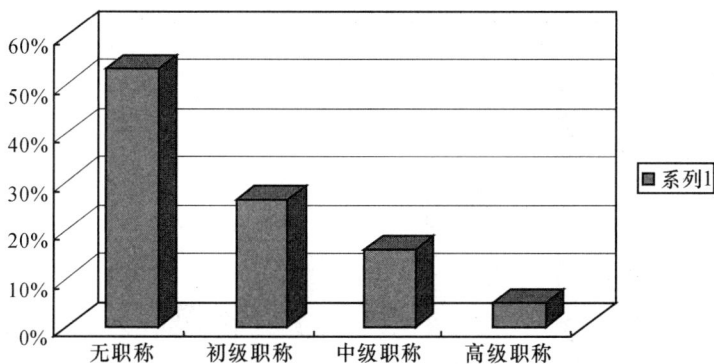

图3　职称情况

5.专业的不一致性,为发挥教育的上向社会流动作用提供可能

社会工作者开展工作,有专业理论的指引能更好进行工作,也让工作更具有有效性;缺乏专业理论的指导与梳理,则会缺乏工作效率以及导致工作的滞后性。宁波市当前的社会工作队伍在一定程度上存在专业多样化的问题。依据调查显示,从事社会工作的工作者中,17%属于社会工作专业,

26％属于与社会学科相关专业，59％则与社会学科不相关（见图4）。专业的不一致性，为发挥教育的上向社会流动作用提供了可能。

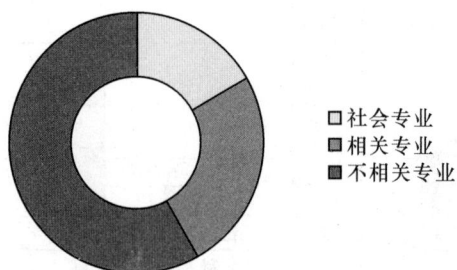

图4　专业情况

6. 薪酬和职位是促使社会工作者社会流动的重要动力

在市场经济的带动下，无偿的社会工作显然不能适应当前的形势，社会工作者在构建和谐社会以及维持民生的工作中扮演重要的角色，但对薪酬的过多关注则影响工作情绪以及对工作所持有的态度。据本次调查显示，在对从事社会工作最大的动机的回答上，更丰厚的薪酬占52％，更高的职位占28％，社会的认可占15％，服务于大众占5％（见图5）。可见，更丰厚的薪酬，更高的职位是促使社会工作者社会流动的重要动力。

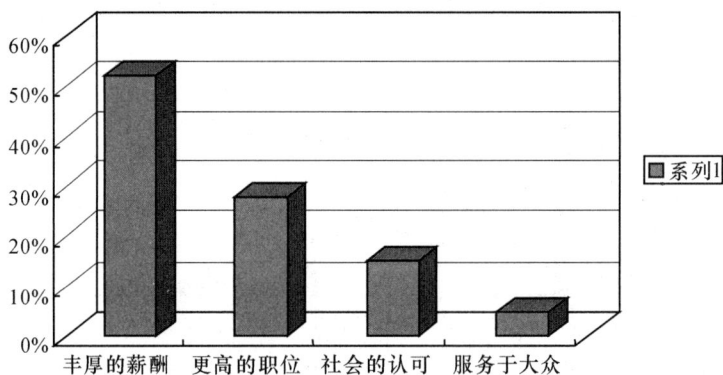

图5　从事社会工作的动机

社会工作者作为比较具有地方区域特点的职业，需要有比较固定的职业环境，以便能更为深入地了解所属区域的情况和便于开展工作。据调查数据显示，宁波市的社会工作者受家庭以及地区的经济发展水平影响较大（见图6）。

影响你上向社会流动的主要因素是什么?

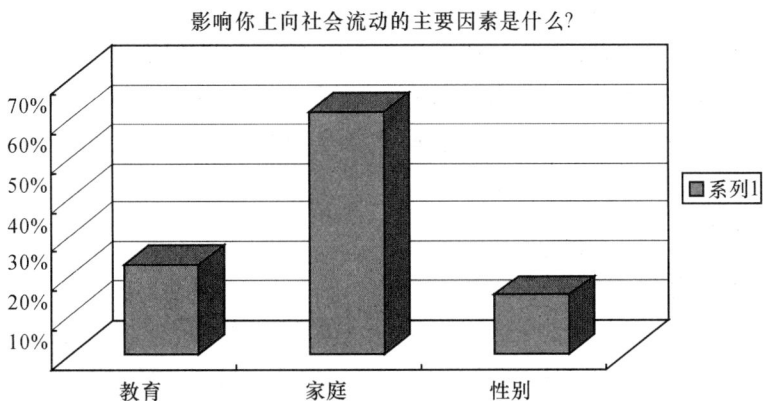

图 6　影响社会流动的因素

(三)当前社会工作中存在的问题

1. 培训机制有待完善

(1)培训周期不固定

针对当前新兴以及带有时段色彩的多样的社会问题,为了更为有效地在处理各类社会问题上扮演更为重要的角色,固定有效的培训工作必不可少。据调查显示:23%的单位有固定的相关培训,31%的单位有培训,46%的单位则缺少相关的培训(见图7)。

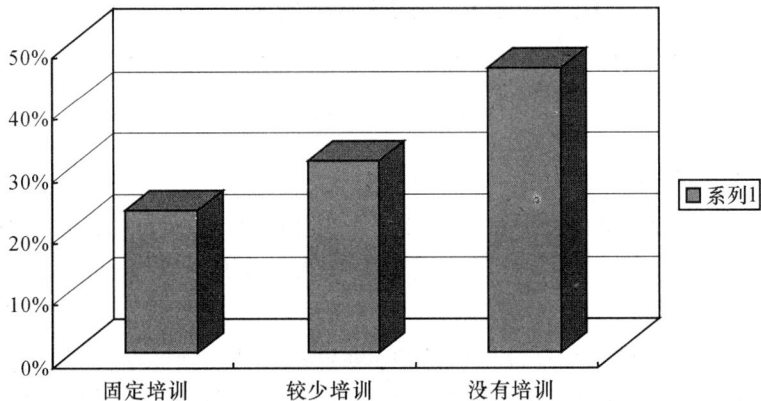

图 7　培训情况

(2)培训多样化但缺乏持久性

当前的社会工作人才培养方式包括培训、举办学历教育班,外派、交流、上挂等,形式多样,效果较好。但是由于社会工作人才队伍建设是个新课题,绝大部分相关机构尚无明确的社会工作人才培养计划,主要是根据上级要求及临时特定业务需求来安排培训,培养工作缺乏系统性。与接受全新的社会工作专业知识的要求相比,培训力度、培训频率,以及培训时间尚不能满足需要,专业培训缺乏持久性。

2. 工作中动力不足

(1)收入普遍偏低

收入偏低则在一定程度上影响社会工作者的工作积极性。据此次调查显示:月收入 2000 元以下的占 47%,3000 元以下的占 30%,4000 元以下的占 23%(见图 8)。据资料显示:2010 年宁波人均可支配收入为 30166 元,在一定程度上,社会工作者的收入普遍较低。

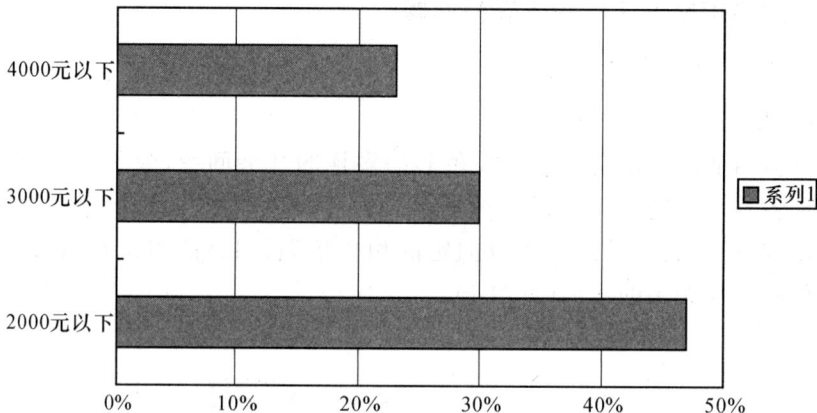

图 8 收入情况

(2)激励不足

工作之中的诸如升职,待遇的提升在很大程度上能调动社会工作者的积极性。据此次调查显示:31%的受调查者认为存在升职的空间,而 69%的受调查者认为升职空间较小(见图 9),在待遇的提升上也存在一些偏失,文凭的提升难以带来职位与待遇的晋级,难以很好地激励社区工作者提高自身的学历水平。在收入待遇普遍较低的情况下,社区工作者的薪酬机制不合理。他们的待遇由不同时期、不同群体的政策决定。收入与职务不挂钩,社区的党支部书记、居委会主任的工资一般低于新进的大学生。以上种种导致激励不足。

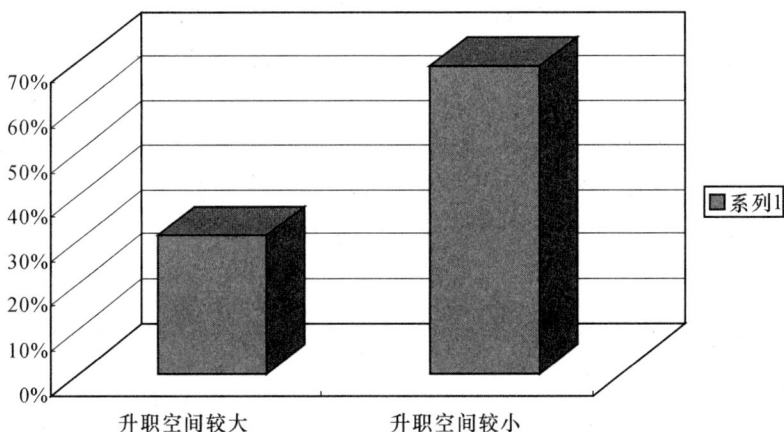

图 9　升职空间情况

3. 考核方式有待改进

一般社会工作机构到年终时的大事,都是准备各种各样的资料来应对上级部门与本单位的考评。例如基层社区负责社会救助、就业援助、居家养老、司法矫正、社区文化、残联、计生、党建,乃至地税等方方面面的工作,每一方面的工作都有厚厚的一本汇报材料供政府部门检查。其他社会工作机构也有类似的情形,造成文牍主义、形式主义的弊病。在不少组织或社区中,大量时间不得不用于制作书面材料,实际工作的执行与落实受到一定影响。从上级主管部门角度来说,过于侧重以书面汇报材料为考评依据,虽然有助于提高工作速度,但是对实际工作成效的考察难免有所忽略。

四、从社会流动视角探讨社区社会工作人才队伍建设的建议

社会流动理论告诉我们,加强社会工作人才队伍的建设,要充分发挥每个社会工作者个体的不断向上的自驱力,以及榜样和优势团体的他驱力,发挥社会流动中上向流动作用,多渠道建设社会工作人才队伍。具体建议如下。

(一)加强组织领导,完善岗位设置,多渠道吸纳社会工作人才

1. 高度重视、加强领导,制定社会工作人才队伍建设规划

各级党委、政府特别是各级领导要高度重视,社会上要达成共识。要充

分认识到社会工作的重要性,以及专业的社会工作是预防和解决社会问题、维护社会稳定的重要途径,是现代社会的"安全阀"。加强对社会工作的组织领导,将社会工作提到重要议事日程,纳入经济社会发展总体规划,在党委领导下,建立组织部门综合协调,人事、民政、教育、公安、计生、司法、卫生、劳动和社会保障等职能部门具体负责,工会、共青团、妇联等群团组织密切配合的工作格局,同时积极整合民间社会工作资源,制定社会工作人才队伍建设规划。

2. 设立健全的政府、专业协会和具体社会工作机构的多层次管理机构

社会工作的管理理应由政府、专业协会以及社会工作机构三个层次的管理体系共同承担。首先,政府是社会工作职业领域合法地位的确认者。政府应出台相应的法律、政策来确定社会工作者的职业领域、职业地位和职业标准,为这项工作的开展提供权威性的基础。同时在相关法律基础之上,有关部门还要根据具体情况制定出可操作的实施细则。政府机构应该让渡一些监管权力给行业协会,利用行业协会对整个行业进行引导与规范,使行业协会具有对从业人员和业内机构的注册权、监管权、考核权等,以促进行业的规范化、正规化,从而健全政府、专业协会和具体社会工作机构对社会工作者的多层次管理。

3. 科学设岗、按需设岗、以岗定薪,广纳社会工作人才

以和谐社区建设为契机,以社区居民自治组织、社区工作站、社区服务中心、社区民间组织为平台,积极探索在社区建设中引入专业社会工作的方法和途径,按照科学设岗、按需设岗、以岗定薪的原则,完善社会工作岗位设置,满足人民群众对社会福利、社会救助、慈善事业、残障康复、优抚保障、心理疏导、司法矫正等多方面的服务需求。面向社会公开招聘专职社会工作者,吸引大学毕业生、企业管理骨干、军转干部等从事社会服务工作,建立规范的社区专业化服务体系,提高社区社会工作服务水平。

(二)完善教育体系,拓宽育才渠道,努力形成良好的人才培养机制

1. 完善教育体系,充分发挥高校在社会工作人才培养中的作用

抓好高校专业社工源头培养,制定社会工作人才培养规划,加快高等院校社会工作人才培养体系建设。要在大学里设立社会工作的相关专业,扩大高校的社会工作专业硕士点,适度增加博士点设置,积极引进国际先进的

社会工作教育理念和课程体系,加大社会工作专业教育师资队伍建设的投入和培训,抓紧培养大批社会工作急需的各类专业人才。在社会服务机构中认定一批社会工作实习基地,落实社工专业课时等专业实习要求。加快教育培训机构网络建设,整合党校、行政学院、高等院校以及各类社会培训机构等培训资源和工作力量,逐步形成高等教育、继续教育和培训教育互为补充,相互促进的社会工作综合教育培训体系。

2. 立足岗位,加强锻炼,发挥实践对社会工作人才队伍培养的基础作用

加强社会工作人员的在职培训,要按照"素质优良、规模适当、结构合理、专兼结合"的原则,探索采用院校培养、带教培训、实习培训、上岗培训、证书培训、知识更新培训以及其他培训方式对社会工作人才和社会工作相关管理人员进行规范化专业培训。制定社会工作人才岗位轮训制度。通过进修深造、出国培训、交流合作等多种方式,建设一支思想政治素质高、专业理论功底好、实践操作能力强的社会工作师资队伍。积极借鉴国际社会工作专业化的成功经验,加强教育培训,着力提高社会工作的职业素质和专业水平。要创新培训形式,丰富培训内容,拓宽培训渠道,积极开展同国外及港澳台地区的项目合作;要加强培训基地建设,在社会工作各个领域建立若干社会工作专业实习和继续教育基地,充分发挥基地的示范作用。

(三)积极探索、洋为中用,不断完善社会工作运行机制

1. 积极探索多元投入机制,建立社会工作经费保障机制

积极探索政府、社会、用人单位和个人多元投入机制,建立可靠的社会工作经费保障机制。确立政府是社会工作服务以及社会工作职业发展资金的主要提供者,要健全社会工作发展和社会工作人才开发投入机制,增加这方面的公共财政投入,建议每年财政支出的公共服务项目预算中,划拨一定比例的经费用于社会工作事务的固定投入,落实社会工作人才队伍建设相关的教育事业、培训补贴、工作经费等相关支出。同时,增加政府采购、外包等投入方式,通过项目化的运作,来购买社会服务,鼓励社会捐赠,广泛吸纳社会资金。

2. 依托"三社互动""两工联动",建立完善的社会工作运行机制

创建"社区、社团、社工"三社互动和"社工、义工"两工联动机制,确立"政府主导、社会参与、民间运作、社工引领、义工服务、群众得益"的社会工

作运行机制。打破"自上而下"的行政性传统工作模式,采取一种科学化、专业化、人性化、大众化的方法开展公共事务的管理,逐步理顺社会工作与政府、社区、机构、居民间的关系,形成运转流畅、资源共享、和谐互动的工作运行机制。

3. 洋为中用,理论指导,积极推进社会工作人才队伍建设的规范化

我国社会工作目前尚属起步阶段。要以开阔的视野、开放的心态、开拓的精神,主动借鉴和汲取发达国家社会工作人才队伍建设的经验和做法,准确把握社会工作人才队伍建设的共同规律,对国外的经验教训进行研究借鉴,立足本国国情,在对比中探讨规律性,在政策制定上注重可操作性。同时积极开展社会工作人才队伍建设研究,理论指导实践,不断推动我国社会工作和社会工作人才队伍建设工作的规范化开展。

(四)建立健全政策与制度保障机制,加强社会工作人才队伍建设

1. 建立专业职业评价机构,构建符合国情的社会工作人才评价制度

建立专业的职业水平评价机构,民政局和相关的部门联合成立社会工作水平评价的委员会,贯彻落实社会工作职业水平考试规定,对取得相应证书者进行登记与复核,对社会工作从业者进行执业资格认证。聘请社会工作的专家和资深的经验丰富的社会工作者,成立社会工作水平评价委员会,结合从业资格和实务业绩给出客观公正的职称评定,制定合理的职业标准和相关的考核规定,从专业角度对各类社会工作项目、机构及个人业绩进行评估。改革现有的政绩评价制度,贯彻落实人事部、民政部联合发布的《社会工作者职业水平评价暂行规定》和《助理社会工作师、社会工作师职业水平考试实施办法》,全面实施社会工作者职业水平评价制度。以工作业绩、工作能力、专业知识、工作态度、合作精神等方面为主要考核内容,建立科学的社会工作者绩效考核指标体系。

2. 创新用人机制,拓宽社会工作人才就业范围

人才使用是社会工作人才队伍建设的关键,探索灵活多样的用人方式。以公开公正、竞争择优为导向,以"社会化招聘、契约化管理、专业化培训、职业化运作"为方向,探索建立专职制、聘用制、派遣制、项目制、委托制等多种用人机制相结合的柔性用人机制,实行合同制管理。在各个社会领域推行聘用制和岗位管理制度,逐步引入竞争机制,规范和完善按需设岗、竞聘上岗、以岗定酬、合同管理等管理环节,做到人员能进能出、职务能上能下、待

遇能高能低,形成优秀人才脱颖而出的用人环境。推进社工与义工"两工联动",集聚一支稳定的义工志愿服务队伍。同时强化对社会工作人才的动态考核管理,引导社会工作人才有序流动。

3. 建立有效的激励机制,激发社会工作人才的创造活力

人才激励是社会工作人才队伍建设的重要保障。制定社会工作者职业薪酬标准,建立一套相对科学、合理,社会机构和组织之间相对统一的社工行业薪酬体系,保证其薪酬不低于同等条件专业技术人员薪酬水平。兼顾不同工作年限、专业级别的社会工作者的积极性,要采取学历、资历、资格、业绩、岗位等多种指标相结合,按照以岗定薪、以绩定奖、按劳取酬的原则,实现薪酬机制的合理化。使社会工作者在发挥作用中逐步提高社会地位、职业威望和职业生涯发展空间,使社会工作成为社会认可和受人尊重的职业。激励广大的社会工作者,吸引优秀人才。

(五)提高认识、加大宣传,营造良好的社会工作人才发展环境

1. 提高认识,增强社会工作者的社会认同度

社会工作作为一种职业,在欧美西方发达国家已成为一种大众熟悉的专门的职业,社会工作与律师、医生并称为三大热门职业,被誉称为"社会工程师"或"社会医生"。而我国真正意义上的现代社会工作刚刚起步。导致目前社会工作的理念没有深入人心,相当一些人还不知道什么是社会工作,相当一部分领导干部还不会利用社会工作,他们对社会工作认识不足,重视不够,支持不力。因此,必须提高社会各界的认识,增强社会工作者的社会认同度。

2. 树立典型,发挥社会工作者的榜样示范作用

坚持正确导向,凝聚吸引人才,不断强化社会工作人才自我提高的内在动力。注重工作实绩,注重群众公论,真正把那些实绩突出、群众公认的优秀人才选拔出来。要注重发现、培养、宣传在本职岗位上奋发成才的典型,切实让优秀人才成长进步的步伐快起来。进而通过树立社会工作人才队伍中的先进典型,让社会了解他们、尊重他们、支持他们,努力形成"有困难,找社工"的新局面,为进一步推进社会工作人才队伍建设营造良好的社会氛围。

3. 加大宣传,营造社会工作人才队伍建设需要的良好社会氛围

通过报纸杂志、广播电视、网站等媒体推广宣传社会工作,普及社会工

作的相关知识,增强公众的关注程度。要努力搭建社会工作人才建设的载体和平台,推动社会工作协会的建立,推动各个领域社会工作机构的建立,还要大力发展社会事业,为社会工作人才参与各项社会管理和服务工作提供广阔的舞台。要采取舆论宣传、政策引导、法律规范、搞好服务等多种措施,大力营造有利于社会工作人才成长和发挥作用的良好环境。

参考文献

[1] 崔燕.加强宁波的社会工作人才队伍建设,http://news.qq.com/a/20080317/000595.htm.

[2] 兰溪市民政局.社会工作人才队伍建设研究——社会工作人才的培养、评价、使用与激励,http://mzj.lx.gov.cn/WebDisplay.aspx? id=127.

[3] 戴建中.中国现代化过程中的社会流动.载中国社会科学院社会学研究所编.中国社会科学年鉴:1989—1993.北京:中国大百科全书出版社,1994.

[4] 林南.社会资源和社会流动:一种地位获得的理论.载南开大学社会学系编.社会学论文集.昆明:云南人民出版社,1989.

作者单位:宁波大红鹰学院

人口老龄化背景下宁波城区老年教育的
参与障碍研究

张如敏　邬晶晶　周　磊　雷　英

一、绪　论

（一）研究背景

截至 2012 年年底，宁波市 60 周岁及以上的老年人口基数已超过 112 万人，占人口总数比例的 19.42％，较上年增加 51845 人，增幅 4.84％。预计至 2015 年，宁波市 60 周岁及以上的老年人口将逼近 130 万，超过人口总数比重的 20％。按照国际通行的标准，60 岁及以上的老年人占总人口比重达到 10％以上或 65 岁及以上老年人占总人口比重达到 7％以上即开始进入老龄社会。宁波城市人口的老龄化引起一系列的社会问题。其中，老年教育已成为近几年来社会日益关注的焦点。

在 2011 年 9 月之前我市建有的 11 所老年大学，都是由市、区两级老干部局主办的。因为供需矛盾的突出，各老年大学招生对象只能以人事和劳动部门正式发退休证的机关、企事业单位的离退休人员为主，个私企业退休人员和社会老人只能被拒之门外。为此，很多老人对这一现象有诸多抱怨：老年教育到底是"精英教育"还是"大众化教育"？为促进教育公平、惠及全体市民，2011 年市教育局拨出了 500 万元专项建设经费，支持宁波社区大学依托宁波电大办老年教育中心。在短短的半年时间内，就完成了学习调研、申报立项、装修改建、设备安装、师资选聘等全部工作，开设了计算机、养生保健、音乐艺术9大项49个班次,市民只要凭身份证,就可报名入读;目前已有2600多人次参加了报名学习,真正实现了老年教育的大众化。老年教育事业的发展反映了党和国家对老年教育的重视,反映了老年群体学习的积极性,同时老年教育的发展也折射出老年群体对于教育的需求特征。

(二)研究意义

人口老龄化是目前人类社会共同面临的发展趋势,也是我国现代化进程中无法回避的基本国情。城区人口的老龄化已成为一个突出的社会问题。根据全国老龄委的统计,截至2011年年底,中国60岁及以上的老年人口约有1.9亿,占总人口的14%。2013年,这一数字将突破2亿,预计到2050年老年人口将达到全国人口的三分之一。发展老年教育,是解决老龄化问题的有效途径之一。在人口老龄化迅速发展的形势下,为规模庞大且增长迅速的老年人口提供各种所需的教育资源就成为国家和政府公共服务的重要内容。

我市老年教育正式发轫不过20余年,在教育参与障碍方面的研究不多,社区大学隶属于市教育局举办老年教育的实践更是处于初步尝试阶段,在此方面的研究不但少,而且研究的范围不够全面,深度也不够,基本上停留在经验交流与总结的层次,尚未形成具有自身特色的大众化老年教育模式。老年群体在参与教育的过程中不可避免地会遇到各种障碍。这些障碍或源于老年群体自身的原因,或来自社会、教育机构、教育工作者等各种外界环境。深入调查和了解老年群体的教育参与障碍,找出存在的问题并提出解决对策,这既是老年教育理论建设的需要,也是在新世纪、新形势下社区大学服务职能如何拓展的需要。

(三)国内外老年教育研究现状述评

我们对国外老年群体学习的研究现状做了细致的了解。较早进入老龄化社会的欧美国家,在老年教育方面起步早,发展较为完善,积累了不少有益经验。例如美国的老年教育机构众多,1949年美国全国教育联合会成人教育部成立了老化教育委员会。1951年美国成人教育协会成立,老化委员会并归其下。目前,美国联邦老龄管理局是美国政府设立的老龄工作机构。根据《美国老年人法》,该局是美国在老龄化问题方面的最高决策机构,负责《美国老年人法》的执行,按照年度及问题提出计划、要求并检查实施情况,管理政府专门用于老年人的拨款。此外,还有美国老年学会、老年公民全国理事会、美国退休人员协会、退休联邦雇员全国协会等组织机构,这些组织各有宗旨,但一个共同的特点是将老年教育和学习作为自身活动的一项重要内容。各种民间的营利或非营利性的老年教育组织更是繁多,他们根据老年人的学习需要开展形式多样的老年教育活动,为美国老年教育的丰富和发展做出了突出贡献。而亚洲一些国家老年教育发轫早,发展成熟,同时又颇具特点和成效。另外,这些国家与中国的国情、文化传统有不少相似之处,为老年教育的经验借鉴提供了有利条件。譬如日本的老年教育无论是组织管理的福利性、社会参与性还是教育内容的实用性、导向性,组织形式的灵活性都值得我们关注和借鉴。因此,欧美和亚洲一些国家的老年教育都是我国老年教育的发展不可或缺的参照对象。另外,老年教育学大师麦克拉斯基(1997)在马斯洛需求理论的基础上也为我们规划了老年人潜能开发的方向。即通过教育,提升老年人的应付能力、表现能力、贡献能力、影响能力、自我实现能力和生命超越能力,满足老年人在个人、家庭、社会不同层面的需求,促进老年人的全面发展。

为了给本课题研究的开展提供一个比较广阔的背景,课题成员对国内的研究情况也进行了比较全面的资料收集工作。利用知网的数据资源,以"题名"为检索项,以"老年教育"为检索词,以"精确"匹配,进行了跨库检索。结果显示,在 1979 年至 2012 年间,《中国期刊全文数据库》检索到相关论文591 篇,《中国重要报纸全文数据库》299 篇,《中国优秀硕士学位论文全文数据库》16 篇,《中国博士学位论文全文数据库》2 篇。然而,由于目前有关老年教育的实践还处于初步发展阶段,这方面的研究少之又少,以至于以"参与障碍"为检索词进行二次检索,则只有 1 篇此类论文。因此,笔者只能从与"老年教育"以及"教育参与障碍"相关的论文或著作里搜集一些零碎的有关老年教育参与障碍问题的观点与探讨。这些论文主要涉及的方面有:(1)各地城市老龄化现状;(2)各地老年大学的办学模式及教学情况;(3)各地老年教育的需求分析;(4)成人教育中的参与障碍理论及问题分析。

(四)研究方法

本课题主要通过文献分析法、调查问卷法和行动研究法等方法来对老年群体的教育参与障碍进行分析研究。

1. 文献分析法:由于以老年教育群体为对象的需求研究并不多,因此更加广泛、全面地进行文献的收集显得尤为重要。本课题运用不同的手段和途径进行了如下的文献收集:(1)零次文献。课题成员利用在宁波社区大学老年教育中心任课和管理的便利条件,专门收集了一线老年教育工作者的工作心得、统计资料以及有关的其他各种各样的材料案卷等。（2）一次文献、二次文献和三次文献。这三种文献的搜集主要是利用宁波广播电视大学（宁波社区大学）图书馆的纸质图书资料和中国期刊全文数据库、中国重要报纸全文数据库、中国优秀博硕士学位论文全文数据库等多种数字资源来获得的。课题参与者对前人有关研究文献进行了梳理，对有关大众化老年教育的需求现状有了比较全面的研究信息，进一步明确了所做的研究方向。

2. 调查问卷法、个别访谈法：对社区大学的在校老年学员的征求意见和需求调查重点采用调查问卷法和个别访谈相结合的方法。

3. 行动研究法：一线教师在实际教学行动中进行研究与反思，在反思中进行提炼和升华，并将反思结果应用到实际研究行动中。

二、老年教育参与障碍的相关理论研究

（一）有关老年教育理论的认识

1. 终身教育理论

终身教育理论强调教育不是仅限于学校某一特定阶段的活动，也不是某一部分人所拥有的特权。教育贯穿于人生的每个阶段，并且包括社会的每一个成员。终身教育作为一种重要的国际教育思潮最早是由 18 世纪法国著名思想家孔多塞（M. J. A. Cnodorce）提出的。在此之后，英国成人教育委员会主席史密斯（Smith）的《1919 报告书》（*The 1919 Report*）、1970 年法国成人教育家朗格朗（Lengrand）提出的终身教育提案、1972 年联合国教科文组织出版的《学会生存》等均强调了"终身教育"的基本理念。联合国教科文组织于 1976 年 11 月召开第十九次全体会议，在所通过的《关于成人教育发展的报告》中，明确地把终身教育作为社区教育的发展理念。英国社区教育专家 Rennie（1981）指出，社区教育是社区居民终生学习的一种权利，他们不仅有学习的能力，也有教学的能力，在传统教育中，老师与学生、专业与非专业、生产者与消费者是两种对比的角色，而在社区教育中，教授与受教者间的关系则是一种更为开放、民主、参与的互惠关系。

1993 年中国发布的《中国教育改革与发展纲要》首次提出了"终身教育"概念。1995 年颁布的《中华人民共和国教育法》把终身教育制度确定为我

国教育的基本制度之一。1998 年发布的《面向 21 世纪教育振兴行动计划》明确将社区教育作为发展终身教育的有效载体与途径。陈乃林（2002）强调指出，终身教育与社区教育都具有全员性（强调社会成员的全体参与）、全程性（强调教育权利的终身保障）、全面性（强调学习内容的广泛覆盖）等特征，都是迥然不同于传统教育的新型教育理念；从内容上来讲，两者都涵盖了正规教育与非正规教育、正式教育与非正式教育、学校教育、家庭教育、社会教育等各级各类教育形式，都需要全社会的积极支持；但是从实践上来讲，社区教育更具有可操作性，因此，社区教育通常被认为是终身教育理念指导下在全社会构建终身教育体系的实践行动，是实施终身教育的重要载体。

　　终身教育理论同时也是老年教育研究者的重要倡导理念和价值定位。在原有的教育体系下，相对其他人口群体，老年人的受教育权一直是被忽视甚至是抹杀的，而终身教育理论则明确了老年人也与其他任何年龄段的人口一样享有不可剥夺的受教育权利。应该说，近年来我国学者对终身教育理论的介绍和研究已经成为我国老年教育理论发展的助推力之一。

　　2. 老年教育理论

　　《人口学词典》指出，老年教育是让老年人继续学习而进行的教育活动，是根据老年人的生理和心理特征进行的一种特殊教育，其目的是使老年人增长知识、开阔视野、丰富生活、增强体质，教育的对象是各个层次的老年人（吴忠观，1997）。《社会保障辞典》指出，老年教育是按照老年人生理和心理特征及需求而进行的一种特殊教育（张海鹰，1993）。这两个界定不再强调老年人服务社会的目的，而是从老年人生理和心理健康的角度对老年教育进行阐释，体现了以老年人为本的教育理念，但是"丰富生活、增强体质"教育目标的设计与教育的基本功能——人的发展、生命价值的启发与提升有所脱离。

　　《社会科学新词典》指出，老年教育是一种为了科学、系统和正规地培养老年人而进行的教育活动。教育目的是为了使老年人老有所学，磨炼思维，陶冶情操，增进生活乐趣，促进健康，发挥余热；教育内容一般以文化课程、文艺课程、卫生保健课程为主，根据老年人的爱好和需要来进行安排；教育方式有老人学校、专题讲座、短训班等（汝信，1988）。另外，2007 年中国老年大学协会主席张文范认为："老年教育是老年人在新的社会化过程中自我完善、超越自我、有目的的学习活动。是老年人提高自身生命质量和生活质量,适应时代和社会需求的素质教育活动。"(张文范,2007)这两个界定更为全面地描述了老年教育的对象、目标、课程设置和教学方式,在突出以人为本,以老年人为中心的教育理念的基础上,强调开发老年人的潜能,推进老年人的自我完善与超越,以适应社会发展的要求。

3. 老年教育的模式

发达国家老年教育模式呈多元化特征,综合不同的研究成果,主要有:

(1)由高等院校创办的第三年龄大学。如1973年,皮埃尔·维勒斯教授在法国图卢兹大学创办了世界上第一所第三年龄大学。目前世界范围内的"第三年龄大学"已普及到160多个国家和地区。

(2)由社区组织的老年教育活动。如在美国和加拿大等国家依托社区,组织建立了自我管理模式的老年教育,班里的学员自行承担大部分甚至全部课程的授课任务。

(3)函授、远程和网络老年教育。如在瑞典,许多老年人通过大学开办的网上老年大学接受教育,老年大学生在高校中占有相当高的比例,仅在斯德哥尔摩大学,55岁以上的老年大学生就占全校学生总数的20%,60岁以上的占10%。

(4)福利行政部门创办的老年教育。如日本都道府县福利部门采取委托的方式开办老年教育。

(5)非政府组织或民间组织投资开办的老年教育。如在英国和澳大利亚,一些老年学校的房屋租金、设备及主要活动经费都来自慈善彩票事业的捐赠,学员只要缴纳少量的费用就可以参加学校组织的任何白天的学习和活动。在美国,1962年由民间组织创设的美国退休者协会负责制定并实施了大量的退休老人学习计划。

(6)老年人自发组织开展的教育活动。如英国的许多老年教育组织是自发成立、自行组织、自助分享形式的,学员多达万人以上,一般由退休的政府官员、医生、律师等组成。

(7)各种传媒及图书馆等公共服务机构提供的老年教育服务。如在瑞典,广播和电视都设有老年教育节目,图书馆为老年人提供送书上门等服务。

目前中国学者对于老年教育模式的分析较少。蒋晓红(2006)认为,目前中国主要的老年教育形式是专门为老年人开设的老年大学和老年学校。王志梅(2007)认为,目前中国老年教育的基本模式主要有:(1)由政府或企

事业单位、部门主办老年大学,按课程分班,由专门教师实行面对面授课;
(2)利用现代远程教育手段,面向城乡老年人举办老年电视大学;(3)通过互
联网传播教育内容,组织网上老年大学;(4)由普通高校成人教育部门组织
老年学历教育,专门给渴望获得正式文凭的老人提供学习机会。

　　总体看,与国外多元化的老年教育不同,中国老年教育的形式相对单
一,老年大学、远程教育、网络教育是目前主要的教育模式。一方面,由于中
国老年教育发展时间相对较短,实践的形式也相对较少;另一方面,目前学
者们仍主要以老年大学为对象开展老年教育研究,对老年教育领域已经存
在的其他教育形式并没有系统、全面的揭示,特别是对在实践中广泛存在且
与老年人生活更为密切的社区老年教育缺乏足够的关注,这也说明研究中
国社区老年教育的必要性和紧迫性。

(二)成人教育参与障碍理论的借鉴

　　国内外文献显示,对于"参与障碍"的概念,学术界目前还没有确切、一
致的定义。在该领域的研究中经常使用的词有:"教育参与障碍""学习障
碍"以及"学习参与障碍"。如在成人教育大辞典中,"参与障碍"是指参与者
有参与教育活动的意向后,所面临的阻碍其参与行为实现的困难或问题。
一直以来,人们都对成人为什么参与继续教育的动机进行很多研究和探讨,
但对成人为什么不参与教育方面的研究却很少。实际上了解他们的教育参
与障碍和知道为什么参与教育同样重要。

　　在成人教育参与障碍研究领域中,研究者们倾向于把不参与教育活动
的理由和困难归纳为几种障碍类型。约翰斯顿率先把障碍分为两种:外部
(情境)障碍、内部(意向)障碍。另外克罗斯的研究也是被广泛认可的。他
认为成人是否参与某类活动,是对自身及所处环境的综合评估。成人对自
我的评价和对教育的认识,构成了其参与教育的稳定基础,同时受生活变化
的影响。由此克罗斯提出了成人参与教育的三类障碍,分别是情境障碍、机
构障碍和意向障碍。情境障碍,指只在特定时期发生的障碍。包括缺乏时
间、金钱、哺育照顾幼儿、交通以及工作、家庭的其他责任等导致成人无法参
与教育活动的各种因素。机构障碍包括不适当的课程安排或不便利的上课
地点等等。意向障碍主要指有关自我意向和对学习的评价、态度方面的
因素。

　　随后,Darkenwald 和 Merriam 也提出了与克罗斯相似的障碍类型,如
情境障碍和机构障碍。不过,他们把意向障碍改为了"心理障碍"(Psy-

chological Barriers），这类障碍包括信仰、价值观、态度和教育观念或作为一个学习者的意识等，例如不喜欢学校、担心学习赶不上。他们还添加了第四个障碍类型："信息障碍"（Information Barriers），指缺乏获得教育机会的信息。Darkenwald 和 Merriam 的研究中有两点是值得关注的：一是把 Cross 的意向障碍扩充为内涵更为广泛的心理障碍。它不仅包括由个体性格（态度、自我意向）引起的障碍，还包括个体内在固有的价值取向及观念所导致的障碍，因此，它更为全面地概括了主观因素引发的障碍，是对意向障碍的补充和发展。二是把信息障碍从其他障碍类型中剥离出来（有些学者把它归为机构障碍，也有的把它认为是情境障碍的一种），使之作为一个单独的类型，由此突显了它的重要性，更能引起人们的注意。特别是在现今信息主导的社会里，信息因素更可能成为参与教育的主要影响因素之一。

成人参与教育活动这一行为本身是一个非常复杂的问题，它受到很多内外因素的共同影响，因此，要确切地归类出参与的理由或分析做出某一选择（参与还是不参与）的具体原因似乎是不大科学的。研究者们只能是依据各自的研究结果及按照某种解释习惯来归纳总结出某一个模式，并把它视为一条普遍规律，借以宣传自己的看法以及说服社会、大众采用在此认识上提出的建议，为实践活动提供指导。

从这个角度来说，各家所提出的理论并不能达成一种共识，也未能给问题找出一个完美的答案，它们各有优劣，仍须进一步验证和修订。但是，它们却为教育参与障碍的研究提供了视角，有很好的借鉴意义。目前为止，国内系统的研究老年教育参与障碍的文献虽然还很匮乏，但作为终身教育的一个分支，我们或多或少地可以在克罗斯的成人教育参与障碍理论中得到启示。本课题尝试在此基础上把目前老年群体的教育参与障碍大致地归纳为如下三类：心理障碍、机构障碍和情境障碍。

三、宁波城区老年人教育参与障碍的调查及结果

（一）调查设计

为了能更有针对性地分析现实中老年群体的教育参与障碍，本课题以宁波社区大学老年教育中心的学员作为调查对象，主要以问卷调查的形式

进行并适当结合文献资料法、行动研究法等。由于样本选择的影响，本研究中的老年群体特别指代的是被调查的那部分群体。调查样本是否代表了宁波市城区当前所有老人的情况，有待于进行更大样本、更大范围的抽样调查。

宁波社区大学老年教育中心共设 60 个班级，每班随机抽取 10 位学员，样本数合计为 600 人。本研究总计发放问卷 600 份，共回收了 509 份，回收率 84%，剔除无效问卷 7 份，本次调查共回收有效样本 502 份，有效回收率 83.6%。问卷回收后，分别对 16 道选择题目的选项进行了频数和百分比的统计，并以图表等形式显示各选项的被选比例。

(二)调查结果与分析

1. 问卷中的第一单元体现的是被调查老年群体的教育背景特征(含性别、年龄、受教育程度、计算机操作水平等)。

应用 SPSS 统计软件，对不同的背景变项与三种教育参与障碍的相关性检验结果如表 1 所示。

表 1　不同教育背景变项与教育参与障碍的相关性检验

背景变项	障碍类别	相关性系数
性别	机构障碍	0.147*
	情境障碍	0.231**
	心理障碍	0.314**
年龄	机构障碍	0.237**
	情境障碍	0.301**
	心理障碍	0.187**
教育程度	机构障碍	−0.176**
	情境障碍	−0.109*
	心理障碍	−0.056

注：*：在 0.05 水平(双侧)上显著相关；**：在 0.01 水平(双侧)上显著相关。

从表 1 的结果数据来看：

性别与各障碍类别(尤其是情境和心理障碍)之间存在着显著性正相关。这表明参与障碍对女性学员的阻碍作用比男性学员更大，她们比较在意学习的时间、费用、环境等因素，且更注重学习伙伴的支持和评价。

年龄与各障碍类别之间存在着极其显著正相关。这表明,年龄越大的老年群体对待教育参与中的各种阻碍越谨慎,更容易受各种不利因素的影响。

而教育程度与机构障碍、情境障碍之间存在显著负相关,与心理障碍则无显著相关。即学历越高的老年群体参加学习越不受组织条件和个人条件方面的阻碍影响。

另外在计算机配置与操作水平的调查中,发现有 326 位学员已经配置了电脑,另有 52 位学员表示近期有购置的计划。有 66 位学员表示能较熟练地使用电脑,有 250 位学员表示会最基本的操作,有 186 位学员表示完全没有接触过电脑。

2. 问卷中的第二单元体现的是被调查者对老年教育的相关需求。本单元调查包括对"老年阶段学习意义的认识""阻碍老年教育活动的主要因素分析""对老年教育学习形式的看法建议"等方面。

在样本中,很多老人认为老年阶段学习的意义在于"充实自己、生活更有意义",其次"满足个人兴趣"也占很大比例。没有人认为在老年阶段坚持学习"意义不大,没什么必要"。但是也存在一部分老人是为了"打发时间"。这说明大部分老人对学习是持积极肯定的态度。具体数据见图 1。

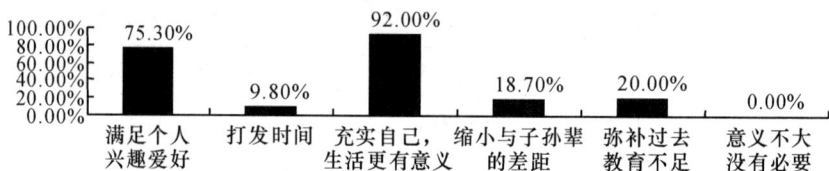

图 1 老年阶段学习意义的认识调查

在对"阻碍老年教育活动的主要因素分析"中,我们得到的数据显示,多数老人认为机构方面的障碍(招生人数有限 52.6%、社区没有提供条件 65.8%、课程内容不合兴趣等 60.3%)是最主要的原因。其次是情境方面的障碍(交通不便 29.1%、没有精力和时间 19.8%、费用 15.8%等),最后是个人心理方面的障碍(觉得老年教育无用 12.8%等)。具体数据见表 2。

表 2　阻碍老年教育活动的主要因素分析

	阻碍老年教育活动的主要因素分析	百分比
机构障碍	招生人数有限，报不上名	52.6%
	社区没有提供条件和机会	65.8%
	已开设的课程中没有自己感兴趣的内容	60.3%
情境障碍	教育场所离家太远，交通不方便	29.1%
	家务繁重，或照顾孙辈，没有精力和时间	19.8%
	教育费用偏高	15.8%
心理障碍	觉得参与老年教育没有什么用	12.8%

　　在"对老年教育的学习形式的看法建议"调查中发现，大部分的老年人还是偏爱传统的面对面课堂教学的模式。因为只有走出家门、走进课堂，他们才能拥有更多的与同龄人沟通交流的机会。具体数据如图 2 所示。

图 2　老年教育的学习形式选择

　　3. 问卷中的第三单元体现的是被调查者的相关学情。本单元调查包括"老年人在教育参与过程中所经历的实际体验"和"老年人在空闲时常做事务的优先权表现"等方面。

　　在对"老年人在教育参与过程中所经历的实际体验"调查显示（见图 3），因办学规模或其他某些原因被办学机构拒绝过的老人有 16.7%。另有 85.6% 的老人认为没有机会为教育活动献计献策，仅有 15.8% 的老人表示曾接受过教育活动组织者的上门宣传，31.3% 的老人表示有机会使用社区中的公共教育资源。这些数据都反映了我们老年教育工作者和老人之间的交流沟通还不够顺畅。老人获得教育公共资源的机会也不太乐观。而家人及朋友对老人参与教育的支持率达到了 95.3%，周围老人也都或多或少地参与了教育活动，形成一个比较良好的学习氛围，有助于减少老人参与教育的心理障碍。另外样本数据显示，老人一旦参与教育活动以后，因为各种原因放弃学习的比例很少，这说明老人一旦决定要参与教育，那么处理之后遇到的障碍会更理性。

老年群体在教育参与过程中的实际体验

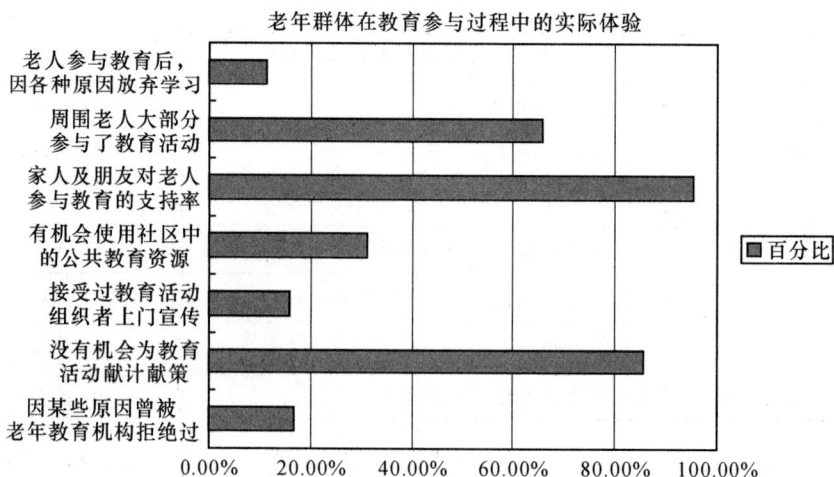

图 3   老年群体在教育参与过程中的实际体验

在对"老年人在空闲时常做事务的优先权表现"调查数据处理后,我们发现老人在处理事情时的优先权较多地表现为下列几项。

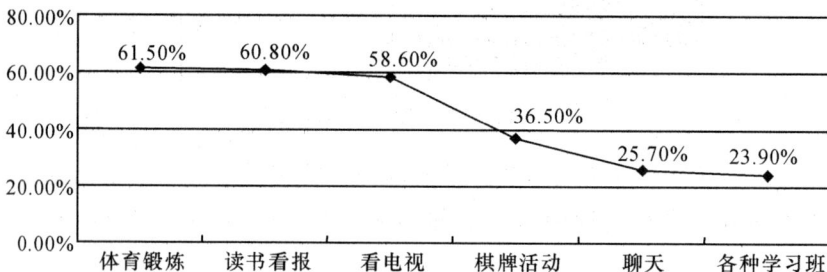

图 4   老人常做事务的优先权

由图 4 可知,老人在空闲时更倾向于从事个体性活动(锻炼身体、在家休闲),而非群体性活动(参加学习班)。参与教育活动的优先权并不是很占优势。当老人不愿意参与教育时,很可能在他们心里有着优先权更高的事情要处理。这也成为障碍因素之一。

4. 问卷中的第四单元体现的是被调查者对各障碍类别的反映。

由表 3 数据可见,机构障碍对老人参与教育的阻碍作用最大,它包含了教学场地的舒适度、教学形式内容、教师的服务意识和能力等各方面的问题。情境障碍次之,其中交通问题、与日常事务处理优先级方面的影响较大。心理障碍相对影响最小,没有给老人带来太大的困扰。

表3 老年群体对待不同障碍时表现的反映

	可能遇到的障碍	参加	不参加
机构障碍	上课的地方令人感觉不舒服	15.6%	84.40%
	授课的老师态度不好	14.9%	85.10%
	对上课内容过于陌生、感觉吃力	35.2%	64.80%
	上课内容不是很有兴趣	32.1%	67.90%
情境障碍	上课地点较远、交通不方便	35.2%	64.80%
	上课时间与其他个人日常安排冲突	59%	41.00%
	照顾孙辈、有家务活	61.4%	38.60%
	要交钱	91.5%	8.50%
	被人笑话	81.6%	18.40%
心理障碍	家人或朋友不支持	68.7%	31.30%
	同性别的老人很少参加	81.2%	18.80%
	上课同学没有一个认识的	92.1%	7.90%

四、结论与建议

老年群体参与教育的活动从社会角度来讲，它是社会文明的标志；从个体角度来讲，它是提升老年个体生命质量的体现。这一行为本身就是一个非常复杂的问题，它受到很多内部和外部因素的共同影响。在分析了老年群体参与教育的各种障碍后，我们得出这样的结论：在老年群体参与教育的主要障碍中，机构障碍对老人参与教育的阻碍作用最大，情境障碍次之，心理障碍相对影响最小。

接下来就需求根据障碍的特点采取适宜的对策加以排除。我们尝试分别从老年教育管理机构、从事老年教育的工作者和老年群体自身三个角度去研究应对策略。

（一）老年教育管理机构角度

第一，在本次调查中我们发现，一直以来由教育活动管理者来决定学习参与者的学习需求这种思维定势非常普遍。但老年教育不同于青少年时期的传统教育,需要统一固定的教学指导大纲。老年群体参与教育的目的更多的是为了寻求心灵的释怀以及精神上的享受。而目前我们的老年教育中的课程编排、操作形式都大同小异。不同地区、不同背景特征的老年群体所进行的老年教育活动并没有突显出其代表群体的教育需求。所有的教育活动似乎都已约定俗成,老年人只能在这种固有的模式中努力寻找自己感兴趣的内容,一旦没有收获,就只能做出放弃参与的选择。这必然会造成一部分潜在的参与障碍(主要表现为机构障碍)。因此,作为老年教育管理机构,应该更多地吸收老年学习者参与到决策过程中,由他们自己设计、决定教育内容、教育形式及方法,使他们拥有更多的自主选择权利。

第二,我们发现老年教育管理机构一方面千方百计地创造机会吸引老年人参与教育,另一方面却也在不知不觉中把老年群体往外推。调查数据显示,很多老年人都曾有被教育机构拒之门外的经历。其中一个原因来自教育硬件条件导致的招生规模受限。超过这个规模定量的有参与意愿的老年人当然只能望"教育"兴叹;另一个原因来自信息不对称,我们的老年教育管理机构没能把他们所提供的教育服务项目让所有潜在的老年学习群体获知。老年群体缺乏相关信息的指导,自然也就减少了入学的机会。要解决这个矛盾,需要我们的管理机构扩大宣传力度和角度,改进宣传的渠道及方法。例如在老年人集中晨练的公园、广场、公交车站等地方大量发放宣传资料。社区大学也可利用自身资源,在学历教育招生工作中附带一起宣传,通过给学生发放传单、短信,在报纸、网站上登宣传广告,重阳节举行公益性咨询活动等形式进行广泛深入的宣传。

第三,老年教育的教学地点亦是不容忽视的。交通是否方便、距离的远近、教学场所的舒适程度都会成为老年群体教育参与的潜在障碍。与其选择一个"大而全"的教学场所,不如改为"小而密"的模式。即在老年人口较集中的社区,相隔较短距离便建立一个学习场所。学习场所的规模可以较小(借用社区教室、居委会活动室均可),师资可以采用联合共享的方式。如此一来,既可以为老年人提供便利,又可以充分利用场地和师资资源。另外学习场地内部的采光、空气、课桌椅的安排、楼梯上下难度等不起眼的小问题,若没有重视处理好,都可能会阻碍老年人做出参与教育的决定。

第四,基于对城区老年群体的教育资源供需矛盾和老年群体计算机配置与操作水平的调研情况分析,建议部分经济发达地区的老年教育机构整合教育资源、拓宽教学模式,开展基于网络的老年远程教育。老年远程教育不同于一般的成人远程教育,既要遵循远程教育的一般规律,更要考虑到老年群体的需求特点。从用户登录的便捷程度、操作设计的复杂度,到是否适当加大字号、增加视频音频等多媒体信息的比例,这些都需要反复推敲。一旦远程教育的平台让老年群体感觉不方便使用和交流,就会使他们降低学习频度,影响学习效果。

(二)老年教育工作者角度

老年教育工作者与老年教育参与者进行的是直接接触,所以他们是从事老年教育的一线人员。假若老年教育工作者自身对老年学习者抱有消极的认识,或者并不具备教育服务的意识和能力,那么将会直接削弱老年人继续参与教育的信心和热情,或是对教育工作者产生抵触情绪。为老年群体授课的教师应特别注意自己的态度(冷漠或热情)、语速(是否太快)、语音(是否清晰、标准)。因为对于听觉功能有所退化的老人而言,这些困难一旦存在将直接影响到老年人的学习热情。同样,板书字体的大小、教材的针对性、课程设计的容易度等都是老年人参与教育的障碍之一。这些障碍的消除方法很简单,问题的关键仅在于重视与否。

另外,鉴于不同的老年群体在不同的年龄段可能存在不同的障碍,老年教育的工作者应定期对他们的教育参与障碍开展调查,或设置相关的人员接待老年人的来访,为寻求帮助的老年人提供咨询和指导,及时地掌握相关信息并做出有效的回应。

(三)老年群体自身角度

从我们的调查数据来看,老年群体自身心理引起的障碍对他们参与教育的阻碍作用有大有小。心理方面的障碍如"上课的同学没有一个是我认识的""与我同性别的老人很少会参加这个学习班"等问题并没有给老年朋友带来太大的困扰。而情境障碍如交通、时间和其他事务的处理优先权方面的因素影响则较大。对老年群体阻碍作用最大的应该是机构障碍了。它涉及老年教育的教学场所、教学软硬件条件、教学内容形式等等方面的问题。

我们建议老年朋友首先要摆脱思想的束缚,肯定自己,树立信心。应相信"老年"并不意味着停滞或衰退,老年人同样可以拥有自己的追求和精彩人生。其次,家人或朋友的不支持可能源于对老年人的错误认识。相信真诚的沟通能赢来大家对教育的理解。同个社区中的老人可以因为共同的教育兴趣联合起来,互帮互助。在难以依靠自身力量排除障碍时,可以向专门的机构寻求帮助,如社区的老年心理咨询室、老年教育专管部门、老年人权益保障机构等。

五、余 论

(一)研究方法及对象的局限性

本课题以 2012 年宁波社区大学老年教育中心在读学员为研究对象,由于这些学员已经接触了老年教育,对于学习有一定的想法,而对于潜在的学习者或者未参加学习的宁波城区老年群体,其学习的参与障碍是否和已参加老年教育的老年群体相同? 本论文在这方面的探讨还不够,将在后续研究中对参与学习活动者和未参与学习活动者之间的参与障碍进行比较。

研究方法方面,本课题在参考国内多位学者研究成果的基础上,以自编的"宁波城区老年教育参与障碍调查问卷"为主要工具,但在填写问卷过程中,有不少老年学员反映问卷题型较复杂,填写耗时长,降低了有效问卷的比率。因此,今后在设计问卷时,我们会特别考虑老年人的理解能力,问卷的题型和内容尽量简单明了。

(二)障碍划分的局限性

本文对参与障碍的分类受制于课题组成员的认知水平,且较多地考虑了调查结果的分析需要,最终归为:心理障碍、机构障碍、情境障碍。这三种类型并不能涵盖所有的障碍。与其他研究者的分类一样,本文的障碍归类也并不能保证把某一障碍因素归入其最合适的类型中。例如,本课题把交通因素归于情境障碍,但将其归于机构障碍在某种情况下可能更为合适。结合其他研究者的成果来看,对障碍类属的划分至今尚未找到统一的、能为学界公认的划分标准,但这并不妨碍我们得出自己的理解并做出符合具体研究情境的相应解释。

(三)调查结论的局限性

受制于诸多因素,本文的调研对象来自宁波社区大学,只能算是"个案"。虽然我们希望能够达到"窥一斑而知全豹"的目的,但是,调查结论是否可以替代宁波城区的所有老年群体却依然值得探讨。这仍然需要更多研究者投入其中,扩大调研范围,以最终形成对我市老年群体教育参与障碍的总体性的认识。

参考文献

[1] 郭美玉.美国老年教育与借鉴——对发展老年教育的思考[J].长沙铁道大学学报(社会科学版),2003(Z1).

[2] 周冬.从辽宁老年教育事业的发展看老年群体教育需求的特征[J].成人教育,2010(10).

[3] 梅蕾.我国城市社区老年教育研究[D].四川师范大学学位论文,2010.

[4] 楚良勋.日本老年教育特点及其对我国老年教育的启示[J].继续教育研究,2006(4).

[5] 潘澜.我国老年教育社区推动的理论与实践研究[D].上海师范大学学位论文,2010.

[6] 朱中人,邬晶晶,叶柯,袁源洁.终身教育视野中的宁波老年教育[J].宁波广播电视大学学报,2009(2).

[7] 周林芳.城市社区老年教育现状分析与对策研究——以北京市右安门社区为个案[D].中央民族大学学位论文,2004.

[8] 贾春春.顺应老年教育需求　致力老年远程教育[J].现代远距离教育,2008(5).

[9] 王微.关于常州市老年人教育需求的调查研究[J].南京广播电视大学学报,2011(3).

[10] 刘红燕.青年白领参与回流教育的障碍研究.[D].华东师范大学,2011:30—33.

[11] 许广敏.老年人教育参与障碍之研究——以对上海三所老年大学的调查为例.[D].华东师范大学,2004:45—52.

[12] Darkenwal G C,Merriam S B. Adult Fducatian：Foundations of Practice. New York：Hazper & Row,1982.

作者单位:宁波广播电视大学

以体制机制改革为动力推进宁波智慧应用建设

陈　博

摘　要：宁波是住建部确定的 2013 年度国家智慧城市试点之一。事实上，早在 2010 年 9 月，宁波就率先在国内启动智慧城市建设，并将加快创建智慧城市作为"十二五"发展的战略部署之一。当前，宁波智慧物流、智慧健康等"智慧浙江"首批试点项目进展顺利，政务云计算中心项目正有序推进，以电子商务为代表的信息服务业发展加快。但是在智慧应用建设上存在的问题也逐渐暴露，表现为"三重三轻"。当前，要深入实施智慧城市建设，必须建立与之相匹配的体制机制，尤其是要在领导机制、项目推进机制、政策法规体系、资源共享机制等方面深化改革。

关键词：体制机制改革　宁波　智慧应用建设

智慧城市建设与体制机制的改革创新是相辅相成的。智慧应用建设可为政府管理机制创新提供技术支撑，建立与智慧应用建设相匹配的政府管理机制又能加速智慧城市的建设。事实上，当前在智慧城市建设上，宁波遇到的不少阻碍是与体制机制相关的。为此，宁波需要深化体制机制改革，加快形成"政府引导、市场主导、企业和公众共同参与、社会化运作"的智慧城市建设模式。

一、宁波在智慧应用建设上存在"三重三轻"

(一)重部门,轻整合

项目以单个部门建设为主。比如在农产品质量管理与主体追责方面,农业局、贸易局、畜牧兽医局、海洋与渔业局、工商局都从部门职能出发,建设智慧应用系统,但彼此之间信息不共享、不连通。事实上,从宁波已有实践来看,主题工程项目和综合性多部门共建项目非常少。

项目整合水平较低。比如,智慧交通项目,市级部门在建;2013年奉化、宁海也向市智慧办申请建设指挥中心、监控平台项目,分别总计划投资2000万元和9000万元,需市级财政支持。又如,镇海、北仑两区都提出建设智慧环保项目,建设内容大多是数据中心、应用软件开发、业务管理系统、标准开发。实质上,"条块分割"造成了项目整合难,导致了重复申报、同类建设、智慧应用系统的"纵乱横弱"。

项目建设资金来源单一且难统筹。智慧应用建设主要依靠财政投入,未形成多元化的投入体系。此外,投入来源多,也造成了统筹难。除政府的专项投入外,还有各部门建设资金、各种渠道的补助和奖励资金的投入。全市项目建设资金难以统计和核算,市县两级财政投入资金也难有效统筹。

(二)重技术,轻业务

信息技术与政务业务融合度不高。信息化促进政务流程再造的作用不明显。不少已有的实践,或是原有政务流程的网络化复制,或是业务系统的上网运行与现有行政机构人员工作脱节,或是网上办理的环节与线下的传统政务脱钩。

技术方案设计与业务协同规划缺乏结合。宁波在建的业务应用(甚至是重点项目)多为部门级的单项应用,往往从部门的角度去规划和组织建设,较为重视项目的技术应用和业务功能,但对跨部门政务协同的考虑普遍较少。这也导致应用系统功能重复设计建设、数据标准不一、政务协同困难。

业务标准与管理服务规范建设重视不足。在实践中,重架构标准、基础设施标准和技术标准建设,而对业务流程标准、数据标准、安全标准和管理服务标准规范的建设较为轻视。比如,市政务云计算中心建设至今仍未制定政务信息共享目录及相关标准规范。

(三)重投资,轻管理

项目质量监督管理缺乏。从实践看,政府信息化项目失败的主要原因是缺乏有效的项目质量管理。当前,质量管理无章可循、项目质量控制和评估困难是客观存在的,这易导致项目投资失控、资源浪费,甚至出现"半拉子"工程。

政务应用集群化、数据知识化、服务市场化程度较低。比如,在软资源方面,普遍存在数据多头采集、重复采集、标准不统一、部门占用、管理软件和支撑平台重复开发等问题,知识挖掘和应用创新能力较弱。在硬资源方面,全市数据中心(或信息中心)林立,海曙、鄞州等都在建设区属数据资源中心,这些机房、网络、存储设备的重复建设,降低了硬件资源利用效率,还将引发后期巨大的运维管理成本。

信息安全管理问题突出。当前,部门自建、自用、自管的智慧应用建设运维模式仍较普遍。部门级数据中心在环境、设备、系统、数据等方面存在诸多安全隐患,比如,有些部门没有专门的负责机构和人员,多数找人代管,人员培训落后、人事变动频繁。可以预见,随着业务发展和系统功能的扩展,安全管理问题将愈加显现。

二、体制机制的制约是智慧应用建设"三重三轻"的根源

宁波智慧应用建设存在着"三重三轻"问题,究其根源在于政务信息化推进体制机制建设滞后,跟不上智慧城市建设要求。

第一,组织领导体制不完善,协调管理能力较弱。一是缺少常态化的组织领导机构。市智慧办作为职能部门,跨部门协调难度大,利益格局难打破。如果依靠市智慧城市建设工作领导小组开会协调,或者采用各相关单位主要领导一事一议的协调模式,则协调成本高、随意性强。二是综合管理职能分散,审计监督职能缺失。当前,智慧城市建设项目管理体制是由市智慧办会同市发改委立项审批,市财政局安排资金。在缺乏信息化工作审计体系和审计监督工作机制支撑的情况下,该体制难以对决策的执行贯彻情况、智慧应用项目建设情况,进行有效连贯的监督和评价。

第二,项目推进机制不健全,重点环节职能缺失。一是项目组织机制不完善,统筹推进合力不足。由单个部门申报、逐个审批、逐个投资的传统项

目投资审理模式,不可避免地造成部门站在自身的角度规划和组织信息化建设。二是项目管理机制不健全,纵横联动推进困难。尚未形成由前期研究、申报立项、建设验收、绩效评估和运行维护等环节组成的智慧应用建设项目管理与工作机制,不仅项目生成、绩效评估等重点环节缺失,而且部分环节仍欠制度化、规范化。此外,也未建立市、县(市)区纵向统一、多部门横向联动的全局性、综合性应用项目建设管理体系。

第三,政策法规建设跟不上,资源整合利用率不高。一是政策法规建设尚未体系化,重点领域亟待规范。在信息化领域,宁波出台过一些政策法规;但从总体上看,政策法规建设滞后于发展需求,在信息共享开放、政府信息资源管理、政府信息技术管理、信息安全管理、个人隐私与数据保护等重点领域的电子政务政策法规急需研究制定。二是信息资源管理体制建设滞后,资源整合利用水平较低,特别是在政务信息资源目录体系与交换体系,信息交换共享的基础设施、方式和环境,信息共享标准与规范,数据挖掘与应用服务等方面。

三、以体制机制改革推动智慧应用建设的几点建议

加快推进宁波智慧应用建设,应从组织领导体制、项目推进机制、政策法规体系等方面入手,深化体制机制改革。

第一,完善组织领导体制,增强统筹协调能力。深化政务信息管理体制机制改革,建立统一有序的电子政务管理体制。建议效仿上海、青岛等城市建立由市委市政府领导的信息化建设专职机构,成立市智慧城市和信息资源管理办公室,隶属市政府办公厅,统一全市信息化管理职能,建立权责相称的政府信息化管理机制,避免多个机构并立、政出多门。建立健全"决策、协调、管理、执行、审计、咨询"六环节的信息化推进工作机制。建议在全市推行政府首席信息官(CIO)制度和CIO联席会议制度,由各部门和县(市)区一把手担任政府CIO,在市智慧城市和信息资源管理办公室的统一组织下,统筹推进全市政务信息化建设,贯彻实施市智慧城市建设重大决策。

第二,健全项目推进机制,提高科学管理水平。加快信息化项目管理体制改革,建立全流程项目管理工作机制。一是在项目投资管理方面,要向整体规划主题工程、多部门联合申报、集中投资、科学管理的模式转变。二是在项目标准化建设方面,要加强业务、管理、研究等部门与行业联盟的协同

协作,推动业务方案顶层设计与标准化建设方案顶层设计的双向融合。三是在项目论证与评估方面,要发挥研究咨询机构在项目建设前期的指导作用,探索建立或引入第三方评估机构,完善项目评估论证机制。四是在项目监督方面,要推进管监分离,推行信息化项目审批归口管理;要进一步完善财政支出绩效评价制度,开展智慧应用项目建设的绩效管理和评价。此外,还要加快推动电子政务服务外包,积极尝试电子政务的市场化运作,稳步推进事业单位分类改革。

第三,构建政策法规体系,提升规范建设水平。借鉴电子商务立法成果,围绕政务信息资源的采集、传送、处理、存储和利用等过程,从信息技术、信息体制和信息资源等方面加强政策法规的战略规划工作。遵照国际标准和惯例,着手统一的地方性信息化法规的制定,对电子政务法律体系的基本内容进行全盘规范和定性,推动政策法规体系化建设。重点加强信息基础设施建设、信息服务与信用体制建设、电子签章、个人隐私与数据保护、信息安全与保密管理等方面的立法工作,规范智慧应用建设与运行维护。在项目规划建设的同时,制定相应的管理办法,推动当前建设与长期发展相结合、流程优化与业务协同相结合、业务—制度—绩效相结合的项目标准化体系建设,促进技术与业务、流程与业务、监管与业务的协同。

第四,促进数据共享开放,加强综合应用能力。要深入推进信息资源整合共享,依托宁波政务云计算中心建设,加快制度建设与模式创新。建议修改完善《宁波市政府信息资源共享管理办法》,将全市各级党委、人大、政府、政协及其所属部门和法院、检察院、人民团体等在履行职责过程中产生、获取的信息资源全部纳入《办法》统一管理,对于中央和省驻甬或垂直管理部门,以及依法承担管理公共事务、提供公共服务职能的企事业单位等部门,在履行职责和提供服务过程中,产生、获取的信息资源也应按需纳入政务信息资源共享范围。建立健全政务信息资源采集与提供、申请与交换、共享安全、数据开放、评估与监督等相关制度和标准,促进部门间信息交换和共享服务标准化。加大对政务数据中心的整合力度,将全市的电子政务系统整合到统一的平台上,实现统一平台管理和应用集群化、综合化、服务化发展,以进一步推动前瞻性、综合性城市管理与服务应用系统建设。

作者单位:宁波市智慧城市规划标准发展研究院

网络慈善发展的困局及其对策思考

——以宁波市为例

汪　丹　于立平

摘　要：随着网络技术的发展与普及,网络慈善正成为一种新的慈善模式在慈善事业壮大发展中扮演着日益重要的角色。各种网络慈善组织快速崛起并以繁荣的姿态走入公众视野,它所彰显的"微公益""全民慈善"理念也正改变着人们对慈善事业的认识和理解,宣示着慈善正走入普通公民的视野并成为普通公民尤其是年轻网民热衷青睐的时尚。然而网络慈善在发展中也遭遇了一些困境,例如网络募捐发起人合法身份的缺失、监督管理的缺乏、募捐信息真假难辨、善款使用和管理不透明、网络慈善组织发展滞后等问题。宁波是一个大爱之城,宁波网络慈善事业已有一定规模的发展,但也同样存在着一些困境。本课题试图在了解网络慈善特点以及宁波网络慈善事业发展存在困境的基础上,借鉴国内相关城市的做法,探索适合宁波网络慈善可持续发展的道路。

关键词：网络慈善　发展　困境　对策　宁波

随着网络的日趋发达,特别是互联网技术及 web2.0 的发展使得各种网站、SNS 社区、微博等成为慈善组织发展的新载体,网络慈善正走入公众视野,并促使传统慈善事业模式向社会多元主体互动参与的全民慈善模式转变,许多诸如"格桑花""多背一公斤""免费午餐""茶缸"和"微基金"等直接依托网络的慈善组织迅速崛起,成为推动和创新慈善事业发展的重要力量。2012 年的民间网络微捐赠成绩不俗,成为劝募市场上初露锋芒的新兴力量。2012 年支付宝 e 公益平台承载善款总额 3522.1 万元,比 2011 年增加 70%～

80％,2012 年个人通过腾讯公益平台的捐款共计 2725.99 万元,比上一年增加 62.9％。网络慈善正以繁荣的姿态显现着中国社会对网络慈善事业的一种需要,无论是否存在于法律秩序内,不可否认已经具有一定的社会合法性。然而,网络慈善在受到极大关注的同时,也频频出现利用网络"骗捐""诈捐""重复捐赠"的现象,以及由于善款使用问题引起的捐款人要求退款等现象。这些促使我们必须认真思考慎重对待网络慈善的发展问题。

一、网络慈善发展的现状

(一)网络慈善的特点

网络慈善,是指个人或组织利用网络及其相关技术进行非营利的筹款、组织志愿活动以及慈善宣传等活动,这种以网络为载体开展的慈善活动与传统慈善最大的不同就是"只要有网络,人人随时随地都可以行善",它既有着传统慈善募捐的特征,如自愿性、无偿性、公益性、公开性等特征,又有着基于网络交互性强、社会性广、信息传递速度快等特点而有的独特的优势和特点。

1. 网络慈善的低成本高效率性

募捐者只要通过一个网络终端,就能获得全世界爱心网民的关注并有机会募集到来自全世界的善款,相比较传统的就近捐赠模式来说,影响更为广泛更为及时。通过简单的鼠标点击或邮件往来,身处 A 地的募捐者就可以通过网络为全世界任何一个求助者募集善款,来自世界各地的捐赠者也可以通过网络提供捐赠。点击鼠标上传文字和影像资料公布账号即可完成劝募,几乎可能"零成本"。① 网络的募捐信息,图文并茂,在论坛、微博、网络游戏和各类网站中出现,还有一些企业以善因营销②的形式加入网络慈善的行列,这种形式突破了传统慈善只能捐赠金钱和物质的模式,把网民的时

---

① 零成本针对完成募捐这一过程而言,当然为了保证所发募捐信息的真实性,众多慈善组织在核实求助信息的过程中也会产生一定的成本。

② 善因营销是指企业与慈善组织相结合,将产品销售与公益事业相结合,企业在资助的同时实现企业利润,改善企业的社会形象。比如免费行善、点击慈善、鼠标客等,即网民点击捐款企业,企业就向慈善组织捐款或者网民在网站完成类似于某调查问卷等任务后,该网站就向慈善组织捐款或捐物。

间、精力和智力也可以转化为金钱和物质，网络使得募捐者劝募形式和手段更为多样化。众多募捐者通过网络，开展针对个人的募捐活动①，这就像春苗助学网的简介中所讲述的一样，网络慈善"将分散的'爱心资本'收集起来，透过专业的、问责性的'爱心投资'，让募款通过公益机构，有效地流向需要关爱的各个角落，实现爱心'效益'最大化"。可见，网络慈善这种新型的慈善捐赠方式不仅能多渠道吸引万千网民的慷慨解囊，对于求助者来说是最直接最有效的途径。

2. 网络慈善的草根性

根据现有的法律法规规定，通常只有红十字会、各级慈善会和具有公募资格的基金会三类政府认可的社会团体具有公募资格。《广州募捐条例》《上海募捐条例》对公募主体进行了调整，调整后因扶老、助残、救孤、济困或赈灾目的而设立的公益性社会团体、民办非企业单位和非营利性事业单位经申请取得募捐许可后，在许可范围和期限内可以开展募捐活动，针对不特定人群的募捐如和有资质的公募组织联合也可开展募捐活动。但还是存在众多个人和团体绕过政府认可的公募机构，自行在网上募款。在新浪微博、天涯社区等网站，每天都有大量个人和团体发布募捐信息，类似的还有不计其数的网络慈善组织。他们所进行的网络募捐行为在理论上是不合法的，政府可以取缔，但现实中往往因为这些组织做的是公益慈善事业，政府一般不会去管，且这些组织分散于各种网站或者论坛或者QQ群等网络空间，政府也较难监管。

3. 网络慈善的虚拟性

网络具有虚拟性的特征，网络慈善也相应地具有虚拟性，表现为一定的隐蔽性和不确定性。网络上的求助信息有真有假，普通的网民无法对求助事件的真实性进行考证。募捐发起者基于对网络传播性质的思考，或是夸大渲染求助者及其事件的弱势与无助程度，或是隐瞒不利因素，或是求助动机不纯，甚或是非法分子利用网民的同情之心编造一些子虚乌有的事情"骗捐"，诸如此类的行为不仅伤害了网民的爱心，而且直接危害网络慈善的生态环境。如轰动全国的陈易"卖身救母"事件。陈易在网上发起募捐，广大

---

① 主要集中于网络慈善组织所进行的网络募捐活动，比如四川"春苗助学网"，自2000年由退休职工罗耀奎创办的民间公益助学志愿者组织，通过网站上发布待捐助学生的信息，结成一对一或多对一的资助关系，切实帮助到个人，也可以即时追踪到受捐助学生进展。

网民慷慨解囊,但后来网友"八分斋"调查公布陈易求助信息中隐瞒其母亲享受医保和所在单位为其母捐款等部分重要信息,网民的怜悯之心一时被欺骗和愤怒的情绪所代替,后来演化成一场无法控制的一"网"谩骂和声讨,陈易最终捐出剩余的善款并迫于巨大的舆论和心理压力而休学回家。

4. 网络慈善根基的脆弱性

网民的捐与不捐以及捐多少完全依赖于他对求助事件信息和募捐发起人的信任和信心,而这种信任和信心在网络世界中的水平相对于熟人社会间的信任和信心是最低的,且网络世界中求助者与救助者之间的交往是一种间接的、虚拟的、符号化的关系,他们之间很难短时间内形成一种十分稳定的信任关系,且这种信任关系是极其脆弱的。网络慈善的这一特点源于网络慈善的虚拟性,一旦捐助人或者公众发现求助者信息虚假夸大或者善款使用存在瑕疵,就会导致信任关系的破裂,甚至这种不信任状态会蔓延得更广、更深,最终直接影响公众对整个网络慈善的不信任。

(二)网络慈善发展的困局

目前,在我国公开募集善款通常由红十字会、各级慈善会和具有公募资格的基金会三类政府认可的社会团体牵头进行,但是网络慈善改变了这种现状,越来越多的个人和团体绕过政府认可的公募机构,自行在网上募款。在新浪微博、天涯社区等网站,每天都有大量个人和团体发布募捐信息,类似的还有不计其数的网络慈善组织。然而,在网络迅速成为民间公益慈善活动的重要阵地,网络募捐成为民间公益重要平台的今天,网络募捐作为一种新的慈善模式所面临的阻力也是多方面的,如身份模糊、信任缺乏、监管不力等问题常常遭到网友猛烈"拍砖"。

1. 网络劝募主体资格认定制度相对滞后

其一,网络慈善劝募主体多元混乱。网络慈善募捐属于典型的民间求助行为,它的发起尚处于一种较为随意的状态,具有即时性和偶发性等特点,实践中任何人只要需要都可以选择网络募捐,没有任何门槛。目前在开展网络慈善活动的过程中大体由五类募捐主体发起,一是个人为自身发起的求助信息,这是一种个人向社会寻求帮助的行为,不违法。二是个人为他人发起的募捐活动,严格地说是违法行为。三是具有公募资格的法人组织发起的募捐活动。四是不具有公募资格的公益性社会团体、民办非企业单位和非营利性事业单位等发起的为特定或不特定的个体或者群体发起的募捐活动。五是草根组织、网络慈善组织等在网络中为特定或不特定的个体或群体发起的募捐活动。

其二,网络劝募主体法律地位模糊不清。现有的我国涉及慈善事业以及公益捐赠的法律法规有六部,包括《公益事业捐赠法》《红十字会法》《社团登记管理条例》《基金会登记管理条例》《企业所得税法》以及《个人所得税条例实施细则》,根据这些法律法规,慈善会、红十字会和基金会具有合法的网络劝募资格,但是针对这类组织应当如何开展网络募捐的相关法律规范仍处于空白状态。在实践中,由于这些组织有着传统的"官"方地位,在善款募集中一直具有绝对的垄断优势,在慈善募捐方式与策略开发方面相对较为被动,网络募捐开展动力不足,在网络慈善市场中未能带来竞争、示范、改革和活力,在从制度方面促进中国网络慈善事业的健康稳步发展方面未能发挥应有的作用,但在客观上却为没有公募权的组织和个人开展网络募捐提供了机会和空间。上海市、广州市颁布《上海市募捐条例》和《广州市募捐条例》,对公募主体进行了调整,新增了三类募捐主体,因扶老、助残、救孤、济困或赈灾目的而设立的公益性社会团体、民办非企业单位和非营利性事业单位经申请取得募捐许可后,在许可范围和期限内可以开展募捐活动,针对不特定人群的募捐如和有资质的公募组织联合也可开展募捐活动,这一规定意味着公募权向民间组织的开放,在某种意义上结束了由红十字会、慈善会和公募基金会垄断的公募格局。然而民间组织虽然在一定条件下有合法的公募资格,但对于这些民间组织针对网络募捐的法律规定还是空白,尤其是属地化管理下,善款本地筹集本地使用,这对于网络募捐来说是不大现实,很容易打破的。对于个人通过网络发起募捐,只要不是诈骗,目前法律并未禁止个人的劝募行为,但也未赋予个人合法的网络募捐身份。

其三,网络慈善组织的立法仍处空白。在中国现有的法律体系中,针对网络慈善组织的立法仍处于空白状态,所进行的网络募捐行为缺乏法律规范。目前,《国务院机构改革和职能转变方案》中明确了公益慈善类社会组织,实行民政部门直接注册登记,不再由业务主管单位审查同意,这为网络慈善组织登记注册减少了到处找"婆家"挂靠的困难,但是网络慈善组织由于其本身的分散性特点,网络慈善组织的成员遍布全国各地,甚至还可能是境外或国外,根据现行的《社会团体登记管理条例》的注册登记条件是较为困难的。比如"青海格桑花教育救助会"是以"通过网络与现实社会互动,支持西部教育"为宗旨,是中国民间网络慈善组织的成功典范,但在身份注册过程也遇到了阻碍。"格桑花"是由非青海籍的网友发起和管理的,成员遍布全国各地,而与注册要求其会员必须以青海省本地人为主,活动范围在本省境内产生矛盾,如要获得成功注册,只能变通甚至是会员造假。因此网络慈善组织要获得合法的公募身份,较公益性社会团体等民间组织来说需要突破的更多。

2. 网络慈善专业意识不足

慈善意识是慈善公益事业可持续发展的关键。包括两个衡量指标:一是人人参与慈善的全民参与意识;二是高效、严谨经营慈善事业的专业意识[1],这是网络慈善发展的关键。

其一,网络慈善的发展需要更大范围的公众参与。网络慈善最大的特点之一是"微公益""平民公益",它的发起和壮大最关键的因素之一就是它最大范围地激发普通民众的慈善意识,让行善成为普通民众的简单行为,离开万千网民的支持和参与,网络慈善将寸步难行。目前,我国民众还没有形成经常性的捐赠习惯,美国每年捐赠总额的 70%~80% 均为个人捐赠。根据《2011 年度中国慈善捐助报告》的数据显示,2011 年全国接收国内外社会各界的款物捐赠总额约为 845 亿元,占同年我国 GDP 比例为 0.18%,人均捐款 62.7 元,占同年我国人均可支配收入的 0.33%,而与此同时,美国人均捐赠为 962.6 美元,相当于中国人均捐赠的 97 倍。

其二,网络慈善的发展需要更为严谨的慈善专业意识。网络慈善需要严谨的工作态度和专业意识,专业化的运营和管理方法,假设在善款使用、财务透明和信息披露等方面出现瑕疵,将直接影响慈善组织的公信力,特别是对于网络慈善组织而言,其日常运营和管理绝大多数是通过网友远程工作来完成,甚至网友间只知道 ID 或者昵称而不知真名,一旦由于运行瑕疵而受到网络围观时,松散的网络慈善组织在缺少必要的新媒体公关应对能力的前提下,是难以招架来自各方的质疑和问责的,甚至可能导致该网络慈善组织的终止解散。

其三,网络慈善的发展需要更为广泛的对"慈善≠零成本"的认同。网络慈善作为现代慈善的重要力量,同时也是一个专业化的行业,需要大量的专业人员来做线上的筹款、线下的志愿活动以及传播宣传慈善理念等工作,这些是需要成本的。而对于这些成本的认识,公众还较不理解、接受不了甚至反对将捐赠的款项部分留作慈善组织运行的成本,认为不应将善款用于

---

① 果佳、阚萍、马梦溪:《从"格桑花"危机透视中国网络慈善组织的可持续发展问题》,《中国行政管理》2012 年第 11 期,第 65 页。

行政费用开支和工资开支,更是反对社工对善款提成的做法①,这使得运行资金基本依靠网络筹款的网络慈善组织而言更是运行困难,常陷入财政危机。同时由于缺乏专业化慈善人才,更不利于网络慈善组织的发展,甚至不利于网络慈善行业的发展。②

3. 网络慈善组织发展滞后

网络慈善组织作为一种由草根民众在网络上形成的非正式组织,其活动散布于各种网络空间或论坛,人们很难统计出这类组织的总数及其发展规模,一般只能通过已知的网络慈善组织及其网站的友情链接来进行统计,实际总数远远大于统计数据。

其一,网络慈善组织自身建设相对滞后。网络慈善组织是网络慈善事业发展中的重要载体之一,这种创新性的组织形态虽然得到了发展并引起了世人广泛的关注与赞许,但总的来说处于“先天不足、后天需补”的状况。不仅有着慈善组织普遍存在的问题,比如慈善活动缺乏战略规划,慈善资源动员能力不足,善款使用披露机制相对不完善等,最为关键的是网络慈善组织自身建设相对滞后。有学者认为网络慈善组织滞后体现为组织治理结构的不规范和组织人力资源问题两个方面。前者主要体现为组织的决策团队与执行团队的合一不符合《社会团体登记管理条例》的规定,会员制度未按章程规定执行而影响到权力机构的设置,组织的决策程序规范性方面和组织重要制度的审议、决策机制及监控机制等方面存在的问题及其考核制度与新的组织形态不相匹配等问题。后者主要是人员待遇偏低、稳定性差和专业性不强的问题。除此之外,网络慈善组织的财务管理能力建设和公信

---

① 金华施乐会探索每个义工可获取“每笔捐款中最高提成15％作为报酬”的做法使得施乐会深陷“提成门”事件,被媒体广泛报道被指“骗捐”。施乐会的探索是一种从无偿志愿者转为有偿义工模式的探索,因为这一举措改变了人们传统印象中的慈善操作流程而引起各方争议,有的指责是“骗捐”,有违慈善本质,有的则认为这一举措可以规范完善,不应该一棍子打死。这反映了在中国对于慈善成本的一种认识状态,相对于发达国家如美国等对慈善成本的认识还是存在差距的。

② 罗伦斯认为“零成本”慈善适合中国国情,认为中国目前还不具备发展大规模职业化、产业化慈善的条件。提出在中国慈善还是应从初级阶段做起,应当先鼓励“零成本”慈善,即富人自己充当职业慈善家,其本人成为慈善事业经理人。认为“非富人办慈善”“穷人办慈善”是不值得提倡的。鼓励先经过“富人办慈善”这样一个初级阶段,才能慢慢完成相应的人才储备、制度建设和社会信任积累,从而走向更现代的产业化慈善阶段。http://view.news.qq.com/a/20111220/000026.htm(2013年3月12日访问)

力建设的短板,是网络慈善组织发展的最致命的短板。目前网络慈善组织在财务管理过程中有一定的制度,但大体上都是由若干个发起人设立联名账户的形式进行,虽然有一定的制衡机制,但在实际操作过程中制衡机制作用发挥往往名不副实,最终全得靠参与者的个人诚信。同时,在公募权不断"放松"的趋势下,竞争加剧已成为现实,这对于网络慈善组织而言,在缺乏有效监管和严密组织的情况下,既是一个机遇更是一种挑战,有能力的网络慈善组织就能存活下去,且日益壮大,反之,没有能力的网络组织就会被淘汰。

其二,网络慈善组织的人才和技术保障滞后。组织的发展离不开专业的人才,作为一个民间发起的网络慈善组织也同样需要专业人才的加入。但目前绝大多数网络慈善组织中具有社会学、社会工作、社会保障等专业背景的成员几乎没有,缺乏具有计算机专业背景的网络平台维护和运行人才,这些都成为网络慈善组织发展的短板。

4. 政府在网络慈善发展中相对被动乏力

近年来,网络慈善所彰显的"微公益""全民慈善"理念改变着人们对慈善事业的理解和认识,在网络慈善的推动下,慈善正走入普通公民的视野并成为普通公民尤其是年轻网民热衷青睐的生活习惯,繁华背后也有着辛酸与尴尬。网络慈善无论是对于捐助者、受赠者、募捐者来说,还是对于政府而言,都是一种全新的尝试和探索,在这种尝试和探索中无疑前者显现出十足的热情和欲望,而后者相对于网络慈善事业的发展来说仍嫌滞后和被动,比如针对网络慈善的立法、监管、引导、配套措施以及平台搭建等等方面,虽然有所行动且有积极推进的方面,但总体还处于"慢拍"跟进的状态,这也是滋生"诈捐""骗捐""网络慈善丑闻"的影响因素之一。

其一,立法上的空白。目前我国法律对慈善活动、慈善组织、慈善募捐与捐赠、慈善事业的奖励和扶持等有明确的法律制度,但是专门规范网络募捐这种新型的募捐形式还处于立法上的空白状态,对网络募捐主体资格、网络募捐行为的发起、网络募捐的监管、网络募捐奖励与支持以及网络慈善组织的内部管理等主要问题还没有在法律上得到明确的规范,对慈善信息公开的权威标准依旧缺乏,这对于保护和促进网络慈善的有序健康发展是远远不够的。

其二,实践中的被动。比如我国网络慈善平台的建设较为"混乱",政府推动的权威网络募捐平台建设较为滞后。目前建设较好的网络募捐平台属一些国内知名民间慈善公益组织的网络平台,绝大多数网络慈善组织还是较多地依赖论坛、微博、QQ 群、淘宝以及部分网络慈善组织建立了组织网站,这客观上造成了政府主管部门对网络慈善行为的监控难度,客观上使得"骗捐""重复募捐""慈善丑闻"等事件出现更为容易,也客观上给网络慈善组织增加了网络维护的成本。又如信息公开工作奖惩机制执行不力,部分地方性法律法规规定了应当公开信息,但是实践中存在着较多的慈善组织未按照规定进行信息公开却未受任何处罚。此外,慈善组织如何在短时间内,借网络慈善事业的发展促使社会组织和慈善事业的共同发展相结合,对于政府来说是一个挑战。

其三,监管上的乏力。网络慈善事业的发展通常面临一个最根本的问题,就是让网民能够判断网络信息的真假,网民对网络慈善的信任,从而激发网民的爱心,促使潜在慈善行为的发生。而目前网络募捐求助信息缺少源头的可信度考量机制,捐赠人在缺少相应识别机制的前提下很难核实求助事件的真实性。从目前的法律法规来看,通过网络募捐筹集的善款应该由什么机构管理和监督没有专门的法律进行规范,如何保证网络募捐的善款专款专用、如何保证善款余额的使用不违背捐赠人的意识,在现有的法律制度体系下还未得到解答。政府监管网络慈善的目的就是促使网络慈善信息的公开真实可信,善款使用的透明化和规范化等。目前,对慈善组织监管不到位的问题是客观存在的,主要原因是配套法律法规不完善。而事实上,正是慈善监管的缺失,使一些"慈善造假"成为社会关注的焦点,严重打击了社会公众参与慈善的热情,也破坏了慈善事业好不容易才建立起来的社会公信力。

二、国内外网络慈善事业发展的相关做法

(一)网络募捐主体资格制度的设计探索

1. 广州:扩大社会募捐主体,民间募捐主体网络募捐实行行政许可制

根据《广州市募捐条例》的规定,红十字会、慈善会和公募基金会可以开展募捐活动,但应当在其章程规定的宗旨、业务范围和地域范围内进行,并向市民政部门备案。为扶老、助残、救孤、济困或者赈灾目的而设立的公益

性的社会团体、民办非企业单位和非营利的事业单位经申请取得募捐许可后,在许可的范围和期限内开展募捐活动。将民办非企业单位扩大为募捐主体,是一项在全国具有首创性的改革措施。通过扩大社会募捐主体,民间募捐取得行政许可即可进行公开募捐,以法律法规的形式明确了网络募捐主体的资格,有利于防止目前随意募捐、虚假募捐、网络不明募捐的发生。

2. 上海:鼓励募捐组织以外的主体进行联合网络募捐

根据《上海市募捐条例》规定,红十字会、公募基金会以及依法登记的以发展公益事业为宗旨向社会公众提供服务的社会团体具有向社会公开募集财产的资格,这些募捐组织以外的其他单位和个人,基于公益目的,需要开展募捐活动的,应当与募捐组织协商,经募捐组织同意也可开展以募捐组织名义进行募捐,包括可以在互联网上发布募捐信息。上海大学校友得知毕业生小易身患尿毒症无钱医治而为其在淘宝网上售卖"爱心"募集善款,短时间内募集到十余万元善款,但却因为淘宝官方不允许个人募捐,虚拟商品"同学爱心"被迫下架,后与上海慈善基金会"联姻",在上海慈善网开设募捐通道,让"同学爱心"重新上架。

3. 深圳:深化社会组织登记体制改革,降低网络募捐主体登记门槛

2009 年民政部与深圳市政府签订了《推进民政事业综合配套改革合作协议》,授权深圳开展基金会登记管理试点,探索建立社会组织直接向民政部门申请登记的制度。2012 年 10 月,深圳发布《关于进一步推进社会组织改革发展的意见》,进一步深化社会组织登记管理体制改革,扩大社会组织直接登记范围,实行工商经济类、公益慈善类、社会福利类、社会服务类、文娱类、科技类、体育类和生态环境类等 8 类社会组织由民政部门直接登记。通过深化社会组织登记体制改革,切断行业协会与原业务主管单位的行政依附关系,还原兴业协会独立社团法人地位,突破双重管理体制,大大降低了网络募捐主体经过登记变成合法募捐主体的门槛,尤其是在制度上助推一批网络慈善组织通过登记以获取合法的募捐主体资格。

(二)网络慈善过程监管机制的设计探索

1. 美国:三管齐下的监督模式,全方位监管网络慈善行为

一是政府监督管理。美国政府主要通过登记机关、税务机关、审计机关和政府有关主管机关对网络民间组织进行监管。大部分州由司法部门负责对网络民间组织的财产进行监督管理,以确保网络民间组织行为规范,并委

托国家慈善信息局、宗教事务委员会等机构,制定相应的管理标准。设"慈善信息署"并安排专门的人员对网络慈善行为进行监管。二是同业组织监督管理。美国有许多网络民间组织的同业组织,它既帮助网络慈善主体维护合法权益,提供咨询服务,同时又帮助政府引导和监督网络慈善行为,弥补政府管理力量的不足。三是社会监督管理。美国对网络慈善行为的监督管理实行"公开原则",充分利用社会力量。美国向社会公开网络民间组织的有关档案特别是财税状况,并规定,任何人都有权要求查看网络民间组织的原始申请文件及其税表。此外,充分发挥新闻媒体对网络慈善行为监督的作用。

2. 上海:建立统一的募捐信息网络服务平台

为保障捐赠人的知情权、监督权,《上海市募捐条例》规定,由市民政部门建立统一的募捐信息网络服务平台,为社会公众免费提供募捐信息服务,接受咨询、投诉、举报,募捐组织应当在信息服务平台上,向社会公开募集财产的使用情况,每年不少于两次,应当在每年 6 月 30 日前,在信息服务平台上向社会公开本组织上一年度的财物审计结果。这一规定从过去的"自我公开"变为统一的信息平台公开,同时所创制的信息查询制度,使得捐赠人对捐赠款物的管理、使用信息进行查询变得更为方便。虽然条例规定募捐组织应当在信息服务平台上向社会公开募集财产的使用情况,一定程度上降低了监管部门及公众监督的难度,但并非对所有网络募捐主体都具有较强的约束力。

3. 广州:成立慈善组织第三方监督机构

2013 年 6 月,广州市成立了广州市慈善组织社会监督委员会,这是全国首创的慈善组织第三方监督机构。广州市慈善组织社会监督委员会作为一个独立的第三方机构,行使社会监督权利,它以广州市慈善组织,包括红十字会、慈善会、公募基金会,以及根据《广州市募捐条例》取得募捐许可的公益性的社会团体、民办非企业单位和非营利的事业单位为监督对象。针对募捐组织的财务会计制度、受赠及募捐财产使用制度、信息公开制度等制度建设情况,接受社会捐赠及开展慈善募捐活动情况,受赠及募捐财产的使用情况与信息公开情况等进行监督,同时对因慈善组织运作不公开或不公平而引起媒体和社会公众质疑的事项,可主动开展调查和监督,独立向社会发布调查监督结果,对向民政部门或其他有关部门举报发现的慈善组织存在的违法违规行为,进行调查并独立向社会公众发布年度监督工作报告。

4.湖南:通过立法将募捐箱打造成"玻璃箱"

湖南制定了国内首部规范募捐的地方性法规《湖南省募捐条例》。条例设计了四次强制公开制度,即募捐人信息公开、募捐方案公开、募捐财产情况公开和募捐财产使用情况公开,从制度上保证了募捐主体的合法性、募捐目的明确性、募捐财产利用的有效性、募捐财产监督的实效性,意图"把募捐放到玻璃箱里操作"。条例规定募捐人必须每年在其网站和政府民政部门网站公布募捐人的基本情况、募捐财产管理和使用情况、年度工作报告、财务会计报告和审计报告等相关内容,明确政府主管部门监管职责,保障社会公众和捐赠人、受益人的知情权。条例规定募捐人在开展募捐前,应当制定包括募捐目的、时间、地域、方式、财产使用计划以及工作成本列支计划等内容的募捐方案,并报当地民政部门备案;在募捐方案确定的募捐期限届满之日起三十个工作日内在募捐人网站和民政部门网站发布募捐情况公告书,公告包括募捐财产的种类及数量,捐赠人的姓名或者名称及捐赠财产的数量、价值等内容,接受社会公众的监督;在募捐财产使用期限届满之日起三十个工作日内,在募捐人网站和民政部门网站发布募捐财产使用情况公告书,其中应当包括财产总额、募捐财产使用情况明细、工作成本列支情况明细等内容。在受益人集中的乡村、街道,还应当将募捐财产分配使用的有关情况明细张榜公布。

(三)网络募捐平台的设计探索

1.腾讯月捐平台:点对面项目化运作模式的网络慈善平台

月捐计划是腾讯基金会为其战略合作伙伴免费搭建的一个持续稳定的,集项目宣传展示、用户参与、信息披露为一体的多功能网络公益平台,将公益慈善组织、公益慈善项目、捐助者通过网络联结在一起,参与方式十分简单便捷。登录腾讯公益网页,用已有的QQ账号即可开通月捐计划,在月捐页面用户可以自主选择一个或多个想要捐赠的项目,通过财付通登录自己的网上银行线上支付捐款,每次每月支付金额为10元。对于自己捐助的项目,用户可以留言分享自己的感受。每个月月底,腾讯"月捐"会向每个用户发送捐款使用账目信息,用户只需点击弹窗信息即可查看账目情况。网民不仅可以通过月捐平台捐赠现金和志愿服务时间,也可以捐赠QQ积分,捐赠行为会被记录下来,最后在用户终端爱心积分上有所体现。月捐计划项目建立的这一套完善的信息推送、信息反馈、信息披露、物质激励制度保障成为动员网民长期、持续参与的直接动力。截至2012年6月参与月捐计划人数达 1160582 人次，累积月捐金额达 40933670 元。截至 2013 年 11 月，有 64225 人参与腾讯月捐爱德 e 万行动项目，捐助爱心善款 735871.85 元人民币，人均捐赠 11.46 元人民币。①

2. 金华施乐会：首家透明化点对点网络爱心互助平台

施乐会成立于 2007 年 4 月，是金华市慈善总会的分支机构，运用网络技术构建了全球首家透明化网络爱心互助平台。该慈善平台自成立以来，不断探索和创新慈善平台的建设与设计、运作与实施。截至 2014 年 1 月 4 日，施乐会拥有注册人数 141076 人，捐款次数 1906.38 万次，帮助家庭 30448 个，累计募集资金 6193.38 万元，②成为浙江现代网络慈善理念的领跑者。施乐会网络慈善平台的最大特点就是通过网络实现点对点的直接募捐形式，受助者通过网络在线形式发布求助信息，施乐会核实信息后正式向公众呈现并进行募捐，网民捐助者在平台中自由选择受助者，通过支付宝、财付通、网上银行或快钱支付等方式在线捐助，受助者在施乐会平台通过在线形式提取募捐款项。施乐会突破了传统慈善机构的缺陷，其"网络互助"的服务模式解决了时间、地域、空间等多种因素的限制。如果您想帮助他人，可足不出户，只需登录施乐会网站，即可找到您想帮助的危难朋友，献出您对他们的爱心与祝福；如果您想寻求他人帮助，同样登录施乐会网站，发布您的求助信息，无论您是求学、助医、救灾，还是安老、抚幼、济困，只要符合一定的救助条件，即可找到帮助您的爱心朋友。

（四）网络慈善组织发展的制度探索

1. 北京：公益慈善组织实施全面质量管理，引导网络慈善组织发展的标准化

2007 年以来，北京市先后制定了《首都慈善公益组织募捐行为准则》《慈善公益组织管理流程指引》《慈善公益组织全面质量管理指引》等行业规范，从慈善公益组织的行为准则、运作管理等关键环节对慈善工作做出全面规范，使慈善活动的开展更加规范化，也更具操作性。其中，《慈善公益组织管理流程指引》是目前国内首个推出的针对慈善公益组织规范运作的管理流程，它结合当前慈善公益组织管理的现状、特性和需求，共设计 9 个一级流程，75 个二级流程，71 个三级流程，基本每个流程都配有相应的流程图表、

---

① http://gongyi.qq.com/loveplan/wangzhuchengzhang.htm，访问时间 2014 年 1 月 8 日。

② http://www.shilehui.com/，2014 年 1 月 4 日访问。

流程说明及其格式表单。该《指引》以图文并茂的方式,直观生动而又明晰详尽地描述慈善公益组织管理的各个环节,弥补了国内有关慈善公益组织规范化管理的空白,具有重大的理论意义和现实意义。《慈善公益组织全面质量管理:标准、指引、量化对标方法》由北京新阳光慈善基金会研究制定,在国际上第一次开发出慈善公益组织的全面质量管理标准体系及量化评估方法,是一个将全面质量管理应用于慈善公益组织的标准体系,该标准体系的传播与推广有助于帮助网络慈善组织提升服务和管理水平,同时帮助政府和公众识别出优秀的慈善公益组织,目前已有包括免费午餐、香港地球之友等30余家境内外公益慈善组织、公益慈善项目参加试用和二次开发。

2. 壹基金:网络慈善发展的样板式民间公募组织

2013年庐山地震,壹基金成为一匹黑马,一鸣惊人。自4月20日地震发生到5月12日24点,壹基金庐山地震救援行动收到社会各界455万人次捐赠,其中善款26912万元,捐赠物资折合人民币1613万元,总计28525万元。壹基金作为中国第一家由民间发起成立的公募基金会,目前通过网络获得捐赠的数额与企业定向捐赠几乎各占一半,它的组织运作模式和制度体系正为公募基金会尤其是网络募捐主体起到导向性的示范效应和样板作用。其一,壹基金的"尽我所能,人人公益,努力让每个中国人都成为慈善家"彰显了网络慈善发展的意义,所倡导的每人每天1点爱,壹家人互相关爱彼此关怀的公益互动模式,在能力可及的范围内"小额定期定额"捐赠,有利于培养更多的网民参与慈善的习惯,引领"平民慈善""微慈善"的健康可持续发展。其二,完善的壹基金公益基金会章程、健全的制度体系、规范的组织治理结构和人力资源福利管理制度,为具有公募资格的慈善组织尤其是网络慈善组织的建设与发展提供了规范化的制度样本。近年来,壹基金逐步制定完善了壹基金项目管理制度、壹基金人力资源管理制度、壹基金行政管理制度、壹基金财务管理制度等制度。其三,壹基金联合USDO自律吧开发并推出《USDO财务信息披露模板》和"USDO透明指数",举行了一系列的财务培训和信息披露工作,集行业之力,引领民间慈善组织一起披露财务信息,向社会公众展现一个公开、透明、诚信自律的民间公益行业。

三、宁波网络慈善发展的现状

"爱心城市"是宁波的一张名片,数不清的爱心故事正诠释着宁波这个大爱之城的城市内涵。随着微公益、平民公益等进入人们的视线,网络正成为宁波人捐资行善的重要平台,网络慈善在宁波慈善事业的发展中正发挥着日益令人瞩目的作用,诸如宁波爱心同盟、余姚爱心之家等依托网络自由发展、逐渐成长起来的民间公益团体,自组建以来筹集资金,开展各种公益活动,帮助最需要帮助的和被社会忽视的弱势人群,不断影响着宁波爱心人士和爱心单位参与慈善,弘扬慈善事业。

(一)宁波网络慈善发展现状的调研

1. 慈善募捐立法工作起步早

2011年10月,宁波颁布实施《宁波市慈善事业促进条例》,这是浙江首部、全国副省级城市首个关于慈善事业的地方性法规。该条例针对慈善活动包含的具体内容、如何设立慈善组织、慈善组织应当公开哪些信息、哪些主体可以开展募捐活动、募捐活动的备案、如何规范募捐行为、奖励和扶持制度以及惩罚制度进行了明确地规定。其中针对实践中通过网络等新方式来开展募捐的情形日益增多的现象,在《条例》第二十一条第一款对募捐活动的开展方式作了明确规定,"慈善组织和单独开展募捐活动的组织可以通过公开募捐、协议募捐、网络募捐、建立冠名基金等形式来开展募捐活动。"明确地规定了网络募捐是慈善组织和单独开展募捐活动的组织开展募捐活动的法定形式。

2. 网络慈善组织发展态势良好

宁波网络慈善组织大体分散于网络募捐较为集中的东方论坛、天一论坛,以及淘宝、天涯等也有宁波网络慈善组织活动的身影。通过网络慈善组织的网站以及所提供的链接,在宁波我们可以找到宁波爱心同盟、余姚爱心之家、香樟树、氧气工艺、象山绿丝带、余姚地球补丁、天一爱心之家等此类组织有10家,但实际上网络慈善组织的数据远远大于此数据。以宁波爱心同盟为例,宁波爱心同盟是一个非营利性的民间公益慈善组织,2008年2月成立,5年以来不断壮大,至今已有实名登记义工3200余名,注册会员8000余名,团体会员达到60多家,开展了大病救助、敬老、助学、应急献血服务队、"心连心"支教公益项目、关注自闭症孩子的"音为爱"公益项目、倡导绿色环保的"绿色竹篮工程"等项目,开设了民间公益淘宝店和民间公益实体店"爱心坊",创办了《爱心同盟》公益杂志。截至2012年11月底,通过宁波爱心同盟联名账户共募集爱心资金2585329.64元,支出2293639.83元,募集的各物品价值100多万元。宁波爱心同盟也获得了许多媒体的关注,比如爱心同盟成立五周年《宁波日报》对其进行了相关报道,中央电视台、浙江电视台、宁波电视台、鄞州电视台的记者跟踪报道了爱心同盟赴甘肃地震灾区捐钱捐物活动的全部过程。这些媒体在报道的过程中不仅介绍了爱心同盟组织与相关活动,增强了爱心同盟的公众关注力度,也吸引了更多的网友加入爱心同盟的行列。

3. 慈善参与氛围浓厚

宁波是一个大爱之城,门槛低、参与度广、透明度高是"宁波式慈善"的特点。从 1998 年至今,浙江省内的慈善捐助资金,来自宁波的占三分之一。根据 2011 年中民慈善捐助信息中心发布的中国第一个"50 城市捐赠排行榜",宁波以捐赠总额 7.7 亿元名列榜单第八位,以人均捐赠 67 元位居人均年捐赠第 9 名,慈溪人均捐赠名列第七。2012 年宁波市县两级慈善机构募集善款 4.4 亿元,救助支出 3.6 亿元,受助的困难群众达 35.5 万余人次。至2012 年年底,全市慈善机构累计募集资金达 34.3 亿元,累计救助支出 23.4亿元,受助 170.5 万余人次。"宁波帮"是"爱心宁波"记忆中的一大慈善群体,从 1984 年到 2010 年,海外"宁波帮"给家乡的捐资已超过 14 亿元。宁波隐名捐款蔚然成风,"顺其自然"自 1999 年起至今连续 15 次向宁波市慈善总会捐款,至今匿名捐款已累计达 602 万元。据不完全统计,2012 年社会各界爱心人士通过邮局、银行或上门隐名方式向宁波市慈善总会捐款的有 380人次,金额达 220 万余元。在宁波,从企业到机关,从学校到医院,从学龄儿童到耄耋老人,捐款捐物奉献爱心已成为一种习惯和常态。

(二)宁波网络慈善发展的困局

虽然宁波网络慈善事业发展迅速,但是在现有的制度环境下,宁波网络慈善也存在诸多网络慈善发展的通病,动摇着本已十分脆弱的网络慈善发展的根基,影响网络慈善的公信力。

1. 网络慈善募捐主体资格制度设计亟待加强

宁波对于网络募捐主体资格的规范相对缺少制度上的设计和实践中的监督,网络募捐市场中"人人都可以进行网络募捐"普遍存在,这种模式某种程度上来说非可持续发展之路。一是个人为自身或为他人发起的募捐,这是一种个人向社会寻求帮助的行为,前者不违法,后者不合法,这两类主体发起募捐最为随意,往往具有即时性和偶发性的特点,发起主体往往根据临时需要,在网络上发帖或者通过微博微信等方式进行求助,从源头上监管这些信息的真实性难度较大。二是根据《宁波市慈善事业促进条例》的规定,依法登记成立,以慈善为宗旨,依法开展募捐和慈善服务等活动的非营利性社会组织可以开展与其宗旨、业务范围一致的募捐活动,这些慈善组织以外的其他组织需要开展募捐活动,可以委托或者联合慈善组织在向募捐地民政部门备案后在特定的时间和地域范围内以规定的方式单独开展募捐活动,这是公募权向民间组织开放的举措。但是根据该条例的规定,所募得的财产需纳入慈善组织管理,这使得众多的民间组织放弃"联姻"而游离于法律制度之外进行募捐。三是慈善会、红十字会、基金会具有合法的网络募捐主体资格,虽然这些传统的"官"方募捐主体在善款募集中一直具有绝对的垄断优势,但在网络中针对特定人物或特定事件进行募捐的动力、能力、精力均显不足,因此,对网络募捐良好生态环境的形成没有发挥好主力军的示范作用,这客观上为其他网络募捐组织和个人进行网络募捐让渡了部分空间。四是诸如宁波爱心同盟的网络慈善组织,要具备合法的公募资格,首先要登记注册,但是网络慈善组织由于其本身的分散性特点,其成员基本为兼职且可能遍布全国各地,甚至还可能是境外或国外,根据现行的《社会团体登记管理条例》的注册登记条件是较为困难的。因此宁波爱心同盟要获得合法的公募身份,在仅有《宁波市慈善事业促进条例》和现行法律法规的制度环境下,还存在着较多的困难。无论是哪一类募捐主体发起的募捐信息,在现有的制度环境中通常不受外在的约束,其信息的真实性主要依赖于发起人或组织的道德自律。

2. 政府对网络慈善运行的监管相对乏力

"老馋猫"曾经是一个集正义和爱心于一身的宁波乃至全国的网络红人,通过发起网络募捐,帮助了包括白血病女孩婷婷、被毁容的流浪女孩、白血病患儿苗苗等人,曾经被授予"2008 年十大感动宁波事件和个人",全国许多知名媒体也对他的事迹进行了多次报道。然而就在此时,有网友对他的身份和所发起的几次慈善捐款充满疑惑,要求回应善款去向却无一一回应,最后演化成网络公共事件,甚至连曾经被他救助的对象,也反过来成为"打猫派"中的一员。这一事件让我们认识到善款使用公开透明是保证网络募捐公信力的关键,同时善款的何去何从仅凭受助人的意志或是网民公众的监督是远远不够的,"老残猫诈捐门"事件只是宁波网络募捐的一个缩影,一定程度上暴露了宁波网络募捐善款的使用和流向监管所存在的问题。一方面,善款使用信息公开的随意性。虽然相关制度规定应当公开募捐财产的使用情况,但是由于网络募捐主体的资格的模糊不清,众多的网络募捐主体因为游离于法律制度之外进行网络募捐，在缺少信息公开的强制约束力的前提下对信息公开较为随意，包括是否公开信息的随意性，公开形式的随意性，公开时空的随意性等。面对诸如此类的随意性，或者相关部门因为制度上的欠缺而导致监管的底气不足，或者由于网络募捐分布广泛监管部门精力有限从而导致监管的能力不足，或者缺少权威网络募捐信息管理平台导致监管难度增大。另一方面，善款专款专用以及剩余善款监管的缺位。目前，如何保证网络募捐的善款专款专用，如何保证善款余款的使用不违背捐赠人的意志，尚无相关制度和办法。

3. 网络慈善组织发展亟待引导与扶持

网络慈善事业在性质上属于民间事务，但是网络慈善事业的健康发展又要以政府必要的监管和政策扶持为条件。网络慈善组织作为一个在夹缝中发展起来的草根慈善组织，是网络慈善事业发展的重要力量。目前，宁波网络慈善组织的自身建设还存在薄弱环节，自身管理与运作方面存在不足，在组织治理结构、人力资源等方面都显现出较多的不规范，缺少必要的专职工作者，缺乏各类专业人才。尤为突出的是网络慈善组织的财务管理能力建设一直困扰着网络慈善组织的发展，如善款过度集中到一个人身上，募捐发起人或者网络慈善组织的主要负责人过多地承担着舆论压力、法律风险和道德风险，网络慈善组织缺乏健全规范的监督管理机制，在管理上较易陷于混乱。同时，网民了解网络慈善组织的重要途径是网络慈善组织的网站。目前宁波绝大多数网络慈善组织的网站建设较为落后，与专业的慈善组织网站相比较，还存在较大的差距，知名度不高，还没有形成品牌效应。部分网络慈善组织还没有专门的网站，部分尝试建立网络慈善组织的专门网站，但是由于缺乏专门人才，网站的设计水平相对较差，缺少必要的互动板块，更缺乏专业的网络捐赠平台，现有的捐赠渠道还只是停留在网络上公布账号。与此相对应，政府对慈善事业的直接参与较多，对网络慈善组织更是限制过多，推动、规范、扶持和服务相对较少，这不仅没有很好地为网络慈善组织提供相对应的资金、人才、技术上的扶持和服务，而且在客观上还挤占了网络慈善组织等民间慈善组织发展的空间，使得这些民间慈善组织无法分享到足够的公共资源。

四、推进宁波网络慈善可持续发展的对策思考

网络慈善的可持续发展要求网络慈善的各个要件是良性的发展模式，意指依托网络媒介，每一对求助者、募捐发起者（部分募捐发起人即为求助者本人）、捐赠者所构成小系统内信息对称、公开、透明，募捐者募得善款，求助者得到帮助，善款使用符合捐赠者意思，任何小系统中的不良因素都将影响到整个网络募捐良好生态的形成与发展，因此，网络慈善的可持续发展之道就是如何保障网络慈善各个要件的良性发展。

(一) 建立和完善网络募捐主体资格制度

1. 扩大网络募捐合法主体范围

遵循公募权不断放开的趋势，降低网络慈善的准入门槛，建立健全网络募捐准入机制，赋予网络募捐主体合法地位，实现网络募捐源头管理。为扶老、助残、救孤、济困或者赈灾目的而设立的公益性的社会团体、民办非企业单位和非营利的事业单位经申请可取得募捐许可，在许可的范围和期限内可开展网络募捐活动，所募集的财产不纳入慈善组织管理。赋予各类合法登记的慈善团体以平等的网络募捐地位，为其创造合法的网络募捐生存空间，同时也以此形成更为公平的慈善募捐市场的竞争关系，"倒逼"传统的慈善组织加强自身建设。基于社会安全管理的需要，坚决排除自然人成为网络募捐活动发起主体，自然人应寻找具有公募权的组织。

2. 积极探索网络慈善组织的登记备案制

根据网络慈善组织的特点和发展趋势，降低网络慈善组织登记的门槛，将网络慈善组织这一新型社会组织形态纳入管理的范畴之中，探索制定网络慈善组织的登记备案制度。简化手续，规范登记备案程序，对网络慈善组织的成立条件、职责范围、拥有权限、活动宗旨等给予详细的规定，通过完善网络慈善组织的登记程序和管理制度，吸引网络慈善组织进行登记备案成为合法的网络募捐主体，避免网络慈善组织发展的随意、无序和毫无约束，巩固网络慈善组织在宁波网络慈善事业发展的地位和作用，保障网络慈善组织发展的规范化、法制化，推进网络慈善组织的可持续发展。

3. 探索建立网络募捐主体资格的实效制度

网络募捐需要由具有募捐资格的募捐主体发起，募捐主体在发起网络

募捐前应向各县市区的民政部门登记备案，包括网络募捐具体活动时限和所需募集资金的额度，登记后发放网络募捐许可证，以实现对网络募捐的源头监管，避免网络募捐发起的随意性。在登记备案过程中，政府应明确统一的准入标准，只要具备了相关的形式要求，就应该予以登记。同时，明确该许可证属于临时许可证，当一项网络募捐活动结束或者没有必要继续进行募捐时，网络募捐发起主体应向登记备案机关申报募捐活动结束，登记备案机关应当及时在网上公布该网络募捐主体资格撤销的公告，避免网络募捐多头捐赠或者重复捐赠情形的发生。

(二)加强对网络慈善过程的监督和评估

1. 建立并着力推广统一的宁波网络慈善募捐平台

改变目前网络慈善募捐平台建设较为"混乱"的局面，打造一个权威的网络募捐平台。借鉴目前建设较好的国内知名慈善公益组织的网络平台，搭建一个安全且功能完善的网络募捐平台，使得网络募捐平台成为政府主管部门、慈善组织、网络善客和志愿者等组织和个人衔接的平台，政府负责做好网络募捐平台的技术支持和公信力提高工程。尤其是搭建支付平台，尽可能全面提供网民常用的如支付宝、财付通、网上银行、快钱支付、境外汇款、银行汇款等捐款方式。在网络募捐平台中不仅可以有募捐发布、善款捐赠、慈善组织的财务信息公开，而且网民可以通过登录账号跟踪善款使用情况，使得网民不仅可以随时随地获得权威的慈善募捐相关信息，而且还可以监督监管善款的使用。同时做好慈善募捐平台的推广力度，通过与基层慈善组织、社区中心、各类媒体的合作，提升宁波网络募捐平台的知名度和公信力，通过社区居委会、村委会、企事业工会组织和其他社会组织等组织宣传宁波网络募捐平台，让更多的求助者知晓。此外，在条件成熟的基础上逐步走出宁波进行推广宣传。

2. 健全和完善网络慈善信息公开制度

积极创建网络慈善信息公开相关制度，规定网络募捐发起人须在宁波网络慈善募捐平台上向社会公众予以公开的信息内容以及具体要求。严格规定网络募捐发起人必须向社会公众公开募捐活动的目的、救助对象的真实信息、善款使用的情况等信息。探索制定对网络慈善发起人募捐资金的详细使用计划、募捐活动所取得的收入、开展慈善活动的成本支出、募得物款的具体流向进行公开的相关制度。对不按照网络慈善信息公开制度进行相关信息披露的组织，建立列入"黑名单"制度，通过宁波网络募捐平台公开相关违规慈善组织的名单及具体违规行为,加大"曝光"的力度。

3. 探索建立网络慈善的监督与评估机制

探索建立一个相对独立的、统一的第三方监督评估机构,逐步建立起包括监督评估机构、行业自律组织、媒体监督、捐赠人和公众监督在内的社会监督体系和项目评估机制。针对募捐组织的财务会计制度、受赠及募捐财产使用制度、信息公开制度等制度建设情况,接受社会捐赠及开展慈善募捐活动情况,受赠及募捐财产的使用情况与信息公开情况等进行监督,同时对因慈善组织运作不公开或不公平而引起媒体和社会公众质疑的事项,可主动开展调查和监督,独立向社会发布调查监督结果,对向民政部门或其他有关部门举报发现的慈善组织存在的违法违规行为,进行调查并独立向社会公众发布年度监督工作报告。定期或不定期对网络组织的网络慈善行为进行评估,淘汰不良的慈善组织,公布优秀的慈善组织为网民选择提供参考和依据,促进健康的网络募捐组织的良性发展。相对独立监督机构除了对募捐组织的日常活动进行监督和检查外,还要对已登记或未登记但需要帮助的慈善组织和个人提供信息、技术、法律政策咨询等方面的帮助。

(三)加强对网路慈善募捐主体的引导和扶持

1. 大力培育网络慈善组织的发展

政府应关注未来慈善组织的发展方向,充分认识网络慈善组织在社会治理中的作用,要以更宽容的姿态引导和扶持网络慈善组织的发展,与网络慈善组织建立平等的合作伙伴关系,有选择有规划地为网络慈善组织提供资金、技术支持,培育更多的网络慈善主体,引导更多的网络慈善组织进行合法登记,助推网络慈善组织成长为促进宁波经济社会发展的重要力量。一是通过政府购买服务等方式将部分条件成熟的社会救助和社会服务转移给网络慈善组织,为网络慈善组织的发展适度倾斜公共资源。二是加强对网络慈善组织领导者的培养,支持他们参加或者开展国际国内的交流与合作,使得这些组织的领导者能够成熟地分析组织未来的发展方向,成熟地管理组织内部,成熟地认识和处理政府与网络慈善组织的关系以及提高向政府和社会争取资源的能力。三是通过政府鼓励在甬高校加强社会福利、电子商务等相关专业的人才培养,同时为网络慈善组织有规划地引进福利服务、电子商务、网络技术等专业化人才提供支持。此外,网络慈善组织在进行对外宣传过程中,政府应为宁波涌现出更多影响范围更大的、知名度更高的具有宁波特色的网络慈善组织提供支持和服务。

2. 建立专门的网络慈善组织管理制度

设立专门的、独立的管理机构对网络慈善组织进行培育与监管,主要负责对网络慈善组织发展的宏观规划,引导和帮助网络慈善组织加强自身建设,尤其是针对网络慈善组织提升慈善组织发展的战略规划能力、慈善资源动员能力、善款使用披露机制的完善、组织治理结构与人力资源管理能力、财务管理能力建设和公信力建设等方面有更多的引导和更大的支持。负责定期审查网络慈善组织的财务状况,评估网络慈善组织的运行状况,确保网络慈善组织的公开化、透明化,为提升网络慈善组织的公信力提供组织保障。

3. 增强网络慈善募捐主体互联网技术运用能力

将网络慈善募捐主体的网站统一链接到宁波网络慈善募捐平台,形成网络募捐市场的规模化效应。借鉴金华施乐会、壹基金、腾讯公益的网站设计理念和经验,政府应为探索建立具有宁波特色的网络慈善发展的样板网站提供资金、技术和人才支持。慈善组织的网站设计要以追求和实现网络慈善发展得更及时、更透明、人机智能交互强、募捐救助成本低为目标,在如何吸引网民参与网络慈善事业上要有更多的设计思考。尤其是随着移动互联网的发展,APP 客户端成为网民尤其是年轻网民的时尚,用手机微信扫一扫二维码下载安装客户端,用手机接收和参与慈善组织的各类宣传和募捐信息,使得慈善信息更为及时方便快捷地传达到个体,并以朋友圈转发等形式传播到更大范围。因此,各类慈善组织应积极探索建立慈善组织的 APP 客户端,并利用 APP 客户端进行慈善信息宣传和网络募捐活动的开展。

参考文献

[1] 杨团.慈善蓝皮书:中国慈善发展报告(2012)[M].北京:社会科学文献出版社,2012.

[2] 王名.非营利组织管理概论[M].北京:中国人民大学出版社,2012.

[3] 彭夯.私募基金会监管法律问题研究[M].上海:复旦大学出版社,2011.

[4] 基金会中新网.中国基金会发展独立研究报告(2012)[M].北京:社会科学文献出版社,2012.

[5] 杨道波,等.国外慈善法译汇[M].北京:中国政法大学出版社,2011.

[6] 陈津力.中国慈善组织个案研究[M].北京:中国社会出版社,2008.

[7] 果佳,阚萍,马梦溪.从"格桑花"危机透视中国网络慈善组织的可持续发展

问题[J].中国行政管理,2012(11).

[8] 郭枫,等.从网络公益组织看中国"草根"非政府组织的合法性问题[J].法制与社会,2011(3).

[9] 张书明.关于网络募捐的监管问题[J].山东师范大学学报(人文社会科学版),2007(4).

[10] 张北坪.刍议网络求助的道德冲突[J].探索,2012(3).

[11] 张北坪."网络求助"的价值及其限度[N].光明日报,2012-02-21(007).

作者单位:宁波市社会科学院

以法治化保障和推进社会治理创新

于立平

摘　要：党的十八大报告明确提出,"法治保障"是完善社会管理体制的重要组成部分,要加快形成"党委领导、政府负责、社会协同、公众参与、法治保障"的社会管理体制。刚刚闭幕的十八届三中全会提出,要"创新社会治理,提高社会治理水平"。以法治化保障和推进社会治理创新,对于促进社会治理科学化、实现社会长治久安具有十分重要的意义,是加强和创新社会管理的内在要求和必然趋势。宁波市是"全国从整体上创新社会管理的典型样板城市"。近年来,宁波市坚持以项目化为抓手,由点及面,整体推进社会治理创新工作,各项工作都取得了阶段性的显著成效。从未来发展看,宁波的社会治理已经迈入了需要将创新工作整体纳入法治化、制度化轨道,以法治化保障和推进创新工作的新阶段。

关键词：法治化　社会治理　创新

一、以法治化保障和推进社会治理创新的重要意义

理性高效的社会治理和良好公正的法律治理,从本质上高度契合,在价值目标上具有一致性。法治的核心强调"良法权威",以"公平正义、良法善治"为价值标准,创新社会治理的根本目的,就是依良法、行善治,通过形成解决社会矛盾和创新发展的长效机制,来维护社会秩序、促进社会和谐。良

法的权威运行正是规范社会治理的理念前提和制度支撑,而经过创新的理性高效社会治理模式则是良法之治的逻辑延伸和细节完善。

(一)以法治化为导向的社会治理创新是现代社会治理的最佳模式

历史证明,法治是优于人治的一种科学管理方式。在法治背景下,任何事情都是有法可依、有法必依、执法必严、违法必究。法治建设旨在建立民主立法、公正司法、严格执法、有效监督以及公平的市场资源配置等一系列制度,并培养高素质的执法队伍和提高全民的法律意识,实现通过法律控制公权力,保护公民的自由、平等及其他基本政治权利的中心任务。遵从法治为社会成员平等参与社会治理确立了明确的准绳和原则,尤其是在处理日益增多的社会矛盾和纠纷过程中,法治为解决社会问题提供了确切的依据和规则,成为定纷止争的重要武器。因此,以法治化为导向的社会治理创新是现代社会治理的最佳模式。

(二)以法治化为导向的社会治理创新是现代治理精神的重要体现

当前创新社会治理的主要目标之一是在有效规范政府行政权力的同时为社会和群众的自治良性互动留下足够的空间,探索更为民主科学有效的社会治理模式,实现社会领域权力与权利的均衡,并促进社会和谐。因此,社会治理创新在某种程度上可以看作是社会主义法治理念在社会治理领域的具体化,社会治理创新过程意味着现代社会治理法制体系的建构,对整个法制体系进行调整和完善,也是现代社会公共治理的实现过程。社会治理创新中对治理主体、治理理念与治理方式的改变和调整,其实质是政府转型,实现"有限政府",实现各类社会主体在社会治理中的各据其位、各司其职,也是对政府的管理行为做出规范和限制,实质上就是现代法治在社会治理领域的实现过程。

(三)以法治化为导向的社会治理创新是现代社会治理的根本保障

一方面,法治化是创新社会治理、促进社会和谐的重要手段。法律具有一般性、权威性、公开性和稳定性,是社会治理多种方式和手段中最为重要的一种,在推进社会治理创新中具有不可替代的地位和作用。社会治理及其创新都必须有法规制度作为支撑与保障,要确保社会治理创新的实效性和持续性,就必须切实致力于相关法规制度的完善,以法治化引导、保障和推进社会治理创新。另一方面,社会治理法治化有助于公民权利的实现与公共利益的和谐。只有把法治化落实到社会治理的各领域、全过程,才能实现权力与权利的有机统一、社会依法治理与民众参与治理的有机统一、民生法治导向性与治理主体多元化的有机统一、利益诉求渠道与各种社会矛盾化解的有机统一、社会维稳和公民维权的有机统一。因此，必须尽快将社会治理创新工作纳入法治化、制度化轨道。

二、以法治化保障和推进社会治理创新的宁波实践

近年来，尤其是 2012 年被中央综治委列为"中国特色社会主义大都市从整体上创新社会管理的样板城市"以来，宁波市在创新社会治理过程中始终坚持按照建设"法治宁波"要求，不断深化探索提高社会治理法治化水平，取得了积极成效。

（一）逐步完善社会管理领域立法

1. 重视社会治理，立法规划向社会领域倾斜。宁波在吸收社会治理创新成果的基础上，清理现行地方法律法规、规范性文件等，制定出台了一系列适应社会治理发展形势的法律法规。在 2012 年新公布的十四届人大五年立法规划项目库，共有 50 件立法建议项目，社会治理领域立法项目占到了总建议项目的 49％，内容涉及物业管理、医疗纠纷调处、食品安全监督等。

2. 总结社会治理创新实践，立法固定积极经验。宁波不断将试点过程中探索出的成功经验，以地方性法规的形式加以规范和固定。例如在探索医疗纠纷化解方面，宁波在 2008 年率先出台政府规章《医疗纠纷处置暂行办法》，被称为医疗纠纷处置的"宁波解法"。2012 年 3 月，市人大正式颁布《宁波市医疗纠纷预防与处置条例》，将其升格为地方性法规。

3. 针对现实问题，制定具体领域法规。面对新形势下的社会治理难题，宁波不断探索，出台了一些法规规章，强调了解决地方社会发展的需要，体现了地方立法的针对性。例如，针对供水企业与物业公司和用户之间的矛盾，制定《宁波市城市供水和节约用水管理条例》（2010 年 6 月实施）。

（二）全面规范社会治理领域执法

1. 不断健全规范行政与执法程序。健全市政府重大行政决策工作机制，出台《宁波市人民政府重大行政决策程序规定》，就重大行政决策事项的范围、程序、听证、执行、公布、监督等方面作了明确规定，把公众参与、专家论证、合法性审查和集体讨论决定作为重大行政决策的必经程序。鼓励和倡导各级政府、部门建立健全法律顾问制度。成立市政府法律顾问团，规范

专家学者有序参与政府部门的行政决策及其他涉法事务的处理。

2. 扩大社会共同参与。切实保障公众对社会治理决策的知情权、参与权。开发运用地方立法草案意见征集网络系统,拓宽地方立法草案征集公众意见的渠道,公众参与政府立法的深度和广度进一步提高。依法吸纳社会力量参与社会治理执法。通过服务外包的形式,转移政府职能、促进社会组织参与社会治理,引导并规范普通群众参与社会治理执法。

3. 加强行政执法行为的监督与检查。落实依法行政报告制度,市政府每年都要向市人大报告政府依法行政工作,各部门则向市政府报告。严密组织行政执法责任制年度目标管理考核,市法制办会同市考核办对县(市)区政府和市级行政执法机关依法行政工作进行全面部署和考评。积极开展各类专项检查活动,不断构建完善网上行政执法暨电子监察系统。

4. 不断加强行政执法人员素质建设。宁波着力"治权""治官",切实加强行政执法人员作风和能力建设,有效提升了执法人员的执法水平。切实加强各级领导班子制度化、规范化、程序化建设,做到依法履职、规范用权、照章理事。提升一线执法人员的执法水平,坚持"持证上岗"制,定期组织新任行政执法人员综合法律知识培训、执法资格培训与考试,各部门结合工作实际组织各种行政执法业务培训。

(三)不断强化司法参与社会治理的功能发挥

1. 加强人民调解,优化司法化解矛盾效能。一是建立区域性联合调解组织。以村居(社区)、乡镇(街道)为单位设置的区域性人民调解组织已实现全覆盖,基本实现了"小事不出村、大事不出乡镇、矛盾不上交"。二是根据纠纷性质建立各类联调组织和平台。根据矛盾纠纷的性质,分类建立了医疗纠纷人民调解委员会、交通事故纠纷人民调解委员会、劳动争议人民调解委员会等行业性专业人民调解组织。据统计,2012 年全市劳动争议仲裁案件、信访人次、法院受理案件分别比上年下降 48.5%、50% 和 40%。

2. 完善法律援助,促进司法服务深入群众。一方面,成立各级法律援助机构。目前全市法律援助机构的沿街"落地"窗口建成率基本达到 100%,"一小时法律援助服务圈"基本形成;另一方面,开展各类法律便民服务。建立健全民生案件优先审理机制等。着力利用司法行政法律服务中心打造司法行政机关服务群众的"第一窗口"。深入开展"一村一顾问""律师进企业"活动,积极推行乡村、社区法律顾问制度,推动法治理念更加深入人心。

（四）积极优化社会治理法治化环境

1. 健全公务人员学法用法机制。与"六五"普法有机结合，形成公务人员全员参加的经常化、制度化学法用法工作机制。加强对领导干部和公务员的法律知识培训。市和县（市）区政府普遍建立了常务会议学法、"市长学法日"等制度。通过会议学法、专题培训、课题研讨、网上学习等形式，创新和丰富学法形式，并整合政府网络平台资源，推行全市公务员统一学法考试。

2. 完善法治文化传播体系。进一步加强法制知识和法治文化的传统宣传方式。如广场活动、发放资料、上门普法以及户外广告、媒体展播等。积极通过"宁波普法网""宁波政府法制信息网"等新媒体、新方式向社会公众提供法制信息和服务。

3. 营造公众参与社会治理法治的氛围。扩大公众切身参与和咨询，增强公众对社会治理法治的信心和认知。建立基层立法工作联系点制度，进一步加强立法工作与社会实践、基层群众的联系。在社会治理立法项目上，广泛听取和征求社会各界意见建议。加强面向全社会的法治文化建设。出台浙江省首个《关于加强社会主义法治文化建设的实施意见》并配置相关行动方案，推动全市公民法律素质的持续提高，良好法治文化氛围不断浓郁。

三、以法治化保障和推进社会治理创新的未来思考

以法治化保障和推进社会治理创新是一项系统工程，必须立足实际，找准切入点，充分发挥法治化在社会治理创新中不可或缺的基础性作用，努力推动社会治理创新工作沿着法治化、制度化的轨道取得更大的突破和进步。

（一）加强法治理念建设，营造良好的社会治理法治环境

以法治化保障和推进社会治理创新，首要任务就是要严格贯彻落实依法治国基本方略，牢固树立社会主义法治理念，努力在全社会形成崇尚法治、遵循法治、弘扬法治的良好氛围。

1. 深入推进法治文化繁荣发展。首先，要加强工作机制和合力建设。要坚持和完善"党委领导、人大监督、政府实施、部门配合、社会参与"的法治文化建设领导机制，形成规范、有序、稳步推进的法治文化深入建设态势。其次，要重视理论研究和队伍建设。调动广大法学教育研究人员、法律工作

者和社会各界的积极性,加强法治文化建设的理论研究和应用研究。最后,要创新载体平台和阵地建设。加强报刊、电视、广播、网络等媒体法治专栏专刊建设;推进青少年社会活动实践基地、法治文化广场、法治公园、街区建设以及大中小学校的法治文化基础设施建设;运用公交车载视频、公益广告屏、电子显示屏以及手机短信等载体传播法治信息。

2. 加强社会治理领域普法教育。首先,突出加强社会治理领域法律法规的普及传播。以保障和改善民生为任务,以解决人民群众最关心、最直接、最现实的民生利益问题为重点,深入宣传与人民群众切身利益相关的社会治理法律法规。其次,针对社会治理重点人群进行普法教育。重点人群包括两类,一类是各级领导干部和广大公职人员,一类是流动人口、青少年、农民等。要着力培育公民的权利义务意识、法治心理和法治习惯,增强群众合理表达诉求、依法维护权益的意识和能力。

(二)加强地方立法修订,构建完备的社会治理法治支撑

完备的法律体系、法规程序和规范,是社会治理的重要支撑。当前中国特色社会主义法律体系已经形成,随着社会治理创新力度的加大,社会治理法规制度还将在动态、开放的格局中不断发展,因此必须要针对现有社会治理中存在问题和矛盾,通过制定、修改和完善,为社会治理创新提供完备的法律制度支撑。

1. 强化前瞻性立法和总结性立法。在认真总结社会治理创新综合试点经验的基础上,积极发挥地方立法"拾遗补阙"的"先行性立法"功能,把反映民众意愿、符合民众利益的前瞻性主张及被实践证明积极有效的措施,转化为法律规范、准则制度等。首先,要认真梳理把握立项项目重点,优先安排科教文卫等社会事业发展和公共服务方面的立法项目,重点解决群众反映强烈的就业、社会保障、食品药品安全、环境保护等民生领域突出问题,主动探索网络管理等热点难点领域立法。其次,要重视地方性法规配套制度建设。要着重针对市容管理、客运管理等存在标准陈旧、规定模糊等问题的社会治理领域,加快法规细则的更新出台,改变威慑不足、管理执行难的现状。

2. 切实提高立法质量与效果。立法的追求是"良法",必须能切实反映社会发展客观规律,体现人民意志,并且符合实际、具可操作性。首先,要尊重民意、开门立法。一方面要进一步拓展立法信息公开的广度和深度,确保立法信息公开的连续性、完整性;另一方面要进一步推进人大代表和社会公众参与立法,在立法征求意见的各个阶段,积极吸收人大代表和社会公众参与立法征求意见。其次,要针对地方现实,科学立法。要针对地方问题和主要矛盾,符合现实需求、时代发展和地方条件,具有现实可行性和宁波特色。最后,要加强对法规贯彻实施情况的跟踪督查和效果评估,在保障法的基本稳定性和延续性的前提下,及时清理与修订、更新不合时宜的地方法规、政府规章和政策规定。

(三)加强公正司法规范执法,维护严明的社会治理法治程序

中国特色社会主义法律体系的形成,从总体上解决了有法可依问题。在这种情况下,有法必依、执法必严、违法必究问题就显得更为突出。为确保法制的严肃性与威慑力,行政、司法、执法必须按照法定职权程序,对有关社会治理事务进行规范和调节。

1. 加强执法规范化建设。首先,严格规范行政执法行为。政府法制机构依法界定社会治理执法职责,防止部门职能重叠交叉、缺位错位越位。全面开展行政处罚裁量权规范工作,坚持开展行政执法检查活动,促使行政执法规范、公正、透明、高效运行。加大行政许可、行政强制实施主体的清理,严格规范行政许可、行政处罚、行政强制行为,全面落实行政执法责任制。其次,探索和推广社会治理执法方式创新。积极探索行政指导、说理性执法等执法方式创新,不断推行说理性行政处罚文书。此外还要文明执法。注重执法手段刚柔结合,提高文明执法水平。尤其在对困难人群和特殊群体进行执法时,在注重以法律为依据的同时,也要体现人文关怀,争取执法效果和社会影响双赢。

2. 建设公正、高效、权威的司法。司法是实现公平与正义的最后救济途径,也是实现社会治理法治化的基本保障和重要力量。首先,强化自身建设,保障司法公正。要抓住影响和制约司法公正的人情案、关系案、金钱案等问题,规范司法行为,强化内部监督,严格执行案件质量评查制度,提高依法办案能力。其次,发挥司法定纷止争功能。司法系统要加强依法调处社会矛盾纠纷的能力,提高办案水平和办案效率,切实发挥司法在矛盾纠纷化解中的终局性作用。最后,扩大司法机关在促进社会治理法治化中的作用发挥。司法机关在参与加强和创新社会治理中,不仅要全面履行职能、依法公正办案,而且要针对办案中发现的问题、总结的规律,积极向党委政府提出建议,促进社会治理的法治化、规范化。

(四)加强依法监督力度,形成有力的社会治理法治保障

依法加强对国家机关和其他社会治理主体的监督,是充分发挥社会各界协同作用、人民群众主体作用的重要途径,也是实现党的领导、人民当家作主与依法治国有机统一的现实需要。

1. 健全社会治理各项公开制度。依法维护人民群众的知情权、参与权、表达权,以"公开"为核心,积极稳妥推进党务、政务公开,推进社会治理各项工作透明、有序展开。首先是社会治理决策公开。建立健全社会治理决策意见征集系统,着力建设好网上双向互通渠道,满足不同层次群众参与社会治理决策的需求。其次是扩大政务法务程序信息公开。在完善现有信息平台的基础上,进一步提高信息公开质量,促进社会治理执法和司法更加透明、公正。最后要注意针对突发公共事件的信息公开。突发公共事件的处理应对是社会治理的重要内容之一,而信息公开是其中重要一环。要加快建立健全应急预案,根据突发事件演进过程,及时有序恰当地进行事前、事中和事后公开。

2. 大力完善监督问责机制。完善对社会治理主体的职权监督和问责制度,保证党和国家机关及其工作人员按照法定权限和程序行使权力。首先,构建党内监督、人大依法监督、政协民主监督、行政监督、司法监督和社会监督有机结合的全方位监督体系。其次,健全问责制度。全面推行问责制,加强绩效管理,切实做到有权必有责、用权受监督、违法受追究、侵权须赔偿。

作者单位:宁波市社会科学院

大力加强社科普及工作　提升宁波城市人文素养

于立平

摘　要：哲学社会科学是人类认识世界、改造世界的知识体系,是推动历史发展和社会进步的重要力量。城市人文素养是一个城市的"软实力",是社会文明的标志。随着城市化进程和经济社会、科学技术的发展,城市人文素养水平对一个城市而言越来越重要,已经成为城市文明建设的核心问题之一。提升城市人文素养,不仅需要提高市民的道德素养和精神境界,更需要培育人们的科学思想、科学方法、科学精神等,在全社会形成一种健康文明的生活方式和文化氛围。社科普及工作在加强形势政策宣传教育、传播社科理论知识、弘扬科学思想科学精神等方面具有不可替代的重要作用。提升城市人文素养水平,必须大力重视和加强社科普及工作,构建起全市覆盖、全民受惠的哲学社会科学普及工作体系。

关键词:社科普及　人文素养

一、加强社科普及工作的重要意义

社科普及作为宣传文化领域的一个重要组成部分,正越来越发挥出对建设核心价值体系、提高科学文化素质、改善城市文化民生等多方面的促进作用。

　　加强社科普及工作,是引导思想、弘扬社会主义核心价值体系的现实需要。社科普及具有向全社会广泛传播健康的、积极的、先进的文明理念的重要功能。通过马克思主义特别是当代中国马克思主义的宣传普及,引导人们树立正确的世界观、人生观、价值观,帮助人们解决理想信念和价值追求问题,提高人们的思想道德素养。改革开放以来的几十年,经济体制深刻变革,社会结构深刻变动,利益格局深刻调整,思想观念深刻变化,人们思想活动的独立性、选择性、多变性、差异性明显增强,价值取向、道德观念、文化生活也日趋多样化,当前社会各种矛盾集中爆发、意识形态领域的碰撞和交锋异常激烈。面对这种新形势、新情况,必须通过社科普及这一重要途径,用当代中国马克思主义教育人、武装人,坚定共产主义远大理想和中国特色社会主义共同理想。同时,社科普及的引导功能还在于对新形势下党的方针、政策和成就做出权威、生动、深入浅出的解读,并向广大基层干部群众进行广泛的宣传和说明,这对于弘扬社会主义核心价值观和宁波城市核心价值观,坚定人民群众继续推动改革开放的信心、继续积极投身到中国特色社会主义建设的伟大实践中去,都具有重大现实意义。

　　加强社科普及工作,是传播知识、提高全民科学文化素质的现实需要。社科普及的基础功能在于传播社科知识、培育科学精神。哲学社会科学知识是人的科学文化素质的构成要素,是人们认识世界、改造世界的重要工具之一。传播社科知识和信息,尤其是那些与群众生活息息相关的知识,能够解疑释惑、服务群众,为广大群众提供了学校教育之外的、既方便又实用的学习途径,较好地满足了群众的求知欲望和多元化需求。同时,社科普及的意义不仅仅在于进行知识的教育与普及,更在于它有利于人们培育科学思想、掌握科学方法和增强科学精神。通过社科普及的广泛推进和深入开展,促进广大群众真正能运用哲学社会科学方法、精神、思想来武装和提升自己,一方面能有效提高创业创新中正确认识和解决实际问题的能力,另一方面也能引导人们形成热爱知识、崇尚真理、勤于学习、善于思考的城市人文精神,有效舒解人民群众在社会变革中产生的种种疑虑和困解,防止形形色色的愚昧迷信、反科学、伪科学甚至邪教乘虚而入,实现科学、文明发展的需要。

　　加强社科普及工作,是丰富生活、切实改善城市文化民生的现实需要。社科普及工作是公共文化服务的重要组成部分,旨在丰富群众文化生活、满足群众文化需求。改善民生,不仅仅局限于增加居民收入、提供丰富充足的物质产品和医疗、教育、社保等公共服务,还应包括在健康文明的生活方式、和谐舒适的生活环境和幸福满足的生活感受等范畴全面追求更高水平。社科普及正是通过精神产品和文化产品的传播,缓解精神压力,使人们的精神世界更加丰富多彩,生活得更加充实快乐,身心更加健康富足,实现人民文化权利、改善城市文化民生。同时,社科普及在传承城市文化脉络、提升城市文化品位方面也有着不可忽略的作用,而一个城市的文化底蕴和文化品位很大程度上影响了居民文化生活的品质。因此,社科普及是提升人民精神文化生活水平的重要手段,也是优化城市精神文明风貌、改善城市文化民生的重要环节。

二、正确把握社科普及工作的三个重要方向

当前经济社会发展正处于转轨阶段,呈现出矛盾凸显、形势复杂、思想多元的特征。在此背景下要促进人的全面发展、提升城市人文素养,社科普及工作需要正确把握好三个重要方向。

要坚持正确的政治方向。社科普及工作的着力点要放在用社会主义核心价值体系引领社会思潮,使马克思主义成为广大干部群众认识和改造世界、创造美好生活的强大思想武器。当前,党的理论创新步伐不断加快,中国特色社会主义理论体系在实践中不断丰富发展,迫切需要广大社科工作者肩负起推进马克思主义大众化的重要使命,广泛开展中国特色社会主义理论体系宣传普及活动,推动党的理论创新成果更加贴近群众,更加深入人心。继续大力推进马克思主义大众化,把马克思主义基本原理、基本观点通俗化、具体化,使之更好地为人民大众所理解、所接受。着重推进中国特色社会主义理论体系大众化,以宣传普及社会主义核心价值体系为主线,以提高舆论引导能力为核心,巩固壮大积极的主流舆论和健康向上的思想氛围。

要把握准确的时代动向。社科普及工作必须紧紧围绕服务经济社会发展大局,在把握发展脉搏和发展趋势的基础上推陈出新、不断进取。及时、准确、通俗地宣传阐释党和国家的方针政策、法律法规等,增强人民群众对大政方针和科学发展的认知感,提升参与度。正视社会生活中的热点难点和发展中的实际问题,关注时下广大干部群众的所思所想,正确回答干部群众关注的热点、难点问题,深入浅出地做好答疑解惑工作,帮助广大干部群众提高认识,增强解决问题的能力。重视宣传普及社会科学各学科最新知识和理论成果,在提高公众社科人文素养的基础上,弘扬以改革创新为核心

的时代精神。

要满足群众的真实需求。社科普及工作面向全社会,尤其面向最广大的基层群众,必须把满足群众需求作为工作目标和努力方向。广大社科工作者要经常深入群众,向群众学习,在情感上亲近群众、在内容上靠近群众、在形式上贴近群众。推进社科普及基地的建设,既要把理论送到群众身边,又要搭建群众便于参与、乐于参与的平台,调动群众参与社科知识普及活动的热情。社科普及读物的创作和社科普及讲座等要更接地气、更通俗形象、更贴近群众生活和实践,坚持用群众熟悉的、喜爱的方式阐释和宣传科学理论,努力使抽象的理论变成言之有物的实在话、明白话,让群众喜欢听、听得懂、记得牢、用得上。同时,由于社科普及的受众群体在文化程度、知识结构、职业特点、生活状况、年龄兴趣等方面都有着许多差异,必须对其进行群体、层次等划分,认真研究不同人群多样、复杂的实际需求和心理期待,针对不同对象群体提供不同的科普产品与服务。

三、呼应时代、开拓思路,推进社科普及工作进一步创新发展

随着时代变迁,宁波经济社会和文化快速发展,人民群众的文化需求也不断变化,社科普及工作必须开拓思路、积极应变,做出契合时代精神的调整与创新,更有力地推动宁波哲学社会科学事业不断繁荣发展,宁波城市人文素养不断进步提升。

大胆聚合新力量。一是要进一步加强社科资源的整合,把各学会和学术团体组织起来,发挥好各自的优势,努力形成社科普及的整体合力。尤其是一些由于种种客观原因而不参与或参与少的学会、团体,要在考察群众需求和学会(学术团体)自身资源、能力的基础上,积极创造使其尽快参与到社科普及工作中来的各种条件,促使其发挥作用、贡献力量。二是要深入挖掘和培育本地社科普及人才团队。倡导更多的专家学者和知识精英,能够从科研机构和课堂里走出来,深入基层,走到工厂、走进社区、走进农村,和社会大众进行直接的对话和交流。三是鼓励和吸引更多社会力量投入到社科普及工作中来,扩宽参与渠道、激发参与热情。通过政策引导、舆论宣传等多种手段为社科普及工作吸引到更多物力、财力等资源。

主动开拓新形式。发动广大社科工作者乃至社会公众,群策群力,发挥聪明才智和创新思维,共同探索、创新和优化社科普及的形式。社科普及本

身也是一门值得研究的学问,需要认真调查研究和下功夫琢磨。倡导全体社科普及工作者深入探索和研究社会科学知识普及的内在规律,在普及形式上下功夫,掌握传播规律、讲究传播艺术,使社科知识对公众而言更易于理解和接受。从社科普及的形式、载体和语言等多方面适应当前人们的浏览习惯和喜好,开发设计相应的社科普及读物、社科普及活动等,凸现其便利性、互动化、个性化。在做精、做优原有宁波社科讲坛、社科普及月等活动品牌基础上,探索更活泼更新型的活动模式,不断提高社科普及工作的知晓度、美誉度和影响力,进而形成群众喜闻乐见、活动越做越好的良性循环,成为城市文化生活持久而亮丽的风景。

积极利用新媒体。依据信息社会传播渠道的多样化特点、顺应群众对新媒体的青睐和依赖,拓展传播渠道、不断创新载体,构建新型社科普及平台,社科普及才能有生命力、才能产生新亮点。随着新媒体时代,网络作为新型的社科普及平台已经逐步发挥了作用并得到肯定,今后要进一步重视网络社科普及的传播范围和工作力度,提升社科普及的数字化水平。利用网络开展和传播不同类型的社科普及讲座、论坛,积极组织不同兴趣的社科爱好者建立各种各样的网络群组,并加以正确引导。同时,微博、微信等已迅速崛起为最重要的信息载体和传播渠道之一,社科普及要加快以这些新媒体为依托推进工作,充分利用好它们草根性强、分享便捷的优势,并适应其内容精悍、实时互动的特点。此外,还可以积极利用公交车移动电视等适合当下生活形态的新型媒体,进一步拓展社科普及阵地,在潜移默化中努力培育和提升全民文化素养。

作者单位:宁波市社会科学院

推进宁波市社会体制改革创新研究

史　斌

摘　要：自 2006 年 10 月党的十六届六中全会《中共中央关于构建社会主义和谐社会若干重大问题的决定》提出要适应社会发展要求,推进社会体制改革创新以来,社会体制建设作为一项事关社会建设发展的重大改革战略,已经纳入了各级党委和政府的议事日程,社会体制的深刻变革正在逐步展开。近年来,尤其是 2010 年被中央综治委确定为社会管理创新综合试点城市以来,宁波市以加强和创新社会管理为中心,以社会管理体制改革创新带动推进社会体制改革创新,各项工作扎实有序开展,社会体制的基本结构和功能有了很大改善。但是由于社会领域的变革具有高度的复杂性和艰巨性,社会体制改革也面临着诸多需要着力解决的难题,并非一朝一夕就能完成。如何攻坚克难,切实推进社会体制改革创新,是当前亟须重点应对的一项新的课题。

关键词：推进　社会体制　改革创新

一、当前推进宁波市社会体制改革创新面临的新形势

当前,我国进入了推进社会体制改革创新的重要战略机遇期,宁波市的社会体制改革创新既面临着良好的机遇,也面临着诸多内生的要求和动力。

（一）从外部环境看，宁波市正面临着加快推进社会体制改革创新的新要求与新机遇

一是在国家层面，社会体制改革的步伐正在进一步加快。2006 年党的十六届六中全会首次提出要"加快推进经济体制、政治体制、文化体制、社会体制改革和创新，建立健全充满活力、富有效率、更加开放的体制机制"。2007 年党的十七大报告深刻论述了社会建设和社会体制改革的重要性，提出"必须在经济发展的基础上，更加注重社会建设，着力保障和改善民生，推进社会体制改革"。2008 年国务院办公厅转发发改委《关于 2008 年深化经济体制改革工作的意见》中首次把"社会体制"问题作为改革重点单列出来，要求积极探索社会体制改革的有效途径，破解社会体制改革难点。2011 年国务院《政府工作报告》提出要"全面推进经济、政治、文化、社会等各方面改革创新，从根本上破除体制机制障碍，最大限度解放和发展生产力，促进社会公平正义"。

2012 年 11 月，党的十八大报告中对社会体制问题进行了较为系统和完整的阐释，明确提出了对于社会体制"四个加快"的总体要求，即"要围绕构建中国特色社会主义社会管理体系，加快形成党委领导、政府负责、社会协同、公众参与、法治保障的社会管理体制，加快形成政府主导、覆盖城乡、可持续的基本公共服务体系，加快形成政社分开、权责明确、依法自治的现代社会组织体制，加快形成源头治理、动态管理、应急处置相结合的社会管理机制"。

二是在地方层面，社会体制改革呈现出蓬勃兴起的态势。中央提出推进社会体制改革和创新这一重要问题后，在全国范围内引起极大反响，许多地方开始先行先试推进社会体制改革。

广东省在社会体制改革创新方面一直走在全国前列。深圳、珠海、顺德等地先后对推进社会体制综合改革进行了积极的探索。2013 年，广东提出社会体制改革的目标是：以保障和改善民生为重点，加强和创新社会管理，通过体制机制创新，促进公平正义，最大限度释放社会活力，构建新的社会治理结构。同时从改革民生事业体制、改革社会组织体制、改革基层社会管理体制、改革社工和志愿者服务体制、加强和创新社会管理等 5 个方面推出了 38 项改革举措，供各地自行选择、专题突破。上海市提出，要顺应生存型社会向发展型社会进步的趋势，以改善民生为重点，以医疗、养老、住房、社会保障等为突破口，不断深化社会事业领域改革。

(二)从内生动力看,宁波市社会体制改革创新的关键地位和作用日益凸显,亟待取得新的突破

随着各项改革的深入推进,社会体制改革在综合改革中所处的关键地位和作用日益显现出来。社会体制改革起着承上启下的作用,既承接经济改革深化完善的任务,又为政治体制改革创造更为良好的社会环境。能否及时有效推进社会体制改革创新,已经成为整个改革发展事业的关键。

一是深化经济体制改革需要加快社会体制改革。一方面,完善的社会体制是应对经济发展及其改革带来的种种社会问题的重要手段;另一方面,社会体制改革也将为未来经济的持续繁荣创造必要的条件,更是人民幸福生活的制度保障。以收入分配制度改革为例,体现公平正义的分配方式既是深化经济体制改革的核心问题,也是社会体制改革需要取得突破的关键领域。收入分配问题已经成为经济与社会之间的一个结,只有真正解开这个结,才能推动经济结构和社会结构的合理调整,实现经济社会协调发展。就总体形势而言,宁波市在统筹经济社会协调发展方面取得了很大进展,但是社会发展落后于经济发展的局面仍然存在,社会体制的改革仍需进一步加快推进。

二是深化行政体制改革需要加快社会体制改革。行政体制改革的关键是要转变政府职能,要通过改革,理清政府和社会的边界,把不该由政府管理的事项尽快转移出去,同时要尽力加快社会组织的培育发展力度,着力培育社会自我治理的能力,使社会组织能够具备承接政府转移职能的能力,这就迫切需要加强相应的社会体制改革。宁波市是全国最早推行政府行政体制改革的试点城市之一,经过多年来的改革,全市行政体制的合理性和效能都有了很大提升,服务型政府建设成效显著,但是目前社会组织的发展数量和覆盖面都还很不够,社会组织承接能力仍然不强。要改变这一状况,就必须将行政体制改革与社会体制改革紧密地结合起来,切实加快社会体制改革。

三是加强和创新社会管理需要加强社会体制建设。社会体制建设是社会管理创新的重要组成部分,也是加强和创新社会管理的制度基础。没有社会体制的完善和推进,社会管理创新就谈不上实质性的推进和突破。《宁波市加强和创新社会管理规划纲要(2012—2016年)》明确提出,要经过五年努力,实现社会管理格局更加完善、社会管理秩序更加良好、社会管理方法更加科学、社会管理行为更加规范、社会管理法治更加健全、社会管理环境更加文明。要实现这一目标,就必须在社会体制建设上取得新突破,只有着力解决宁波市社会民生事业、社会结构、社会管理等方面关键性的体制机制问题,才能从整体上为社会发展提供长久、有效、根本性的制度支撑。

二、宁波市社会体制改革需要着力解决的问题

作为全国从整体上加强和创新社会管理的典型样板城市,自 2010 年 7 月以来,宁波紧紧围绕中央和省委的有关部署,按照"综合性试点、项目化管理"的总体要求,着力突破重点难点,在社会管理各项领域取得阶段性成绩。就社会体制改革而言,宁波市已经初步确立了与社会主义市场经济体制相适应的社会体制,在民生领域的改革与制度保障、基层社会管理体制改革、公共安全保障体系改革、社会组织培育发展等方面,都取得了显著的进步。但是,面对新形势新任务新要求,宁波市的社会体制改革还需要以更大的力度加以推进,尤其需要着力解决目前面临的一些突出问题。

(一)社会体制改革"改什么"存在争议,需要进一步凝聚改革共识

当前,无论是理论界还是实务部门,对于社会体制改革的内容、方式和路径等的认识都存在着不少分歧,影响了社会体制改革的深入推进。

第一,认识上的分歧影响了改革共识的形成。对于社会体制理论的研究,基本上是从 2006 年前后开始的,研究时间较短。对于社会体制概念和内涵的理解,目前学界主要有三种观点:一是认为社会体制就是社会管理体制,社会体制改革就是社会管理体制改革[①];二是认为社会体制是围绕公共产品配置而进行的一系列制度安排[②];三是认为社会体制是为了实现公平与公正的目标,社会建设的各类主体,包括政府、社会组织和私人部门在处理社会事务和提供公共服务过程中的角色、作用、相互关系等制度安排。[③] 各地在实践过程中对于社会体制改革究竟"改什么"的认识也不尽相同。南京市推动社会体制改革创新主要包括六个领域,分别是教育体制、医药卫生体制、文化体制、收入分配和社会保障制度、社区管理体制、社会组织;天津市

---

① 徐永祥:《社会体制改革与和谐社会构建》,《学习与探索》2005 年第 6 期。

② 李友梅:《关于社会体制基本问题的若干思考》,《探索与争鸣》2008 年第 8 期。

③ 丁元竹:《加强和创新社会管理的几个着力点》,《中国党政干部论坛》2011 年第 6 期。

深化社会体制改革主要包括五方面内容,分别是教育、医疗卫生、收入分配、劳动就业和社会保障;《浙江省体制改革"十二五"规划》中提出社会领域体制改革的重点包括六部分:完善就业和社会保障制度、加快推进教育体制改革、深入实施医药卫生体制改革、深化文化体制改革、改革收入分配制度、创新社会管理体制。对于社会体制改革究竟"改什么"缺乏全面深刻认识,是影响社会体制改革共识形成的重要因素。

第二,实践先行的做法影响了改革共识的形成。由于社会体制概念和内涵的"说不清",宁波市在加强和创新社会管理的实践过程中,很聪明地选择了绕开这一问题,采取"项目化管理"、制定年度计划、加强绩效考核评估等类似抓经济建设似的做法抓社会建设,这样做的好处是有利于相关工作取得实实在在的成效,但不可避免地也存在着社会体制改革顶层谋划欠缺、前瞻性不足等问题,不利于及时形成社会体制改革的共识。

(二)社会体制改革"怎么改"仍在摸索,整体推进协调性不足

从国家层面来看,与经济、文化、政治体制改革比较,自觉的社会体制改革启动时间不长,相对而言处于比较薄弱的地位。自国务院《关于2008年深化经济体制改革工作的意见》出台以来,社会体制改革工作一直是纳入经济体制改革工作中的。十八大报告中对社会体制改革的重要性作了深刻阐述,但是就如何深化社会体制改革并未出台总体的规划和部署。从地方层面来看,各地的社会体制改革处于多样化、实验性的推进阶段,对于社会体制改革"怎么改"仍处于探索阶段。

一是社会体制改革的系统性不足。社会体制改革是一项长期的系统工程,必须加强统筹协调,有计划、有步骤、有系统地加以推进。当前,我市在推进社会体制改革过程中"顶层设计"尚显不足,各级领导干部对社会体制改革创新的理解认识不清、重视程度不够,改革的框架性和战略性规划尚不够明确。虽然在实际工作中和"十二五"规划中对于民生事业和社会管理等工作均有所涉及,但就整体来看还比较分散,社会体制改革在整体改革中的战略引导作用还不够明显,其重要性、受关注度都有待提升。

二是社会体制改革的领导体制有待明确。任何体制的改革都需要有一个强有力的领导部门牵头抓总。如果将社会体制看成是经济体制改革的一部分,那么社会体制改革应该由发改委牵头比较适宜。但是由于社会体制改革内容比较复杂,涉及民生保障的部分由发改委牵头负责,涉及社会管理的部分则由综治办牵头负责。同时,各个领导部门之间对于社会体制改革

创新的目标、方向和手段的认识都不尽相同。社会体制各相关领导机构如何分工协作形成强有力的社会体制改革领导体制,亟须明确。

三是社会体制改革以部门、条口推进为主,协调性不足。社会建设工作内容广泛、牵涉面大,涉及的政府部门包括民政、卫生、教育、科技、文化、计生、信访、质检、安监、公安、就业社保、司法、流口办等多个部门,而且还涉及党委口的组织、宣传、政法、统战等多个部门。同时,社会体制的很多改革内容还涉及全国、全省的体制性问题,需要从国家、省级的层面加以统筹协调。例如流动人口问题。因此,社会体制改革的一举一动,常常牵一发而动全身。推进社会体制改革创新工作,需要多部门、多条口互相配合,协调推进。

(三)社会体制改革的重点领域进展不快,难题仍需破解

十八大报告中明确提出,社会体制改革的重点领域至少包括四个方面:社会管理体制、基本公共服务体系、现代社会组织体制和社会管理机制。从目前的改革进展来看,这四个层面的重点领域或多或少存在着很多难题需要破解。

以公共服务体系建设为例。众所周知,公共服务建设是"从无到有易,从有到优难"。当前宁波发展已经迈入工业化中后期、城市化加速发展的新阶段,对公共服务需求也进入快速提升阶段,城乡居民对基本公共服务体系建设的需求更为迫切。但是从目前来看,在基本公共服务体系供给方面还存在着不少问题。首先是公共服务供给依然短缺。看病难、看病贵等问题普遍存在,城乡收入差距依然不小,社会保障城乡覆盖面还不够广,迫切需要在医药卫生体制、社会保障等关键环节的社会领域改革上取得进一步突破。其次,公共资源配置不均衡。城乡之间、群体之间、阶层之间的均等化程度还不够高,70％以上医疗卫生资源集中在城市,农村和欠发达地区公共资源配置的供求矛盾突出,需要在城乡公共资源联动优化配置改革上取得进一步突破。最后,公共资源保障依然滞后。公共服务的供给模式创新不够强,政府提供公共产品和公共服务的能力还有待进一步提升。

三、加快推进宁波社会体制改革创新的思路与对策

加快推进社会体制改革创新是党和国家的大政方针,是宁波市从整体上加强和创新社会管理的必然趋势,也是服务宁波"两个基本"和"四好示范

区"建设的重要保障。宁波市的社会体制改革创新已经渐次铺开,一些工作走在了全省乃至全国的前列,但还存在着诸多问题,需要以更大的决心和勇气加大改革攻坚力度,加快社会体制改革创新的步伐。

(一)明确社会体制改革创新的总体思路,凝聚社会体制改革创新共识

社会体制改革是一项深刻的治道变革,需要进一步凝聚广泛的社会共识。社会共识和社会认同是社会体制改革的价值基础,是重要的社会资本,决定了社会关系的状况。国家行政学院丁元竹教授曾多次呼吁,要重新审视社会体制改革的目标和方向,将促进社会共识作为社会体制改革重要价值基础。[①] 当前,社会体制改革虽然已经列入党委、政府的重要议事日程,并且已经在实践中展开,但仍然在一定程度上存在被弱化、被后置的现象。一些领导干部抓经济工作的一手比较硬,抓社会建设公正的一手比较软;许多干部和群众对社会体制改革的重要性、目标、内容和愿景等还不甚清楚,存在着不少错误的认识和看法,社会体制改革的社会动员还不充分。因此,加快社会体制改革创新,迫切需要采取多种方式进一步加强思想动员,凝聚社会共识,为改革创造更有利的环境条件。

要加强社会体制改革的理论研究。社会体制改革是一项高度复杂的社会系统工程,需要有科学的理论研究加以引领。鉴于当前社会体制改革创新目标不明、方向不清、共识不强的现状,亟须结合宁波实际,以实现公平正义为目标,深入加强对社会体制改革的目标、框架和逻辑体系等的理论研究,明确社会体制改革的主要任务,谋划社会领域改革的顶层设计。

要将社会体制改革创新作为全市综合配套改革的重要组成部分,协同推进。社会体制改革在整体改革事业中具有广泛的关联性、基础性和重要性,它与经济体制改革、文化体制改革、政治体制改革具有密不可分的密切联系。因此,需要更加突出社会体制改革在宁波市综合配套改革中的地位和作用,加强与其他各项体制改革之间的联系对接,以社会体制建设带动社会建设,支撑经济建设,促进政治建设,襄助文化建设。

---

① 丁元竹:《重新审视社会体制改革的目标与方向》,《绿叶》2011 年第 2 期;丁元竹:《当前社会体制改革的意义与重点》,《行政管理改革》2011 年第 1 期。

（二）加强社会体制改革创新的顶层设计，明确社会体制改革创新的领导体制

任何重大的改革都离不开科学的顶层设计。宁波市加快社会体制改革创新，当务之急是要加快领导体制的改革创新，从领导体制上解决社会体制改革系统性不强的问题。

从兄弟城市发展经验看，国内几个社会建设与管理工作走在前列的省份和城市，如广东省、北京、上海、南京等城市，都将组织领导机构建设作为社会管理创新的切入点和重要抓手，在党委层面成立市委社会工作委员会，在政府层面成立市社会建设工作办公室，实行合署办公的领导体制，由市委社会工委（市社会建设工作办）统筹负责全市性的社会建设和社会体制改革工作。

以北京市为例。北京市委社会工委的主要职责共包括 8 项，分别为：(1)贯彻执行党的路线、方针、政策和市委关于加强社会建设的决议、决定，研究提出工作意见并组织实施；(2)研究提出本市社会建设的总体规划、重大方案和重要政策；(3)宏观指导、统筹协调和督促检查本市社会建设重点任务的落实；(4)拟订并组织实施本市社会管理体制改革和社会领域社会动员体制机制建设的规划和政策措施；(5)负责综合研究和统筹协调本市街道管理体制改革相关工作；(6)负责本市社会领域党建工作，拟订并组织实施社会领域党建工作的规划和政策措施；(7)协调指导本市社会工作人才队伍建设工作；(8)综合协调本市志愿者工作，拟订并组织实施志愿者工作的规划和政策措施。包含了社会体制改革的方方面面。

成立市委社会工委并不是简单的机构撤并，它是真正意义上体制改革的创新，能够从根本上解决目前社会体制改革领导体制分割，各部门各自为政的乱象。从目前工作格局来看，阻碍社会体制改革的最大问题是体制不畅，各类社会矛盾、社会利益问题的解决要追溯源头，要从民生保障上加以治理，但民生事业改革和社会管理创新分属不同领导系统，体制不顺已经成为社会建设过程中面临的最大问题，亟须加以重点谋划考虑。

（三）加快推进以民生领域改革创新为基础的社会体制改革创新，促进公平正义和社会和谐

加快推进以民生领域改革创新为基础的社会体制改革创新，符合以人为本的基本价值导向，是维护社会公平公正，保持社会和谐稳定，促进发展成果共建共享的基本制度安排。

　　要加快推进公共产品和公共服务的供给体制改革。一是要健全公益服务。要根据《中共中央国务院关于分类推进事业单位改革的指导意见》(中发〔2011〕5号)精神,以事业单位分类改革为契机,以构建公益服务新格局为重点,加快教育、文化、卫生等行业领域内现有社会事业单位的分类改革,大力发展公益服务事业,强化公益属性,提升公益服务水平和效率。教育事业要围绕"公平、均衡、协调"的方针,进一步推进学前教育和义务教育资源配置城乡一体化发展,努力深化教育体制机制改革,充分调动社会力量办学积极性,为全社会提供更多更优质更高效的教育资源。文化事业要以"改善文化民生,实现文化惠民"为主题,积极引导和支持各类社会资本进入公共文化服务领域,在加快普及公共文化服务的基础上,积极打造文化精品和特色公共文化活动品牌,引导公众文化需求,提升公众文化素质。医疗卫生事业要进一步发展公共卫生体系,提高公共卫生服务和突发公共卫生事件应急处置能力,优化医疗卫生资源配置,保障人民群众用医用药安全。二是要提升保障层次。社会保障是经济的调节器,是社会的安全网。近年来宁波市在建立健全社会保障体系方面取得了重大成就,但是随着人口老龄化、城镇化和就业方式多样化的不断发展,增强公平性、适应流动性、保证可持续性将成为今后宁波社会保障体系建设的重点内容。在社会就业方面,要推动实现更高质量的就业。实施就业优先战略和更加积极的就业政策,鼓励多渠道多形式就业。从降低市场准入门槛、降低创业就业成本、疏通改制转制重组渠道等途径,积极促进创业带动就业。加强职业技能培训,提升劳动者就业创业能力,增强就业稳定性。在社会保障项目方面,要继续深入推进完善养老、医保衔接转移办法,健全社会保障管理信息系统,进一步扩大社会保障的覆盖范围,提升社会保障的水平和层次,实现社会保障关系跨地区转移接续。大力完善多层次住房保障体系,更好地解决中低收入家庭的住房需求。在社会慈善方面,要广泛传播慈善理念,积极培育发展各类社会慈善组织,依法规范慈善事业发展,加强慈善组织自律机制建设,提高慈善募捐社会公信度,促进社会慈善事业成为政府救助的有力补充,成为提升社会发展水平的重要手段。

　　要加快推进社会分配领域的改革。探索更加公平的分配方式是现阶段经济社会发展的内在要求,也是当前和今后一个时期社会体制改革和创新的关键环节。社会体制改革,说到底就是社会利益格局的改革。[①] 能否妥善

---

① 丁元竹:《当前社会体制改革的意义与重点》,《行政管理改革》2011年第1期。

处理好社会利益关系,关系重大。前些年,我们的改革对于公平正义目标并没有重视,甚至有所损害,在今后的改革中必须加以纠正,在社会领域树立起以公平正义为目标的改革方向。从宁波市的情况看,要着重加强初次分配体制的改革。一些行业初次分配的劳动收入偏低,应继续采取调高最低工资标准的措施,建立持续稳定的工资增长机制并加强监测,推进工资集体协商制度,努力从制度上保障所有利益主体都能够基本公平参与利益分配。要采取有效措施,逐步解决不同行业之间收入差距过大的问题。要加大财政对公共服务领域投入和经济薄弱地区、农村地区的转移支付力度。

(四)加快推进以社会管理体制改革为重点的社会体制改革创新,夯实多元主体法治保障的社会治理格局

社会管理体制改革是社会体制改革的核心和重点。要切实围绕十八大报告中提出的"党委领导、政府负责、社会协同、公众参与、法治保障"二十字方针,加快社会管理体制改革,夯实多元主体、法治保障的社会治理格局。

要结合服务型政府建设,加快社会组织培育发展。要根据服务型政府建设的要求,尽快制定公共服务事项转移目录,舍得向社会组织"放权",敢于让社会组织"接力",为社会组织承接公共服务事项创造条件。要加快社会组织的培育发展,加强社会组织能力建设,落实资金、土地、税收等方面优惠政策,加快社会工作等专业人才队伍建设,逐步建立政府、社会组织各司其职、相互配合的公共产品和公共服务供给体制,形成政府与社会组织协同管理社会事务的工作格局。

要推进社会管理法治化,将社会管理创新纳入制度化、法治化轨道。要加强法治理念建设,营造良好的社会管理法治环境。要创新法治文化建设平台,加快完善法治教育长效机制,积极创新普法内容和形式,不断增强普法的吸引力、感染力和影响力。要加强地方立法修订,构建完备的社会管理法治支撑。要针对现有社会管理中存在的各类问题和矛盾,加快制定、修改和完善法律法规和各类规章制度,为加强和创新社会管理提供完备的法律制度支撑。要加强公正司法规范执法,维护权威的社会管理法治保障。要建设公正高效的司法,加强执法规范化建设,形成有法必依、执法必严、违法必究的法治严肃性和威慑力。要加强依法监督力度,形成高效的社会管理法治氛围。要大力完善党内监督、人大依法监督、政协民主监督、行政监督、司法监督和社会监督有机结合的全方位监督体系,健全问责制度,推进问责法治化,提高执法效果。

参考文献

［1］丁元竹.理解社会体制改革的目标与方向[J].北京工业大学学报(社会科学版),2011(2).

［2］丁元竹.改革与完善社会体制:历史与理论思考[J].人文杂志,2011(5).

［3］丁元竹.当前社会体制改革的意义与重点[J].行政管理改革,2011(1).

［4］丁元竹.当代中国社会体制的改革与创新[J].开放导报,2012(3).

［5］秦德君.加强社会体制建设的思路与对策建议[J].科学发展,2010(11).

［6］丁元竹,江汛清.社会体制的历史和逻辑轨迹考察[J].经济社会体制比较,2012(3).

［7］李友梅.关于社会体制基本问题的若干思考[J].探索与争鸣,2008(8).

［8］柳拯,刘东升,黄胜伟.关于深化中国社会体制改革的几点思考[J].广东工业大学学报(社会科学版),2012(5).

作者单位:宁波社会科学院

推进宁波生态文明建设创新发展

史　斌

摘　要：生态文明是人类社会继原始文明、农耕文明和工业文明之后的又一文明形态，是人类对传统文明尤其是工业文明批判超越的结果，是人类发展理念、道路和模式的深刻变革。党的十八大报告中首次提出，要将生态文明建设纳入社会主义现代化建设的总体布局，努力建设美丽中国，实现永续发展。加快建设生态文明也是宁波实施"六个加快"战略的重要组成部分。当前宁波发展正处于工业化与城市化深度融合、结构性与素质性矛盾集中凸显的关键时期，加快推进生态文明建设尤为显得重要。推进宁波生态文明建设的重点是要着力创新发展生态文化、生态经济、生态环境和生态社会四大体系。

关键词：推进　生态文明　创新

一、创新发展生态文化体系

推进生态文明建设必须坚持以生态文化为先导。人的行为从根本上说是受思想文化支配，有什么样的文化就有什么样的文明。创新发展生态文化体系既是生态文明建设的重要内容，也是实现生态文明的必由之路。要广泛开展生态文化宣传教育，不断提高全社会生态文明意识。媒体和舆论可以通过系列报道、访谈评论等多种形式，多角度全方位宣传普及生态文明知识,倡导生态文明价值,培育生态文明理念;教育部门可以通过组织开展各类宣传和实践活动,加强国情市情和生态文明教育;社科界和文艺界可以通过创作各种丰富多彩的生态文化作品,以"润物细无声"的方式将生态文明理念传递渗透到各界群众心中。要大力倡导绿色消费行为,结合当前正在开展的"光盘行动",倡导节约实用、适度消费、绿色健康的消费观念,纠正过度消费、奢侈浪费的不良消费习惯。

二、创新发展生态经济体系

要重点通过优化产业结构、推进循环经济发展促进生态经济快速健康发展。产业结构的变化对于生态环境具有显著影响,宁波市应严格按照国家和省市产业政策,做好项目规划控制、行业对标控制,大力发展现代服务业和先进制造业,加快淘汰落后产能,促进产业转型升级。要围绕打造长三角南翼服务业高地,大力发展专业市场、商务会展、金融服务、技术研发等生产性服务业,积极发展文化创意、服务外包、信息咨询、节能服务等新兴服务业。要抓住后危机时代产业重组、技术革新和国家部署战略性新兴产业的机会,按照"超前规划、加强引导、积极扶持、稳步推进"的总体要求,积极发展新能源、新材料、海洋高技术等能耗低、附加值高的战略性新兴产业,降低单位能耗排放。要结合我市实际,以临港产业中的石化、电力、钢铁、化工等产业集群为重点,构建循环产业链,加快建设循环经济区。积极探索拓展现代物流、金融贸易、生态旅游等现代服务业的循环经济发展模式。

三、创新发展生态环境体系

要切实加强生态建设规划意识,发挥生态建设规划对区域专项规划的约束作用,使生态规划真正成为引领地方经济社会发展和人民群众生活品质提升的旗帜和方向。要重点加强大气环境和水环境的综合治理。空气污染是目前群众反映最强烈的环境问题,加强空气污染治理的根本在于调整优化能源结构。要加快清洁能源替代步伐,加快天然气引进和应用,充分利用农林废弃物开发生物质固体燃料,制定相关技术和金融税收政策,扶持洁净煤和洁净燃烧技术,其中最关键、最重要的是要最大限度地降低火力发电尤其是原煤发电比例,加强生物质、太阳能、风能等清洁能源的使用。要高度重视饮用水源保护,探索建立饮用水源地保护长效机制,落实水源监督监测和应急响应措施,提升水源地监控预警能力。结合区域排涝河道建设,配套生态景观,改善平原河网水生态环境。推进以城区、镇区、中心村为重点的水生态环境整治工程,构建符合城乡一体化和生态文明要求的水生态保护体系。

四、创新发展生态社会体系

要积极加强制度建设,提供政策保障。要通过实施政府采购、合同经营、特许经营等方式,积极鼓励和保护生态技术创新,引导民间资本进入生态环境领域。要积极探索发展生态金融政策,鼓励开展与碳排放交易相关的金融创新,引导金融机构推出与碳排放权交易挂钩的低碳结构性金融产品。要积极探索实施低碳产品认证,提高企业生产低碳产品的自觉性和主动性。要大力完善社会监督和行业自律机制,通过规范立法等举措,切实保障行业协会、社区组织和非政府组织等参与环境保护的权利,明确政府和这些主体之间的责任边界,着力构建由强政府、强市场和强社会组成的全民参与生态文明建设的社会结构。要逐步探索深化城市间、区域间的生态环保合作机制,积极参与长三角区域生态治理协作,不断健全利益分享机制和生态补偿机制,着力解决由于区域发展不平衡和城乡公共服务不公平而带来的生态问题。

作者单位:宁波市社会科学院

宁波社会阶层结构发展现状及需关注的几个问题

宁波市社科院和上海大学社会学院联合课题组

摘　要：2013 年下半年，市社科院和上海大学社会学院组成联合课题组，对宁波社会阶层结构的基本现状、主要特征及存在问题进行了专题调研。研究发现：在经济社会快速转型和急剧变迁的过程中，宁波社会阶层结构正逐步走向合理化，表现出社会中间层不断扩大、大量农村劳动力被释放、产业工人阶层不断膨胀等特征。同时也存在着阶层结构比例仍不理想、社会中间层对自身状况不甚满意等问题。要进一步优化宁波社会阶层结构，应推动职业结构现代化、关注中间层成长、重视分化后的农业劳动者和提升社会成员的公平感。

关键词：社会阶层结构发展现状

一、国内社会阶层构成的既有研究

社会阶层结构，是指社会系统中不同社会成员的组成方式以及他们在社会系统中的地位和身份。中国社科院课题组在 2002 年出版的《当代中国社会阶层的研究报告》中，以职业分类为基础，根据人们对政治资源、经济资源、文化资源占有程度的差异，将中国社会分成十大阶层；此后，浙江省社科院社会学所王金玲所长又将十大阶层进一步划分为三个层级，即社会优势地位者、社会中间位置者和社会基础者（见表 1）。

表 1   中国社会十大阶层分类

十大阶层		备注
社会优势地位者	国家与社会管理层	包括党政机关和事业单位中行使实际的行政管理职权的领导干部
	经理人员阶层	大中型企业中非业主身份的中高层管理人员
	私营企业主阶层	拥有一定私人资本或固定资产并进行投资以获取利润的群体,按照现行政策规定,即包括所有雇佣 8 人以上的私营企业的业主
社会中间位置者	专业技术人员阶层	包括各种经济成分机构中初中高专业技术人员
	办事人员阶层	协助部门负责人处理日常行政事务的专职办公人员,包括党政机关中的中低层公务员、各种所有制企事业单位中的基层管理人员和非专业性办事人员等
	个体工商户阶层	拥有少量私人资本(含不动产)并投入生产、流通、服务业等经营活动或金融债券市场且以此为生的人员。包括小业主或个体工商户、自我雇佣者或个体劳动者及小股民、小股东、出租少量房屋者等
社会基础者	商业服务业劳动者阶层	在商业和服务行业中从事非专业性的、非体力和体力劳动的工作人员
	产业工人阶层	在第二产业中从事体力、半体力劳动的生产工人、建筑业工人及相关人员
	农业劳动者阶层	承包集体所有的耕地,以农(林、牧、渔)业为唯一或主要的职业,并以农(林、牧、渔)业为唯一收入来源或主要收入来源的人员
	无业、失业者阶层	无固定职业的劳动年龄人群(排除在校学生)

现代阶层研究认为,阶层结构的变化是中国社会转型和经济转轨的核心内容;理想的社会结构应是中间层占据主要成分的"橄榄形"结构。通过社会阶层结构的分析,对于逐步形成橄榄形分配格局、促进社会和谐稳定具有重要意义。

二、新时期宁波社会阶层结构的调研分析

随着社会主义市场经济的发展,宁波原有的社会利益格局逐步被打破,阶层结构发生了全面分化,阶层间的关系也发生了深刻变化。为了解宁波

当前的社会阶层结构发展情况,市社科院和上海大学社会学院组成联合课题组,通过问卷、访谈等形式,对当前宁波社会阶层结构的基本情况、主要特征及存在问题进行了调查研究。

(一)调研的方法与说明

课题组在宁波大市范围选取海曙区、鄞州区、余姚市、象山县等具有代表性的县(市)区,通过多阶概率比(PPS)抽样方法,共抽取样本总数 1500 份,回收有效问卷 1256 份,有效回收率 83.7%。在对宁波社会阶层分类时,为保持与区域性分析的一致性,把原先的"国家与社会管理层"改为"地方党政部门管理层",其他一致。为便于表述,本课题组将三个社会层级简称为社会优势层、社会中间层和社会基础层。同时,为更好地说明社会阶层结构变化情况,引用 2004 年姚伟杰的宁波社会阶层调查结果作对比分析。

(二)调研显示:社会阶层结构已呈中部下沉的"橄榄形"

从 2013 年宁波地区社会十大阶层的抽样调查可见,宁波社会阶层结构基本脱离了"金字塔形",形成了中部下沉的"橄榄形",社会阶层结构逐步走向现代化、合理化(见表 2 和图 1)。

表 2　2004 年与 2013 年宁波十大社会阶层构成比例　　　(单位:%)

社会阶层	2004 年	2013 年	趋势
地方党政部门管理层	1.3	1.04	减少
经理人员阶层	1.6	3.74	增加
私营企业主阶层	3.5	5.33	增加
专业技术人员阶层	9.8	10.27	增加
办事人员阶层	9.1	10.91	增加
个体工商户阶层	8.9	10.35	增加
商业服务业劳动者阶层	12.6	14.89	增加
产业工人阶层	28.7	34.63	增加
农业劳动者阶层	19.6	5.65	减少
无业、失业者阶层	4.9	3.19	减少
合计	100.0	100.00	

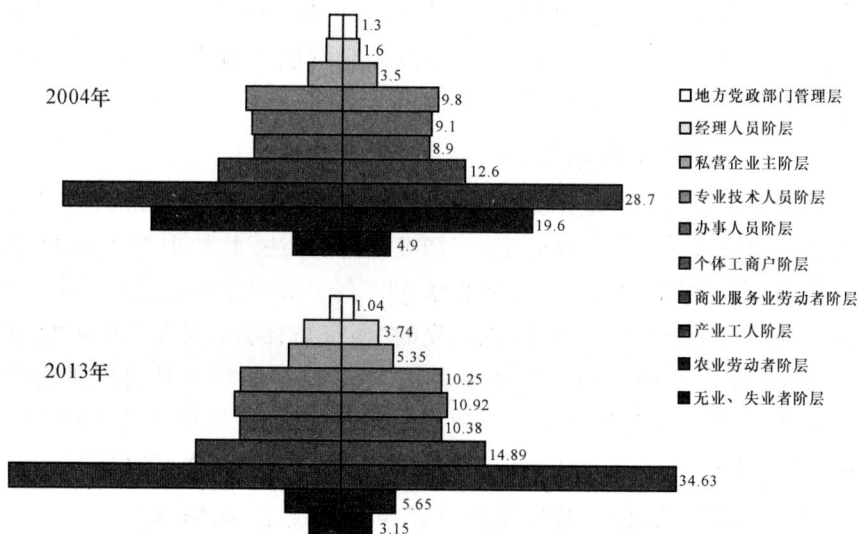

图 1   2004 年与 2013 年宁波十大社会阶层结构比较(数值单位:%)

2013 年,宁波社会优势层占 10.1%,社会中间层占 31.6%,社会基础层占 58.3%,基础层比例最大(见图 2)。2004 年对应的数据则为 6.4%、27.8%和 65.8%,中间层正在扩大,基础层则在缩小(见图 3)。

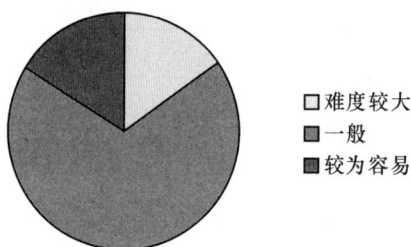

图 2   2013 年宁波三大社会层级结构(数值单位:%)

三、对宁波社会阶层结构的基本评价

通过对调查数据的分析和综合评估,宁波社会阶层结构呈现出以下特点。

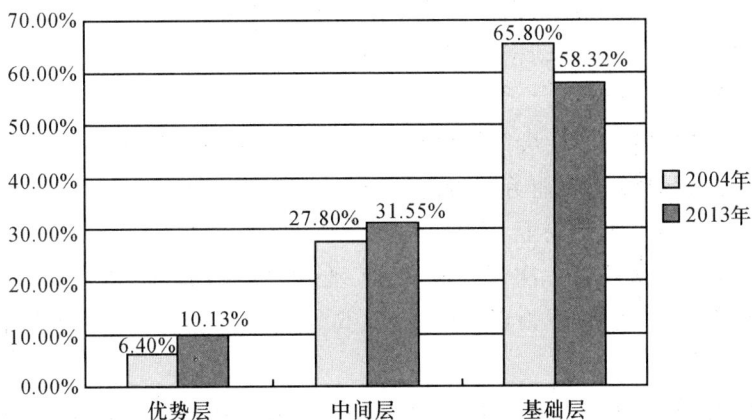

图 3　2004 年与 2013 年宁波三大社会层级结构对比

(一)市场化推动中间层持续扩大,但尚未成为社会阶层结构的主体

中间层的主要构成群体是私营企业主、专业技术人员、办事人员和个体工商户等,其发育壮大与市场经济的发展和地方经济结构特征密切相关。由于宁波外贸和民营经济发达,一方面推动了私营企业主、个体工商户阶层的蓬勃壮大,另一方面也为专业技术人员、办事人员阶层的繁荣增长提供了广阔空间。得益于此,近年来宁波的中间层不断扩大,为整个社会阶层走向健康稳定的"橄榄形"结构打下了基础。

但宁波的中间层发展仍不充分。一是从规模来看,中间层只占总体规模的 1/3 不到。社会阶层结构,尽管已基本摆脱了原有"金字塔形"结构,形成"橄榄形"结构雏形,但"橄榄"中部明显下沉,呈现"亚金字塔形"或称"洋葱头"状态,反映出社会基础层的总数仍然庞大。二是从质量来看,中间阶层对自身社会经济地位的自评普遍偏低。其自评往往低于该阶层在社会结构排序中的实际位置。比如,从调研来看,个体工商户阶层对目前工作"不满意"率高居问卷统计的第三位(第一为失业、无业者阶层,第二为农业劳动者阶层),其对自己的自评程度较低、对目前工作不满情绪较多。

(二)城市化释放出大量农村劳动力,但是能流向社会中间层的很少

近年来宁波大幅加快城镇化步伐,直接反映为农业劳动者阶层明显萎缩分化。调查显示:2013 年农业劳动者比例仅为 5.65%,较 2004 年的 19.6% 大幅缩减。许多农业劳动者在脱离农业生产后,或是经商,或是进入各类企业(主要是民营企业),即投身第二、三产业。为此,宁波产业工人、个

体工商户阶层比例相应上升,低端服务业劳动者群体也有所增长。这表明宁波大量企业仍采用劳动密集型生产方式,其吸纳了大部分劳动力,引起农业劳动者阶层的分流。

但也要看到,宁波社会阶层结构的"橄榄"下部看似缩小,实际上是由于城市化等因素导致了农业劳动者阶层分解。这些农业劳动者大部分成为产业工人,甚至部分成为失业、无业者,仍属基础层。这种农业人口流向工业人口的结构变化,是第一次现代化(即工业化)的产物,而第二次现代化(即信息化和知识化)应表现为现代服务业、高新技术产业等的繁荣和中间阶层的扩大。

(三)工业化使产业工人阶层膨胀,但局限了阶层结构进一步优化

工业化发展带动了宁波产业工人阶层的增长。目前产业工人阶层占宁波社会阶层结构的 34.63%,较 2004 年的 28.7%增长了两成以上。宁波发达的劳动密集型工业也吸引了大量外来人口,产业工人占非户籍人口样本总数的 46.52%,远高于 24.14%户籍人口样本比例(见表 3)。这表明非户籍人口很大程度上支撑了宁波第二产业的发展。

表 3 　2013 年宁波户籍人口与非户籍人口社会阶层比例 　　(单位:%)

社会阶层	户籍	非户籍	差额
地方党政部门管理层	1.95	0.00	1.95
经理人员阶层	3.90	3.57	0.33
私营企业主阶层	7.20	3.22	3.98
专业技术人员阶层	12.59	7.64	4.95
办事人员阶层	13.94	7.47	6.47
个体工商户阶层	9.45	11.37	−1.92
商业服务业劳动者阶层	12.44	15.96	−5.22
产业工人阶层	24.14	46.52	−22.38
农业劳动者阶层	9.60	1.19	8.41
无业、失业者阶层	4.80	1.36	3.44
合计	100.00	100.00	

宁波社会阶层结构与"二三一"的产业结构是相呼应的。工业化使得产业工人数量经历一个先膨胀再回落的过程。宁波仍处于产业工人膨胀时

期,这意味着产业结构现代化还不充分,商业服务业发育程度还不足。宁波商业服务业劳动者阶层只占到社会阶层总数的 14.89%,与上海等发达城市相较而言比例偏小(上海大学仇立平教授的调查显示:上海 2008 年商业服务人员已占常住人口的 29.9%)。社会阶层结构直接受制于所处的工业化阶段。"二三一"的产业结构和劳动密集型为主的工业,尚难以促使产业工人阶层向商业服务业劳动者阶层的相对横向流动,或是向办事人员、专业技术人员等阶层的纵向流动。

四、优化宁波社会阶层结构需要关注的几个问题

宁波应通过制定一系列有效的制度与政策,使资源、财富和机会在不同阶层之间自由流动,使社会阶层良性流动,从而促进阶层结构向具有现代特征的成熟"橄榄形"转型。

(一)推动现代产业结构基础上的职业结构高级化

职业结构和社会阶层结构变迁息息相关,而地方产业结构直接影响着职业结构。为此,宁波必须加快经济转型,推动产业结构升级,进而促进职业结构高级化。一是要提升工业效益,加快转型升级。要深入实施浙江"四换"举措,即"腾笼换鸟、机器换人、空间换地、电商换市",促使产业结构升级、产业工人数量由膨胀走向缩减。要依托高职、中职,推进针对产业工人的技术培训和职业教育,帮助部分技术工种工人提升文化素质和技术水平,从产业工人中再次分化出中高级技工群体,使其流向中间层。二是要推动现代服务业成熟壮大。发达国家和地区的经验证明:信息、金融、商业等现代服务业的繁荣将极大促进企业管理人员、专业技术人员、办事人员等中间阶层的壮大。为此,宁波应继续加大扶持,切实放低门槛,大力推进现代服务业发展。

(二)关注中间层进一步成长

中间层有社会"稳定器"之称,其成长与扩大是优化宁波社会阶层结构的关键。一是要营造进一步扩大中间层的良好政策环境。要充分考虑私营经济、个体工商户及创业者的发展需要,为其创造优良的制度环境。可采取扩大市场准入范围、减少税费、减少行业准入限制、加强市场监管等措施,进一步推进市场化,促进机会均等。二是要增强中间层的稳定感和安全感,提

升其主观认同度。宁波中间层对社会经济地位的自评和对目前工作的满意度都偏低,有明显的"认同下移"倾向。为此,要做好中间层的"兜底",提高保障水平,减少因病、因教、因房等"返贫"的可能性,缓解其心理压力,努力培育出一个心态稳定、对个人生活具有较高满意度、对社会具有较强责任感的中间层。

(三)重视分化后的农业劳动者

宁波地处东部发达地区,外来人口众多,本地大量农民离土进城。这些人都面临着职业、身份和生活方式等各方面的转变,而引导、推动他们向市民转变是政府的公共职责。一是要着力提高离土农民的就业竞争力,进而提升就业质量。继续加快促进就业和稳定居住基础上的新型城镇化,积极为离土农民提供更有针对性、更有实效的职业技能、文教卫生、法律常识、城市生活等知识培训和心理辅导,避免其在挥霍完土地补偿金后成为城市流浪无业人员。二是要缓解外来人口的"城市隔离"和"阶层固化"。针对大量外来人口,宁波要进一步推进基本公共服务均等化,保障"代际流动"的开放性;要提供更多文化、法制、安全和职业技能等教育培训,提升外来人口综合素质;要吸引更多优秀的外来人口落户宁波,从整体上提高外来人口分化流动的可能性。

(四)提升社会成员的公平感

在社会阶层日趋分化、阶层结构不断变动的背景下,社会成员对制度不合理、竞争环境不公平等相当敏感,处理不当将有可能引发各类社会矛盾和社会冲突。因此,必须高度关注社会公平。一是要提高社会流动机会,增强社会公平和社会信心。社会分层与社会流动是一套相互对应的机制,前者保证了社会的有效运转,后者又在一定程度上消减了由此带来的不平等。因此,要努力提供相对公平的竞争环境,从教育、社会保障等方面保证社会成员的机会公平,防止"代际效应"下的不公正现象。二是要为各阶层提供充分的"话语权"。这包括了平等广泛的政治参与和畅通有效的利益表达渠道建设。要切实扩大社会各阶层的制度化民主参与,防止弱势群体被"代言"或被"沉默",引导群众以理性、合法的形式表达利益诉求。政府要确保制度安排的公平,协调好不同利益群体及阶层之间的矛盾,力求形成一个开放、和谐、民主的社会共同体。

10 元钱可以买什么？
调查表

商品				
价格				
你的选择				

完善宁波基层社会管理综合信息平台的几点建议

周亚越　　操家齐

　　摘　要：宁波基层社会管理综合信息系统是市政府实事工程及社会管理创新重点项目,2011 年 4 月试点运行,2011 年 11 月在全市推广。该系统平台设计理念超前,在推进社会管理信息化、办事流程规范化等方面发挥了有效的作用,但是也有基层反馈"办事效果一般"。为了更客观地评价该系统平台,课题组赴宁波市综治办、海曙区政府、段塘街道、白云街道、育才社区等,进行了调研,发现该系统的潜力确实未能发挥,存在着"办事作用较弱、基层减负作用有限、协同治理作用有限、研判预警作用有限"的问题。为此,要立足现有系统平台,从社会治理理念入手,推进信息共享,建设完善多元协同的处置机制。

　　关键词：完善　基层　社会管理　综合信息平台

　　党的十八届三中全会提出要"以网格化管理、社会化服务为方向,健全基层综合服务管理平台,及时反映和协调人民群众各方面各层次利益诉求"。事实上,宁波的社会管理综合信息平台正是以此为导向的有益实践,目的是要形成全面覆盖、动态跟踪、联通共享、功能齐全的社会管理综合信息服务体系。但是从调研来看,该平台运行并不顺畅、功能难以发挥。要破局,必须树立社会治理的理念,加快体制机制的改革与创新,厘清职责,引导多元参与。

一、社会管理综合信息平台在实际运行中存在的问题

从调研来看,该平台虽设计理念先进、符合工作所需,但是实际效果比较有限,呈现出"一弱、三有限"的特征,即"办事作用较弱、基层减负作用有限、协同治理作用有限、研判预警作用有限"。

一是办事作用弱。从对基层干部的调研来看,平台能解决的问题很少,实际上还是要走线下电话沟通、领导协调等路径。一位街道办负责干部表示,没有一件事是真正通过平台解决的,都是线下解决问题,再将办事经过登录到系统,变成"工作日志""电子文库"。还有街道干部反映,反映的问题兜个圈又回来了,如他们将一个关于城管方面的问题通过系统反映到区里,区里转到区城管局,区城管局又转回到了街道。

二是基层减负作用有限。以江北区某社区为例,他们需要填报、维护的平台包括:计生平台(2个)、社保平台(2个)、安监平台(1个)、党建平台(1个)、社区工作一本账、互联社区、警务 E 超市,合计 10 个,有的部门不仅需要线上数据,还要求有台账。推出社会管理综合信息平台后,由于办事还是要靠线下,导致平台成"日记本",徒增维护工作。该社区负责人表示,他们整天被各级各部门布置的任务所牵扯,根本抽不出时间去社区为居民服务,"种别人的田,却荒了自己的地"。对于街道来说,需要负责录入和维护的平台则更多。我们在调研中看到,工作人员基本都工作在电脑前,下基层的很少。

三是协同治理作用有限。平台设计的初衷是要"整合社会管理工作部门、综治成员单位等的信息资源,实现社会管理的网上全程跟踪和督办,各部门信息互通和有效联动"。然而,实际上整合工作推进相当艰难,信息共享尚且不易,更不用说工作上的协同。比如公安部门依据部门规定,常住人口、暂住人口的数据资料不能提供给社会管理平台。对于问题青少年、吸毒人员等信息,团委、银行、民政部门、卫生部门均有数据,但是共享难。另外,数据来源不一、新旧有别,也经常造成"数据打架"。

四是研判预警作用有限。收集信息、处理任务只是该系统平台的初级功能。对于管理部门来说,分析数据,进而找出具有倾向性的问题,及时发现问题的苗头,形成分析报告,使工作更具预见性,也十分重要。然而,由于人手有限、数据共享等问题,使得这一工作较难开展。

二、社会管理综合信息平台运行中存在问题的成因

造成平台运行不畅、作用难以发挥的原因在于：平台建设的理念仍以"管"为主，条块分割又造成了平台整合难、办事难。

社会治理理念的欠缺是平台作用难发挥的深层次原因。一个突出表现就是该平台缺乏社会参与，名称中有"社会"，但实际上"社会"是缺位的。综观该平台的所有模块，没有一个群众参与的接口，无法呈现民众的意见建议与评价。这表明，当前仍是用管理的思维，而不是以治理的思维来吸纳社会共治，平台仍停留在"管理"层面，即政府部门主导平台的运行，社会力量在该系统中没有位置，市民在系统中既没有发言权，也无法监督系统的运作，难以互动。

行政管理上的条块分割是造成平台作用难发挥的又一深层次原因。条块分割是行政管理的现实状态。"条"与"条"之间，"条"与"块"之间缺乏有效的协调、沟通机制，造成各类信息平台整合难。究其原因：有为了部门利益，不愿整合的；有出于担心涉密信息泄露、扩散而不愿整合的；也有出于平台开发公司的不同，由于竞争，导致彼此之间互联难、互通难、共享难的。

三、完善社会管理综合信息平台的几点建议

完善社会管理综合信息平台，要从治理理念入手，推进信息共享，加快建设完善多元协同的处置机制；要使得平台可办事、好办事，群众能互动、能监督。

第一，牢固树立治理理念，促进平台向社会开放。一是要为民众参与提供接口。在技术上为民众提供一个浏览的前台，以微博、博客、二维码的形式提供方便的链接。比如，在社区门口或公共设施上印制平台的二维码，民众用手机一扫就可以登录，进而发布信息、反映问题。二是要为社会组织参与提供接口。将民众的需求与社会组织的供给相对接，如一般的邻里纠纷，就可让"老娘舅"等社会组织来处理。三是要为民众监督平台运行提供接口。至少应先设置反馈板块，既可掌民情，又可督促平台提升运行效率。

第二，建立基础数据统一平台，推进信息共享。一是建议依托一家网络

平台,对相关信息系统进行分类整合。如依托"基层社会管理综合信息系统"或"中国宁波网",将信息分成两类:公开信息(公众版)、内部信息(管理版)。前者为公众提供公开的信息服务;后者则整合各个部门的管理系统,依照不同的管理权限,查看不同的整合信息。后者要加强保密管理,与公众版信息做物理隔离,对权限予以严格规范,确保信息安全。二是推进各类数据库的整合与信息共享。加快建设政府云计算中心和灾备中心;贯彻落实党的十八届三中全会提出的"统筹建立全社会房产、信用等基础数据统一平台,推进部门信息共享"的要求,借以对各类社会管理信息进行整合;建立信息搜集成本分摊机制,调动各数据提供单位的积极性。此外,数据的互联和接入要由专门的部门负责或者外包给专业化的公司。

第三,完善多元协同的处置机制,提升平台运行效率。一是进一步简政放权。不能把事情交给基层,但权力却留在自己手中,让基层陷入有事要做、却无权可用的尴尬境地。为此,建议以社会管理综合信息平台为纽带,在乡镇、街道层面试点设置公共信息服务平台,比如,命名为"社会服务管理中心",探索将原有综治工作中心、公共服务中心、党群服务中心等整合为一,以信息化手段为主将各个"条条"和"块块"的职能部门引入"扎根"于此,突出办事效率。在宁波市层面,则不宜设统一的平台,但可以受理对基层服务平台的投诉业务,重点发挥监管作用。二是加强平台的顶层设计。权力要下沉,县(市、区)、镇街、村居是处理问题的主体,而市级层面则应侧重制度完善、制度制定,事项的监管、督办,社会问题的研判、预警等内容。

作者单位:宁波大学

将高桥芦港建设成为具有都市里村庄特征的城市新社区

陆静波

（一）芦港村基本情况

地处宁波市西郊的高桥镇芦港村,南依鄞西重要水道后塘河,北靠梁祝文化公园,东临海曙区人口聚集区,西接高桥镇区,总区域面积 2.6 平方公里,共有 9 个自然村,其中在册户数 1162 户,人口 2938 人,未来三年将承载常住及流动人口近 10 万人。区位条件良好,距离鄞州中心城区 13.3 公里,距离栎社机场 15.1 公里,并可经通途路、机场路直达机场。

村内和村周边拥有的主要文化元素有:宁波大红鹰学院坐落于村南侧,村域内尚有历史久远的鄞西佛地——"接待讲寺"和两处区重点文物保护单位——上升永济桥、新桥两座古代拱桥,北有正在建设中的文化综合体——梁祝文化公园。尤其值得一提的是对我村具有革命性影响的元素是正在建设中的宁波市轨道交通一号线将自西向东横贯全村。在上一轮的新农村建设中,芦港村根据近郊优势、经济基础、文化底蕴和村民素质,紧紧抓住甬梁线、通途路改造等市、区重点工程建设的契机,按照区、镇决策部署,积极应对区域发展环境的变化和挑战,鼓励产业转型,加强文化建设,提升村民素养,有效地推进了从农村到城市新社区转型的前期准备,在上一轮城镇化推进中取得了显著的成效。

综合实力不断攀升。村内共有规模以上企业 6 家,2012 年村社会生产总值达到 6 亿元,比 2008 年的 4.5 亿元提高了 33％;村民人均纯收入达到 2.4 万元,高于区农民人均收入 3169 元,比 2008 年的 13258 元提高了 83％,年均增长 16％,村集体可用资金达到 324 万元,比 2008 年的 25 万元增长了

12 倍。

项目拆迁有序推进。围绕轻轨一号线、甬梁线拓宽和安置房建设等项目,积极配合镇拆迁办,组织村干部、村民组长、村民代表,通过走访、座谈、动员等形式,对未签约的拆迁户进行逐一分析、调查、核实,面对面解决村民拆迁涉及的各种问题,力求拆迁工作达成共识,使"要我拆"变为"我要拆"。在涉及的 523 户拆迁户中,已有 519 户签订了拆迁协议,拆迁率达到了99%。同时对涉及拆迁的新桥、芦蓬头、半路奋三个自然村进行环境整治,美化村容村貌。

负面因素有效化解。将解决民生难题作为村务工作的关键来抓。针对轻轨一号线和甬梁线拓宽工程老年人拆迁户的租房难问题,在原芦港小学瓦筒厂旧址临时新建拆迁户老年人过渡安置房 21 间,目前,老年房已全部抽签入住。针对甬梁线拓宽工程拆迁造成原长寿面生产户无生产场所的难题,在原芦港小学瓦筒厂旧址为 37 户长寿面加工户统一建造加工房,完善相关生产生活设施配套,形成了长寿面生产集聚区,下一步将统一品牌,加强营销,强化和提升了长寿面的"一村一品"。针对全村 246 名大龄青年住房难题,集体划拨原村草制品厂土地约 12 亩,用于大龄青年安置房建设用地,项目已在规划建设之中。

社会保障得以强化。全面深化"春风行动",村经济合作社投入资金 30万元,补助村民医保费每人 150 元,对 60 岁以上老人农村医疗保险费全额300 元由村经济合作社支付;关爱老年人精神文化生活,2012 年重阳节前夕组织全村老人普陀山两日一夜游,联络高桥镇卫生院医生为全村老人举行健康知识讲座,并为村老人免费体检。开展扶贫帮困送温暖活动,对本村贫困人口、残疾人、困难户进行经常性走访,尽力帮助弱势群体解决生产生活难题。2013 年开展了春节送温暖活动,发放补助金 10 万元。村里还投入 60万元,建设了喜庆中心,已接待各类喜庆事宜几十余次。对老年活动室、培训室进行升级改造,引入"天天读""天天乐""电子阅览室"等项目,丰富村民精神文化生活。

农村管理凝神聚气。着力加强村三委会建设,建立健全村务综合治理机制,制定考核评价指标体系,严格奖优罚劣,优化工作作风,增进基层组织的凝聚力和战斗力。严格执行党风廉政责任制,严格收支两条线,严格按规章制度办事;推行党务、村务、财务公开制度,建立村务、财务监督小组,坚持民主表决、民主管理、民主理财,实行每月财务小公开,每季度财务、村务大公开,发现问题及时整改。创新村务管理方式方法,建立村民监督委员会,由村民自主评选出道德风尚高的村民组成,对重大工程进行监督管理,发现问题第一时间反映,村党委 10 日内予以解释和答复。

过去的几年,是芦港村逐步转型转轨的时期,是经济社会稳健发展的时期,是全村百姓得到较多实惠的时期,为新一轮的转型升级奠定了较好的基础。同时,我们也清醒地认识到,芦港村在经济社会发展中依然存在着一些问题:一是经济转型升级难度大。一产发展无资源;二产发展缺空间;三产经营规模小。二是从"村民"转为"市民"的难度大。虽然村 70% 以上的土地已被征用,大部分农民已"洗脚上田",实现了土地的"城镇化",但离成为"市民"所需要的技能、文化等素质的"城镇化"差距还较远。三是村民持续增收的压力大。按照 2017 年"农村居民人均纯收入翻一番"的目标,如何在现实条件下创造条件培育产业,进一步提升村民创收致富能力,是摆在我们面前的一个难题。

(二)芦港村发展思路

下一步芦港村将紧紧抓住新一轮"城镇化"机遇,以富民为根本,以转型为主线,以创新为路径,发展农业综合体,培育社区商业,引进新型业态,实现芦港村从"城郊村"到"城市新社区"的转变,建设具有都市里村庄特征的城市新社区。重点要抓好以下四个方面工作:

第一,规划建设现代农业综合体。充分利用村西北侧的 300 亩基本农田,根据村内未来将集聚 10 万人的趋势,变农业的生产功能为休闲功能、生态功能和农事体验中心,统一规划,建设"开心农场",成为邻里交往中心、社区"绿肺"和城里人的消费农业的去处之一。并创新管理体制,建立农业开发公司,管理"开心农场",努力成为增加村民收入的又一载体。

第二,规划社区商业。充分利用村区位优势和人口集聚优势,在村南侧规划一块总建筑面积达 5 万平方米的社区商业用地,并通过村经济合作社部分持有的方式,引进和控制社区商业业态,逐渐形成新型都市社区所需的商业、文化、便民等生产生活配套,同时成为解决村民的部分就业和又一增收渠道。充分利用大红鹰学院坐落于村南侧的优势,引进区域新生创新创业力量,逐渐形成大学生创业孵化园,利用信息技术,发展电子商务,营销"长寿面"等区域品牌产品。

第三,提升村民素质。通过以"文"化"人"的方式,逐渐提升村民素养,有效实现从"农民"向"市民"的转化。一是建设文化大礼堂。加大文化基础设施投入,在新型都市社区建设中,强化村图书室、培训室、文化长廊、体育路径等硬件设施建设,配备工作热情高、专业素质好的业余文化员参与管理,搭建群众展示自身文艺特长的平台,引进"天天系列"文化活动项目,满足群众日益增长的精神文化需求。二是建立市级社科普及授课点。由区社科院牵头,建立市级社科讲坛授课点,通过社科讲坛,每年为村民提供6~10堂涉"卫生保健、文化艺术、政治经济、法律知识"等讲座,讲堂已于4月18日开讲。通过社科讲堂,普及社会科学知识,开拓群众视野,提升村民素质。三是组建乡音讲师团。针对未来发展中新芦港人数量多、地方文化多元的特点,在对新芦港人全面摸排底数的基础上,抽调一批综合素质高、业务能力强、善于宣讲、热心社会公益的新芦港人组建乡音讲师团,通过以老乡带老乡等新芦港人易于接受的方式,借助村文化大礼堂、社科普及点、接待讲寺等阵地,开展丰富多彩的文化活动,在文化互动交流中促进新老芦港人的和谐共融,全面提升新芦港人的整体素质。

第四,创新村集体资产运作。一是增值保值村现金资产,将村集体现金资产,继续投资于风险小、收益高的区交投公司。二是盘活现有物业,出租村民安置房一楼,并成为小区商业,成为村民创业创收载体。三是在社区商业开发建设中,规划部分村持有物业,以控制商业业态,同时成为村民增收的渠道。四是通过"开心农场"的建设,提高300亩基本农田的土地收益。

(三)几点建议

第一,保留村南侧300亩左右的基本农田。在区城镇规划中将该300亩规划为建设用地,要求仍然保留为基本农田。

第二,我村将在3~5年内集聚约10万人口,因此需要有幼儿园、学校、菜场等配套,而我村的实力有限,难以承担,希望得到镇长、区长的支持。

第三,为使我村充满勃勃生机,需要引进有知识、能冒险的年轻创业者,而大红鹰学校的学生就是我村的新生资源,而我村的力量有限,需要区政策支持我村建设大学生孵化园。

作者单位:宁波市鄞州区社会科学院

在我区首南街道规划建设"都市工业综合体"的基本思路

陆静波

一、规划建设"都市工业综合体"的提出

人均地区生产总值近 2 万美元、已进入后工业化时期的我区,随着土地、资源、成本等压力的增大,原来以靠拼资源、拼产能、拼成本的粗放外延增长方式已难以为继,迫切需要区域经济的整体转型。

而制造业是我区经济发展的脊梁,因此需要重新审视我区工业经济发展的演进:从 20 世纪 80 年代"村村冒烟"的乡镇工业,到 90 年代初相对集聚的工业区块,到 21 世纪初的工业园区,至今已形成"三园区两基地多节点"的工业经济发展格局。但是随着以互联网、新能源、新材料为代表的"第三次工业革命"悄然而来,这一以占用大量土地资源为特征的工业发展模式面临着与时俱进的"扬弃",也就是说市场呼唤着资源占用少、环境污染小、科技含量高、单位产出高的,将产业功能、城市功能和生态功能融为一体的都市工业,呼唤着工业经济尤其是工业园区加速向 2.0 版工业园区——集生产生活于一体的"都市工业城"方向转型。这一转型的内容之一就是在引进大工业、大资本的同时,更需要培育发展富有生机与活力的中小科技型制造企业,更需要搭建为中小科技型制造企业集聚的载体和平台,让企业主体在平台和载体中分享企业间外溢的技术和信息。而在创业创新元素活跃的城区中的"都市工业综合体"就是这样的载体和平台。

"城市综合体"是将城市中的商业、办公、居住、旅店、展览、餐饮、会议和

交通等城市生活空间的三项以上进行组合,并以购物功能为主,在各部分间建立一种相互依存、相互助益的能动关系,从而形成一个多功能、高效率的综合体。因此可将以城市经济中占用土地少、污染少、产出高的都市工业为主要功能,与研发、物流、展示及商业、餐饮、文化和交通等空间进行组合,形成"都市工业综合体"。"都市工业综合体"在建筑形态上,打破标准厂房形式,采取"工厂上楼"的建筑形态,这一建筑形态也决定了产业发展方向的选择,排除了对设备承重要求高、资源消耗大、污染重、原材料产品大进大出等要求的重化工业和人力通勤要求高的劳动密集型产业。而占地2~3平方公里的首南街道李花桥村区块,既有原1平方公里左右的以电子电器、精密制造、纺织服装为重点的都市工业基础,又可分享宁波南部新城的城市功能配套,更可吸纳南高教园区和我区28平方公里创新创业基地的技术信息外溢,同时又有着西侧的奉化江生态绿岸,非常适合规划建设"都市工业综合体"。

二、"都市工业综合体"规划面积和基本定位

可规划成都市工业的李花桥村区块面积:鄞州大道南,奉化江以东,宁南路以西,绕城高速公路以北约4平方公里。其中庆元路以北,鄞州大道以南,"电镀城"以东,宁南路以西约2平方公里区域可按"都市工业综合体"的要求规划,并可即期着手启动建设。庆元路以南、绕城高速公路以北为农保地,估计到2020年前该区域土地也难以规划覆盖。

都市工业区域的周边有对区域创新发展的重要元素:北有规划中的28平方公里的区创业创新基地,东有高教园区,紧临南部商务区五期。区域以东有规划中的轨道交通3号线,南临绕城高速公路,区域内有城山路、茶桃路等城市道路呈棋盘式布局。这样重要元素决定了"都市工业综合体"在规划上将突出生产制造,突出统筹共享研发、孵化成果。

根据我区工业经济发展面临的土地资源紧缺、成本优势消失、二三产融合趋势、第三次工业革命的背景和优越的区位条件、创新元素,紧紧抓住宁波市海洋经济示范区核心区规划建设的机遇,结合宁波市正在实施的"蔚蓝智谷"人才战略和国家的"特殊人才支持计划"等高层次人才政策,突出海洋科技,引导该区域有海洋产业基础的可耐尔茶叶等企业发展海洋生物、海洋电子信息等海洋科技产业,以海洋科技为统领,整合"都市工业综合体"茶桃

路以南部分和"电镀城",凝练海洋经济、都市工业及国家省市人才科技政策,争取将该区域上升为市级平台,纳入市经济技术开发区"一园多区"之中,享受国家开发区、海洋经济示范区核心区和人才支持等政策。

"都市工业综合体"近期定位:突出海洋科技,重点引进海洋信息电子、海洋精密制造、海洋生物等产业,成为我区科技创新的加速器、中试场和产业化基地,宁波市都市工业综合体的示范地。

整个都市工业区域远期定位为:区域面积从 2 平方公里的"都市工业综合体"扩大到 4 平方公里,并将其定位为宁波市"都市工业产业园"示范区、宁波海洋经济科技产业园。对区域内的"电镀城"加快转型升级,近期向以不属危险化学品、无毒、排放废水符合《电镀污染物排放标准》的"丙尔金清洁镀金技术"转型。远期:全面转型或整体搬迁、土壤修复"电镀城";覆盖调整庆元路以南土地,争取宁波市海洋科技城的落户,充实海洋经济展示区,成为宁波市海洋经济科技园。

三、"都市工业综合体"的空间布局和开发体制

"都市工业综合体"以"北提升、南创新"为基本思路,以统筹共享为原则,以统一管理服务为纽带,加快规划建设。

"北提升"即茶桃路以北的 1 平方公里,已有规模以上企业 35 家,爱尔妮等企业坐落于此。在符合整体规划的前提下,以企业自主决策为主,借助"三改一拆",用足用好已出台促进经济转型升级的政策,通过"腾笼换鸟""空间换地""机器换人""电商换市",打造鄞州经济升级版。对已建的工业企业,在符合机场净空管制的前提下,着力扶优汰劣,着力挖潜资源存量,鼓励企业"退二优二",加强技术改造投入,提高工业企业容积率,继续发展和提升电子电器、精密制造和纺织服装三大产业,引导产业向符合《宁波市鄞州区工业传统优势产业与新兴产业投资指导目录(2013 年版)》的海洋信息电子、时装时尚产业等科技含量高、单位产出高、资源占用少、环境污染小的产业发展。对已获项目、土地审批、还未开工建设的,符合区域产业发展方向和准入门槛的,督促其加快开工建设,不符要求的促进其调整转型。

"南创新",即茶桃路以南的 1 平方公里,通过拆迁,将腾出 1 平方公里的建设留用地,以"政府主导、统一规划、滚动开发、业态控制、市场运作"的方式,以"共享、集约"为原则,按工业用地性质,进行开发建设。

主要创新:可成立"都市工业综合体"开发投资公司进行封闭运作,开发投资公司可由首南街道组建,进行规划、建设、融资、运行。也可由区相近的投融资平台开发建设。在资金平衡上,主要采用出售出租工厂楼、行政研发管理用房等方式获得平衡。在功能分区上,将区域功能分为"工厂区"、物流区、展示区、研发管理区和生活配套区。所有功能的建设,都按工业用地的性质进行运作。对"工厂区"一改标准厂房建筑形态,参照商务楼,根据重点发展海洋精密制造、海洋电子信息、海洋生物等产业的承重需要,规划建设一批立体工厂楼。统一规划,滚动开发,建成一幢,分层出售或分层租赁一幢,逐渐形成专业楼,实现在开发体制机制上的创新,降低中小型科技制造企业的创业成本、运营成本。在"工厂区"、交通道路便利处合理规划物流区。合理配备企业研发行政楼,规划建设白领、蓝领公寓楼,配套商业、餐饮、文化等生活服务区,降低企业运行成本。对生活、文化、物流等配套,可由村级集体利用村级留用地,或由都市工业综合体投资开发公司开发建成后交村经济合作社运作,或由村经济合作社按区域规划开发建设并长期持有出租运作,成为村级长期持有的物业资产。

在服务管理上,引进专业物业管理公司进行市场化管理服务。在社会管理上仍由首南街道进行属地管理。

四、"都市工业综合体"的产业准入门槛

"都市工业综合体"在建筑形态上,打破了标准厂房形式,采取"工厂上楼"的建筑形态,"工厂楼"建筑符合机场净空要求高度的容积率。因此这一建筑形态也决定了在产业选择上排除了对设备承重要求高、资源占用大、环境污染重、原料产品大进大出等要求的重化工业和人力通勤要求高的劳动密集型等产业。

在开发体制上由"都市工业综合体"投资公司"政府主导、统一规划、滚动开发、业态控制、市场运作"为主的模式,基本控制了"圈地"投机,而让更多的资本用于创新创业,也为创新创业企业降低了资金投入"门槛"。

项目引进的方向更注重初创型、科技型的中小企业和区创新创业基地的加速器、宁波市及我区各类孵化器毕业企业。这也符合"第三次工业革命"制造业向"小批量、多品种、个性化+高附加值"式的"分散制造+分散销售"方向。

"都市工业综合体"更强调的是能耗准入"门槛"：年能耗低于 0.5 吨标煤/万元工业增加值（鄞州区"十二五"末能耗要求、低于宁波市年能耗标准 0.83 吨标煤/万元 GDP），且年总用能低于 1000 吨标煤或年用电量低于 100 万度或新装变压器低于 315KVA，又符合《宁波市鄞州区工业传统优势产业与新兴产业投资指导目录（2013 年版）》（附目录）的产业。

五、建设都市工业综合体的配套政策建议

土地政策：整个区域的规划覆盖用地，享受工业用地性质；全区严禁在工业园区、重点镇工业区块外新建零星工业项目，引导镇乡、街道工业项目、企业向工业园区集聚；集中全区小微工业土地指标向都市工业综合体倾斜；在"工厂楼"产权上，参照商务楼、写字楼，分层出售或出租，对出售的独立发放房产、土地证。

人才科技政策：对利用村级留用地建设为区域配套的"白领"公寓，建议给予一定的补贴政策，或享受新农村建设的支持政策；制定加速器、中试场等科技扶持政策。

作者单位：宁波市鄞州区社会科学院

宁波市鄞州四明山片区规划建设"健康城市"研究及对策建议

宁波市鄞州区社会科学院课题组

摘　要：鄞州四明山片区包括鄞江镇、洞桥镇、章水镇、龙观乡四个行政区，在宁波属于相对欠发达区域。在宁波"一核两翼多节点"网络化都市空间格局下，节点城市是沟通中心城市与农村地区、城市功能相对完备的重要支撑点，是一个功能体系而非行政体系下的概念。在鄞州四明山区设立节点城市，是宁波加快完善现代都市网络体系的重要一环。近年来，宁波城市整体框架逐步拉开，区域发展布局日益完善。而四明山区域的发展显然滞后。虽然《宁波四明山区域发展规划纲要》提出了"西延"的战略，但至今尚未有突破性的实际举措。因此，对四明山片区规划建设"健康城市"显然很有意义。

关键词：宁波　四明山片区　健康城市

从鄞州的空间发展来看，从东到西有大嵩新城、南部新区、国际空港城、集士港卫星城等，开发建设的布局已经十分清晰。随着宁波中心城区的进一步发展，鄞州集士港、邱隘、姜山等近城郊镇将纳入宁波市区的整体发展战略，而逐步成为中心城区的功能区块。在此形势下，为确保鄞州未来的增长潜力，应重点实施以咸祥、鄞江为双节点城市的片区组团发展战略。当前，象山港大桥的开通使得咸祥片区的发展开始起势，而从洞桥到章水一带的鄞西南地区，仍然属于战略空白区。由此可见，在鄞州四明山片区设立节点城市，可充分挖掘该板块的潜在利用价值，有效分担宁波中心城市的部分功能，给片区发展提供发展活力和有力支撑，并辐射至奉化、余姚，带动整个四明山区域发展,这将为宁波西部相对欠发达地区的发展注入强大的动力。

一、鄞州四明山区节点城市的定位是健康城市

全球金融危机后,世界经济模式发生了重大变化,以低碳发展为特征的绿色经济逐步成为世界经济的主旋律。党的十八大更是把生态文明建设提升到中国特色社会主义事业"五位一体"总布局的战略高度,明确了建设美丽中国的奋斗目标。在这一时代背景下,在鄞州四明山片区设立节点城市,并总体定位为健康城市显然符合发展大势。

(一)在健康服务方面,顺应"长三角"地区健康养生服务业市场的巨大需求,打造"长三角"健康养生服务高地

"长三角"地区作为中国经济最发达的区域之一,逐渐从工业化阶段向后工业化阶段过渡,率先现代化的步伐不断加快。随着人们生活水平的普遍提高以及生活方式的改变,健康产品的总需求急剧增加,涵盖医疗卫生、营养保健、健身休闲等健康服务功能的健康产业已成为引导全球经济发展和社会进步的重要产业,将成为继信息产业之后的全球"财富第五波"。面对养生产业、生态产业、科技服务等巨大的市场潜力,鄞州四明山片区应抓住"长三角"地区健康产业发展需求俱增的契机,立足本区域宜居宜养的生态环境优势,开发多种康体养生服务产品,拓展健康服务产业领域,搭建高效服务功能平台,建设"长三角"地区功能齐全、设施先进、服务类型多样、规模容量较大的健康服务集聚区。

(二)在健康社会方面,抢抓新型城市化发展机遇,打造浙江欠发达地区新型城市化改革试验区

浙江提出以杭州、宁波、温州等城市为核心构建都市区,作为全省新型城市化的动力源,无疑是符合发展规律的。都市区的健康发展需要依托节点城市建设和培育,进而实现城镇体系的合理构建和形态优化,促进人口、基础设施、社会资源和各类生产要素的合理分布。在此背景下,鄞州四明山片区可争取在户籍制度改革、人口异地安置、农村宅基地置换、农村土地使用权流转、城乡养老保障统筹、低丘缓坡改造、生态补偿等方面进行试点,在土地利用、交通模式选择、生态环境保护与恢复、可持续能源和资源的开发利用、城市建设组织等各个方面进行探索,推进区域产业功能、居住功能、社

会功能和生态功能的有机结合,努力成为浙江欠发达地区新型城市化改革试验区。

(三)在健康环境方面,充分发挥人文旅游资源和自然山水型旅游资源优势,打造休闲健康度假目的地

从单纯的观光旅游向与商业、文化、体育相融合,向休闲健康度假型转变,是世界旅游业发展的必然趋势。鄞州四明山片区人文旅游资源和自然山水型旅游资源各具特色、品质优良,较高级别单体分布相对集中,休闲度假资源开发潜力巨大。为此,可引入"慢城"理念,确立建设"艺术之乡、浪漫之都、休闲胜地、养生基地"的发展目标,实施"山、林、石、溪、瀑、潭、湖、岩、洞、村、观、寺"组合开发和差异化开发战略,积极发展运动休闲、商务会展、文化休闲、休闲农业等产业。积极培育类型多样的住宿接待体系,提升会议休闲度假设施的接待容量和服务水平。通过完善配套设施、搭建多元化平台、提升服务质量,打造宁波具有影响力和吸引力的休闲度假目的地。

二、加快形成鄞州四明山区健康城市"一核两区多节点"的空间布局

按照未来节点城市经济社会发展要求,鄞州四明山区将按照"一核两区、多点开发"的空间总体结构规划健康城。

(一)重点培育城市核心功能区

在现洞桥镇和鄞江镇交界沿南塘河两侧开阔区域,包括龙观和鄞江交界区域、鄞江古镇区域,打造健康城市核心区,建设成为健康城市的综合服务中心。建设重点:

1. 康复疗养中心。以毗邻上海、杭州等地丰富的医疗资源,规划建设高起点、有特色、管理优质的康复医院、疗养中心等健康服务设施,引入国内著名的医院、康体疗养机构等,打造省内康复疗养中心。

2. 健康养生中心。积极引进一批健康检测评估、咨询服务、调理康复、保障促进等为主体的健康管理服务企业,提供健康知识、健康应用、健康顾问咨询等方面的健康服务。

3. 美容美体中心。重点引进国内外知名企业,开发美容护肤品,打造独具特色的化妆品产业。吸引社会资金投入美容美体业,建设特色化妆品、面

部护理、纤体塑身、健身等美容美体一站式服务中心。

4. 康复人才培训中心。积极引进国内外各类康复人才培育和教育机构,大力培育康复人才,成为全省康复保健师、残疾人康复人才培养、康复护理人员等的岗位培训、实习实践的基地。

5. 养生(养老)基地。建设中高端"医疗康复—养老养生—旅游度假"综合体项目,将健康体检、中医保健、食疗养生、医疗康复等服务机构和服务理念融入养生和养老房产,形成宁波养生(养老)经济发展的核心网络平台架构。

6. 文化创意产业集聚区。依托鄞州高教资源,利用鄞江它山岛近 5000 平方米的古建筑群和《中国水彩画》杂志落户鄞江的优势,建设大学生创业创新中心,开发具有地方特色的旅游纪念品、工艺品,发展一批文化创意产业,培育一批文化创意企业和专业人才,搭建一批文化创意产业功能平台。

(二)有效提升两大功能区

鄞州四明山区域划分为两个功能片区:洞桥工业区为中心附近区域为健康产业园区;龙观和章水部分区域为休闲度假区。

1. 健康产业园区。突出健康医疗科技研发、工业设计、健康产品制造等功能,建设高效畅通的区域性物流中心,打造健康科技研发的核心区。

建设重点:

健康医疗科技研发中心。加强与国内外等知名健康科技研发企业和高校的合作,构建集医疗器械、健康产品和创新药物的研究与开发、临床试验等于一体的健康科技产业研发中心。

健康产品制造产业区。重点发展先进医疗器械、便携式家庭医疗器械、高端新型医用耗材以及养生保健器械产品。

保健品产业区。重点引进国内外知名企业,打造集研发、生产、销售为一体的保健食品、保健药品产业基地。

运动产品研发中心。抓住当前运动器械行业蓬勃发展的契机,加快引进一批运动器械研发设计类机构入驻,开展针对健身器材、健身检测设备等领域的产品研发。

区域性物流中心。构建集信息服务、货运配载、物流总部、物流金融、专业仓储、流通加工、循环物流、分拨分销、城乡配送等物流服务功能为一体的现代物流产业服务系统。

2. 休闲度假区。突出休闲度假、商务会展等功能,打造商务休闲区块,为健康城市的发展提供配套。包括龙观、章水、鄞江三个片区。建设重点：

龙观片区：以原生态山水休闲旅游基地创建为目标,建设"绿谷龙观"登山健身步道环线；探索发展"民宿、民食、民游"农家乐新模式；加大中坡山森林公园、观顶湖度假区建设；继续推进千年古刹天井寺和五龙潭核心景区旅游项目建设及南苑山庄的开发发展。

鄞江片区：依托它山堰工程、它山庙、冷水庵、光溪桥、鄞江桥、朗官第古建筑群等人文景观,整合鄞江、樟溪河、古树林、南屏北屏山水资源,推进它山文化旅游休闲项目开发建设；启动樟溪河竹筏漂流项目；整合上化山、卖柴岙水库、晴江岸古树林、断坑岩、古道等旅游资源,建设上化山山地攀岩基地,卖柴岙水库古道、银湖景区；做好古镇、古村落保护和开发,大力培育商贸旅游；吸引大学生创业创新,打造区域文化创意产业基地。

章水片区：以建设绿色生态休闲游、红色革命游和古村体验游为目标,以四明山烈士陵园、周公宅水库、皎口水库为主体,结合红色旅游适度发展休闲度假以及民居风情旅游。推进李家坑古村开发,提升"杖锡风景区"影响力。

三、把握鄞州四明山片区健康城建设的推进重点及时序

鄞州四明山区健康城的建设发展,应围绕功能定位与发展目标,明确建设重点及推进时序,以保证区域资源的优化配置及建设过程的合理协调。

(一)加快完善城市基础设施及服务能力

1. 加快交通基础设施建设。近期,应加快明州大道建设,新建乌龟山至明州大道公路、凤凰新村至洞桥公路、明州大道至双寅农庄公路等,以拓展该片区对外联系的通道。加快拓展和提升"三镇一乡"内部沟通及联通该区域内旅游资源的道路,进一步优化公交线路和站点设置,为区域一体化发展奠定基础。长远来看,随着宁波轨道交通的投入运营,应抓紧谋划启动该片区融入宁波轨道交通体系的交通方案,可考虑以轻轨形式将终点站延伸到鄞江镇。

2. 完善城市公共服务设施。近期,应加快鄞江镇文化中心、老年乐园、中心小学、廊桥纪念馆、历史街区古迹修复改造、鄞江商埠等一批项目建设,不断提升健康城核心区的生态宜居程度和文化氛围。在此基础上,积极争取上级政府匹配建设相应的公共服务设施,推动市、区优质的教育、医疗资

源向该片区流动。长远来看,应以节点城市的标准提升鄞江的公共管理及服务权限,并按照适度超前的标准将扩容升级后的公共管理设施布局到健康城核心区,为该片区提供更为优良的公共服务。

(二)有序推进区域产业置换及统筹分工

1. 利用健康城核心区已有的基础,进一步集聚健康产业资源,将其塑造为具有区域影响力的服务业极核。近期,对核心区内鄞江、龙观已有的产业进行整理。对于一产,围绕健康的概念加快现代农业改造,走品牌化发展道路;对于二产,适当保留设计、展示、交易等高端职能,而将那些与健康功能联系不够紧密、技术含量不高的劳动密集型部门逐步向外围地区转移,为今后健康产业或企业的入驻腾出空间;对于三产,加快发展教育、医疗、住房、商贸、金融等服务行业。在此基础上,加快构建一条涵盖绿色食物、健康饮品、生态居住、养老医疗、休闲度假的"吃喝住养玩"大健康产业链,以进一步提升在鄞州四明山片区中的服务比重及能级。

2. 依托该片区重要的次级节点将健康功能渗透到不同产业单元之中,从而带动整个地区产业的合理分工及持续转型。近期可利用洞桥良好的产业基础,在接纳该片区邻近乡镇工业转入的基础上,重点引进一批健身医疗器械、药物研发、保健品制造等企业,争取形成与大健康产业链相配套的都市清洁工业以及物流产业基地,将其打造为宁波知名的健康产业园区。同时,积极推进旅游西进,统筹鄞江、龙观、章水一带的历史人文、山水旅游和生态农业资源,将其打造成为宁波知名的自然生态与历史人文交融的休闲度假区。中远期,通过文化创意产业将该地区的休闲度假产品及服务赋予新的生命力,塑造一种亦生活、亦度假的四明山居慢游系统,全力打造宁波最宜居的"慢生活"休闲区。

(三)建立健全统筹片区发展的体制机制

1. 注重发挥市场机制在资源配置中的基础性作用。近期,可考虑由"三镇一乡"与鄞州区旅游开发投资公司、市原水集团等合作,统一规划、滚动开发、经营该片区的旅游资源,进一步提高鄞州四明山旅游产业的规模化、集约化和专业化水平。中长期,为保证一体化发展的可行性,应从统计、税收、金融等方面着手,建立利益调整机制。对利益受损的地区应予以合理补偿,减少鄞州四明山片区一体化发展可能遇到的阻力。

2. 健全政府引导机制。近期,可构建鄞州四明山区"三镇一乡"联席会议机制。四镇乡政府主要领导定期举行会议,加强对接与协调。在此基础上,加快成立鄞州四明山区开发领导小组。由鄞州区党委政府主要领导任组长,四镇乡党委负责人及区有关部门领导为成员,积极解决健康城建设过程中面临的困难。适时推动成立鄞州四明山区管委会,统筹健康城的规划、建设工作,并对其实施与功能定位相匹配的考核机制,促进该区域的联动建设与有序开发。

四、着重解决鄞州四明山片区健康城建设中的几个问题

鄞州四明山区的发展,对内需要加强统筹,对外需要资源支撑。宁波市、鄞州区应从战略层面加快谋划,加大对该片区建设的支持力度。总体来看,需要重点解决以下几个问题。

(一)加快研究制定健康城的整体发展规划

全面梳理各部门、各乡镇已经出台的发展规划,加快研究制定鄞州四明山区建设健康城的总体发展规划。在统一规划过程中,一是要坚持现代化中小城市的理念,基础设施和公共服务设施规划建设标准不能低于甚至要领先于"卫星城",并争取将健康城规划纳入宁波市级整体规划中;二是坚持规划与招商结合的理念,为避免区域开发的"碎片化",在规划阶段,努力吸纳有实力的城市运营商参与规划,为健康城空间布局的细化、健康产业的导入与培植及今后城市的运行等进行专业化、市场化运作打下基础;三是要把握弹性开发、预留空间的策略。对现有的成熟资源,可尽快规划开发使其迅速成长。对不成熟区域,应储备优化、适当留白,以预留功能转变的弹性;四是加强对片区原有文化生态的保护与利用,树立健康城整体建筑的文化元素并加强运用,以彰显健康城特色和风貌。

(二)适时将健康城提升为战略性节点城市

建议尽快争取宁波市将健康城确立为沟通四明山区和中心城区的战略性节点城市。一是积极争取赋予该区域县一级的管理权限,在健康城核心区设置国土规划环保局,统一行使相当于县一级的国土、规划、环保服务与监管职能;二是积极争取赋予其相当于县一级的财政权,除了保持原有财力的基数外,新增收入全额保留。土地出让净收益除上交国家和省以外的部分,全额给予返还;三是在城市管理上争取采用"大城管"模式,在健康城核心区设立综合执法局,切实提升管理效率;四是争取对健康城的党政主要领

导实行高配,由市委管理。同时,对任职年限予以明确,确保其可以连续干满两届任期。

(三)积极争取市级重大公建项目配套落户

一是合建宁波水利博物馆。建议参照宁波博物馆建设模式,在鄞江合建它山堰博物馆和宁波水利博物馆。这既能突出它山堰的历史地位,又可以实现宁波水利资源的有机整合和共享;二是规划建设鄞州区中医院或成立宁波中医院分院。中医强调健康养生,这与健康城的理念一脉相承。建议在鄞江镇规划建设鄞州区中医院或建立宁波中医院分院,这既可以促进全市医疗卫生资源的均衡化发展,又将给健康城的迅速启动注入强大的动力;三是建设宁波四明山健康主题公园。适应公众越来越重视身心健康的需要,建议利用该片区良好的山水资源,择址打造健康主题公园,引导全市居民形成健康的生活方式。

(四)给予健康城建设有力的优惠政策支持

一是土地政策。统筹推进该片区"农房两改",进一步增加城乡建设用地增减挂钩指标。加快开展低丘荒滩缓坡等未利用土地的试点工作,拓展土地使用空间;二是生态补偿政策。该片区是宁波重要的饮用水源地。争取在直接划归市财政所有的水资源保护费和污水处理费中划出一部分作为饮用水源地保护基金,用于提高对该片区的生态补偿标准;三是金融政策。支持加快组建村镇银行和小额贷款公司,推进原有商业银行升级为县一级支行,增加对该地区的信贷投放。面向社会发起设立"城镇化建设基金",支持组建健康城开发投资公司,吸引多种形式资金入股,实施相关开发建设项目;四是户籍政策。争取开展户籍制度改革试点工作,加强对该片区农转非人员的利益保护;五是产业政策。宁波应将该片区作为"生命健康"这一战略性新兴产业的重点集聚区域,今后全市新增的健康产业项目应优先布局于此,并给予相关政策优惠。

图书在版编目(CIP)数据

2013年度宁波市社会科学优秀成果集 / 詹鑫华主编.
—杭州:浙江大学出版社,2015.3
ISBN 978-7-308-14296-0

Ⅰ.①2… Ⅱ.①詹… Ⅲ.①社会科学—科技成果—
宁波市—2013 Ⅳ.①C125.53

中国版本图书馆 CIP 数据核字(2015)第 001538 号

2013 年度宁波市社会科学优秀成果集

詹鑫华　主编

责任编辑	吴伟伟 weiweiwu@zju.edu.cn
封面设计	十木米
出版发行	浙江大学出版社
	(杭州市天目山路 148 号　邮政编码 310007)
	(网址:http://www.zjupress.com)
排　　版	浙江时代出版服务有限公司
印　　刷	杭州日报报业集团盛元印务有限公司
开　　本	710mm×1000mm　1/16
印　　张	23
字　　数	400 千
版 印 次	2015 年 3 月第 1 版　2015 年 3 月第 1 次印刷
书　　号	ISBN 978-7-308-14296-0
定　　价	68.00 元

浙江大学出版社发行部联系方式　(0571)88925591;http://zjdxcbs.tmall.com